性심리와 性[illegible]

| 제3판 |

性심리와 性건강

박 경 · 고정애 · 김선경
김혜경 · 유춘자 · 이희숙 · 허정은 지음

Σ 시그마프레스

性심리와 性건강, 제3판

발행일 | 2019년 8월 1일 1쇄 발행
2024년 9월 5일 2쇄 발행

지은이 | 박경, 고정애, 김선경, 김혜경, 유춘자, 이희숙, 허정은
발행인 | 강학경
발행처 | (주)시그마프레스
디자인 | 고유진
편　집 | 문승연

등록번호 | 제10-2642호
주소 | 서울특별시 영등포구 양평로 22길 21 선유도코오롱디지털타워 A401~402호
전자우편 | sigma@spress.co.kr
홈페이지 | http://www.sigmapress.co.kr
전화 | (02)323-4845, (02)2062-5184~8
팩스 | (02)323-4197

ISBN | 979-11-6226-215-3

* 책값은 뒤표지에 있습니다.
* 이 도서의 국립중앙도서관 출판예정도서목록(CIP)은 서지정보유통지원시스템 홈페이지(http://seoji.nl.go.kr)와 국가자료공동목록시스템(http://www.nl.go.kr/kolisnet)에서 이용하실 수 있습니다.(CIP제어번호 : CIP2019027805)

PROLOGUE

성심리와 성건강 이해를 위한 기초서

최근 몇 년간 대부분의 대학에서 젊은이들을 대상으로 성심리 관련 강좌가 많이 늘어난 상태이고 이는 매우 고무적인 변화이다. 그럼에도 불구하고 인간 심리의 이해와 관련해 성심리는 가장 뒤늦게 열린 교과 중 하나일 것이다. 이는 성에 대해 다루는 것이 여러 가지 이유로 그리 자유롭지 않음을 나타내며, 또한 관련 교재나 자료의 제한도 그 이유 중 하나라 생각한다. 그러한 점에서 이 책은 대학생들의 교양이나 심리치료 분야 전공자들의 성심리와 성건강 이해를 위한 기초서로서 내용을 구성했다.

성은 양면성을 지니고 있다. 성은 인간에게 중요한 욕구이며 본능인 동시에 심리적 갈등과 불안의 원인으로 작용하기도 한다. 이러한 점에서 성심리에 대한 이해는 생리적인 것에서 심리, 사회적인 측면까지 폭넓게 포괄하고 있다. 우리 사회도 이제는 전에 비해 성적 소수자에 대해 이해하고 수용하는 사람들이 늘고 있는 추세이다. 또한 개인의 행복 추구에 있어 성적인 권리를 주장하는 것을 창피해하거나 무조건 옳지 않다는 시각으로 보지만은 않는 분위기이다. 그럼에도 불구하고 불행한 사실 중 하나는 성폭력 피해가 계속되고 있고, 성적인 고민을 드러내고 치료받는 사람들보다 숨기는 사람들이 적지 않다는 것이다.

박경, 고정애, 김선경, 김혜경, 유춘자, 이희숙, 허정은 7인의 저자들은 젊은이들의 건강한 성적 자기결정권을 갖는 데 기여할 수 있기를 바라는 마음으로 이 책을 집필했다. 이러한 생각을 가지고 성에 대한 이해에 필요한 각 장의 내용을 통해 왜 성적 자기결정권을 갖는 것이 중요한지, 건강한 성적 자기결정권을 지니기 위해 필요한 성에 대한 지식과 관점에는 어떠한 것들이 있는지를 살펴보고자 했다. 특히 이번 3판에서는 사랑관계와 성적 의사소통 등을 새롭게 보완하여 심신이 건강한 이성교제의 실제에 도움이 되도록 관련 장들을 구성했다. 이 책의 제1~3장에서는 성건강의 개념, 성에 대한 패러다임, 성 연구방법, 인간 발달과 성에 관해 다루었고, 제4, 5장은 성의 해부학과 피임에 관한 이해를 도울 수 있도록 구성했다. 이러한 인간의 성에 대한 기초적인 이해를 기반으로 제6, 7장에서는 인간관계와 성을 조망하기 위해 성과 사랑, 성 관련 의사소통을 소개했다. 또한 후반에서는 다양한 성적 활동 및 성적 지향과 성에 관해 다루었고(제8, 9장), 성 관련 사회문제는 제10장, 이상 성도착장애와 성중독의 이해는 제11장에서, 마지막으로 성과 건강에 관해서는 제12장에서 다루었다.

개인이 성에 대해 지니는 생각이나 태도는 실제 성행동에 영향을 미치기도 하지만, 개인의 생각과 실제 행동의 차이가 큰 것 또한 성이라 볼 수도 있다. 아무튼 우리가 성을 보다 더 이해할 때 성의 다양성을 좀 더 존중하게 될 것이며, 관계적인 측면에서나 욕구 충족에 있어 이를 좀 더 수용하고 노력하는 방향으로 변화되리라 믿는다.

그간 저자들의 노고로 수정 보완하는 작업을 완료했으나 아직 부족한 부분이 적지 않으리라고 본다. 세 번째 개정판이 나오기까지 전체 원고를 총괄하고 잘 통합되도록 하는 데 많은 노력을 기울여주신 유춘자 선생님께 고마움을 전하며, 또한 이 책이 새롭게 잘 보완되도록 격려해주신 (주)시그마프레스의 강학경 사장님과 짜임새 있는 책이 될 수 있도록 세밀한 부분까지 잘 살펴주신 편집부에 깊은 감사를 드린다.

2019년 7월
태릉에서 저자대표
박 경

차례

1

서론

성심리 이해의 관점과 연구

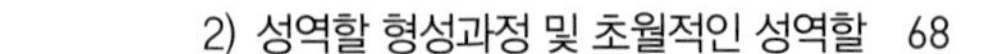

성적 친밀감과 성 관련 의사소통

다양한 성적 활동

성적 지향과 성

성 관련 사회문제

성도착장애와 성중독의 이해

성과 건강

01

CHAPTER

서론

P S Y C H O L O G Y   O F   S E X U A L I T Y

1

1. 성

성(性)은 현대 사회에서 주요한 화제이며 인간에게 주된 관심사가 되었다. 우리는 남녀를 구분할 때 사용하는 섹스(sex)와 젠더(gender), 즉 '성'이라는 용어를 일상생활에서 사용하고 있다. 또한 우리는 연애, 사랑, 결혼, 가족이라는 일상생활 속에 자리 잡은 섹슈얼리티(sexuality)에 더 많이 주목하고 있다. 섹스, 젠더, 섹슈얼리티 세 가지 용어는 서로 중복되는 개념을 가지고 있어 때로 혼용되기도 한다.

보통 생물학적인 면에서 남녀를 구분할 경우에 '섹스'라는 용어를 사용하는데, 이는 인간이 해부학적으로 남성(male)인지 여성(female)인지를 구분해주는 용어이다. 해부학적으로 남자라면 XY 염색체와 안드로겐(androgen)의 작동으로 고환과 음경, 음낭이 발달하고 정자를 생산하는 특징을 보인다. 그리고 해부학적으로 여자라면 XX 염색체와 에스트로겐(estrogen)의 영향으로 난소와 음핵, 유방과 자궁의 발달, 월경의 특징을 보인다. 이를 바탕으로 성적인 정체성 또는 주체성(sexual identity)을 확인한다.

최근에는 섹스의 의미가 더욱 확장되어 남녀의 해부학적 구조와 생리적 기능을 망라한 종족 보존 과정의 생물학적인 면을 언급할 때 사용되고 있다. 즉 정자 및 난자 세포의 생성에서부터 성적 흥분, 성교, 임신 등의 생물학적 기제 등을 의미한다. 따라서 섹스는 생식과 관련된 모든 육체적 상태와 개체의 유전적 전달을 포함하는 의미를 가지고 있다.

생물학적 차원의 섹스와는 달리 정신적인 면에서 남녀를 구분하는 경우 '젠더'라는 용어를 사용한다. 이는 인간이 출생한 이후에 사회적 · 문화적 · 심리적인 환경에 의해 학습된, 후천적으로 주어진 남녀의 특성을 의미한다. 부계 사회와 모계 사회에서의 남녀 역할을 구분해보면 사회학적인 성(gender)을 쉽게 파악할 수 있다. 즉 섹스는 인간의 신체적인 성을 의미하고, 젠더는 신체적이고 행동적인 기준에 따른 인간의 남성적 또는 여성적 특성을 의미한다(Bullough & Bullough, 1995).

한 개인을 그가 속한 문화에 의거하여 성적으로 분류하는 젠더는, 한 개인이 소속된 사회문화권에서 통용되는 남성다움(masculinity, 남성성)이나 여성다움(femininity, 여성성)을 나타낸다. 즉 환경, 특히 남녀의 행동에 대한 사회적 기대와 가치관으로부터 정신 성적인 정체성(gender identity)이 형성된다. 이러한 젠더는 성 결정에 있어서 가장 중요한 요소이다.

섹슈얼리티는 한마디로 정의하기 어렵지만, 성과 관련된 모든 육체적 · 사회적 · 심리적 행동이나 상태를 통칭하는 것이라 할 수 있다. 즉 성행동은 물론이고 개인이 가진 성에 대한 환상, 꿈, 행동, 태도, 사고, 감정, 가치관, 신념 등의 모든 것을 지칭하는 표현이다. 이러한 섹슈얼리티는 출생 전부터 시작해서 죽을 때까지 존재한다. 그리고 섹슈얼리티에 입각한 섹스는 단순히 성기에 국한되는 것이 아니라 온몸과 마음이 감각적 경험을 하는 것이라고 할 수 있다.

우리의 가치, 태도, 믿음, 행동, 용모, 인간성, 영혼과 밀접한 관계가 있는 섹슈얼리티는 종족 보존은 물론 성적 쾌락의 추구 등 성행동과 관련된 심리적 · 문화적 요소까지 포함한다. 따라서 '성(性)'을 단순히 섹스와 젠더로 번역하여 사용하기보다는, '성'이라는 글자가 지닌 원래의 의미인 마음과 몸을 동시에 표현하는 섹슈얼리티가 더 적절한 표현이라 하겠다.

최근 몇 년 사이 대중문화와 매체는 성에 대한 태도를 완전히 바꾸었다. 이제 성은 더 이상 숨어 있지 않고 오히려 우리 주위에 함께하고 있는 것 같다.

2. 성과 문화

우리는 우리 문화에 대해서는 자연스러운 반면 다른 문화에 대해서는 그렇지 못하다. 문화는 우리의 성적 흥미를 형성하고, 때에 따라 성을 찬양하기도 하고 비난하기도 한다. 힌두교 문화에서 성은 종교적 깨달음의 수단으로서 성적 활동을 스스로 즐기는 반면, 개신교 문화에서는 정욕이 사탄의 유혹으로 언급되어 있기도 하다(Parrinder, 1980).

성적으로 느끼고 행할 수 있도록 하는 다양한 요소 중 문화가 아마도 가장 강력할 것이다. 그리고 문화와 시대를 넘어 성적 테마들은 성에 관한 인간의 욕망과 그것을 이룰 수 있는 방법을 제시해줄 것이다.

1) 성적 흥미

모든 문화는 성인들이 성적 각성의 가능성을 가지고 있고, 또 재생산의 목적을 위해 성적으로 교제한다고 추정한다(Davenport, 1987). 하지만 각 문화마다 성적 흥미(sexual interests)를 이끄는 방법은 매우 다르다.

폴리네시아의 망가이아족은 청소년기에 들어서면서부터 높은 수준의 성적 욕망을 경험한다(Marshall, 1971). 이들은 13~14세 무렵 할례 의식을 치르는데, 남자아이는 에로틱한 키스, 구강성교, 유방 애무 등 여자를 기쁘게 하는 방법을 교육받는다. 그리고 2주 후 성교육의 형태로 성적 경험이 있는 여자와 성관계를 갖는다. 같은 나이의 여자아이는 성인 여자로부터 엉덩이와 외음부를 격렬하게 움직임으로써 오르가슴을 경험하는 방법을 교육받는다. 만약 파트너의 성적 기술이 부족하거나 안정감 있는 성적 만족을 얻지 못한다면 여자는 남자를 떠날 수 있다. 이렇듯 망가이아족의 젊은 남녀는 결혼을 통한 다양한 성적 경험을 기대한다. 하지만 청소년기의 파라다이스는 영원히 지속되지 않는다. 망가이아족은 성이 청소년기 동안 가장 강력하다고 믿기 때문에 이 시기가 지나면 성적 욕망이나 활동이 급격하게 감소한다.

망가이아족과 반대로, 뉴기니의 다니족은 성에 관해 극히 적은 관심을 보인다. 그들에게 성은 삶에서 중요한 영역이 아니다. 다니족은 성적 기술을 증진하거나 에로틱한 기쁨에 관심을 두지 않는다. 그리고 비정상적인 성행위나 성과 관련한 질투심도 드물다. 그들은 단지 생식의 목적으로 성적 관심을 갖고, 성교도 남자의 사정과 함께 빨리 끝나 버린다. 그들은 여자가 느낄 수 있는 오르가슴에 대해 무지하다. 그리고 아이가 태어나면 5년 동안 부부관계가 부재하기도 한다. 이러한 문화에서 성은 성적 매력보다는 생물학에 더 기초한다고 할 수 있다.

19세기에 중산층 백인 미국인들은 여성의 성적 욕망이 매우 낮다고 생각했다. 만약 여성이 성적 욕망을 드러낸다면 그것을 아이를 원하는 출산에 대한 욕구로 간주하여 출산이 성교에 대한 필요성을 일으킨다고 믿었다. 즉 여성은 성적 특징이 없다고 인식하고 남성은 성욕을 즐길 수 있다고 믿었다. 그리고 남녀 모두 남성의 성은 위험성이 있고 통제가 불가능하며, 마치 동물과 같다고 생각했다. 여기서 여성의 의무는 남성의 날뛰는 성적 충동을 길들이는 것이었다.

남녀의 본성에 관한 신념은, 성은 천사 같은 여자와 악마 같은 남자 사이에서 파괴적인 작용을 한다는 것이었다. 이 믿음은 전쟁과 성에 관한 이론적 근거를 제공해주고, 사랑에 대해 남녀가 다른 입장을 취하게 만들었다. 친밀과 사랑은 남자의 성에서는 거의 작용하지 않았다. 남자의 정욕은 결혼 생활에도 존재하여 부부와 가정의 사랑을 파괴하고자 위협했다.

빅토리아 시대가 지나갔음에도 성에 대한 신념은 오늘날까지 영향을 주고 있다. 본능적으로 남성은 성적으로 공격적인 반면 여성은 수동적이라고 보는 이중적 기준과 가치는 성적으로 경험이 없는 여성에게 존재한다.

2) 성적 지향

성의 기원은 파트너의 성(gender)에 기초한다. 이성애는 이성에게, 동성애는 같은 성에게, 양성애는 남녀 모두에게서 정서적 · 성적 매력을 느낀다. 현대 미국 문화에서 이성애는 사회적 · 도덕적으로 매우 적합한 반면, 상대적으로 동성애는 사회로부터 잘 수용되지 못한다. 하지만 몇몇 문화에서는 동성애가 정상으로 수용되고 있고, 심지어는 동성애를 더 선호하기까지 한다.

유럽 문화의 근원지인 고대 그리스에서는 동성애가 양성애만큼 자연스러운 것이었다. 그리스인들에게 남성의 동성애는 사랑의 가장 높은 단계를 의미했다. 남성의 동성애는 사랑과 상호의존 관계를 중심으로 이루어지며, 그들에게 성은 관계 전체에 있어 한 부분일 뿐이었다. 이러한 문화적 코드는 성인과 젊은 청년 사이의 멘토 관계로 시작되었고, 성인 남성은 연인처럼 젊은 청년과 정서적 유대를 이루었다. 그리고 시민의 의무와 책임 같이 젊은 청년의 발전을 위해 유용한 것들을 가르쳐주었다. 청년이 성인기에 접어들면 두 사람의 에로틱한 유대는 깊은 우정으로 전개되었다. 후에 청년이 여성과 결혼을 하고 완전한 성인이 되면, 그 역시 어린 청소년에게 이와 같은 문화적 코드를 전수했다.

하지만 그리스인의 동성애는 결혼의 대용이 아니었다. 단지 결혼과 아이는 가정과 사회를 지속시키기 위해 불가결한 것이기 때문에 남성의 동성애를 용납하지 못하는 것이었다. 그래서 그리스의 남자들은 아내를 아이를 키우고 살림을 하는 사람으로밖에 생각하지 않았고(Keuls, 1985), 아내가 아닌 매춘부에게서 성적인 즐거움을 찾았다.

뉴기니 삼비아족 남성들의 성적 특질은 매우 순응적이다(Herdt, 1987). 어린 남자아이의 성적 활동은 자기보다 나이 든 남자아이와 시작되며, 청소년기 동안 동성애적 성적 활동이 성행한다. 그리고 성인기에 접어들면 남녀의 성적 활동이 두드러진다. 삼비아족은 남자아이가 남성으로 자라기 위해서는 엄마의 모유처럼 정액 섭취가 필요하다고 믿었다. 그래서 7, 8세가 되면 더 나이 든 남자아이와 성적 유희를 즐기기 시작하여 청소년기가 되면 나이 든 남자아이로부터 정액을 섭취하게 된다. 처음에는 자신의 정액이 손실되는 것을 걱정하지만 나무 수액을 통해 정액을 보충할 수 있다고 믿는다. 청소년기의 남자아이는 여자아이와 약혼을 하고, 여자아이가 성숙하면 동성애를 그만둔다. 즉 성인 여성을 통해 남성에 대한 욕망을 잃어버리게 된다.

3) 성역할

성적 흥미와 기원은 문화에 의해 영향을 받는다. 문화마다 남녀의 성(gender)은 다르다. 우리의 성은 생물학적 본성에 뿌리를 두고 있지만, 남녀의 실체가 생물학적일 수 없다는 질문도 던질 수 있다. 이에 대해 다양한 찬반 의견을 들을 수 있을 것이다. 남녀의 생식기는 해부학적 특징을 가지고 있다. 하지만 페니스가 항상 남성을 의미하지는 않고, 음핵이 항상 여성을 만들어내지는 않는다. 때에 따라 남성은 자신을 페니스를 지닌 여성으로 간주하기도 한다(Bullough, 1991). 따라서 생물학이 남자와 여자를 정의한다면, 문화는 남성성과 여성성 형성에 영향을 준다고 할 수 있다.

현재 미국에서 성전환주의자는 페니스를 지닌 남성이 자신을 여성으로 인식하거나, 난소를 지닌 여성이 자신을 남성으로 인식하는 것으로 정의한다. 이러한 성 정체성을 지닌 사람들은 외과 수술을 통해 자신의 해부학적 특징을 변환한다. 그런 다음 그들의 성은 변한다. 하지만 해부학적 문제는 여전히 존재한다. 특히 스포츠에서 그러한데, 예를 들어 1970년 외과 수술로 남성에서 여성으로 전환한 르네 리처드는 프로 여자 테니스 선수와 경기를 치렀지만 곧 이의 신청이 들어왔다. 왜냐하면 리처드의 신체나 근육 조직은 여전히 남성이었기 때문이다. 외과 수술을 받았음에도 그녀는 전환되지 않은 성 호르몬 때문에 유전적으로 남성이었다. 하지만 세상은 그녀를 여성으로 인정한다.

대부분의 문화에서는 성 관련 문제 가운데서도 성전환을 가장 문제 삼는다. 하지만 모든 문화가 그렇지는 않다. 몇몇 문화에서는 해부학적으로 남성임에도 자신을 여성으로 인식하는 사람을 여성-남성(man-woman)이라 부르고 높은 신분과 특권을 보장해주었다. 그는 '두 영혼'을 가진 사람으로서 여자 옷을 입고 사회적 성역할과 지위를 수행해 나갔다. 두 영혼은 한 사람의 삶에서 성스러운 영역으로 강조되었다(Jacobs, Thomas, & Lang, 1997). 그리고 성전환주의는 복장 도착과 동성애가 특징이다.

이러한 두 영혼은 아메리칸 인디언, 필리핀, 라플란드 문화에서 흔히 볼 수 있다. 그중 인디언 문화에서는 성전환을 제3의 성, 히즈라(hijra)라고 불렀다. 그리고 이들의 건강, 성공, 부를 축복해주는 종교적 의식을 거행했다(Nanda, 1990). 두 영혼은 강력한 신의 힘을 가진 샤먼으로 인식되었다. 성전환자가 존재하는 뉴멕시코의 주니족은 서부인과 달리 성(gender)을 사회적으로 획득되는 것이라 생각하고 제3의 성을 받아들인다.

3. 성과 사회적인 규준

성적 행동에 대한 끝없는 욕망은 문화와 시대를 넘어선다. 그렇다면 자연스럽고 정상적인 기준은 무엇이고, 또 부자연스럽고 비정상적인 행위는 무엇인가? 종종 우리는 이러한 질문 없이 성적 행동에 대해 정의하고 판단한다. 따라서 옳고 그름의 가치 판단과 평가에 대해 이해하고 알 필요가 있다. 이제 더 이상 주관적인 판단이 아닌, 행위에 대한 우리의 느낌이나 감정이 어떠한지 살펴봐야 할 것이다.

1) 자연스러운 성행동

성적 행동의 정상과 비정상은 어떻게 판단할 수 있는가? 이러한 결정에 있어 우리는 반드시 정상에 대한 어떤 기준을 가지고 있어야만 한다. 하지만 무엇이 정상인가? 우주 만물의 모든 것이 정상이라고 말할 수 있지만 이러한 정의는 크게 도움이 되지 않는다.

앞선 질문을 통해 성적 행동에 대한 정상 또는 비정상 판단 기준의 다양한 의견을 볼 수 있다. "다른 사람에게서 성적으로 매력으로 느낀다면, 나는 그런 느낌이 자연스러운 것이라고 믿는다.", "나와 다른 사람에게 해가 되지 않는 성적 활동은 모두 정상이다.", "모든 것이 정상이 될 수 있다고 생각한다. 모든 자연물이 정상이다. 만약 정상과 비정상이 있다면, 그것이 비정상인 것이다."

성적 행동을 정상과 비정상으로 구분 지을 때, 우리는 그 행동이 우리가 속한 문화의 성적 기준에 적합한지를 생각하게 된다. 우리의 성적 기준은 문화의 한 부분으로 유년기 때부터 자연스럽게 형성된다. 우리가 배우고 익힌 문화와 규범은 우리의 성격에 자리 잡고 제2의 본성이 된다. 그래서 원래부터 타고난 본성과 함께 역할을 한다.

2) 성적 권리의 선언

이 책에서 강조하고 있는 것과 같이 사회조직, 체계, 문화는 정상과 비정상을 정의하는 데 큰 역할을 한다. 그리고 도덕규범은 성적 행동을 항상 엄격하게 통제한다. 이러한 코드들은 성적 행동에 있어 원치 않은 임신, 성병 등과 같은 잘못된 결과를 막는 데 도움이 된다. 그러나 많은 경우 도덕이나 사회문화가 인간의 성 욕구의 표현을 방해한다고 생각한다.

이에 1999년 8월 26일, 세계 성 학회에서 다음의 성 권리 선언문을 공표했다.

성(sexuality)은 모든 인간에게 필수적인 부분이다. 이것은 친밀감, 정서적 표현, 기쁨, 애정, 사랑과 같은 인간의 기본적인 욕구를 충족함으로써 발달한다. 성은 개인과 사회의 상호관계를 형성하기도 한다. 성의 완전한 발달은 개인과 대인관계 그리고 사회적 참살이를 위해 필수적이다. 성적 권리는 자유, 존엄, 평등을 기본으로 한 모든 인간의 권리인 것이다. 그리고 건강은 인간의 기본적인 권리이기 때문에 성적 건강은 반드시 중요하다. 즉 인간과 사회는 건강한 성을 통해 발달한다. 따라서 성적 권리는 모든 사회에 반드시 인식되고 증진되며 수용되어야 한다. 성적 권리에 대한 인식과 수용, 실행을 통해 성적 건강이 이루어진다.

1. 성적 자유는 권리이다. 성적 자유는 인간이 완전한 성적 잠재성을 표현할 수 있는 가능성을 열어준다. 하지만 성적 구속, 착취, 학대는 결코 용납되지 않는다.
2. 성적 자율, 고결, 안전은 권리이다. 이것은 개인의 성격과 사회적 윤리의 맥락 내에서 행해질 수 있다. 또한 어떠한 종류의 고통, 훼손, 폭력으로부터 신체는 자유로울 수 있다고 강조한다.
3. 성적 사생활은 개인의 권리이다. 이것은 다른 사람의 강요에도 개인의 결정과 행동이 중요하다는 것을 포함한다.
4. 성적 평등은 권리이다. 이것은 성(sex), 성별(gender), 성적 특징, 나이, 인종, 사회적 계급, 종교, 신체적 또는 정서적 장애와 상관없이 모든 사람의 자유를 말하는 것이다.
5. 성적 기쁨은 권리이다. 자기 색정을 포함하여 성적 기쁨은 신체적 · 심리적 · 인지적 · 종교적 참살이의 원천이다.
6. 성에 대한 정서적 표현도 권리이다. 성적 표현은 에로틱한 기쁨 또는 성적 활동보다 더 자주 행해진다. 인간은 대화, 스킨십, 정서적 표현, 사랑을 통해 성적 욕구를 나타낼 권리가 있다.
7. 성적으로 자유롭게 교제할 권리가 있다. 이것은 미혼, 결혼, 이혼, 기타 책임감 있는 성적 연합의 다른 유형의 가능성을 의미한다.
8. 출산에 대한 책임과 자유도 권리이다. 이것은 자녀 유무, 자녀의 수 등에 대한 결정권을 강조한다.
9. 과학적 안내에 입각한 성적 정보는 권리이다. 성적 정보는 반드시 과학적으로 문제가 없어야 한다. 그리고 모든 사회적 수준에 적합한 방법으로 보급되어야 한다.
10. 광범위하고 포괄적인 성교육은 개인의 권리이다. 이것은 출생에서부터 삶의 주기에 대한 과정을 이해하는 것이다. 그리고 모든 사회적인 제도를 포함해야만 한다.
11. 성적 건강에 대한 관리는 권리이다. 성적 건강 관리는 모든 성적 염려, 문제, 질병을 막고 치료할 수 있어야만 한다.

출처 : 『인간의 성(Human Sexuality)』

3) 성행동의 정상성과 다양성

성행동의 정상 여부는 우리의 가치 판단을 요구한다. '정상(normal)'은 종종 '건강한(healthy)'으로 사용되기도 하며, 사회과학자들은 통계학적 용어로 엄격하게 사용한다. 이들은 정상적인 성적 행동을 집단 내의 평균적인 양상과 행동의 의학적 패턴을 기준으로 판단한다.

사실 우리는 표준 집단의 성적 행동 외에는 잘 알지 못한다. 대개 사람들은 자신의 성적 활동을 잘 드러내지 않는다. 즉 성교와 같이 매우 순응적인 성행동만 드러낸다고 할 수 있다. 자위행위, 성적 환상, 죄책감이나 불안 등과 같은 성적 활동은 거의 드러내지 않는다. 대부분의 사람들은 인습적이고 관례적인 틀에 자신의 실제 성적 감정, 태도, 행동을 감춘다.

우리의 정상성은 인습, 대중매체, 종교적 가르침, 관습, 문화적 기준을 통해 친구, 부모, 파트너에 의해 결정된다. 하지만 제시된 어떤 것도 우리에게 실제적인 행위나 방법에 관해 말해주지 않는다. 우리는 사람들의 실제적인 성행위를 잘 모르기 때문에 성행위의 비정상을 문화적 기준 및 관습과는 다른 것으로 생각하기 쉽다. 우리는 자신의 욕망, 환상, 활동 등이 어떻게 정상적인지 생각해볼 수 있어야 한다. 성적 공상은 자연스러운가? 자위행위는 정상인가? 포르노를 즐기는 것은 어떠한가? 동성에 매력을 느끼는 것은 자연스러운 일인가?

지금까지 살펴본 것과 같이 문화가 정상을 결정하기 때문에 문화에 따라 정상 행위의 범위는 다양하다. 일반적으로 성 연구자들은 자연스러움과 부자연스러움, 정상과 이상, 좋고 나쁘다는 식의 성에 대한 이분법적인 구분을 거부한다. Ira Reiss(1989)에 따르면, 우리는 사람들이 자신과 타인의 차이점을 비정상으로 구분하길 좋아한다는 것을 깨달아야만 한다. 즉 어떠한 과학적 진단도 없이 정규의 성을 개념 짓는다.

인간의 성을 정상과 비정상으로 구분 짓기보다는 성적 다양성의 관점에서 볼 수 있어야 한다. 인간으로서 우리는 성에 대한 특질, 욕망, 환상, 태도, 행동이 가지각색이다. 1948년, Alfred Kinsey와 그의 동료들은 "세상은 양과 늑대로만 구분 지을 수 없다."고 간명하게 언급했다.

연구자들은 연속적인 성적 활동이 인간의 성적 욕망을 이해하는 데 가장 좋은 방법이라고 믿었다. 즉 다양한 성적 활동에 참여하는 빈도는 성적 활동의 연속을 의미한다. 여기에는 어떠한 정상도 비정상도 없다는 것이 중요하다. 따라서 한 개인의 행동은 표준 집단과 동일할 수도 있고 그렇지 않을 수도 있다. 게다가 표준 집단의 기대와 다른 개인의 행동을 비정상이라고 판단할 수 있는 것은 아무것도 없다. 그리고 사람들 사이에서 변칙적인 성적 행동은 구분될 수 있는 것이 아닐지도 모른다.

비정상적이고 변칙적인 성적 행동은 어떤 범위 내에서는 받아들여진다. 우리는 해변에

벌거벗은 채 누워 있다거나 클럽에서 외설스럽게 춤을 추는 것을 상상함으로써 즐거울 수 있다. 그리고 에로틱한 영화를 보거나 파트너의 신체를 훔쳐봄으로써 즐거울 수 있다(관음증). 또한 좋아하는 사람의 사진에 입을 맞출 수도 있고, 머리카락이나 옷을 수집할 수 있다(성도착장애). 이러한 감정이나 활동들은 우리의 성적 자아가 이끌어낸 한 부분이지, 전반적인 성의 가장 중요한 부분은 아니다. 그리고 이러한 변칙적인 행동들이 상호 동의하에 행해지거나 고통을 야기하지 않을 때는 단순히 성적 모순, 부조화로 정의할 수 없다.

자연스러움/부자연스러움, 정상/이상, 좋음/나쁨의 분류에 대한 성 연구자들의 거부는 성적 행동을 평가할 수 있는 기준이 없다는 것을 의미하지는 않는다. 성행위에는 자신과 다른 사람을 해칠 수 있는 것이 많다. 현대 심리학적 기준들은 성적 행동의 위험성과 위험 잠재성을 토대로 성행위를 결정한다.

우리는 다양한 성 활동에 대한 기본적인 기준이 있음을 신뢰한다. 단지 정상과 비정상이라는 이분법적인 용어는 다양한 성적 행동을 구분 짓는 데 유용하지 않다는 것이다. 사람들은 보통 성행위의 정상을 통계학적 의미로 판단하지만 성적 행동의 많은 경우가 표준 집단에서 드러나지 않는다. 오히려 다양한 변이가 많다. 예를 들어 권투선수의 팬츠와 레이스 속옷 중 어느 것이 사람들을 성적으로 자극할까? 그리고 누가 당신의 생각이 옳다고 판단해줄 수 있는가? 동료 집단? 종교 집단? 사회? Suzanna Rose와 Victoria Sork(1984)는 다음과 같이 언급했다. "모든 사람의 성은 어떤 한 기준으로 완벽하게 설명할 수 없기 때문에 다양한 관점에서 접근할 수 있어야 한다."

지금까지 살펴본 것과 같이 성행동에는 정상과 비정상 그리고 좋고 나쁨을 판단할 수 있는 어떠한 증거도 없으나 개인의 도덕적 · 종교적 가치와 함께 성행위의 도덕성과 정상성이 나타날 것이다. 동시에 성적 욕망, 태도, 동기, 행동, 가치에 대한 이해는 개인의 가치 체계가 깊어질 수 있도록 도울 것이다.

4. 성에 대한 가치, 도덕, 윤리

가치, 도덕, 윤리는 공적 또는 개인적 용어일 수 있다. 미국 헌법, 법률, 종교 단체의 공문은 특수한 가치와 수용될 만한 행동에 관해 진술한다. 이러한 공적 진술문은 공적 가치를 나타낸다. 반면 작은 공동체 안에서 개인적이고 사적으로 옳고 그름 또는 중요함을 말하는 것은 개인적 가치로 표현될 수 있다.

공적 가치는 다수의 사람들이 중요하게 생각하는 가치나 가치의 중요성을 두고 사람들이 경험하는 갈등에 영향을 받는 듯하다. 예를 들어 혼전 성관계에 대해 개방적인 문화라도 청교도에서는 공식적으로 이를 금기한다.

때때로 사람들은 몇몇 공적 가치에 대해 반박하거나 도전하여 공적 가치가 변하기도 한다. 예를 들어 미국의 경우 대부분의 주에서 유산에 대한 여성의 권리를 금지했었지만 여성 단체가 점점 목소리를 높이고 여성의 권리에 대한 이해가 증가함에 따라 법률의 압력으로부터 자유로워질 수 있게 되었다. 그래서 고등법정은 유산 및 낙태에 관한 법률을 제정하고 임산부와 태아에 대한 권리를 인정하여 새로운 공적 가치를 표명하게 되었다. 하지만 이로 인해 이전 공적 가치의 복구를 원하고 임신중절을 반대하는 단체들이 나타나기 시작했다.

공적 가치는 오랜 기간 동안 유지되지만 후에 새로운 가치로 대체되거나 소멸될 수 있다. 예를 들어 빅토리아 시대에 자위는 성적 쾌락 중에서도 미성숙하고 사악한 탐닉으로 공공연히 비난을 받았다. 물론 자위를 통해 죄의식이나 분노를 경험할 수 있지만, 미국의 경우에는 자위를 인정하는 청소년들이 점점 늘어나고 있다. 대학생들을 대상으로 한 조사에 의하면 남성의 82%, 여성의 33%가 자위행위를 경험한 적이 있고 이 중 2/3만이 수치감과 혼란스러움을 느꼈다고 한다.

1) 종교와 성에 대한 가치

종교는 도덕과 가치의 중요한 원천으로 여겨진다. 종교의 영향은 부모, 동료, 매체, 사회적 경향, 다른 민족의 전통을 통해 간접적으로 여과된다. 그리고 이것은 유대기독교 전통에 기초한다. 이 전통은 성을 통제하며 성의 자연스러움 여부를 구별하고, 성에 관한 도덕적 견해에 영향을 주었다.

이슬람교, 힌두교, 유교, 도교, 탄트라교와 같은 동양의 종교에서 근친상간은 거룩한 것으로 섹슈얼리티를 기념한다. 이것은 수치심을 경험하는 것이다. 하지만 서양 문화의 유대기독교는 개인의 양심을 바탕으로 죄를 깨닫고 옳고 그름에 따른 처벌을 두려워한다. 서양의 성 도덕에 대한 이해를 위해 우리는 서양의 종교가 개인의 양심과 죄의식을 강조한 것을 알 필요가 있다.

초기 그리스와 로마의 스토아 철학은 인간의 성욕과 이성을 이분화했다. 이러한 관점에서 성관계는 단지 출산을 위한 것이었다. 이는 초기 기독교인들, 특히 300년경 아우구스티누스에 의해 발전되고 확장되었다. 그리고 중세의 기독교 신학자들은 출산을 기준으로 성행위를 자연스러운 것과 부자연스러운 것으로 분류했다. 이러한 관점에서 간통, 강간,

근친상간, 간음은 비도덕적이고 성적 쾌락 중에서 불법적인(금지된) 탐닉이다. 따라서 결혼에 따른 출산만이 자연스럽고 정상적인 것이 되었다. 자위, 구강성교, 항문성교 등은 심각한 죄로 신성을 모독하는 것이었다.

성행위에 대한 자연스러움과 부자연스러움의 구별은 오늘날에도 지속되고 있는 부분이 있다. 양성애의 도덕성에 관한 것이 바로 그러하다.

2) 성에 대한 세계관의 변화

서양에서 발전된 두 가지 세계관, 즉 창조론적 세계관과 진화론적 세계관은 몇 세기 동안 공존했지만 그것들은 매우 다른 신념을 갖고 있었다. 초기 그리스와 로마 철학자, 사상가들은 두 세계관 중 한 가지를 선택했는데, 몇몇은 본성은 불변하고 고정된 것으로 해석했다. 반면 다른 사상가들은 본성이란 유동적이고 계속적으로 변화 가능한 것이라고 주장했다. 고정된 세계관(창조론적 사고)은 불변하는 원형이며, 진화론적 사고는 변화 가능한 환경과 독특한 개인, 개성을 강조했다. 이들은 성적 가치에 대해 서로 다른 입장을 취했다.

창조론적 사고의 추종자는 신이 첫 번째 인간을 창조할 때 남성, 여성, 결혼, 양성애를 함께 만들었다고 주장했다. 유대인과 기독교인의 성서 〈창세기〉에는 모든 인간이 아담과 하와의 죄로 신성함과 영광으로부터 멀어졌다고 설명한다. 이 타락한 본성은 오직 자기훈련, 금욕, 특히 성적 쾌락을 피함으로써 극복될 수 있다. 에덴 동산의 아담과 하와의 전형적인 이야기와 함께, 신은 양성애를 본성으로 만들었다. 그리고 성관계의 기본적인 목적은 번식과 자녀 출산이다.

그리스 정교회의 유대인과 근본주의 신자 및 복음파의 신교도들은 그들의 성적 가치에 이러한 세계관을 부여했다. 로마 가톨릭 전통에서 교황은 교권 또는 교회에서의 가르침을 통해 본성에 대한 확고한 태도를 견지한다. 이러한 창조론적 사고는 피임, 자위, 구강성교, 혼전성교, 이혼, 합의에 의한 불륜, 동성애를 일반적으로 책망한다.

진화론적 사고에서 인간의 본성은 계속적으로 전개되고 발전한다. 이것의 기본적인 가정으로 인간의 본성은 결점이 없다는 것이 아니다. 육체적이고 도덕적인 악행은 잠재되어 있으며 피할 수 없는 어두운 면이다. 선과 악은 깊이 잠재된 인간의 성적 본능을 발견하여 표출하는 것으로 서로 연결되어 있다. 인간 행동의 옳고 그름에 대한 일반적인 원리들은 인정되지만 특수한 것들은 변화하는 상황과 맥락에 의존한다.

유대기독교 전통은 역사적 · 사회적 상황에 관해 정확하기 때문에 그들의 사고는 현재의 흐름과 상호작용하여 해석을 내릴 수 있는 데 신뢰할 만하다. 따라서 유대기독교 전통에서 진리는 움직임 없고 정적인 것이라기보다는 역동적인 과정으로 이해하고 공식화할 수 있다.

『성경』을 모든 도덕 딜레마에 직접적으로 적용할 수 있는 책으로 접근한다면 잘못 이해되고 오용될 수 있다. 『성경』은 이스라엘을 향한 신의 말씀에 대한 기록으로 보기보다는 몇 세기 동안 변화한 교회의 사회적 · 역사적 · 문화적 상황을 나타내고 있다고 해석해야 한다. 이는 신뢰할 만한 것으로 방향에 대한 계시를 사전에 안내받을 수 있다. 하지만 전적으로 이것에 매여 있어서는 안 된다.

창조론적 세계관과 진화론적 세계관은 양극에 있으며, 종교 집단을 포함하여 몇몇 사람들은 완벽하게 각각의 세계관을 추종한다. 하지만 우리 대부분은 양극단의 사이에서 앞뒤로 움직이며 어딘가로 따라가고 있을지 모른다. 이때 우리는 한편에서는 창조론적 사고를 취하고 또 다른 한편에서는 진화론적 사고의 견해를 유지하고 있을지 모른다. 이 둘이 다름에도 우리 대부분은 하나의 입장을 따르지 못한다.

인간의 본성과 성에 관한 세 번째 관점은 르네상스 시대에 출현했다. 이는 인본주의로 알려져 있으며 유대기독교의 신념에 뿌리를 두고 있다. 하지만 르네상스 시대의 인본주의는 거룩한 성서와 신성을 인정하지 않아 종교적 기초가 없다. 인본주의자들의 대부분은 종교적 가르침의 영향력을 부정하고 인간의 경험을 바탕으로 한 가치를 주장했다. 그들은 일반적으로 인간 삶의 기본적인 목표가 행복, 자기실현, 자기인식, 그리고 아픔과 고통을 피하는 것이라는 데 동의했다.

인본주의의 선구자이자 『상황윤리(Situation Ethics)』(1966)의 저자인 Joseph Fletcher는 인본주의자들이 수용할 수 있는 성윤리에 관하여 다음과 같이 요약했다. 『상황윤리』에 따르면, 성행동은 이성애, 동성애, 양성애, 자위 등 어떤 형태든 도덕적으로 수용될 만한 것이다. 성행동에 대한 옳고 그름의 판단은 그 성취를 위해 의도될 수 있고 그 결과를 미리 알 수 있다. 성은 성행동 그 자체를 넘어 의미 있는 것이다. 성행동은 본질적으로 옳고 그름을 판단할 수 있는 것이 아니다. 성행동은 비난받거나 옹호받는 것이 아니며, 인간의 어떠한 판단으로부터 분리된 개별의 것이고 그 자체로서 존재한다.

인본주의 윤리에서 성도덕은 그것의 맥락과 결과에 의존한다. 하지만 인본주의에서 말하는 도덕은 관련된 모든 상황과 맥락에 의존한 결과를 중요시함으로써 쾌락주의에 빠지는 것을 의미하지는 않는다.

3) 미래의 성에 대한 가치관

서양에서 성도덕의 미래는 어떠할까? 성에 대한 창조론적 사고는 오래된 도덕적 관점으로 개인 삶의 경직된 책임감으로부터 벗어나는 입장이다. 비평가들은 율법주의의 엄숙이 인간의 성욕과 성도덕을 제한한다고 지적한다. 하지만 일반적이고 명확한 규준에 기초한 도덕은 성적 혼란, 성적 착취, 성 남용, 가족 붕괴, 이혼, AIDS와 같은 것들로부터 우리를 안심시킬 수 있다.

또한 진화론적 사고에 관한 비평은 전통적인 종교의 가르침을 거부한 쾌락주의자들의 입장을 더 유연하게 해석하고 옹호했다는 것이다. 인본주의자들과 진화론적 사고의 옹호자들은 개인의 도덕 결정을 요구한다. 그리고 인간의 이기주의, 자기기만, 부정직에 대하여 사랑, 존중, 대인관계에서의 책임감의 원리에 기초한 강하지만 위험할 수 있는 신뢰를 대신한다. 여기서 성도덕을 판단하기 위한, 일반적으로 수용될 수 있는 이상적이고 관념적인 상황은 명백히 없다.

창조론적 사고와 진화론적 사고 사이의 긴장(경쟁)은 초기 서구 문화에서 추적될 수 있다. 이것은 10~20년 후에도 사라지지 않을 것이다. 문화의 변화를 촉진하는 시대에도 우리는 종교적 입장과 인본주의적 입장 사이에서 상정한 철학적 정신을 완전하게 다루고 이로써 앞을 예기할 수 있을 것이다. 대립되는 두 관점은 혼전 성관계, 동성애, 낙태, 피임, 이혼, 전통적인 성과 결혼에 대한 대안, 동성애와 여성에 관한 법령 등에서 더욱 갈등하고 불일치를 보일 것이다.

우리 사회는 성에 대한 사람들 간의 이해를 연합적인 관점에서 해결하고자 할지도 모른다. 즉 성행위의 도덕성 판단에 대해 사회문화적 성보다는 개인적인 성에 초점을 두는 입장이 지배적이리라 본다. 또한 상호관계성을 바탕으로 한 개인의 권리와 책임감에 초점을 둘 것이며, 마지막으로 보수적인 가치에 따르길 원하는 사람들을 위한 존중과 진보적인 가치를 따르길 원하는 사람들을 위한 존중 등이 자연스럽게 공존할 것이다.

요약

- 섹스는 인간의 신체적인 성을 의미하고, 젠더는 신체적이고 행동적인 기준에 따라 인간의 남성적 또는 여성적 특성을 의미하는 것으로 한 개인이 소속된 사회문화권에서 통용되는 남성다움이나 여성다움을 타나낸다. 섹슈얼리티는 성과 관련된 모든 육체적, 사회적, 심리적 행동이나 상태를 통칭하는 것이라 할 수 있다.
- 인간의 성을 정상과 비정상으로 구분 짓기보다는 성적 다양성의 관점을 갖고 다양한 문화에 따른 양상을 보이는 부분에 대해 이해하려고 해야 한다.
- 성행동은 본질적으로 옳고 그름을 판단하기 어려우며, 성행동을 비난하거나 옹호하는 것이 아닌 인간의 어떠한 판단으로부터 분리된 개별의 것이고 그 자체로서 존재하는 것이다.

토론문제

- 현재 드러난 다양한 성에 대한 관점을 이해하고, 미래의 성 관련 가치관은 어떠한 관점을 가지고 나아갈지에 대해 생각해보고 함께 논의해보자.

02

CHAPTER

성심리 이해의 관점과 연구

P S Y C H O L O G Y   O F   S E X U A L I T Y

2

젠더와 섹슈얼리티의 상호작용적인 이론들에 대해 살펴보자. 젠더와 섹슈얼리티에 있어서 생물학적인 행동에 기초한 본성과 사회문화적인 환경의 영향을 받는 후천적으로 양육된 성격 사이의 상호작용을 다룬 세 가지 이론이 있다. 이 이론들의 주요 개념은 인간의 행동과 경험을 설명할 때 여러 가지, 즉 유전, 생물학, 자연, 환경, 문화, 사회와 같은 요소들의 영향에 대해 알아볼 필요가 있다는 것이다.

1. 생물학적 관점

최근에는 남녀의 차이에 관한 생물학적 설명이 매우 주목을 받고 있다. 남성이 여성에 비해 성적으로 더 문란하고 공격적인 이유를 명백한 생물학적 차이로 설명하고 있다. 하지만 남녀의 차이에 있어 생물학적인 성(sex), 통합적인 성(sexuality), 사회학적인 성(gender)에 관한 설명들을 살펴봄으로써 시작할 필요가 있다.

심리학은 다른 사회과학과 달리 자연과학, 즉 생물학의 독특한 이론과 사상을 기반으로 다루어진다. 심리학의 주류는 인간의 행동과 경험이 가진 특징과 능력을 생물학적 과정을 통해 발견하고 이해하고자 한다. 인류의 진화 과정은 하나의 종(種)으로 시작되었으며, 이는 모든 인류의 기본적인 특징을 구성한다. 또한 유전적으로 개인들은 성(sex), 피부색, 머리카락, 눈 그리고 특정 질병에 대한 취약성 등과 같은 선천적인 특징을 타고난다. 그리고 성과 관련되어 중요한 것은 남성과 여성의 호르몬 작용이 다르며 매우 복잡한 과정을 거친다는 것이다. 마지막으로 '성(sex)'이라는 단어는 두 가지 중요한 양상을 갖는데, 하나는 남녀의 성기, 가슴의 발달, 키와 같이 눈에 보이는 신체적 차이를 의미한다. 그리고 다른 하나는 뇌 구조의 차이로, 이는 인지적 수행에 영향을 미친다.

인간은 일반적으로 46개의 염색체를 가지고 있다. 이 중 44개는 22개 상동의 1쌍으로 구성되고 나머지 2개는 뚜렷이 구별되는 상대적 배열로부터 조직된다. 즉 XX쌍 또는 XY쌍으로 양자택일의 모양을 반영한 용어이다. 여기서 XX쌍은 여자, XY쌍은 남자를 나타낸다.

이 유전적 분류는 명백하게 관찰되는 특징(남자는 페니스, 여자는 질과 자궁을 가지고 태어난다)으로 성의 양자택일적인 정의를 받아들인다. 성염색체의 상대적 배열은 각 부모로부터 반반씩 받은 염색체의 쌍으로 이루어진다. 여자는 난자에서 X염색체만을 만들어내고 남자는 X염색체 반, Y염색체 반을 생성한다. 남자로부터 온 X염색체와 여자로부터 온 X염색체가 만났을 때 태아는 여자로 태어나고, 난자가 정자의 Y염색체와 수정되면 남자로 태어난다.

남성과 여성의 유전적 차이는 호르몬의 활동에 의한 것으로, 즉 생물학적 차이점의 결과이다. 성호르몬은 크게 안드로겐과 에스트로겐으로 나눌 수 있다. 보통 남성은 안드로겐만을, 여성은 에스트로겐만을 가지고 있는 것으로 알고 있지만 실상은 그렇지 않다. 사실 남녀는 두 종류의 성호르몬을 모두 가지고 있다. 일반적으로 남성은 여성에 비해 더 많은 안드로겐을 가지고 있고, 그들의 신체에서 작동하는 에스트로겐은 상대적으로 훨씬 더 적다. 대표적인 안드로겐은 테스토스테론이고 대표적인 에스트로겐은 에스트라디올이다. 이와 더불어 생식선에서는 호르몬의 세 번째 종류인 프로게스틴을 분비하는데, 이것의 가장 일반적인 형태가 바로 프로게스테론이다. 프로게스테론의 가장 중요한 기능은 수정과 임신을 위해 여성의 신체를 준비시키는 것이다. 반면 남성은 여성에 비해 매우 적은 양의 프로게스테론이 분비되는데 이것의 기능은 아직 명확하게 밝혀져 있지 않다.

유아기와 아동기에는 낮은 수준의 성호르몬 순환을 보이다가 사춘기에 접어들면서 호르몬 분비가 급격히 증가하게 된다. 이 시기에 뇌하수체에서는 성장 호르몬을 방출하여 뼈와 근육이 급속도로 성장한다. 성선 자극 호르몬(Gonardotropin-Releasing-Hormone, GnRH)은 성적인 기능에 아주 중요한 역할을 한다. 이 호르몬은 시상하부에서 생산되는데, 뇌하수체에 도달하면 남성의 고환과 여성의 난소에서 난포 자극 호르몬(FSH)과 황체 형성 호르몬(LH)을 방출하도록 자극한다. 난포 자극 호르몬은 남성의 고환에서는 정자 생성을, 여성의 난소에서는 난자 생산을 자극한다. 황체 형성 호르몬은 남성에게는 테스토스테론을 생산하도록 자극하고 여성에게는 난소에서 난자를 방출하도록 한다. 이로써 성인 남녀의 신체 형태로 뚜렷이 구별된다.

2. 사회심리학과 진화심리학적 관점

성적 행동은 한 세대가 다음 세대로 전달되기 위해 특질을 상속하기 위한 유일한 방법이며, 진화적으로 유기체의 우세 인자는 세대를 거듭하여 재생산된다. 유기체는 재생산을 효과적으로 하기 위해 다른 본능적인 행동의 범위를 발달시킨다. 예를 들어 구애를 위해 공작 수컷이 드러내는 과시 행동을 생각해보라. 이것은 놀랄 일이 아니다. 복잡한 인간의 본능에 관한 수많은 이론들은 남성과 여성의 행동에 선천적인 차이점이 있다고 제안한다.

진화심리학의 핵심 요소는 자연 선택(도태)으로, 무생식과 관련된 것에 대항하고 성공적인 번식을 증가시키는 심리학적 메커니즘을 기본으로 한다. 그리고 인간은 후천성의 특징들을 물려받을 수 없기 때문에 어떤 과정은 유전적 수준에 기초해야만 한다. 즉 심리학적 메커니즘과 그것의 표현(예를 들면 이타주의)은 유전자의 기질적 수준에 영향을 받는다.

진화심리학의 옹호자들은 그들의 이론이 실험적인 사회심리학으로부터 경험적인 발견의 감각을 만드는 데 도움이 된다고 주장한다. 예를 들어 몇몇 연구들은, 스스로 보고 행동하고 생각하는 것을 좋아하는 사람들은 이타적인 방향으로 타인을 돕는 경향이 있고, 나아가 이들 사이에는 유전적 유사점도 더 많다고 주장한다. 다른 말로, 이타주의자는 간접적으로 사람들을 돕고 지지하는 조력자의 유전적 프로필이 우세하다(Rushton, 1989).

사회심리학과 진화심리학은 과학적인 방법으로 검증할 수 없고, 따라서 그들의 주장은 경험적인 검증의 실험 재료가 될 수 없다. 게다가 사회심리학과 진화심리학은 인간 행동의 범위에 대해 매우 선택적이다. 그리고 다양한 인간의 성적 관심 범위, 행동 및 흥분 도취 자극에도 불구하고, 그들은 성적 행동의 가장 진부한 것에만 초점을 둔다. 예를 들어 가학·피학성 변태 성욕은 진화론적 이점을 가질 수 있는 방법으로 보이지만 사실 대부분의 사람들이 실감하는 것보다 훨씬 더 일반적이지 않다. 오히려 이것은 고통이 아닌 힘과 지배력, 굴복으로 행동한다. 즉 복종적이거나 지배적인 역할을 통해 성적 만족을 얻는 것이다. 그리고 이것은 우리를 인간답게 만들어주는 통찰, 욕구, 소망, 지식의 희박한 질을 강조한다. 인간과 동물은 모두 성관계를 갖지만 인간만이 관능적으로 성욕을 자극하고 다룰 수 있다. 게다가 '에로틱'은 인간의 성적 특질과 성욕, 그리고 인간 욕구의 문화적 특징을 포함한다. 섹시한 속옷, 가죽 옷, 빨간 장미 등은 다른 어떤 것보다도 상징적인 의미를 나타낸다.

제한된 과학과 제한된 이론의 문제만 있는 것은 아니다. 인간의 성과 유전에 대한 생물학적 설명은 대중매체를 통해 활발하게 선호되고 있다. 그들은 매우 그럴듯하게 말하고 단정하며 간단한 설명을 제공한다. 그리고 문서나 방송을 통해, 남성은 젊은 여성에게 성적으로 탐욕스러운 생각을 가지고 있고, 여성은 남성의 지저분함과 집안일에 무관심한 것에 대해 의식적으로 불평한다는 등의 선입견을 언급하기도 한다.

우리는 단지 학문적이고 타당한 근거들에 입각해서만 이론을 봐서는 안 된다. 오히려 사람들의 삶에서 이론이 가진 영향이나 효과를 고려할 필요가 있다. 사회생물학과 진화심리학은 대부분 남성적 흥미와 편견을 다루기 때문에 여성은 매우 혐오감을 가질 수 있다. 이것은 무비판적으로 수용되어 본능에 따른 인간의 성행동을 고무하고 행동에 대한 윤리들로부터 인간의 주의를 멀어지게 했다. 이것은 성폭행과 관련되어 현재 일어나는 일이다. 즉 성폭행에 대해 진화론적인 힘을 생산하는 것이라고 주장할 수 있다. 모욕하는 남성은 그만큼 어떤 상태를 만들어내는 데 기여하고 여성의 가치를 감소시키며, 최악의 상황으로 성적 폭행에 대한 취약성을 증가시킬지도 모른다.

3. 심리학적 관점

사회학적인 성(gender)과 통합적인 섹슈얼리티는 사회문화적인 영향을 통해 발달해 왔다. 대부분의 여성과 남성, 동성애자, 양성애자의 성적인 활동에 대해서는 사회문화적인 학습을 통해 이해하고 받아들이게 된다.

문화는 젠더의 성적인 분야에만 영향력을 행사하는 것이 아니라 문화와 하위문화 안에서 작용하는 것이다. 문화만이 유의미한 영향을 미치는 요인이라고 볼 수 없고, 개인력에 의해 차별화된 영향을 받을 수 있다는 것도 감안해야 한다. 이런 맥락에서 성교육은 생물학적인 발달뿐만 아니라 개인이 속한 사회와 하위문화를 모두 포함하며, 경험과 가정 안에서의 교육도 포괄하는 광범위한 개념으로 발전되어야 한다.

오늘날 여성성과 남성성이 생물학적인 차이와 함께 문화와 역사에 의해 만들어진다는 것은 상식에 가깝다. 1930년대에 출판된 Margaret Mead의 『세 부족 사회에서의 성과 기질』은 이를 잘 보여준다. 이런 발견은 2개의 생물학적인 성(sex)과 2개의 사회적인 성(gender)이라는 인식으로 발전되었고, 오늘날 성별에 따른 차이는 크게 강조되지 않는 편이다.

동시대에 비교문화적 관점에서 바라본 섹슈얼리티는 오늘날의 성문화가 인류 고유의 것이 아님을 잘 보여준다. 수렵채집사회, 농경사회, 목축사회, 산업사회 등 각각의 고유한 생산 양식과 고유한 지리적 · 환경적 특성, 사회 · 문화적 과정에 따라 제각기 판이한 성문화를 가지고 있었다. 산업사회로 들어서면서 개인, 능력, 자유 · 평등 등이 강조되면서 성별은 예전만큼 중요하지 않은 것으로 여겨지고 있다. 하지만 동시에 산업사회에서의 노동과 생활의 분리는 공적 영역에서 활동하는 남성과 가정에서 뒷바라지하는 여성이라는 전형적인 이미지를 창출했다. 남성은 가장으로서 경제를 담당하므로 책임감, 합리성 등 이른바 남성적 기질이라는 것들을 스스로 가져야만 했고, 여성은 이를 보조하는 입장에서 모성, 의존성이라는 것을 내면화할 수밖에 없었던 것이다.

최근에는 남성성의 위기가 부각되고 있다. 이제 더 이상 여성들은 남성의 품에서 안주하지 않으려 하며, 전통적으로 이상적 남성상이었던 '터프가이'는 무식하고 폭력적인 존재로 여겨져 천대받고, 여성들은 이제 말이 통하고 사랑스럽고 귀여운 남성을 원한다. 이런 세태에 발맞추어 전통적으로 남자다움으로 여겨져 온 경제적 능력, 성적 우월성 등의 도식을 포기하는 젊은 세대들이 있는가 하면, 배우지도 못한 사랑스러움, 대화 능력을 요구하는 여성들에게 배신감을 느끼고 가정으로부터, 자식으로부터 왕따를 당하는 남성들도 있다.

성과 마찬가지로 혼인과 가족 제도도 계속 변화해 왔고 아마 앞으로도 그럴 것이다. 많은 사람들은 혼인이 전통적으로 성적 본능을 사회적으로 적절히 통제 · 충족하는 수단으로 성립되었다고 말한다. 가족 또한 혼인을 통해 결합한 부부가 자녀를 출산 · 양육하면서 자연스럽게 만들어진 집단으로 여겨지고 있다. 과연 그럴까? 문화인류학의 연구는 이런 상식이 결코 보편적인 진실이 아님을 보여준다. 어떤 사회에서의 혼인은 그 사회의 사회 · 경제 · 문화적 맥락을 짚어보기 전에는 결코 이해할 수 없는 것으로 우리에게 다가오기도 한다. 또한 오늘날 혼인은 상당 부분 개인적인 것으로, 불과 수십 년 전만 하더라도 혼인은 좀 더 집단적이고 공적인 의미를 지닌 제도였다. 지극히 정상적인 것으로 그려지는 '낭만적인 사랑'은 19세기 서구 사회의 부르주아적 관습의 전통 아래에 형성되었으며, 일천한 역사를 지니고 있을 뿐이다.

남성성, 여성성, 혼인, 가족이 문화적 구성물인데 사랑이라고 다르겠는가? 사랑의 양식 또한 그 사회의 특수한 경로와 실천에 의해 결정된다. 물론 남녀관계는 인간이라는 종(種)이 다른 생물보다 양육 기간이 길고 협동하지 않으면 살아가기 힘들다는 점에서 일차적으로 생물학적인 차이로 인해 생성된다. 하지만 인간은 이런 기능적 욕구의 충족만으로는 살아갈 수 없다. 왠지 옆구리가 허전하고 외로워 견딜 수가 없고 누군가가 절실히 필요한 것이다.

사회학자들은 여성과 남성에게 다른 방법으로 적용되어 규정되는 성역할에 흥미를 가졌다. Brannon(1976)은 한 사람으로서 부분을 담당하는 것은 근원에 대한 공격이라고 했다. 즉 어떤 부분만을 감당하는 개인이 있는 것이 아니라 사회 안에서 특정 부분만이 개인에게 허용된다는 것이다. 이런 맥락에서 역할을 확장하여 수행하려면 주변의 지지와 이해가 많은 영향을 미친다고 규정했다. 성역할은 여성과 남성이 이해받을 만한 행동들의 총체적인 집합인 것이다.

이런 의미에서 성역할 이론들을 살펴보면, 첫 번째는 사회학습 이론으로 성에 대한 적합한 행동은 보상을 받고 부적합한 행동은 처벌을 받을 때, 아동은 그들 성에 적합한 행동을 학습한다는 이론이다. Mischel은 아동은 많은 행동을 주변 인물을 통해 모델링하면서 학습한다고 본다. 따라서 행동에서의 성차도 자기 주변의 남녀가 각각 다르게 행동하는 것을 보고 배웠기 때문에 일어난다고 본다. 즉 모델링과 동일시를 통해서 성역할을 학습한다는 것이다. 자녀들은 부모, 친구, 동료, 이웃의 성인과 대중매체 등을 모델로 삼아 성인들이 인식하는 것보다 훨씬 더 그들을 관찰하고 모델링한다.

부모는 자신의 성 고정관념에 비추어 남자아이가 남자다운 행동을 하면 칭찬과 보상을 하고 그렇지 않은 경우에는 질책과 처벌을 한다. 즉 총이나 자동차를 갖고 놀면 칭찬을 하지만 인형을 갖고 놀면 놀리거나 비웃는다. 반면에 여자아이는 위험한 장난감을 갖고 놀거나 거친 행동을 하면 여자답지 못하다는 이유로 야단을 맞는다. 이렇게 어린아이는 보상과 처벌이라는 메커니즘을 통해 남자아이는 남성다운 행동이 강화되고 여자아이는 여성다운 행동이 강화된다. 모델링 개념은 사회학습 과정에서 성역할 취득을 이해하는 데 중요하다. 우리는 어린아이가 어른을 모방하는 경우를 흔히 볼 수 있다.

두 번째로, 성에 대한 인지발달 이론은 아동의 정신적 성숙이 성역할 획득에 필수 불가결한 것임을 강조한다. 어린아이들은 성이 영구적인 것임을 배우고 나면 본인의 성에 맞게 행동하고 동성의 또래와 어울리려고 한다. 예를 들어 학교 운동장 모퉁이에서 한 아이가 고무줄놀이를 하는 집단과 축구를 하는 집단을 관찰하고 있다. 그 자신의 자아 개념('나는 소녀다' 또는 '나는 소년이다')은 성에 적합한 행동을 관찰하는 것과 관련이 있고, 일반적으로는 남자아이는 축구를 하는 집단에, 여자아이는 고무줄놀이를 하는 집단에 합류하게 된다.

세 번째로, 동일시는 아동이 동성 부모의 행동, 습관, 태도를 따라 할 때 생기는 결과이다. 자신의 부모를 동일시하는 아동은 그 부모와 같은 행동을 한다. Freud에 의하면 아동은 두려움으로부터 벗어나려고 동성의 부모를 동일시한다고 한다(1925, 1933). Freud는 이 두려움을 두 종류, 즉 애정 상실에 대한 두려움과 보복에 대한 두려움 중 하나라고 보았다.

Bandura(1973)에 의하면 사람은 모방을 통해서 폭력과 공격성을 학습한다고 한다. 아동은 다른 사람의 행동을 따라 함으로써 행동하는 방식을 배우게 된다. 주로 가족, 하위문화, 대중매체가 모델이 되어 행동이 사회적으로 전승된다는 것이다.

사회학습 이론가들에 의하면, 사람은 주어진 행동을 하고 나서 자신의 행위에 대한 주변 사람들의 반응을 점검하고, 호의적인 반응을 얻기 위해서 필요하다면 행동을 변화시킨다고 한다. 인간은 과거에 있었던 일을 기억하고, 미래의 실수를 피하기 위해 과거에 배운 교훈을 사용한다. 시행착오를 통해서 학습하는 것이다. 만약 어떤 행동이 칭찬이나 보상을 받는다면 우리는 그 행동을 반복하는 경향이 있다. 반면에 언어적으로나 신체적으로 처벌을 받는다면 그런 행동을 더 이상 하지 않는 경향이 있다. 전자의 경우에는 보상에 의해서, 후자의 경우는 처벌에 의해서 행동이 강화된다.

1) 성도식 이론

Jean Piaget의 인지발달 이론을 성 전형화에 적용한 Kohlberg(1966)는 성 정체감이나 성 유형화의 기초를 아동이 자신을 둘러싼 물리적 · 사회적 환경을 적극적으로 구조화한 결과로 보았다. 그리고 많은 연구들에서 성 정체감과 성 항상성을 인지발달과 더불어 발달하는 것으로 밝히고 있다.

인지발달 이론에 의하면 성 개념 중 가장 처음 획득하는 것은 자신이 여자인지 남자인지를 아는 것으로, 아동 초기에는 자신에 대해서만 여자 혹은 남자로 구분하지만 점차 다른 사람들에게로 확대된다. 이러한 주변의 여성과 남성의 활동과 사회적 역할을 관찰하고 남녀에 대한 성별 정보를 조직하면서 사회의 성 고정관념을 습득하게 된다.

성별 도식의 학습은 생애 초기부터 일어나는데, 이 도식은 개인이 성 전형화하도록 이끈다. Sandra Bem(1985)은 출생 직후의 영아는 자신과 세상에 대해 어떠한 도식도 가지고 있지 않지만 자신을 둘러싼 환경과의 상호작용을 통해 자신과 주변 세계에 대한 개념을 형성하며, 자신의 성(gender)과 관련된 지식과 정보를 조직하고 행동하면서 성별 인지도식의 범주를 만들고, 인지조직(cognitive organization)을 통해 사회가 기대하는 어떤 특성이 자신의 성과 관련되는지를 배우게 된다고 했다. 그리고 여러 차원의 특성들 중에서 자신의 성에 적합한 것을 선택해 자신에게 적용하면서 좀 더 복잡하게 발달해 간다고 주장했다. 그는 성 유형화된 성인과 양성적인 성인에게 남녀에 관련된 61개 단어 목록(예 : 바지, 비키니, 스웨터)을 보여준 후 기억을 회상하게 했을 때, 성 전형화된 피험자가 양성적인 피험자보다 단어를 성별에 따라 군집하여 회상하는 경향이 더 강하다는 것을 발견했다.

성도식 이론(gender schema theory)은 인지적 범주로서의 성차에 관심을 갖고 사회적 · 문화적 영향을 강조하는데, 문화가 규정하는 남성 또는 여성에 대한 정보를 조직화하고 '성도식'이라는 일련의 인지 과정을 통해 조정하면서 자신의 성을 전형화한다고 보았다. 인생 초기에 학습되기 시작하는 성도식은 개인이 성역할 정체감을 획득하고 성 전형화될 수 있도록 인도하는 역할을 한다.

'스키마(schema)'라는 용어는 사람들이 그들을 둘러싸고 있는 세계에 대해 인식하고 느끼는 사고의 틀을 정의하기 위해 Bartlett(1932)이 처음으로 제안했다. Bartlett은 특별히 기억에 관심이 많았고, 사람들이 들은 이야기를 어떻게 기억하는지에 대해 많은 연구를 수행했다. 그는 사람들에게 예전에 들었던 얘기를 다시 자세히 말하라고 하면 내용을 왜곡해서 말하는 경향을 보인다는 것을 발견했다. 즉 이야기가 더 짧아지기도 하고 원래 내용보다 길어지기도 하며 다채로워지기도 한다. 이와 같이 개인의 고유 시각과 경험에 근거하여 더 많은 그럴듯한 부분들을 만들어낸다. Bartlett은 이것을, 사람들이 정보를 받아들일 때 그들이 이전에 가지고 있는 지식과 정보가 본래의 이야기를 방해하는데 이 방해하는 과정을 스키마라고 하면서, 우리가 일상의 주변에서 일어나는 일에 대해 인식하는 것을 가능케 하는 것이 바로 스키마타(schemata)라고 주장했다(엄격하게 schema는 복수형, schemata의 단수형인데 일반적으로 schema와 schemas가 널리 쓰인다).

그러므로 스키마타는 '경험을 확립하고, 행동을 통제하며, 추론과 해석을 만드는 기초를 제공하는' 정보의 안내이며, 사람들이 자신을 포함하여 성별에 대해 인식하는 데 핵심이 된다. 많은 연구들이 이 주장을 뒷받침해 왔는데, 예를 들어 Stangor와 Ruble(1987)은 성도식이 잘 발달되어 있는 어린아이들은 전통적이고 성 고정적인 역할을 하는 여성과 남성의 모습을 성이 역전된 역할을 하는 그림보다 훨씬 더 잘 기억한다는 결론을 제공했다. 게다가 그들의 회상은 왜곡되는 경향을 보였다. 예를 들어 그들은 다리미질을 하고 있는 여성의 모습으로 기억하여 묘사했으나 사실은 남자의 모습이었다. Janoff-Bulman과 Frieze는 성도식이 사람의 정체성 확립에 결정적이라고 주장했다.

실제로 많은 이론가들은 성도식이 단순하고 일상적인 인식에서부터 한 개인의 전체적인 세계를 보는 시각과 인생의 선택에 영향을 준다고 주장해 왔다. Frable은 대학생들을 대상으로 한 연구에서 '성도식'과 '성관념(gender ideology)' 사이의 상호작용을 연구했는데, 강한 성 자기도식(gendered self-schemata)을 채택한 사람들은 더욱 행동에 대한 젠더 규준을 승인하는 경향이 있으며, 직장과 학교에 대한 신청을 평가하도록 요구받았을 때 여성을 더욱 구별하는 경향이 있다. Martin과 Halverson(1981)은 '젠더 렌즈'를 통해 타인의 행동을 해석하고 세계를 바라보는 경향을 수반한 강한 성도식의 작용은 성 고정관념을 이끌어 낸다고 주장했다.

인지발달 이론과 달리 이 이론은 높은 정도의 성 전형화가 성숙 과정에 꼭 필요하다고 보지 않는다. 오히려 이 이론은 어른들이 아이들에게 세상을 성별과 관련해 구별하는 것을 가르치기 때문에 성역할 고정관념이 생긴다고 본다. 아동은 성장 과정을 통해 성별이 사람을 분류하는 유용한 방법이라는 것을 학습하고, 남성들이 더 큰 힘을 갖는다는 것도 학습한다. 따라서 성도식 발달을 최소화하는 방식으로 아동을 양육한다면 성 고정관념적인 사고나 행동은 최소화되며, 그렇게 양육된 아동들은 성을 신체적 차이로만 인식할 뿐 부적절한 차원을 스키마에 동화시키지 않을 것이고, 개인은 성별 중립적 태도와 행동을 취할 수 있다는 것이다.

그러나 대부분의 성격심리학이나 사회심리학 이론에서 남성성과 여성성이 양극단에 위치한다고 개념화하면서 많은 심리검사에서 남성성, 여성성 척도를 내포하게 되었으며, 사람들이 여성적인지 남성적인지 평가하고 적절한 성 전형화가 발달의 바람직한 상태인 것으로 보아 왔다.

2) 성 고정관념

옥스퍼드 영어사전은 고정관념에 대하여 '사물들을 변하지 않게 만들고 단일한 규칙성을 부여하며 모든 세부사항을 고정하고 형식화하는 것'으로 정의했는데, Parson은 성 고정관념이란 남자와 여자에 대해 특정 성별이 지니는 심리적 특성이나 행동에 대해 전형적으로 기대하는 일련의 신념도식을 의미한다고 말했다.

한편 Brannon은 성역할은 행동에 의해 규정되는데 성 고정관념은 남성다움과 여성다움에 대한 믿음과 태도로 이는 서로 관련되어 있으며 아동기뿐만 아니라 전 생애에 걸쳐 사회적 범주화를 하게 된다고 하면서, 성역할은 성 고정관념을 낳게 된다고 주장했다.

서구 사회는 오랫동안 '진정한 여성다움'과 '진정한 남성다움'에 대한 역사적 유산을 가지고 있다. Pleck(1984)은 '진정한 남자'에 대한 역사적 기원을 탐색했는데 중심 주제는 'sissy(계집애 같은, 유약한)'에 대한 금지였다. 진정한 남자란 계집아이 같은 요소가 없어야 하고, 성공하고 지위를 얻어 존경을 받아야 하며, 자신만만하고 강하고 독립적이어야 하고, 필요하다면 공격, 심지어 폭력을 써서라도 절대로 지지 말도록 독려했다.

한편 네 가지 기본적인 덕성을 지닌 여성, 즉 신앙심과 순결, 순종, 그리고 가정에 충실한 여성이 '진정한 여자'로, 여성은 약하고 상처 받기 쉬우므로 누군가의 보호를 받아야 하고, 성적으로 순결해야 하며(성녀와 창녀라는 이중기준 적용), 자신보다 다른 사람의 요구와 느낌을 우선적으로 배려하고, 가정의 일을 우선순위에 놓고 양육과 가족에 대한 책임을 다해야 한다고 했다. 이러한 전통적인 고정관념은 최근 대중매체나 여성 파워에 의해 공격을 받아 왔지만 여전히 그러한 이미지를 벗어나지 못하고 상당히 널리 퍼져 있다.

『화성에서 온 남자, 금성에서 온 여자』라는 책을 써서 사회의 여러 분야에 엄청난 반향을 일으킨 John Gray에 따르면, 남자와 여자는 서로 다른 행성에서 온 듯이 삶의 모든 면에서 다르게 생각하고, 느끼고, 받아들이고, 반응하고, 사랑하며, 필요로 하는 모든 것이 다르다. 거기에 따라 소통방식도 다르므로 남녀가 서로 어떻게 다른지를 깊이 인식함으로써 관계 속에서의 긴장을 줄이고 친밀감과 행복감을 증진하기 위한 실제적인 방안을 제시하고 있다. 화성인의 가치는 능력, 유능감, 효능감, 성취, 업적으로 자기 능력을 입증해 보이거나 힘과 기술을 위해 끊임없이 노력하며, 목적을 이루는 능력을 통해 자신의 존재를 확인하고 성공과 성취를 통해 충족감을 맛본다. 그러나 금성인은 다른 가치를 가지는데 그들은 사랑, 대화, 아름다움, 친밀한 관계를 더 중요시한다. 그들은 서로 돕고 관심을 주면서 보살피는 일에 많은 시간을 할애하면서 자기의 느낌과 관계를 맺고 나누는 일에서 충족감을 느낀다.

성차에 대한 편향된 결론은 남성과 여성을 완전히 다른 별개의 범주로 구분하게 하는데, '화성에서 온 남자'와 '금성에서 온 여자'라는 말이 존재할 수 있는 것도 이 때문이다. 그러나 실제로 남성과 여성은 다르기보다는 매우 유사한 측면이 많다.

그동안 많은 연구들은 아동기 성별 고정관념 발달에 가장 영향을 주는 것은 가정에서 바깥일을 하는 아버지와 집안일을 하는 어머니로, 성역할이 구분된 활동을 보면서 남녀에 대한 고정관념적인 태도가 형성된다고 주장했다. 그러나 S. Bem의 연구에서는 아동이 어떻게 성도식을 형성하게 되는지에 대해 좀 더 흥미로운 면을 보여주었는데, 그녀는 아동이 역할 모델에 노출될 뿐만 아니라 부모가 적극적으로 성적 자율성을 가르치면 성별 고정관념에 도전한다고 주장했다.

지금까지의 심리학 연구는 남성을 규준으로 삼아 남성들에 의해 채택된 표준에 맞지 않는 여성들은 무시되거나 또는 심리적 문제나 결함을 지닌 것으로 인식하고, 사회는 성역할 고정관념에 일치하는 행동을 하는 여성들, 즉 수동적 · 의존적 · 감정적 · 정서적인 여성들을 건강하고 적응적인 사람으로 평가하는 반면, 고정관념을 무시하거나 위배되는 행동을 하는 여성들을 부적응적이고 건강하지 못한 사람으로 간주했다. 그러나 1960년대 후반, 여성해방운동의 출현과 함께 심리학에서도 여성과 성차에 관심을 가지고 새로운 시각으로 바라보려는 움직임이 활발해지면서, 성별이나 성차는 독립적으로 존재하는 것이 아니라 사회문화적인 다양한 변인과 상호작용하며, 성별에 미치는 사회화나 문화의 영향이 생물학의 영향보다 더 크므로, 개인의 다양한 특성을 이해하기 위해서는 그들이 속한 사회문화적 영향과 다른 맥락과의 관계에서의 독특한 의미에 초점을 맞추어야 한다고 주장했다.

3) 성과 성역할에 관한 Eysenck의 이론

첫 번째로 Eysenck의 이론을 들 수 있다. 그의 주장에 따르면 모든 사람들은 생물학(결과적으로는 유전)과 환경(사회적인 환경을 포함해서)을 통합해서 인간의 태도나 성격을 구분하고 분석할 수가 있다는 것이다. 특히 그는 어떤 사람들은 태어날 때부터 외향적이기 때문에 더 많은 자극을 필요로 한다고 말했다. 그래서 외향적인 사람들은 위험을 즐기고 새로운 경험과 흥분을 찾으며 열정적이기에 더 위험한 성적 행위를 추구하고 흥분을 원한다는 것이다.

반면에 내향적인 사람들은 자극을 덜 추구하기 때문에 신중한 방법으로 성관계에 접근하며, 자극적인 성행위를 부끄러워하고, 생리적으로 자극에 굉장히 민감하기 때문에 더 쉽게 성적인 흥분을 느낄 수 있다고 했다. 즉 외향적 성격을 가진 사람들은 내향적 성격을 가진 사람들보다 더 적극적으로 여러 가지 테크닉을 사용하여 성교한다는 것이다. 사회에서도 사교적이며 모험심이 많은 사람들은 그들만의 성교 테크닉과 성교할 많은 파트너를 가지고 있으나, 반면에 개인적이고 소극적인 사람들은 자위행위를 선호하는 경향이 더 많다고 한다.

Eysenck의 성적 행동에 대한 학설은 대체로 남자 위주로 되어 있기 때문에, 여자는 남자보다 성적으로 부끄러움을 많이 타며 부끄러움을 많이 타는 사람일수록 성적인 것을 좋아하지 않는다고 보고했다. 또한 남녀의 힘의 차이나, 그것이 성 기호 또는 행동에 미칠 수 있는 영향은 무시한 채 여성의 성적 부끄러움을 남녀의 성격 차이로 보고 있다. Eysenck는 수많은 연구를 통해 외향적인 사람들은 더 위험한 성행위를 한다는 것을 밝혀냈다. 그렇지만 많은 이론가들은 Eysenck를 비난하면서 모든 외향적인 사람들이 위험한 성행위를 하는 것은 아니라고 주장했다.

4) 성격 발달과 역할에 관한 Freud의 이론

Freud는 인간의 행동은 습득되거나 문화에서 얻는 것보다는 본능적이라는 가정을 바탕으로 하고 있으며, 그의 이론에 의하면 '발달'은 생물학적 발달 과정이고 경험과 사회화에 의해 수정되며, 개인이 태아에서 어른으로 성숙하면서 지나치는 단계를 통해 이루어진다고 말하고 있다.

Freud의 발달 이론은 '잭의 이야기(The Tale of Jack the Dragon-Slayer)'에서 엿볼 수 있는데, 그에 의하면 자신이 극복해야 할 고난이나 위험 혹은 정신적인 고통이나 통과해야 할 시험을 이겨내야만 한다는 것이다. 즉 두려움을 직면하고 자신의 약점이나 어려운 환경을 이겨내기 위한 용기를 찾아내는 것은 변화를 일으키는 데 필요한 경험으로, 이것이 바로 영웅이 자기 운명을 성취할 수 있는 유일한 방법이라는 것이다. Freud의 이론에 의하면 이러한 위험은 누구에게나 발생하나 모든 사람이 자신의 미래를 방해하는 용을 죽일 수 있는지 없는지, 그리고 어떻게 죽이는지에 따라서 미래가 달라진다. 만약 그 사람이 쓰러진다면 용한테 사로잡혀서 더 이상 성장할 수 없게 된다고 말하고 있다.

성격 발달과 기능의 기초적인 에너지를 독일어로 번역하면 '본능', '욕망', '충동'으로 사용된다고 Freud는 묘사한다. Freud는 본능에 대해 말하길 생명과 죽음과 성과 공격적인 본능 같은 정신역동이라 했고, 성격 발달에 있어서 본능 에너지가 성격에 어떻게 작용하는지를 연구했으며, 이러한 에너지는 무의식적인 상태에서 발생한다고 믿었다. 사람들이 의식하지 못하지만 어떤 일이 생기는지 알 수 있는 방법은 사람의 성격, 품성, 경험, 행동이 나타남을 관찰함으로써 알게 되는데, 무의식은 정신역동적인 존재이고 의식적으로 행하는 모든 사건은 무의식적인 상상이나 변화에 의해 결정된다고 했다.

그는 또한 본능이 성격 발달을 가능하게 하고, 성격이 어떻게 기능하는지를 조절하는 에너지를 만든다고 했다. 그리고 이 에너지가 하는 일은 무의식중에 일어난다고 했다. 그는 성장해서 겪는 모든 심리학적 문제는 어렸을 때의 외상적인 일들에 의해 발생한다고 여겼다. 그리하여 Freud는 인간의 성적 본능에 대해 다섯 단계, 즉 구강기, 항문기, 남근기, 잠복기, 성기기로 구분하여 설명했고, Eysenck와 같이 여성에 대해서는 남성만큼 초자아를 형성하지 못하기 때문에 도덕적으로 열등하다고 차별을 했다.

5) 여성주의적 관점

여성주의는 이 세상에 존재하는 차별과 억압의 문제에 대한 의식에서 비롯되었다. 초기의 여성주의 운동은 사회적으로 억압받는 이들에 대한 차별의식과 구조에 저항하는 백인 중산층 여성에 의해 시작되었고, 이는 사회 정치적 영역을 지배하는 중산층 남성에 대한 저항운동이었다. 이처럼 여성주의는 남성의 여성에 대한 인권 존중에 한정되어 있지 않으며 인종차별, 사회경제적 계층 간 차별, 성적인 선호에 대한 차별 등의 모든 영역에 걸친 인간 불평등에 대한 철학적 견해이다. 따라서 지배와 피지배, 주류와 비주류로 구분되는 사회적 권력에 의해 무시되는 개인의 권리를 존중하고 개인의 정체성을 확립하는 데 그 목적을 두고 있다.

여성주의 철학과 이론은 사회의 권력 구조에 대해 주목하고 이 점을 면밀히 관찰한다. 예를 들어 모든 불평등의 이슈는 제도화된 권력의 기반하에서 발생한다고 본다. 다민족 국가인 미국의 경우라면 백인, 중산층, 이성애자, 능력 있는 자, 남성이 권력적 지위에 속한다고 볼 수 있다. 우리나라의 경우도 부를 소유한 자, 권력적 지위에 있는 자, 좋은 학벌 소유자, 남성, 이성애자 등이 이 부류에 속한다고 볼 수 있지 않을까? 이에 반해 이 집단에 속하지 못한 사람들에게 발생하는 차별이나 억압이 사회 내에 존재할 수 있다. 여성주의의 공통 주제는 불평등과 억압의 문제에 사회적 구조나 권력이 어떻게 작용하는지를 인식하고 구체적으로 이를 개선하려는 사회변화운동을 지향하고 있다.

여성주의는 성차별주의와 성차별적인 억압을 종식시키는 사회운동으로 시작되어 현재는 인간 이해를 위한 심리학적 관점 중 하나로, 동시에 상담과 심리치료 이론으로 정착되었다. 현대 여성주의 관점에서는 여성 경험의 다양성뿐 아니라 인간 경험의 다양성 내에 존재하는 개인의 사회문화적 억압의 문제를 인식하고 이로부터 자유로워지는 것을 표방하고 있다. 여성주의 상담의 목표는 삶의 주체로서의 여성들이 지니고 있는 고유한 여성성을 존중하고 사회적으로 부당하게 억압받고 있는 성차별적인 편견을 극복하도록 평등한 위치에서 개인을 도와주고자 하는 데 있다(박경, 2003). 성폭력 등의 성문제와 관련해서 사회적 구조 내에 존재하는 불평등의 요소들을 인식하는 것을 무엇보다 중시하며 이를 위한 개인 문제에 영향을 미쳐 온 성역할 분석 및 권력 분석을 핵심 과정으로 삼고 있다.

4. 성에 관한 연구 동향

1) 초기 성 연구학자

19세기까지 서양의 성 연구자들은 과학적인 틀을 적용하여 성을 연구하지 못했다. 19세기 이전에는 성을 과학보다 종교적 맥락에서 바라보았고, 성은 연구 대상이 되지 못했다. 성은 도덕적인 주제였다. 초기 기독교 시대에는 논문, 교회법과 교황의 교서, 설법과 고백서뿐만 아니라 육욕의 죄의 목록을 만들었다. 성에 대한 초기의 연구자들은 기독교의 전통을 반영하면서 성의 건강한 기능보다는 지나친 성행위와 이상 행동을 가정하는 데 관심을 가졌다. 그들은 신앙에서 죄로 비난받는 성욕 도착, 가학성 성애, 자위, 동성애와 같은 성의 병리 현상에 주로 관심을 기울였다. Alfred Kinsey는 19세기 연구자들이 "과학적 분류들은 … 15세기의 … 신학의 분류와 도덕적인 선언과 동일하게…" 만들었다고 비꼬아 기록했다(Kinsey et al., 1948).

그러나 성에 대한 생각은 개방적인 추세가 되어 왔다. Richard von Kraft-Ebing과 Freud 등은 성을 위험하고 억압해야 할 것으로 보았으나 Havelock Ellis, Alfred Kinsey, William Masters, Virginia Johnson, 그리고 좀 더 근대의 다른 많은 연구자들은 성에 대해 더 긍정적으로 바라보았다. 역사가인 Paul Robinson(1976)은 후기의 연구자들을 근대주의자 또는 '성의 열광자'로 간주했다. 3개의 주제가 최근의 성 연구자들의 연구에서 분명히 나타나고 있다. 이들은 (1) 성적 표현이 개인의 행복에 필수적이라고 생각했고, (2) 동성애를 포함하는 합법적인 성적 활동의 범위를 넓히기 위해 노력했으며, (3) 여성의 성욕이 남성의 성욕과 다르지 않다고 생각했다.

성 연구자들은 성을 가능한 한 많이 객관적으로 조사하기 위하여 시도했다. 그러나 대부분의 성 연구자들은 그 시대의 믿음, 가치와 함께 뒤얽혀 있다. 이것은 특히 가장 중요한 몇 명의 초기 성 연구자들 사이에서 분명하다.

Kraft-Ebing(1840-1902)은 아마도 초기 연구자들 중에서 가장 영향력 있는 정신의학 교수일 것이다. 1886년에 그는 성욕 도착, 가학성 성애, 마조히스트, 동성애의 사례 경력들을 모은 자신의 가장 유명한 저서 『성의 정신병리학(Psychopathia Sexualis)』을 출판했다. 그는 '가학피학성 변태성욕(sadomasochism)'과 '이성의 옷을 입고 좋아하는 변태성욕자(transvestite)'라는 단어를 만들었다.

Kraft-Ebing은 빅토리아 여왕 시대의 성을 '유전적인 타락', '도덕의 타락', 그리고 특히 자위에 대해 왜곡된 생각에 대한 시각의 변화를 언급했다. 성욕 도착과 잔인한 사디즘의 기원, 대부분의 변화들과 마찬가지로 자위는 19세기에 주요한 죄였다. 자위에 대한 그의 잘못된 초점에도 불구하고, Kraft-Ebing의 『성의 정신병리학』은 전에 쉽게 거론하지 않았던 성적 행동들에 이르기까지 범위가 확대되었고, 이에 대한 대중의 관심과 토론이 활발해지게 되었다. 이와 더불어 성적 행동의 부정적인 측면을 공식적인 연구를 위해 개방하게 되었다. 성에 관한 이론가 및 연구학자를 소개하면 다음과 같다.

반복되는 인간의 정신적인 문제나 장애 혹은 대인관계 어려움의 원인에 대해 Freud는 무의식이란 미지의 영역을 발견했다. Freud는 무의식적인 동기를 의식으로 가져온다면 사람들의 행동이 변화할 수 있을 것이라고 믿었다. 그러나 이는 죄책감을 일으키기 때문에,

사람들이 숨겨진 기억이나 동기를 인식하지 못하게 하고 이것의 인식을 방해하는 심리적인 기제인 '억압'이 작동된다고 보았다.

Freud는 무의식을 탐구하기 위하여 다양한 기법을 사용했다. 특히 그는 무의식의 의미를 알기 위하여 꿈을 분석했다. 그의 마음으로의 여행은 무의식적인 욕구에 속하는 것으로 생각되는 행동의 심리적인 체계인 정신분석의 발달을 이끌었다. 그는 1938년 히틀러가 오스트리아를 합병했을 때 빈에서 망명했고, 1년 후 영국에서 사망했다.

Freud는 다른 연구자들과 달리 성욕은 태어났을 때부터 시작된다고 믿었다. Freud는 심리성적 발달을 다섯 단계로 설명했다. 첫 번째 단계는 태어나서 약 1년까지 지속되는 구강기이다. 이 시기 동안에 영아의 성애는 입에 집중되어 엄지손가락을 빠는 것은 성적인 즐거움을 느끼게 한다. Freud는 "이 성적 활동의 가장 두드러진 특성은 … 아동이 자신의 몸을 스스로 만족시키는 것"이라고 생각했다(Freud, 1938). 두 번째 단계는 1~3세의 항문기이다. 아동들의 성적 활동은 자기색정적으로(autoerotic) 지속되지만 쾌락의 영역은 항문으로 옮겨 간다. 3~5세 아동들은 성기에 흥미를 보이는 남근기에 있다. 6세에 아동들은 성적 충동이 더 이상 활발하지 않은 잠복기에 들어선다. 그리고 사춘기에 성기기에 들어서며 생식기의 성적 활동, 특히 성교에 흥미를 가지게 된다.

남근기는 여자와 남자의 발달에서 중요한 단계이다. 남아는 어머니에게 성적 욕구를 발달시키는데, 이는 오이디푸스 콤플렉스를 이끈다. 남아는 어머니에게 사랑을 느끼는 동시에 아버지를 두려워한다. 이 두려움은 질투 때문에 아버지가 자신의 성기를 거세할 것이라는 믿음인 거세 불안을 이끈다.

Freud에 의하면, 여아는 좀 더 복잡한 발달 경로를 따른다. 여아는 엘렉트라 콤플렉스를 발달시키는데, 어머니를 두려워하는 동시에 아버지에 대한 사랑을 품는다. 여아는 자신이 성기를 가지지 못했다는 것을 발견하고 빼앗겼다고 느끼면서 남근 선망을 발달시킨다. 남아와 여아는 6세까지 다른 성의 부모를 향한 욕구를 포기하고 동성의 부모와 동일시함으로써 오이디푸스 콤플렉스와 엘렉트라 콤플렉스를 해결한다. 아동들은 이 과정을 통해 남성성, 여성성 동일시를 발달시킨다. 그러나 여아는 결코 '잃어버린 남근'을 얻을 수 없기 때문에, Freud는 여아들이 남아들과 같은 독립적인 성격을 발달시키는 데 실패한다고 생각했다.

많은 연구들에서 Freud의 과학에 대한 열정과 무의식의 탐구들에 대해 그가 20세기 사상의 한 획을 그은 것처럼 말하기도 했다. 그러나 미국 성 연구자들 사이에서 그의 영향력은 점차 감소했다. 가장 중요한 두 가지 이유는 Freud의 경험적 연구의 부족과 여성 성욕

발달의 설명이 부적절하다는 것이다. 이런 제한 때문에 Freud의 연구는 성 연구자의 주류에서 대부분은 역사적인 관심으로 되어 갔다. 그의 연구는 심리학의 일부 영역에 지속적으로 영향력을 발휘했지만 다른 사람들에 의해 많이 수정되었다. 심지어 동시대의 정신분석학자들은 Freud의 연구를 급진적으로 개정했다.

Havelock Ellis(1859-1939)는 20세기에 가장 영향력 있는 성적 사상가 중 한 사람으로 빅토리아 시대에 어린 시절을 보냈다. 그가 고향인 영국에서 보낸 청년 시절은 성적 억압과 이에 대한 두려움으로 힘들기도 했다. 그는 인간이 무지에서 자유로워지기 위해서는 성적 억제로부터 해방되어야 한다고 보았다. 그는 성욕에 관한 첫 번째 현대 사상가들 중 한 사람이다. 그는 "섹스는 삶의 뿌리에 있다."라고 기록했고, "우리는 성을 이해하기 위한 방법을 알 때까지 삶을 경외하는 마음을 결코 배울 수 없다."고 기록했다(Ellis, 1900). 그는, 성욕을 부정하는 사람들은 성을 죄나 타락으로 가는 지름길이라고 하면서 이를 막는 길은 도덕과 종교밖에는 없다고 주장하며 종교를 이용한다고 생각했다.

Ellis는 초기 근대 성의 중요한 사상가였다. 『성의 심리학』(1897~1901년에 출판된 최초의 6권)에서 그의 연구는 사례연구, 자서전, 개인적인 편지로 구성된다. 그의 가장 중요한 공헌 중 하나는 성적 가치관의 상대성을 지적한 것이다. 19세기에 미국인들과 유럽인들은 그들 사회의 지배적인 성적 신념이 도덕적이고 자연스러운 정확한 기준이라고 비슷하게 생각했다. 그러나 Ellis는 서양의 성적 기준은 유일한 도덕적 기준이 아니고, 또한 반드시 현실적으로 뿌리내리지 않았다고 설명했다. 그로써 그는 동물 행동, 인류학과 역사에 대한 연구에 흥미를 가진 첫 번째 연구자들 중 한 명이었다.

또한 Ellis는 자위가 비정상적이라는 관점에 도전했다. 그는 자위는 일반적인 현상이고, 어떠한 심각한 정신적 또는 신체적 문제들과 관련이 있다는 증거가 없다고 주장했다. 그는 나쁜 결과 없이 자위를 했던 많은 남녀들을 기록했다. 사실 그는 자위가 긍정적인 기능을 한다고 주장했다. 자위는 긴장을 경감시킨다는 것이다.

19세기에는 여성을 성적 욕구보다 생식하는 욕구를 지닌 본질적으로 '순수한 존재'로 보았다. 반면 남성은 성적으로 강한 정열을 느끼는 것처럼 몰아감으로써 여성의 성은 엄격하게 통제되고 억압되어 왔다. Ellis는 수많은 사례연구에서 여성도 남성만큼 강렬한 성적 욕구를 가지고 있다는 것을 상세히 기록했다.

Ellis는 빅토리아 여왕 시대 사람들이 비정상적이라고 생각했던 많은 행동을 포함한 광범위한 행동들이 정상적이라고 주장했다. 그는 자위와 여성의 성이 모두 정상적인 행동이고, 심지어 소위 성적 행동의 비정상적 요소들이 단지 정상의 과장된 표현이라고 주장했다.

또한 그는 동성애를 재평가했다. 19세기에는 동성애를 죄와 타락의 요소로 보았다. 동성애는 위험하고 끔찍한 범죄였다. Ellis는 동성애가 질병이나 죄악이 아니라 타고난 것이라고 주장했다. 예컨대 어떤 사람은 동성애를 선호하는 사람으로 태어나는가 하면, 대부분의 사람들은 동성애를 하지 않는 사람으로 태어난다는 것이다. Ellis는 동성애가 타고난 것이라고 주장함으로써 사람이 선택할 수 없기 때문에 동성애를 악덕이나 도덕적 타락의 한 형태로 간주하는 것은 부인했다. 이와 같은 입장에서 Ellis는, 만약 동성애가 타고난 것이고 해롭지 않다면 비도덕적으로 또는 범죄로 간주되어서는 안 된다고 주장했다.

Alfred Kinsey(1894-1956)는 인디애나대학교의 생물학자이자 담즙 말벌에 대한 미국의 권위자로, 성적 무지와 미덕의 신념을 깬 사람이다. 그는 『인간에 있어서 남성의 성행위(Sexual Behavior in the Human Male)』(Kinsey, Pomeroy, & Martin, 1948)와 『인간에 있어서 여성의 성행위(Sexual Behavior in the Human Female)』(Kinsey, Pomeroy, Martin, & Gebhard, 1953) 2권의 책을 통해 자신의 생각을 피력했으며, 미국인들의 실제 성적 행동을 통계적으로 기록했다. 그들은 성행동의 일반적인 기준과 실제적 성행동 사이의 큰 모순을 매우 상세하게 증명했다. Kinsey의 책('킨제이 보고서'로 널리 알려짐)이 폭발적인 인기를 보이자 미국인들은 그들의 소중했던 이상과 착각을 깨는 데 저항을 보이기도 했다.

Kinsey가 자신의 연구에서 발견한 것은 성적 행동에서의 현저한 다양성이다. 그는 남성들 중에서 오르가슴을 매일 느끼는 사람들과 오르가슴 없이 몇 달을 지내는 사람들을 발견했다. 그는 여성들 중에서 결코 오르가슴을 느낀 적이 없는 사람들과 하루에도 여러 번 느끼는 사람들을 발견했다. 또한 그는 30년 동안 단 한 번만 사정했던 한 남성과 평균적으로 한 주에 30번 사정했던 사람을 찾아냈다. 그는 "이 같은 다양성이나 개인차는 같은 마을에 사는 사람들, 이웃들, 사업 장소에서 만나는 사람들과 공통의 사회적 활동을 함께하는 사람들의 두 개인 사이에 일어날 수 있다."라고 단호하게 말했다(Kinsey et al., 1948).

Kinsey의 연구는 사람들의 성의 적응에서 자위의 역할에 대한 재평가에 목표를 두었다. Kinsey는 자위에 대해 세 가지의 중점을 두었다 — (1) 자위는 해롭지 않다, (2) 자위는 성교를 대신하는 것이 아니라 성적 즐거움을 제공하는 성적 행동의 별개 형태이다, (3) 자위는 이성과의 성교보다 좀 더 쉽게 오르가슴을 경험할 수 있도록 하고, 자위를 하면 성교 동안 오르가슴에 쉽게 이르도록 한다는 점에서 여성의 성욕에 중요한 역할을 한다. 실제로 Kinsey는 자위는 다른 사람들에게 의지하지 않기 때문에 여성의 타고난 성적 반응을 측정하는 데 가장 좋은 방법이라고 생각했다.

Kinsey의 연구 이전에는 어떤 사람이 동성과 어떤 성적 행동을 한 적이 있다면 동성애자로 간주했다. 그러나 Kinsey는 많은 사람들이 남녀 모두의 구성원들과 성적 경험이 있었다는 것을 발견했다. 그의 연구에서 남자들 중 50%와 여자들 중 28%가 동성과의 성적 경험이 있다고 보고했고, 남자들 중 38%와 여자들 중 13%가 이 경험에서 오르가슴을 느꼈다고 보고했다(Kinsey et al., 1948, 1953). 게다가 그는 성적 매력이 사람의 생애 과정에 걸쳐 바뀔 수 있다는 것을 발견했다. Kinsey는 연구를 통해 이성애자나 동성애자로 사람들을 분류하는 것은 잘못되었다는 결론을 내리게 되었다. 인간의 성은 상당히 복합하고 유동적이다.

Kinsey는 이성애와 동성애 정체성의 개념을 없애길 원했다. 그는 동성애, 이성애가 고정된 심리적인 정체성으로 존재한다고 생각하지 않았다. 대신에 다만 성적인 행동이 있으며, 행동이 사람들을 게이, 레즈비언, 양성애자, 이성애자로 만들지는 않는다고 주장했다. 사람들을 게이, 레즈비언, 이성애자로 분류하는 것보다 행동의 비율을 어떻게 동성과 이성으로 결정할 것인지가 더 중요했다.

그는 이성, 동성과 같이 한 개인의 성적 행동의 비율을 나타내는 Kinsey 척도를 개발했다. 이 척도는 행동을 연속선상에 두면서 동성과 성적 행동이 전혀 없는 것에서부터 오로지 동성과만 성적 행동을 하는 범위까지 행동을 분류하여 도표로 만들었다. 그의 척도는 인간 성행동의 범주를 근본적으로 개혁했다(McWhirter, 1990).

그의 연구 결과처럼, Kinsey는 정상과 비정상의 구분은 의미가 없다고 주장했다. 그는 Ellis처럼 성적 차이 정도의 문제지 종류에 관한 문제가 아니라고 주장했다. 대부분의 성적 행동은 단지 약간 차이가 있던 또 다른 행동의 옆에 놓을 수 있다. 그의 관찰은 그를 성적 차이의 관용을 선도하는 옹호자로 만들었다.

비록 Kinsey의 통계적인 방법론이 비판을 받았을지라도, 그의 업적에 대한 가장 중요한 두 가지 비판이 있다. 그것은 (1) 성적 행동의 양화에 대한 강조와 (2) 심리학적인 차원에 대한 거절이다. Kinsey는 양을 측정하고 싶었기 때문에 오로지 객관적으로 측정될 수 있는 행동들만 연구했다. 따라서 그는 성적 행동을 오르가슴으로 이끄는 것으로 정의했다. Kinsey는 이 방법으로 성을 정의하면서 성적 행동을 성기의 활동으로 축소시켰다. 그는 자신의 연구에서 보통 오르가슴으로 이끌지 않는 성적 활동, 예컨대 키스와 에로틱한 공상을 제외했다. 또한 그는 성의 심리적인 차원을 간과했다. 그는 동기와 태도를 객관적으로 측정할 수 있다고 생각하지 않았기 때문에 관심을 두지 않았다. 따라서 사랑과 같은 감정의 역할은 성에 대한 그의 논의에 관여하지 않는다.

Kinsey의 인간 성의 심리적인 차원에 대한 관심의 부족은 의미가 없기 때문에 동성애적/이성애적 정체성을 거부하게 했다. 사람들의 성적 행동은 그들의 동성애적 또는 이성애적 정체성에 부합하지 않을지도 모르지만, 이 정체성은 자기개념의 중요한 부분이다. Kinsey는 이 요소들을 무시하면서 인간의 성에 대한 자신의 이해를 중대하게 제한했다.

1950년대에 미국의 의사인 William Masters(1915-2001)는 남성의 빠른 사정과 발기의 어려움, 그리고 여성의 오르가슴 결핍과 같은 성적인 문제를 치료하는 데 흥미를 갖게 되었다. 그는 의사로서 인간의 성적 반응에 관한 체계적인 연구가 필요하다고 느꼈지만, 아무것도 없었다. 이 빈자리를 채우기 위하여 그는 자기 스스로 연구를 하기로 결정했다. 몇 년 후에 Masters는 심리학자인 Johnson(1925~)과 연구를 함께 하게 되었다.

Masters와 Johnson은 자위와 성교를 포함하는 성적인 행동의 1만 개 이상의 에피소드 동안 382명의 남성과 312명의 여성의 성적 반응 주기를 상세히 기술했다. 연구원들은 관찰 및 전자 장치들을 이용해 남성과 여성의 성기 변화를 직접적으로 측정한 것을 결합했다.

그들의 첫 번째 책인 『인간의 성적 반응(Human Sexual Response)』(1966)은 연구자들과 대중 사이에서 즉시 성공을 거두게 되었다. 그들의 저서를 중요하게 만들었던 것은 단지 생리적인 반응에 대한 상세한 기술이 아니라 중요한 몇 가지 개념의 명확한 표현이었다. 첫째로, Masters와 Johnson은 생리적으로 남성과 여성의 성적 반응이 매우 유사하다는 것을 발견했다. 두 번째로, 그들은 여성들이 주로 음핵(클리토리스) 자극을 통해 오르가슴에 도달한다는 것을 증명했다. 질에의 삽입은 오르가슴을 일으키는 데 필요하지 않았다. 음핵의 중요성을 설명하면서 Masters와 Johnson은 질과 음핵 오르가슴에 관한 Freud 학파의 구별을 단호하게 파괴했다. (Freud는 여성이 자위를 통해 경험하는 오르가슴이 성교를 통해 경험하는 것보다 신체적 · 심리적으로 열등하다고 생각했다. 그는 사람들을 위하여 어떠한 구별도 만들지 않았다.) Masters와 Johnson은 질의 오르가슴에 대한 잘못된 생각을 깨뜨림으로써 여성의 자위를 정당하게 인정했다.

1970년에 Masters와 Johnson은 행동 요법을 이용하여 치료될 수 있는 성 문제들을 간단히 치료함으로써 성 치료에 혁명을 일으켰던 『인간의 성적 부적절성(Human Sexual Inadequacy)』을 출판했다. 그들은 성적 문제들이 근원적인 신경증이나 성격장애의 결과가 아니라고 주장했다. 문제들은 대개 정보의 부족, 배우자 간의 빈약한 의사소통, 또는 부부 갈등의 결과로 생긴다. 음핵이나 음경 자극과 같은 '숙제' 활동을 포함했던 그들의 행동적 접근은 성적 문제의 성공적 치료율의 매우 놀라운 증가에 기여했다. 그들은 그 성과로 현대 성 치료의 선구자가 되었다.

2) 성에 관한 우리나라의 최근 연구

심리학 및 사회학 관점에서 성에 관한 우리나라의 초기 연구는 젊은이들을 대상으로 이들의 성에 대한 태도나 행동 특징에 대한 조사연구가 주를 이루어 왔다. 최근 들어서는 성폭력 문제가 사회적 이슈로 대두되면서 이러한 문제에 영향을 미치는 심리학적인 변인을 규명하려는 연구가 증가하고 있다. 또한 청소년들의 인터넷 음란물 중독에 관한 연구들도 진행되어 왔다. 다음 절에 우리나라 성 관련 연구들을 몇 개 영역으로 나누어 소개했다.

전반적인 성행동 및 성태도, 성지식 관련 연구

최근 성행동 및 성태도, 성지식과 관련해 꾸준히 연구가 이루어지고 있다. 채규만과 정민철(2004)은 1,099명의 대학생을 대상으로 성태도, 성행동, 성피해, 성개방 태도, 자아존중감을 연구했다. 이들의 연구에서 남녀 모두 혼전 성관계에 대해 과거보다 긍정적으로 생각하고 있었으며, 동성애에 대해서는 대체로 부정적인 시각이 많았다. 그러나 특이할 만한 점은 여성의 경우 남성에 비해 동성애에 대해 보다 긍정적으로 생각하고 있다는 점이다. 또한 여성이 남성보다 동성애 감정을 더 많이 느끼는 것으로 나타났다. 혼전 성경험은 여성의 30.7%, 남성의 75.9%가 혼전 성경험을 보고했으며, 여성이 남성에 비해 혼전 성경험에 대한 죄책감을 더 많이 느끼는 것으로 나타났다.

한편 성피해 경험 빈도는 여성이 남성보다 많았으며, 표본의 절반이 훨씬 넘는 여성들이 성피해 경험이 있다고 보고했다. 또한 성피해와 자아존중감의 상관관계는 기존의 선행연구들에서 여러 차례 언급되어 왔듯이 이들의 연구에서도 부적 상관이 있는 것으로 나타났으며, 특히 어린 시절의 성피해 경험이 자아존중감에 더 부정적인 영향을 미치는 것으로 나타났다.

흥미로운 최근의 연구로 한국 대학생과 미국 대학생의 성지식, 성태도 및 성행동에 대한 비교연구(우남식, 가영희, 2005)에서는 성기관, 임신 및 출산, 성건강에 대한 성지식 수준의 경우 한국 대학생들이 미국 대학생들보다 유의하게 높았다. 그러나 이성 친구와의 키스나 포옹, 애무, 성관계 경험, 출산, 성병 감염, 취중 성행위, 음란 비디오 시청이나 음란 서적 열람, 컴퓨터나 전화를 통한 성행위 등의 성행동은 미국 대학생들이 한국 대학생들에 비해 높은 것으로 나타났다. 한편 결혼과 출산, 순결에 대한 의식이 미국 대학생들에 비해 한국 대학생에게서 더 높은 것으로 나타났으며, 동성애에 대한 인식 수준은 미국 대학생들이 더 높은 것으로 나타났다. 그러나 전반적인 성태도는 두 집단 간에 유의한 차이가 없었다. 또한 이들의 연구에서는 성지식, 성태도 및 성행동의 관계에 대해서도 살펴보았는데, 성지식이 높을수록 성태도에 대해 긍정적이고 성태도가 긍정적일 때 성행동의 경험이 낮다고 보고했다.

한편 김혜원(2003)은 남녀 청소년을 대상으로 연구했는데, 분석 결과 남학생은 여학생에 비해 부정확한 성지식을 갖고 있으며 더욱 개방적이고 불평등적인 성태도를 갖고 있는 것으로 나타났다. 성행동에 있어서도 남학생은 여학생에 비해 자위행위, 성관계, 매춘, 음란물 접촉 경험이 더 많았으며, 성개방성이 높을수록 성행동 수준도 높았다.

또 다른 연구로 한국의 중학교 3학년, 고등학교 1 · 2학년 여학생을 모집단으로 하여 19,000명의 표본을 추출한 대규모 연구가 이루어졌다. 장순복, 김소야자, 한인영, 박영주, 강헌철 및 이선경(2001)은 10대 여학생의 성행태와 성경험 관련 요인에 대해 연구했다. 이들은 연구에서 피험자들의 일반적 특성, 비행 경험, 이성교제 경험, 성적 접촉 경험, 임신 경험, 낙태 경험, 성병 경험, 출산 경험과 같은 변인에 대한 빈도 분석과 함께 성경험에 따른 비행 경험, 이성교제 경험 등의 차이 검증을 시행했다.

이들의 연구에서 성경험이 있는 여학생의 73.7%는 임신을 걱정했고, 11.4%는 임신을 하게 되었으며, 임신한 여학생의 65.1%는 인공 임신중절을 했다고 보고했다. 또한 성경험 유무에 따라 이성교제의 양상도 차이를 보여, 성경험이 있는 여학생의 경우 주로 밀폐된 공간에서 데이트를 많이 하며 음주 행동도 성경험이 없는 여학생들에 비해 4배 정도 높은 비율을 보였다. 음주 행동뿐만 아니라 포르노 접촉 경험, 본드 흡입, 가출, 흡연, 사이버 섹스, 폰섹스와 같은 문제 행동도 성경험이 있는 여학생들이 그렇지 않은 여학생들에 비해 유의하게 높은 것으로 나타났다.

이들의 연구에서 주목할 만한 부분은 왕따 경험, 성 관련 반응 중 죄책감에 있어서도 성경험이 있는 여학생들이 유의하게 높은 수준을 보였다는 점으로서, 이는 앞서 언급한 문제 행동뿐만 아니라 심각한 정서적인 문제로 발전될 수 있음을 시사한다. 또 다른 시사점으로, 10대들의 성교는 감각적 자극에 의해 나타나고 성경험을 통해 반복적인 욕구 충족을 시도하므로 이성적 판단에 의한 것이기보다 상황이나 감각적인 욕구에 의해 지속되는 경우가 많다고 언급했으며, 이러한 10대들의 성경험 특성을 제대로 반영하지 못하는 현재의 성교육에 대한 문제를 제기했다.

대학생이나 청소년 대상의 연구에 비해 활발하지는 않지만 기혼 여성을 대상으로 한 연구 역시 진행되어 왔다. 이인숙과 문정순(2000)은 228명의 기혼 여성을 대상으로 하여 성지식, 성태도, 성생활 만족도에 대해 살펴보았다. 이들의 연구에서는 성지식 점수가 높을수록 성태도 점수가 높았으며, 성태도 점수가 높을수록 성생활 만족 점수가 높았다. 이는 성지식이 높을수록 성태도가 개방적이고 성태도가 개방적일수록 성생활 만족도가 높다는 것을 시사한다. 이러한 결과에 대해 연구자들은 대중매체의 발달로 인해 성에 관한 지식을 신속하고 다양하게 접하면서 성에 대한 고정관념이 차츰 무너지게 되었고, 특히 유연하고 개방적인 성태도로 인해 성을 삶의 한 부분인 성생활로 인식하면서 보다 나은 성적 만족을 추구하게 되었음을 반영하는 결과라고 보았다.

최근 흥미로운 연구로서 한국 대학생을 대상으로 콘돔 사용에 관한 연구가 진행되었다. 허태균과 김연석(2006)은 성 관련 태도 변인과 콘돔 사용 설득 전략에 대한 분석을 시행했는데, 이들의 연구에서 피험자들은 콘돔 사용 설득 전략으로 임신 위험성을 가장 많이 강조했으며, 콘돔 사용 포기 전략으로 임신에 대해 안심시키기, 만족감 저하 강조 등을 주로 사용하는 것으로 나타났다.

허태균과 조자의(2006)의 연구에서도 유사한 결과가 나타났는데, 이 두 가지 연구에서 볼 수 있듯이 한국 대학생들의 성에 대한 전반적인 인식에서 임신이 매우 중요한 비중을 차지함을 알 수 있다. 또한 이들의 연구에서는 기존의 서구 연구와의 차이점으로 한국의 대학생들이 성관계 거부 전략을 상대적으로 덜 선택한다는 점을 언급하면서, 한국의 문화가 대인관계의 조화를 강조하며 특히 성관계에 따르는 인간관계적 책임이 심리적으로 존재하고 있음을 반영하는 것이라고 설명했다.

심리사회적 변인과 성태도 및 성행동 관련 연구

이성교제 시 원하지 않는 성관계 요구에 대한 연구가 있다. 유외숙(2004)은 대학생 1,601명을 대상으로 하여 이성교제에서 원하지 않는 성관계 요구의 응낙에 대한 설명 모형을 검증했다. 이 연구에서 여학생 집단은 남학생 집단에 비해 성경험이나 파트너 수가 적고 더 보수적인 양상을 보였지만 성 문제와 관련된 고민은 남학생보다 더 많으며, 남녀 모두 자신의 성적 고민을 상담을 통해 적극적으로 해결하지 않고 있다고 했다.

특히 이 연구에서는 원하지 않는 성관계 요구를 응낙하게 되는 통합적인 경로 모형을 제시하고 있는데, 남학생과 여학생 간에 공통점이 있었다. 우선 남녀 집단 모두 불안은 성관계 응낙 동기를 통해 원하지 않는 성관계 응낙에 간접적인 효과를 미치지만 관계 몰입은 매개 효과가 없었다. 또한 남녀 집단 모두 성관계 빈도는 원하지 않는 성관계 응낙에 직접 효과를 미쳤다. 연구자는 연구를 통해 이성관계에서 원하지 않는 성관계 응낙 행동은 다양한 요인에 의해 영향을 받고 있으며, 개인의 애착 특성이 데이트 관계에 다양하게 영향을 미치고 있음을 제시했다. 특히 불안 수준이 관계 역동에서 상당히 중요한 변인임을 확인했다. 또한 성차와 문화적인 차이가 나타나고 있음을 고려해볼 때 성행동의 이해는 개인적 특성과 관계 역동의 문화적인 맥락 속에서 이루어져야 하며, 성문제와 관련된 상담이나 성교육 과정에서도 성행동 자체보다는 관계적인 맥락과 문화적인 요인을 고려해야 한다고 제안했다.

한편 안현진(2002)은 미혼 남녀를 대상으로 성의식과 자존감, 정신건강 간의 관계에 대해 연구했다. 이 연구에서 흥미로운 결과는 남성의 경우 자위행위 빈도와 자존감, 정신건강 간의 관계가 유의하지 않았으나 여성의 경우 자위행위 빈도와 강박증, 대인 예민성, 우울증, 불안, 적대감, 공포 불안, 편집증, 정신증과 관련이 있는 것으로 나타났다. 이에 대해 연구자는 여성들의 경우 자위행위를 비정상적인 행동으로 생각하는 경향이 강해 그러한 생각이 정신건강에 영향을 미칠 수 있다고 설명했다.

또한 남녀 모두 자위행위 뒤 죄책감과 정신건강 간의 상관관계가 유의했는데, 남성의 경우 자위행위 빈도와 정신건강 간의 관계가 유의하지 않았으나 자위행위 뒤 죄책감과 정신건강 간의 관계는 유의한 것으로 보아, 결국 자위행위 자체가 정신건강과 관련이 있기보다 자위행위에 대한 죄책감이 정신건강에 부정적인 영향을 미치는 것으로 볼 수 있다고 했다.

그 밖에도 여성의 경우 포르노 시청 빈도는 전반적인 정신건강에 부정적인 영향을 미치는 것으로 나타났다. 그러나 남성의 경우 오히려 포르노 시청 빈도가 대인 예민성과 부적 상관이 있는 것으로 나타났는데, 이는 남성들의 성적 욕구를 해소하기 위한 방법의 모색에 있어서 적극적인 특성과 함께 친구들과 같이 포르노를 시청하는 경우가 많다는 점이 반영된 결과로 보았다.

대중매체를 통한 음란물 접촉과 성태도, 성행동 관련 연구

한편 최근 몇 년 동안 인터넷 사용 인구가 급속도로 증가하면서 인터넷을 매개로 한 음란물의 접촉과 중독이 사회적인 이슈로 떠오르고 있다. 이러한 맥락에서 오선(2004)은 인터넷 음란물 중독과 청소년의 성태도 및 불안과의 관계를 연구했는데, 음란물 중독 수준이 청소년의 성태도를 유의하게 예측해주는 것으로 나타났다. 이 연구에서는 음란물에 중독되면 성에 대한 태도 역시 관대해지고 허용적인 태도를 취하게 되며, 이는 적극적이고 개방적인 성행동으로 이어질 수 있음을 언급하면서, 결과적으로 너무 이른 나이에 성에 대한 탐닉을 초래할 수 있고 청소년의 건강한 성장 발달에 부정적인 영향을 미칠 수 있음을 강조했다. 또한 성태도가 개방적이고 충동적일수록 음란물 중독 수준도 높았고 특성 불안

정도가 높을수록 인터넷 음란물 중독 수준도 높은 것으로 나타났는데, 이러한 결과에 대해 연구자는 개인이 불안을 감소시키는 대처 방식의 하나로서 인터넷 음란물 접촉을 선택하는 것으로 보았다.

유사한 연구로 인터넷 음란물을 포함한 영상매체의 성 메시지가 청소년의 성반응에 미치는 영향에 대한 연구가 진행되었다(조주영, 김영희, 2004). 이 연구에서 음란 영상매체를 접한 경우, 등장인물의 심한 노출을 본 경우, 음란한 성 메시지를 접한 경험이 있는 청소년들의 경우에는 그렇지 않은 청소년들에 비해 사랑 없이 성관계를 하는 것에 대해 긍정적인 태도를 취하고 있었다. 뿐만 아니라 자위행위 경험, 이성교제 시 신체 접촉의 정도 및 성관계 경험에서도 음란 영상매체의 접촉 경험이 있는 청소년들이 그렇지 않은 청소년들에 비해 높은 것으로 나타났다. 따라서 이 연구는 체계적인 성교육의 부재와 올바른 성가치관의 정립이 이루어지지 않은 청소년들에게 음란 영상매체의 지속적인 접촉은 건강한 성태도와 성행동의 형성을 저해하는 요인임을 시사한다.

성폭력 관련 연구

성폭력 역시 지속적인 증가 추세를 보이고 있는 상황에서 이에 대한 연구 또한 활발하게 진행되고 있다. 고선영, 양종희 및 이수정(2004)의 연구에서는 성폭력 범죄에 대한 경험적 연구의 필요성을 제기하기 위해 성범죄의 정의, 원인, 유형을 비롯하여 성범죄자들의 특성을 설명하는 이론들을 개관했다. 이후 이수정과 김경옥(2005)은 성범죄 재범률, 위험군 선별과 치료 대안 등에 대해 고찰했다. 앞서 두 가지 연구는 성범죄에 대한 개관적인 역할을 했다고 볼 수 있다.

최근 들어 성범죄에 대한 경험적인 연구들이 차츰 진행되고 있다. 김범준(2007)은 강간 범죄에 대한 위험도 인식과 가치 판단을 주제로 하여 연구를 했는데, 흥미로운 점은 성차를 중심으로 살펴보았다는 것이다. 그가 연구에서 가정한 변인 중 위험도 인식에서 성차가 유의했는데, 남성들에 비해 여성들이 강간을 더 심각하게 보았으며 더 높은 발생 빈도를 추정했고, 자신이 피해자가 될 확률이 남자보다 더 높다고 추정했다. 또한 네 가지 유형의 동성과 이성 간 강간 사례에 대한 가치 판단의 경우, 남성들에 비해 여성들이 더 강간에 대해 비도덕적이고 적절하지 않은 행위라고 판단했으며, 더 엄격한 처벌을 해야 한다고 보고했다.

그동안 남녀 간의 개인적인 연애사 정도로 취급되었던 데이트 폭력이 심각한 문제로 대두되면서 데이트 폭력에 대한 연구들도 수행되고 있다. 데이트 상황에서의 신체적 폭력이나 언어적 폭력에 대한 연구에 비해 미비한 수준이기는 하나 데이트 상황에서의 성폭력에 대한 연구들도 등장하고 있다.

이지연과 이은설(2005)은 데이트 상황에서 벌어지는 성폭력 피해와 가해 과정에 대한 설명 모형을 제시했다. 선행 연구에서 데이트 성폭력의 피해 및 가해와 관련이 있는 변인들, 예를 들어 강간 통념, 성역할 수용, 성적 자기주장성, 데이트 상대에 대한 통제 경향 등의 변인들을 고려하여 설명 모형을 가정하고 이에 대해 검증했다. 이들의 연구에서 우선 가해 모형의 경우, 데이트 수용이 데이트 상대에 대한 통제 경향을 거쳐 가해 행동으로 이어지는 경로가 확인되었다. 또한 피해 모형의 경우에는 전통적인 성역할의 수용이 여성의 성적 자기주장성을 약화시켜 피해를 유발하는 것으로 나타났으며, 성적 자기주장성은 남성 위주의 강간 통념의 수용과 데이트 상황에서의 피해 간의 관계를 매개하고 있었다.

이러한 연구 결과를 통해 친밀한 관계 속에서 간과할 수 있는 폭력의 개념에 대한 지각이 상대방의 동의 없이 발생하는 폭력에 얼마나 중요한 변인인지를 확인할 수 있다. 대개 피해자가 되는 여성들의 경우 성역할, 강간 통념과 같은 인지적인 변인을 수용함으로써 무력해질 수 있으며, 따라서 성적 자기주장성의 확립이 중요하다고 할 수 있다.

성폭력 피해 관련 연구 가운데 또 하나 주목해야 할 최근 연구가 있는데 허정은(2017)은 실제 상담 장면에서 성폭력 내담자들로부터 오래된 어린 시기의 성폭력 경험이 반복되어 장기적 재피해자로 고통을 겪는 여성들을 접하면서 이에 관한 연구의 필요성을 실행에 옮기게 되었다. 이 연구는 18세 이상 30세 미만 여성 1,064명을 대상으로 실시되었으며, 그 결과 생애 동안 1회 이상의 성학대 피해를 받은 여성이 전체 37%에 달했고, 16세 이전 피해자는 28.3%였다. 재피해자 표본은 10.8%였으며 이들 가운데 아동기 성학대 경험이 있는 경우는 61.5%로 매우 높은 비율을 차지했다. 연구자는 이와 같은 성학대 피해에 어떠한 변인들이 영향을 미치는지에 관한 경로 분석을 실시했으며 다음과 같은 결론을 얻게 되었다. 성적 재피해자에 이르는 경로는 단일한 변인의 영향이기보다 아동기 성학대 피해 사건 이후 경험되는 외상 유발에 의한 수치심과 자기비난의 증가 및 정서조절의 어려움이 증가함으로써 심리적 부적응을 야기하게 되어 생기는 문제라는 점이 확인되었다. 이러한 연구 결과에 대한 논의에서 연구자는 무엇보다 아동기 성학대 피해자의 가족 및 학교, 주변 사회 구성원들의 성학대에 대한 올바른 인식과 태도가 필요함을 역설했다. 그다음으로 실제 치료 장면에서 아동기 성학대 피해자의 가족이 해체되거나, 부모 중 가해자가 있는 경우에는 치료조차 이루어지지 않는 경우가 많아 이에 대한 인식의 개선과 함께 제도적 정비가 필요하다는 점을 강조했다.

성폭력 관련 연구에서 그동안의 주된 흐름은 피해 이후의 심리사회적 부적응이나 여러 증상들에 초점이 맞춰져 있었다. 그러나 최근 들어서는 성폭력 가해자의 특성이나 재범을 막기 위한 치료적인 접근에 주목하고 있다. 이러한 맥락의 연구로서 이영준(2005)은 성폭력 가해 청소년에 대한 인지행동치료 프로그램의 효과에 대해 연구한 바 있는데, 30시간에 걸친 인지행동치료 프로그램 이수 후 우울감, 앞으로의 과정에 대해 충분히 계획하지 않고 행동화하는 경향이 유의하게 감소했으며, 특히 강간 통념에 대한 수용에서도 역시 유의한 변화가 발견되었다.

한편 여러 연구들에서 공감 능력의 부족이 각종 범죄와 폭력 발생의 중요한 위험 요인으로 제기되면서 성폭력에 대한 연구에서도 가해자의 공감 능력 수준에 대해 주목하게 되었다. 송원영, 오경자, 신의진, 이영준 및 오태성(2004)의 연구에서는 청소년 성폭력 가해자들의 피해자 공감에 대해 살펴보았는데, 성폭력 가해자들은 일반 통제 집단에 비해 낮은 공감 반응을 보였으며, 특히 다른 성폭력 피해자에 비해 자신의 피해자가 고통이나 어려움을 덜 겪었을 것이라고 보고했다. 이러한 결과는 성폭력 가해자들의 치료적인 접근에 있어서 공감 능력의 향상이 재범 방지에 기여할 수 있으며, 또한 성폭력의 예방적인 차원에서도 중요한 요인이 될 수 있음을 시사한다.

성중독 관련 연구

성중독의 문제는 최근 우리 사회에서 매체를 통해 보도되는 사회현상을 통해 볼 때 적지 않은 비율이 될 것으로 보이나, 통계적으로 김민과 곽재분(2011)에 의하면 전체 인구의 2~3%로 추정하고 있다. 해외의 성중독자에 대한 정신건강 연구에 의하면 성중독자의 17%가 자살을 시도했고 72%는 자살생각을 해본 것으로 보고(Carnes, 2001)되고 있을 정도이다. 또한 성중독의 문제는 성범죄로 이어질 가능성이 높다는 점에서 이에 대한 사회적 경각심도 강조되고 있다.

성중독은 도착적이지 않은 과도한 성행위로 정의하고 있다. 이러한 성행동은 사회적·직업적 활동 수행에 영향을 명확히 미치며, 성적 활동을 할 수 없을 때 과만반응이나 불안반응을 보이는 것이 특징이다. 성중독 연구는 관련 척도가 적지 않음에도 특히 우리나라 연구는 활발하지 못한 편인데 이는 각 척도들을 개발한 연구자의 주요 관심에 초점이 두어진 것과도 관련이 있고, 주로 남성만을 대상으로 한 연구들이 많은 점들도 제한점으로 언급되어 왔다. 최근 행위에 초점을 둔 척도의 한계점을 보완하기 위한 성중독으로 인한 부정적인 결과를 측정하는 도구가 Reid, Garos, Fong(2012)에 의해 개발되었고, 이를 최근

박소영(2019)이 한국판 성중독 척도(K-HBCS)로 타당화 연구를 수행했다.

성중독에 영향을 미치는 주요한 심리 변인으로 해외 선행연구를 통해 확인된 변인은 내면화된 수치심이다. 내면화된 수치심은 자신의 자기상의 손상이나 자기에 대한 전반적인 부정적인 평가로 인해 스스로 부족하고 무기력하다고 느끼는 고통스러운 정서로서, 개인의 성중독 문제 발생에 가장 중요한 변인으로 보고 있다. 송미영(2016)의 연구에 의하면 내면화된 수치심은 우울을 매개로 하여, 외로움은 소극적인 대처를 매개로 각각 성중독에 정적인 영향을 미치는 것으로 나타났다. 박소영(2019) 연구에서는 내면화된 수치심 이외에도 죄책감 또한 성중독으로 이어지는 중요 변인으로 보았다. 또한 내면화된 수치심과 죄책감이 높을수록 반추가 높아지고 반추가 높아질수록 변화하려는 동기는 낮아져 성중독으로 이어진다고 보았다. 이 외에도 인터넷 음란물 노출이 성중독과 관련이 있다는 연구(배정원, 2016) 및 성중독자는 성적 갈망 및 억제 기능 뇌 기전에 이상이 존재한다는 연구(석지우, 2015) 등 최근 성중독 연구들이 활발해지고 있는 추세이다.

3) 외국의 연구 동향

1994년에 미국에서 Kinsey가 반세기 일찍 연구를 했던 때에 비해서 다른 입장이 출현하기 시작했다. '국민 건강과 사회생활에 관한 연구(National Health and Social Life Survey, NHSLS)'는 원래 연방기금이 조달될 예정이었지만 정치상의 반대 때문에 개인적인 자금으로 충당되었다. 저자들은 무작위로 추출된 3,482명의 18~59세 미국인들을 90분 동안 직접 인터뷰함으로써 견고한 연구를 수행하도록 설정했다. 면접관에 대한 엄격한 훈련, 질문지에 대한 항의, 반응의 정확성을 검사하기 위한 항목을 만드는 것은 검사 결과의 정확성과 신뢰도를 확보하도록 돕기 위해 선택된 방법 중 하나였다. 이 연구가 일부 견본을 추출하는 데 제한이 있다고 해도, 성 과학자들은 방법론적으로 가장 확실한 것 중 하나로 지금까지 평가하고 있다.

성에 관한 사회적 요인연구

성에 대한 사회적 요인에 관한 첫 번째 연구가 공개되었는데 조사 결과는 다음과 같다.

- 미국인들 대상의 18세 이후 평균 섹스 파트너 수는 남성은 6명, 여성은 2명이었다.
- 평균적으로, 미국인들은 대략 1주일에 한 번은 성관계를 가진다. 성관계 빈도에서 성인들은 대략 세 그룹으로 나눌 수 있다. 약 30%는 배우자와 1년에 단지 몇 번 또는 전혀 성관계를 하지 않고, 35%는 한 달에 한 번이나 여러 번 성관계를 가지며, 약

35%는 1주일에 두 번 또는 그 이상 성관계를 가진다.

- 혼외의(불륜의) 성교는 예외적이며 관습적이지 않은 것이다. 결혼한 사람들 중에서 남성의 75%와 여성의 85%는 그들의 배우자와 성적으로 비개방적이었다고 말했다.
- 대부분의 미국인들은 잠자리에서 상당히 보수적이다. 성적 행위의 긴 목록에서 특히 선호하는 것을 말해 달라고 요구받았을 때, 면접을 했던 대부분의 사람들이 질 성교를 '매우 매력적인' 것으로 생각했다. 두 번째 순위는 멀지 않은 곳에서 파트너가 옷을 벗는 것을 지켜보는 것이었고, 세 번째 순위는 구강성교였다.
- 동성애는 생각했던 것만큼 일반적이지는 않다. 남성들 중에서 2.8%가 스스로를 동성애자나 양성애자로 기술했고, 여성들 중에서는 1.4%가 자신을 동성애자나 양성애자로 보았다.
- 오르가슴은 남성들에게는 일반적이고 여성들은 제외된 것으로 보인다. 75%의 남성들이 파트너와 오르가슴을 지속적으로 가진다고 주장했던 반면, 여성들은 29%만이 오르가슴 경험을 보고했다. 결혼한 여성들은 항상 또는 대부분 오르가슴에 도달한다고 보고할 가능성이 크다.
- 강요되는 성과 이에 대한 오해는 중대한 문제로 남아 있다. 여성들의 22%는 자신이 원하지 않는 성적인 행위를 대개 사랑하는 사람으로부터 강요당했다고 말했다. 남성들은 3%만이 여성에게 강요한 적이 있다고 보고했다.
- 3%의 미국 성인들은 성관계를 가진 적이 한 번도 없다고 주장했다.

미국의 경우, 질병통제예방센터(CDC)에 의해 2년에 한 번 실시되는 '젊은이들의 위험 행동에 관한 연구(Youth Risk Behavior Survey, YRBS)'는 자기보고 질문지를 이용한 대표적인 국가, 주, 지역 조사를 통해 젊은 사람들의 건강 위험 행동에 대한 여섯 가지 범주의 출현율을 측정했다. 의도하지 않은 임신과 HIV(인간면역결핍바이러스)를 포함하는 성적 접촉으로 전염되는 감염의 원인이 되는 성적 행동들은 이렇게 평가된다. 2001년 YRBS는 학생 13,601명(150개 학군의 9~12학년)의 국가적인 조사에서 다음의 결과를 제시했다(CDC, 2002a).

- 46%의 학생들(여성 43%, 남성 49%)이 성관계를 가졌다고 보고했다.
- 14%의 학생들(여성 11%, 남성 17%)이 4명 이상의 파트너들과 성관계를 가졌다고 보고했다.
- 7%의 학생들(여성 4%, 남성 9%)이 13세 이전에 최초의 성관계를 가졌다고 보고했다.

- 현재 성생활을 활발하게 한다고 보고했던 58%의 학생들(여성 51%, 남성 65%)은 가장 최근의 성관계에서 콘돔을 사용했다고 보고했다.
- 현재 성생활을 활발하게 한다고 보고했던 18%의 학생들(여성 21%, 남성 15%)은 그들 또는 그들의 파트너가 가장 최근의 성관계 전에 경구 피임약을 사용했다고 보고했다.
- 5%의 학생들은 자신이 임신한 적이 있거나 누군가 임신했다고 보고했다.
- 현재 성적으로 활동적이라고 보고했던 26%의 학생들(여성 21%, 남성 31%)은 가장 최근의 성관계 전에 알코올이나 약물을 사용했다고 보고했다.
- 8%의 학생들(여성 10%, 남성 5%)이 성관계를 강요당했다고 보고했다.

연구자들은 특정한 집단들의 건강 위험 행동을 결정하기 위하여 YRBS의 자료를 여러 번 분석했다. 예를 들어 시골 청소년들에 대한 1999년 YRBS 데이터의 분석은 건강과 성적 위험 행동 사이에 관계가 있다고 결론을 내렸다. 일반적으로 분석은 이른 나이(15세 이전)에 성행위를 시작했던 시골 청소년들이 성관계 시 콘돔을 사용하지 않고 다양한 파트너들과 성관계를 갖는 것과 같은 성적 위험 행동을 할 위험이 현저하게 높다는 것을 발견했다(Yarber, Milhausen, Crosby, & DiClemente, 2002).

미국의 경우, 1984년에 시작했던 행동의 위험 요인 감시 시스템(Behavioral Risk Factor Surveillance System)은 CDC가 주최한 연간 상태 기반의 감시 시스템이다. 이 시스템은 신체의 상해, 체중 조절, 알코올 섭취, 흡연, 그리고 1990년 이후의 HIV와 AIDS 같은 건강 행동에 대해 정보를 모았다. 데이터는 18세 이상을 대상으로 개별적인 무작위 전화 인터뷰를 통해 매달 수집된다. 1997년 조사에서 워싱턴 DC와 푸에르토리코는 HIV에 관련된 성적 행동을 조사에 추가했다. 18~49세 35,484명의 조사에 대한 보고서의 저자들은 이 조사의 응답자 대부분이 HIV에 감염될 위험에 자신을 방치하는 행동을 했다는 것을 발견했다. 주요한 연구 결과는 다음과 같다.

- 지난 12개월 동안 77%는 1명의 섹스 파트너를 보고했고, 18%는 섹스 파트너가 없었으며, 2%는 4명 이상의 섹스 파트너를 보고했다.
- 25%는 가장 최근의 성관계에 콘돔을 이용했다고 보고했다. 과반수는 콘돔을 질병이나 임신을 예방하기 위해 사용했다고 보고했다. 10% 미만은 질병을 예방하기 위해 콘돔을 사용했다.
- 90%는 콘돔이 HIV를 예방하는 데 매우 효과적이라고 보고했다.
- 10% 미만은 자신이 HIV에 걸릴 가능성이 높은 편이라고 보고했다.

- 남성, 젊은 사람, 흑인은 2명 이상의 섹스 파트너를 보고할 것 같지만, 또한 가장 최근의 성관계에 콘돔을 사용한다고 좀 더 많이 보고할 가능성이 있다.
- 헤어지거나 이혼했거나 배우자가 사망하여 혼자가 된 사람들은 결혼했던 사람들보다 이전 해에 2명 이상 많은 섹스 파트너를 가진 것으로 나타났다.
- HIV에 대해 위험을 고조시켜 보도하는 것은 HIV를 위해 자발적으로 검사받도록 할 것이다.

미국에서는 결혼, 이혼, 피임, 불임, 그리고 여성의 건강, 유아와 관련된 데이터를 모으기 위하여 국립건강통계센터(National Center for Health Statistics, NCHS)에서 주기적으로 '가족 성장에 관한 전국 연구(National Survey of Family Growth, NSFG)'를 실시했다. 처음 2002~2003년 조사에서 NSFG는 남자와 여자 모두를 인터뷰했다. 학술지에 실린 250개가 넘는 연구와 NCHS 보고서들은 NSFG 데이터를 이용하여 발표했다. 1995년 NSFG 데이터에 대한 한 저널 보고서는 동거하고 있는 여성들의 결혼 열망에 관한 것이었다(Manning & Smock, 2002). 이 보고서는 남자와 동거하고 있는 미혼 여성 4명 중 1명은 그와의 결혼을 기대하지 않는다는 것을 발견했는데, 이 양상은 1980년대 후반 이후로 많이 변화하지 않았다. 결혼에 대한 여성들의 기대에서 가장 중요한 사항은 남성의 사회적 · 경제적 지위로, 상대 남자가 사회경제적으로 낮은 지위일 때 결혼을 바라지 않았다.

'대학생을 대상으로 한 알코올 연구(The Harvard School of Public Health College Alcohol Study, CAS)'는 미국의 대표적인 4년제 대학들의 학생 표본에 대한 조사연구이다. 10년 동안 여러 차례 실시된 CAS는 대학의 알코올 남용과 흡연, 불법적인 약물 사용, 폭력, 안전하지 않은 성관계를 포함하여 그 밖의 위험성이 높은 행동들을 조사했다. 연구 결과들은 40개가 넘는 논문과 보고서로 발표되었다. 1997년 CAS를 사용한 최근의 한 보고서는 동성과의 성적 경험이 있는 대학생들과 오직 이성 파트너와의 경험만 있는 대학생들 사이에서 선택된 건강한 성행동들의 차이를 조사했다. 설문지는 130개 대학에서 무작위로 뽑은 학생들에게 보내졌고 총 14,521개가 응답되었다. 그 결과를 요약하면 다음과 같다.

- 응답자의 거의 3/4(71%)은 성경험이 있다고 보고했다.
- 95%는 오로지 이성 파트너와만 성적 경험이 있다고 보고했고, 5%는 동성과 성적 경험이 있다고 보고했다(이들 중 2%는 남녀 모두와 성관계를 가졌고, 2%는 동성 파트너와만 성관계를 가졌다).
- 절반 미만(43%)은 성관계 시 항상 콘돔을 사용한다고 보고했고, 24%는 절대로 콘돔

을 사용하지 않는다고 보고했다.

- 약 2/3(64%)는 지난 30일 동안 1명의 파트너와만 성관계를 가졌다고 보고했지만, 30%는 지난 30일 동안 성적 파트너가 없었다고 보고했다.
- 양성(남녀 모두)의 파트너를 보고한 남녀 학생들과 동성의 파트너만을 보고한 학생들은 이성 파트너와의 성경험만 있는 학생들보다 2명 이상의 파트너를 가진 경우가 많았다.
- 백인이 아닌 학생들과 나이 든 남학생들은 지난 30일 동안 더 많은 섹스 파트너를 보고하는 경향이 있다. 그리고 어린 학생들과 캠퍼스 근처에 살았던 학생들은 일관된 콘돔 사용을 좀 더 많이 보고했다. 많은 섹스 파트너를 보고하는 남성들은 일관되지 않은 콘돔 사용을 보고하는 경향이 있었다.

CDC의 자금을 지원받은 '젊은이들을 위한 지역사회 개입(The Community Intervention Trial for Youth, CITY)' 계획은 미국의 13개 도시 지역에서 실시된, 포괄적인 지역사회 수준의 HIV 예방 개입에 대한 평가를 한 바 있다. 15~25세 남성들을 대상으로 지난해에 남성과 성적 경험이 있다면 참여토록 했다. 2003년 여름 동안에 3,075명의 남성들, 즉 약물이나 알코올 수위가 높은지 그렇지 않은지를 포함하여 주된 파트너든 아니든 가장 최근에 성적 만남을 가진 남성들을 대상으로 20분 동안 인터뷰를 했다. 주된 파트너가 있는 약 1/5(19%)은 가장 최근에 성관계를 많이 했다고 보고했다. 주된 섹스 파트너가 있는 1/3은 콘돔 사용 없이 항문성교를 했다고 보고했다. 연구 대상 남성들 중 29%는 주파트너가 아닌 상대와 주로 관계를 가졌다고 보고했고, 12%는 콘돔 사용 없이 항문성교를 했다고 보고했다.

여성주의 입장의 연구

성 연구는 인간의 성에 대한 다양한 양상을 지속적으로 연구했지만, 몇몇 학자들은 그들의 특정한 흥미에 충분히 주의를 기울이지 못했다고 생각했다. 페미니스트들과 게이, 레즈비언, 양성애자, 성전환자를 연구하는 학자들은 그들에 대한 연구를 주류 학자들이 매우 무시했던 문제들에 집중했다. 그리고 현재 소수민족에 대한 연구가 착수되기 시작하면서 일부 인종 집단, 예컨대 아프리카계 미국인, 라틴아메리카인, 아시아계 미국인, 아메리칸 인디언의 성에 대한 지식의 부족에 중점을 두었다. 이 새로운 연구 전망은 성에 대한 우리의 지식을 풍부하게 한다.

초기의 여성주의 연구는 사회과학과 인문과학의 거의 모든 분야에서 여성들에 대한 상당히 많은 양의 혁신적인 연구에 도화선이 되었다. 여성주의자들은 성(gender)과 이보다는 섹슈얼리티(sexuality)에 더 주목했으며, 이와 관련한 중요 이슈들을 연구하기 시작했다. 성의 분야에서 여성주의자들은 여성들을 위한 성의 주관적인 경험과 의미를 포함시키기 위하여 성적 즐거움, 성과 파워, 성욕을 자극하는 소재, 그리고 강간, 아동 성학대, 성희롱 같은 여성의 희생에 관한 이슈로 연구의 범위를 확장했다.

여성주의에 대한 여러 가지 견해가 있다. 여성주의란 '여성과 남성이 평등하게 같이 살아가고 일하는 것을 포함하는 운동'이다(McCormick, 1996). 이것은 단지 일하는 여성들을 위해 더 큰 평등을 지향하는 것으로 좁게 해석될 수 없다. 그리고 여성주의는 정치적인 경직, 분류, 또는 다양성에 대한 편협성을 지향하는 것만을 의미하지 않는다(McCormick, 1996). 페미니즘은 문화적 · 역사적 맥락에서 여성의 경험을 이해하는 것에 중점을 둔다. 이것은 성 불균형에 관한 사회적 해석이다(Pollis, 1988). 사회적 해석은 사회 집단에 의한 남성다움, 여성다움, 이성애, 동성애와 같은 사회적 범주의 발달이다.

여성주의자들의 성에 대한 연구에서 기본적으로 지니고 있는 입장은 다음과 같다.

- 성(gender)은 사회적 삶의 모든 양상에서 중요하다. 사회경제적 지위와 민족성 같이 성은 개인의 사회적 지위에 영향을 미친다.
- 성에 대한 여성의 경험은 평가절하되어 왔다. 성기 섹스와 성관계 횟수, 오르가슴 횟수와 같은 성의 외관을 강조하는 것에 의해서 연구자들과 사회 집단은 키스, 애무, 사랑, 헌신, 의사소통 같은 성의 다른 중요한 면을 무시했다. 레즈비언 관계에서 성은 훨씬 더 가치를 감소시키게 된다. 1980년대까지 동성애에 대한 대부분의 연구들은 레즈비언 여성들에게는 관심을 가지지 않고 게이 남성들에 중점을 두었다.
- 권력은 남자-여자 관계에서 중요한 요소이다. 성별에 대한 우리의 문화적 신념의 결과로서 여성을 남성에게 종속시켰기 때문에 일반적으로 여성은 남성보다 파워를 가지지 못했다. 페미니스트들은 결과적으로 남성들이 그들 자신의 이익을 위하여 여성의 성을 한정했다고 믿었다. 남성들은 섹스를 시작할 때를 결정할 뿐만 아니라, 남성의 오르가슴은 흔히 여성의 것보다 우선되었다. 성적 파워에 대한 남성의 표현 중 가장 잔인한 행동은 강간이다.
- 전통적인 경험적 연구는 인간의 성에 대한 이해를 충분히 제공하기 위하여 질적인 연구, 해석의 연구들과 결합될 필요가 있다. 사회과학은 객관성과 수량화를 강조하기

때문에 우리는 성이 '의미하는' 것과 개인적으로 어떻게 경험되는지에 대한 복잡성을 충분히 탐구할 수 없다.

- 여성 및 소수민족의 다양성이 잘 검토되고 존중되어야 한다. 여성주의자들은 그럼에도 불구하고 여성들이 문화의 틀 내에서 제한된 삶을 살고 불평등한 대우를 받고, 유색인종에 대한 차별이 존재함을 강하게 비판해 왔다. 여성주의자들은 여성에 대한 이해와 다문화 내에서 다른 인종에 대한 차별의 문제가 어디서 생겨났는지를 잘 밝혀내야 함을 강조했다.

이런 공헌에도 불구하고 여성주의 연구와 접근들은 종종 사회적으로 무시되었고, 많은 학계에서 일탈된 것으로 간주되기도 했다. 하지만 최근에는 성 연구에서 여성주의 관점이 확장되었고, 더 많은 여성들이 성과학의 발달에 중요한 기여를 했다. 여성들은 전문 조직과 사회에서 점점 리더 역할을 맡게 되었고, 성과 관련된 분야에서 석사 이상의 학위를 더 많이 취득하게 되었다. 한 결과로서 특히 질적인 연구에 대한 논문이 증가할 것이고, 남성의 성뿐만 아니라 여성에 대한 이해도 더 깊어질 것이다.

요약

- 심리학은 생물학의 이론과 사상을 기반으로 이루어지며, 인간의 행동과 경험이 가진 특징과 능력을 생물학적 과정을 통해 발견하고 이해한다. 남성과 여성의 유전적 차이는 호르몬 활동에 의한 것으로 생물학적 차이의 결과이다.
- 오늘날의 성문화는 인류 고유의 것이라기보다는 수렵채집사회, 농경사회, 목축사회, 산업사회 등 문화적 과정에 따라 제각기 다른 성문화를 가지고 있다.
- 성별 도식의 학습은 생애 초기부터 일어나고, 사회적, 문화적 영향을 강조하며, 문화가 규정하는 남성 또는 여성에 대한 정보를 조직하고 일련의 인지 과정을 통해 조정하면서 성을 유형화한다.
- 1960년대 후반, 여성해방운동의 출현과 함께 여성과 성차에 대한 관심을 가지고, 성별과 성차는 독립적인 것이며 사회문화적인 다양한 변인과 상호작용하는 것으로 인식되었다.
- 19세기 이전의 성 연구는 과학보다는 종교적 맥락으로 이해하려 했고, 그 뒤 객관적인 연구들이 생겨나기 시작하여 Freud, Ellis, Kinsey에 이르기까지 다양한 연구가 이루어졌다.
- 1950년 이후 Masters와 Johnson에 의해 발간된 『인간의 성적 반응』은 인간의 생리적인 반응뿐 아니라 성과 관련한 명확한 개념들을 제시했고 저서 『인간의 성적 부적절성』을 통한 행동요법으로 성 문제 치료에도 기여했다.
- 최근 성 관련 연구들은 성행동, 성태도, 성지식 관련

연구, 음란 매체와 성행동 관련 연구, 성폭력 관련 연구 등이 국내에서 이루어지고 있다. 외국의 경우는 성과 관련하여 질병, 성 파트너, 위험 행동에 관한 연구 등이 있으며 새롭게 여성주의 입장의 연구들이 나오는 경향을 보인다. 우리나라 연구에서는 초기에는 전반적인 성행동, 태도 및 지식 관련 연구들이 주를 이루었으나, 대중매체를 통한 음란물 접촉과 성태도 및 성행동 연구들이 활발하게 진행되었고, 최근에는 사회적인 이슈를 반영한 성폭력 연구와 성중독 연구들이 증가하고 있다.

토론문제

- 성과 관련된 각자의 생각을 이야기해보자. 그중 성 고정관념이라고 생각되는 것들을 함께 논의하여 분류해보자.
- 각자가 연구자로서 성 관련 연구를 하게 된다면, 어떤 변인에 대한 연구에 대해 관심을 갖고 있는지와 그 연구의 결과를 통해 무엇을 얻게 되기를 기대하는지에 대해 논의해보자.

03

CHAPTER

인간 발달과 성

P S Y C H O L O G Y O F S E X U A L I T

3

1. 인간의 성의식 발달

인간은 출생 이후 여러 측면에서 전 생애기간 동안 발달을 이루어 나간다. 특히 성적 존재로 태어난 인간은 태아로 존재하면서부터 노년에 이르기까지 성적 발달을 지속해 나간다. 이때 성적 발달이란 생물학적인 발달만을 뜻하는 것이 아니라 성(sexuality)과 관련된 정신적·정서적·사회적 측면 등을 모두 포함한다.

성의식 발달은 유아기에 시작되어 사춘기를 거치면서 이루어지며 성적인 성숙을 통하여 인간은 자연스럽게 이성에게 사랑을 느끼고 애정을 나누는 것으로 인간의 생애를 통하여 꾸준히 변화하고 발달한다. 성의식이란 성(性)에 대해 가지는 의식으로, 육체적·정신적·사회적 성(性)의 기능을 바탕으로 이성에게 향한 욕구를 충족시키려는 마음의 상태이며 그로 인해 드러나는 태도, 행동과 성에 대한 지식을 포함하는 것을 의미한다.

성을 의식하고 관심을 갖게 되는 것은 일반적으로 제2차 성징의 발달과 더불어 나타나지만 출생, 사춘기, 결혼, 부모가 되는 일생을 통하여 성의식은 일정한 발달 과정을 밟게 된다. 그 대상은 스스로 자기의 성을 인식하고 자기의 성과 다른 사람을 통해 자신의 성을 이해하게 되며 형성 과정에서 생물학적인 발달과 사회경험적인 발달과의 상호작용을 하게 된다. 신체 생리적인 변화 등 개인의 성장발육 환경과 인간관계를 둘러싼 성문화 등 많은 요인의 영향을 받게 된다.

심리학자들은 인간의 성적인 행위를 설명하기 위해 여러 가지 이론을 발달시켰는데, 대표적으로 정신분석 이론에 근거한 성에 대한 이론은 우리 생활 속 무의식의 법칙을 강조한 Freud에 의해 처음으로 전개되었다. Freud는 자연스러운 인간의 성적 관심과 사람들의 생활 속에서 성과 관련하여 어떤 영향을 받았느냐에 따라 어린 시절의 사고방식을 지배한다고 보았다. Freud는 인간이 성적 행동을 하게 되는 근원적인 힘을 리비도(libido)라 하여 리비도의 에너지를 집중적으로 투입하는 성감대와 관련하여 심리성적 발달 단계를 제시하고 있다.

구강기(oral stage, 0～1세)는 출생 직후부터 6개월까지의 기간으로 성충동과 성욕이 주로 입과 입술에 집중되어 있다. 무의식을 구성하는 핵심 요인인 원초아(id)가 활동하고 만족과 기쁨을 최대화하기 위해 쾌락 원리에 따라 움직인다. 이 시기 유아들은 그들의 입에서 일어나는 활동으로부터 대단한 즐거움을 얻고 그들의 원초아는 끊임없이 구강 만족을 찾는다. Freud의 견지에서 볼 때 오로지 tongue kiss와 구강성교를 좋아하는 성인은 구강기에 고착된 것으로 볼 수 있다. 특히 입을 통하여 리비도의 첫 대상이 되는 어머니의 젖가슴과 접촉하고 젖가슴이 없을 때는 자신의 엄지손가락을 빨면서 젖가슴과 접촉하고 있다는 환각에 빠진다. Freud는 어린아이가 보살핌을 받은 후에 느끼는 기쁨을 성적인 절정감 후의 만족감과 비교했다. 또한 Abraham Maslow는 이 단계를 초기인 빠는 즐거움과 나중의 무는 즐거움 두 단계로 더 구분했다.

항문기(anal stage, 2～3세)는 리비도의 흥미가 입에서부터 항문으로 옮겨지고 대변과 소변의 보유와 배설로부터 만족감을 얻는다. 이 시기 동안 최초의 금지를 경험하고, 합리적이고 가치 평가적 성격의 측면인 자아가 발달하기 시작한다. 즉 부모와의 관계에서 복종과 반항이 나타나고 힘을 느끼는 것과 많은 관계가 있다. 어린이는 대변을 갖고 있는 것과 내놓는 것이 자기를 돌보는 사람의 관심을 끌고 있다는 것을 발견했다. 대변을 오랫동안 갖고 있음으로써 부모를 방심하게 할 수 있고 배설하는 방법의 선택으로 돌보는 사람에게 거부감과 분노를 일으킬 수 있으며 부모가 원하는 대로 복종함으로써 허락을 얻을 수 있다는 것을 알게 된다. 삶에 대해 능동적일 것이냐 수동적일 것이냐의 경향은 이때 처음으로 나타난다.

남근기(phallic stage, 4～6세)에는 성기의 자기자극을 통해 만족을 추구한다. 이때는 남녀 모두 남근이 관능적 즐거움의 중심이 된다-여성에서는 음핵이 남근의 대리물이다. Freud는 이 시절의 여자아이들은 자신의 질에 대해서 모르고 있고 자신도 쾌락을 얻으려고 음핵-남근에 의지해야 한다고 믿고 있다고 보았다. 리비도의 발달에서 남근기는 여자아이들의 남근에 대한 질투가 생기는 시기이다. 남근에 대한 흥미가 처음에는 외부의 대상과 관계있는 것이 아닌 자기애적인 것(auto-erotic)이었다가 이 단계에서 부모에 대해 성적인 흥미를 나타내고 성기의 흥분이 오이디푸스적 소망과 연결되지만 이러한 오이디푸스적 소망이 다음과 같은 이유로 단절된다. 첫 번째 이유는 어린아이가 자신의 성기가 성숙되어 있지 않기 때문에 성기의 충분한 의미를 이해 못하여 성기에 대한 흥미를 잃게 되는 것이고 두 번째 이유는 거세의 위협과 어머니를 독점하기 위해 아버지가 죽기를 바라는 소망에 의한 공포 때문에 오이디푸스적 열등감에서 떠나게 된다. 여자아이들은 있어야 할 남근이 없기 때문에 오이디푸스 시기가 오래 간다. 또한 오이디푸스 갈등과 엘렉트라 갈등이 나타나고, 갈등 해결의 결과 부모에 대한 동일시가 이루어지며, 초자아(super ego)가 발달되는 시기이다.

잠복기(latent stage, 7~11세)에는 성욕이 무의식 속에 억압되며, 자아(ego)와 초자아의 발달을 공고하게 한다. 이 시기는 성적인 것에 대한 이해 부족과 거세 공포의 두 가지 이유로 잠복기가 오게 되는데 이때는 성적인 흥미가 잠복되거나 적어도 크게 줄어들게 된다. 이 시기가 적어도 전 사춘기(pre-puberty)까지 가게 되고 전 사춘기가 되면 성선(sexual gland)의 기능이 증가해 성적인 흥미가 다시 깨어난다.

생식기(genital stage, 사춘기~성인기)에는 생식기의 자극을 통한 만족과 이성에 대한 성적 만족을 추구하고, 오이디푸스 갈등과 엘렉트라 갈등이 되살아난다. 또한 사춘기 초기에는 리비도가 증가하여 불안정하게 되고 그 대상을 찾게 된다. 보통 잠깐 동안 부모에 대한 성적인 흥미가 되살아나게 되나 심한 고착상태가 없는 한 자신의 성적인 흥미를 보다 적절한 대상으로 돌린다. Freud는 이때 흥미의 전환이 근친상간 금기 이해에 도움을 받는다고 생각했다. 아울러 이 시기에는 성적 에너지가 무의식에서 의식 세계로 나오며, 성호르몬 분비로 나타나는 2차 성징은 정신적으로 불안, 초조, 긴장, 반항 등의 특성을 보인다.

1) 유아기와 아동기 성

남자아이들은 태어나기 전에도 엄마의 자궁 내에서 성기가 발기하며, 여자아이들도 태어난 지 24시간이 되기 전에 질액 분비나 음핵 발기를 보인다. 유아는 손을 마음대로 움직일 수 있게 되면 자신의 성기를 만지작거리기 시작하는데, 이와 같은 유아의 정상적인 놀이에 대한 부모의 반응은 훗날 아이의 성에 대한 태도를 결정하는 데 큰 영향을 미친다. 이 시기에 가장 중요한 성과 관련된 발달은 '내가 남자냐 여자냐'를 결정하는 것이며, 피부 접촉, 키스, 포옹 등 사랑의 표현을 배운다.

아동기 전기(3~7세)

3세가 되면 아이들은 부모가 신체의 여러 부위를 깨닫도록 도와주면서 자신의 성기 자극을 금지시키는 것을 이상하게 생각한다. 아이가 성기 자극을 하려고 하면 손을 치워 버리거나 "그럼 안 돼.", "거기 밑에는 만지지 마라."는 등의 부정적인 반응을 접하게 되고, 아이가 어떻게 만들어지고 어떻게 나오는지 질문을 하는데, 이럴 때 대부분의 부모들은 질문에 대한 대답을 회피하는 경향이 있다. 그러나 아이가 성장하는 동안 성문제에 대한 대화를 무조건 피할 수만은 없다. 왜냐하면 이 시기에는 성에 관한 주요한 발달 과제로 성역할, 성 가치관, 성태도가 결정되기 때문이다.

성교육의 방법으로는 아이들이 보고 느끼고 생각하거나 참여하는 일상의 대화에서 성에 대한 정보를 얻도록 하는 것이 있다. 편안하고 자연스럽게 성에 대한 대화를 하면 아이들은 안심하고 성에 대한 질문이나 관찰을 끌어들이게 된다.

좋은 출발 시점은 아이와 성에 관련된 어떤 느낌을 공유할 때이다. 그런데 이때 부모가 주저할 수도 있고 어색하게 그 상황이나 감정을 회피해 버릴 수도 있다. 그러나 나이가 어릴수록 간결하고 정확하게 말해주는 것이 효율적이다. 아이가 대답을 듣고 이해했는지 확인하는 것도 좋은 방법이다.

이 시기의 아이들은 남녀의 신체적 차이를 확실히 이해하며, 그들 자신의 신체를 노출시키는 것을 수줍어한다. 병원놀이나 소꿉장난을 통해 이성에 대한 호기심을 충족시킨다. 초기의 이런 성에 대한 놀이는 성과 직접 관련된 성행동이라기보다는 단순한 놀이이며, 이와 같은 놀이를 통해 성적 느낌(간지럼, 기분 좋은 느낌 등)을 다소 경험하게 된다. 또한 후기에는 동성애적인 행동도 나타나지만 성인이 되어서 동성애가 될 가능성과 직결되는 것은 아니다. 남매간의 성행동도 흔히 볼 수 있는데, 주로 성기를 보거나 만지는 행태로 나타난다. 그러나 이러한 행태가 상당 기간 지속되는 경우를 제외하고 대개는 큰 문제가 되지 않는다.

이 시기에 성 발달에 따른 성격 형성 및 성의식이 올바르게 형성되기 위해서는 아동기의 성장 발달 과정 속에서 엄마와의 피부 접촉을 통한 관계가 필요하다. 또한 신체적인 밀접한 관계로부터 시작되는 성적 발달, 엄마와의 관계에서 독립성과 자율성을 얻으려는 심리사회적 발달, 부모관계를 관찰함으로써 얻는 남녀관계에 대한 가치관 형성 등이 아동기 때 이루어진다. 이때 필요한 성교육의 지침을 확인해보면 다음과 같다.

아동기 성교육의 지침

① 사실대로 이야기해준다.

② 강의식으로 이야기하면 아이들이 지루해한다.

③ 생물학적인 면만 아니라 정서적인 면도 다루어주어야 한다.

④ 성에 대해 너무 많이 이야기해주는 것이 아닐까 두려워할 필요는 없다.
⑤ 아이들이 성과 관련된 욕을 할 때는 그 의미와 왜 그런 말을 사용하면 안 되는지를 잘 설명해준다.
⑥ '고추' 같은 용어는 피하고 정확한 용어를 사용하는 것이 좋다.
⑦ 학령 전기 아이들에게도 성적 학대로부터 자신을 어떻게 보호해야 하는지를 가르쳐준다.
⑧ 사춘기 이전에 사춘기 때의 변화를 미리 설명해준다.
⑨ 이성의 신체적인 변화나 특징에 대해서도 설명해준다.

2) 청소년기의 성

'adolescence(사춘기)'는 라틴어 'pubescere(털이 많아지다)'에서 유래한 단어로 '성장하다'라는 의미이다. 즉 사춘기는 신체에 급격한 변화가 일어나는 시기라는 것을 강조하는 말이다. 남성과 여성은 많은 중요한 점에서 서로 다르게 사춘기를 경험하는데, 우선 사춘기를 시작하고 끝내는 시점에서 차이를 나타낸다. 여성은 남성보다 약 2년 앞서 사춘기를 시작하고 끝낸다. 사춘기를 성적 성숙의 기간으로 한정할 때, 소녀의 초경과 소년의 사정은 성숙의 지표인 동시에 사춘기의 실질적 시작으로 간주된다.

소녀의 평균 초경 연령은 11～13세이고 소년들의 사정은 약 2년 정도 후에 이루어지는데, 이때가 소년 소녀들의 사춘기 시작 시점이다. 이 시기에 가장 많이 하는 성에 대한 고민을 하게 된다.

이 시기에는 자신의 신체에 관심을 가지면서 신체적인 특징에도 민감하게 반응한다. 어려서부터 성적인 충동을 느끼지만 표현은 사춘기에 한다. 그러나 요즈음 인터넷 등에서 부적절한 성관계에 노출된 남아들이 또래 여아를 성폭행하는 사건이 발생하고 있는 실정이다. 이들을 위해서라도 적절한 성교육이 필요하다.

남아는 성적인 관심이 증대되면서 자위행위의 빈도도 높아진다. 중학교 남학생들의 거의 절반가량이 자위행위를 경험한다. 집단으로 몰려다니면서 이성과의 접촉에 관심을 보이며 또한 성적인 호기심이 발동하면서 잡지, 인터넷, 음란물을 접촉하여 성을 배우는 시기이다. 이때 올바른 성교육이 이루어지지 않으면 성에 대해 왜곡된 태도를 배우게 된다.

성충동 및 자위행위

성호르몬 분비가 왕성하고 2차 성징이 급격하게 출현함으로써 청소년들은 성충동을 활발하게 느끼게 된다. 혼자 있을 때 더 민감하게 느끼기는 하지만 성충동은 때와 장소를 가려서 나타나는 것이 아니기 때문에 성행동을 하고 싶어서 참기 어렵다고 호소한다. 2차 성징이 정상적으로 발달한 청소년은 기본적으로 성적인 충동을 경험하게 된다. 청소년들은 극히 자기중심적이고 변하기 쉬운 감정과 가상적인 환상의 세계에 빠질 수도 있다. 성적 충동을 남자 청소년들은 주로 성에 대한 잡지나 책 등을 읽는 것으로, 여자 청소년들은 직접적인 성행위보다는 낭만적인 환상에 빠짐으로써 해결하려는 경향이 있다(김정옥 외, 2001).

성충동은 여성에 비해 남성이 7:4의 비율로 더 강하다고 하는데 남성은 화장품 냄새, 여성의 체취 등 후각을 통해서나 성적 그림, 여성의 속옷 등 시각적 자극을 통해서 성충동을 강하게 느끼며 이때 몸 안에 축적된 정액을 방출하고 싶은 사정의 욕구와 함께 이성에 대한 존재를 명확히 의식하고 육체적으로나 정신적으로 가까이하고 싶어 하는 접촉 욕구가 생긴다. 이에 반해 여성은 분위기에 약하며 단지 이성과 같이 있고 싶다는 욕구만이 있을 뿐이다. 이러한 차이 때문에 성행동에 있어서 남성이 여성보다 적극적인 역할을 하게 된다. 특히 청소년기의 여성은 이성과의 관계에서 로맨틱한 감정이 충만하기를 원하고 남성은 육체적인 관계를 원하는 경우가 많다.

이 시기에 가장 많이 호소하는 문제는 자위행위에 대한 것이다. 자위행위는 어떻게 하는 것인지, 몇 살부터 시작해야 하는지, 친구들도 자위행위를 하는지, 자위행위를 하면 신체적으로 어떤 해가 있는지, 자위행위를 하는 것 자체가 죄는 아닌지, 자위행위를 하다가 가족에게 들켰는데 어떻게 해야 할지 등이 청소년들이 호소하는 성문제 중 가장 높은 빈도를 차지한다. 또한 청소년기 자위행위는 행위 그 자체보다 해서는 안 되는 행위라 생각하며 할 때 그에 따르는 죄책감이나 불안이 더욱 문제가 된다. 따라서 적절한 운동이나 취미생활, 원만한 교우관계 등에 힘쓰면서 스스로 억제하려고 노력한다면 자연히 횟수가 줄어들게 되어 크게 문제가 되지 않을 것이다. 이 시기에는 보다 생산적이고 창조적인 활동에 성 에너지를 투입할 수 있도록 해야 하며 성욕구에 대한 관리와 조절 능력을 갖추는 것이 중요하다.

이성교제와 10대 임신

청소년기부터 이성에 대해 강렬한 호기심을 가지고 동경하게 되며 성적인 충동 때문에 갈등과 고민에 빠지기도 한다. 이 시기의 남녀는 신체적인 것에 관심이 높아지고 성적인 사물이나 이미지에 대한 호기심이 높아진다. 성적인 상상과 백일몽이 많은 데 비해 이성과 접촉할 기회가 없기 때문에 연예인, 운동선수, 선생님 등을 정서적인 대상으로 삼기도 한다. 그러다가 차차 주위에 있는 동년배의 이성 일반에 대해서 흥미를 가지게 된다.

일반적으로 성적 성숙이 빠른 사람이 이성교제도 빠르며 상대의 주의를 끌기 위해 관심을 주려고 하고 이성에게 주목을 받게 되면 쉽게 좋아한다. 이러한 시기를 '열광기'라고 한다. 용모나 복장에 관심이 많고 이성과 신체적 접촉의 가능성이 많은 놀이를 좋아한다. 이 시기의 행동 특성은 같은 나이 또래의 이성 전반에게 애정을 품으며 이성에 대한 화제가 많아진다. 하지만 이 시기에 증대된 성적 충동과 성 생리 반응을 어떠한 상황에서 어떻게 촉발할 것인지는 학습되는 것으로, 어떠한 개인적 학습 경험을 가지느냐에 따라 개인의 성적인 행동양상은 달라지는 것이다. 특히 문제 성행동으로 인해 10대의 임신은 정신적인 고통과 심각한 경제적 문제, 그리고 건강 문제를 동반한다. 10대 임신의 결과로 출생한 영아들은 사망률과 유병률이 훨씬 높고 미숙아인 경우도 많다. 미혼모들은 임신이나 출산으로 학교를 도중에 그만두기 쉽다. 미혼모를 줄이는 방법은 실질적인 성교육을 확대하고 청소년들에게 피임의 중요성과 그 방법을 가르쳐주고 강조하는 것이 가장 효과적인 것으로 알려져 있다.

3) 성인기의 성

성인 초기

청소년기를 지나고 결혼을 하기 전 초기 성인기에 속하는 미혼 남녀의 경우 부모에게 전적으로 의존했던 상태에서 스스로 자신을 책임지고 사회적인 역할을 수행하는 성인으로 이행하기 위해 준비하는 시기이다. 이 시기에는 성적 정체감 및 이성과의 성숙한 관계를 형성하고 자아를 향상시키며 사회적으로 수용 가능한 방식으로 성적 충동과 감정을 처리하는 방법을 학습하는 일이 주된 발달과업이며 인생의 중요한 과업(결혼, 직업 선택)을 결정짓는 시기이다.

그러나 오늘날 사춘기는 과거보다 빨리 시작되지만 청년기와 초기 성인기의 역할을 하는 시기는 늦어지고 있다. 20대 젊은이들은 이 시기에 이성과 성경험을 해보는 것이 장차 배우자를 선택하는 데 도움이 된다고 생각하는 추세가 있지만 이 시기 동안 학업 문제, 이성교제, 취업, 결혼 등 인생의 과도기적 상황으로 인한 심리적 격동기를 갖게 된다. 이때 올바른 성지식과 태도를 가지지 못한 채 무분별한 성 자유화의 풍조에서 방황하게 되어 사회적 문제를 야기하는 경우가 많다.

성행동 측면에서는 다른 어느 시기보다 청년기와 초기 성인기에 성행동 능력이 활발하다. 다만 결혼 후에는 부부관계에서의 성행동에 의하여 성적 욕구를 해소하겠지만 이 시기에는 성적 욕구의 해소를 독자적으로 조절, 억제하는 방법인 자위행위에 의하거나 이성교제 중인 상대자와의 성행위로 해소하는 방법 등의 차이가 있다.

성적 발달에 대한 이해가 높아지면서 자위행위가 정상적인 과정의 일부라는 인식이 고양되고 있지만 여전히 자위행위에 대한 죄의식과 부정적 태도가 동반되고 있다. 자위행위에 대한 죄책감은 우리 사회의 종교적, 문화적, 의학적인 부정적 태도의 영향 때문이며 부모들이 이를 문제시하거나 자위행위를 할 때 일어나는 상상에 대해 잘못 이해할 때 발생한다.

대부분의 심리학자들은 자위행위가 신체적인 해는 끼치지 않는다고 본다. 그러나 Kinsey는 정신건강에 해로운 영향을 미치는 원인이 될 수도 있다고 말했으며 특히 자위행위에 대해 죄의식을 느끼고 심리적으로 억압받을 때는 정신건강에 부정적인 영향을 미친다고 한다. 이는 자위행위를 하고 난 후의 심리 반응이 허탈감과 죄의식이 높아 그것을 고민하는 것 자체가 문제가 되는 것이다. 자위행위를 실행한 후의 심리 상태에 대한 조사에 따르면 과반수의 대학생이 자위행위를 경험하고 있음에도 불구하고 자위행위에 대해 과도한 두려움이나 죄의식, 후회 등을 느끼는 것으로 나타났다. 또한 자위행위가 대인관계의 문제로 인해서 파생되는 부정적인 결과나 혹은 도피처로 사용된다면 더욱 해로울 수 있다.

이처럼 미혼의 시기가 연장됨에 따라 사회문화적인 규범과 개인적 가치관, 성행동 사이에서 혼란을 경험하게 되며 이는 개인의 정신건강에 영향을 미치게 된다.

연애와 성

연애관계의 시작에 관련된 요인들은 다양하며, 기본적으로 두 사람의 인위적 만남과 상호의 호감에 의해 결정된다. 이러한 요인들은 사회심리학의 대인매력에 관한 연구들에서 집중 취급되고 있다.

특히 대인매력이나 호감의 결정요인들은 다음과 같다(Simpson & Harris, 1994).

- 개인 변인
  - 사회적 동기(친화 욕구 또는 친밀감 욕구)
  - 사회적 결함(사회적 불안, 사회적 고립 및 정서적 고립, 우울증)
  - 대인관계의 기대(상호작용의 예상, 자기에 대한 상대방의 호감과 매력성의 기대)
- 환경 변인
  - 물리적 근접성
  - 물리적 환경과 사회적 환경의 특징(실내온도, 음악, 뉴스의 긍정성 등)

- 타인 변인
  - 신체적 매력성
  - 성격(성실함, 다정함, 사려 깊음, 정직함 등)
- 개인 · 타인 변인
  - 개인과 타인의 유사성(태도, 성격, 행동, 인구학적 특징들, 신체 매력성)
  - 개인과 타인의 상보성(행동, 능력, 남자의 경제적 능력과 여자의 젊음이나 매력성)
  - 상호호감

중년기

삶의 안정기로 접어들면서 자신의 삶을 재조명해보는 시기이다. 생리적인 변화로 여성은 폐경기를 맞이하게 되어 성적으로 쇠진했다는 느낌으로 우울증까지 보인다. 남성도 역시 성적 좌절을 맛보기 쉽고, 이를 극복하려고 젊은 여성을 상대로 혼외정사를 시도하기도 한다.

우리나라에서는 부부간의 성이나 사랑에 대해서는 거의 언급되지 않거나 침묵을 지키고 있는 것이 현실이다. 오랫동안 함께 살아온 부부들의 성과 사랑에 대해서는 거의 언급되지 않고 있다. 그 이유는 첫째, 유교적 전통을 답습하고 있는 한국 사회에서 부부관계는 극히 사적인 것으로 간주되어 왔다. 둘째, 매일 얼굴을 맞대고 함께 살면서 일상화된 관계를 유지하고 있는 부부에 대해서 성과 사랑을 논의하는 자체가 의미 없다고 생각하는 부분도 있다. 하지만 과거에 비해 부부관계가 가족에서 차지하는 위치가 점점 중요해지고 있을 뿐만 아니라 부부관계의 핵심 속에 성과 사랑이 자리하고 있음을 인식한다면 부부간의 성과 사랑은 간과할 수 없는 주제이다.

부부간 성관계의 유형

- 원만한 부부관계 : 부부간 성관계의 가장 바람직한 형태로는 남편과 아내가 합의해서 성관계의 방식이나 횟수를 결정하는 상황을 들 수 있다. 남편의 요구와 아내의 요구가 동등하게 반영되는 관계를 가정할 수 있다.
- 일방적 거부로 인한 갈등관계 : 부부의 합의나 자연스러운 동의에 의해 성관계를 갖지 않는다면 전혀 문제가 없지만, 한쪽은 성관계를 원하는데 배우자의 계속된 거부로 인해 성관계가 이루어지지 않는 경우에는 많은 불만이 뒤따르기도 한다. 이는 궁극적으로 부부관계에 영향을 미쳐서 부부관계의 질을 악화시키는 원인이 된다.

- 우리나라의 부부관계에서 성과 사랑의 의미 : 우리나라의 부부관계는 성생활에 있어서도 가부장적인 성문화의 여러 특성이 반영되어 남녀 간의 불평등한 권력관계를 보여주고 있다. 아내에 대한 남편의 성적 소유권을 인정하기 위해 아내는 정절을 지켜야 했고, 성적 복종을 결혼의 의무로 여겨 왔다. 성 규범의 이중 체계는 결혼 후에도 여성의 성적 종속 상태를 유지시켜 온 기제로 작용했다. 아내에 대한 강간도 성의 이중 구조라는 맥락 속에서 이해되어야 한다.

바람직한 부부관계나 성관계를 형성하기 위해서는 아내의 성적 주체성이 회복되어 부부간의 동반자적 성관계가 가능해져야 한다. 그럼으로써 가정에서 소외되고 부부간의 왜곡된 상호작용에 의해 소원해진 부부관계의 유대감을 강화하기 위한 진정한 방안을 찾을 수 있을 것이다.

남편을 만족시킬 수 있을 정도로만 여성의 성적 권리를 제한적으로 인정해 온 최근의 문화는, 아내에게 성적 매력을 갖추어야 한다는 강박관념만을 강화하고 있을 뿐 전통적인 가부장적 성문화에서 별로 진보하지 못했다. 따라서 남편과 아내가 상대방의 성적 권리와 주체성을 인정하는 토대 위에서 행동할 때 가족은 부부관계의 질적 차원에서 한층 발전할 수 있을 것이다.

2. 성역할 이론과 형성 과정

인간은 남성과 여성 중 하나의 생물학적 성(sex)을 가지고 태어나며 한 개인에 대한 사회적 기대로서의 성(gender)과 이에 대한 자신의 자각을 통한 성정체감(gender identity)을 지니게 된다. 이는 모든 인간 사회는 개인의 성(gender)으로 정확하게 이분되어 각 개인들이 지니고 있는 특성과는 관계없이 오로지 여성인지 남성인지에 따라 완전히 다른 삶을 살아간다.

일반적으로 남성과 여성의 차이는 대부분 생물학적 특성에 기초한다고 믿는다. 생물학적 성(sex)을 기초로 하여 형성된 성(gender)은 개인의 행동, 사고, 감정에 영향을 주고, 개인들 사이의 상호작용은 물론이고 사회기관의 구조를 결정하는 역할을 한다. 그럼에도 불구하고 사람들은 문화에 의해 형성된 남녀의 차이조차도 생물학적 차이로만 귀인시키는 경우가 많다. 인간의 성(gender)과 관련하여 인간 발달의 중요한 측면이 되고 있는 성역할(gender role)은 남성성, 여성성의 성정체성에 대한 구체적인 태도와 행동 양식을 말한다.

성역할 정체감이란 개인적 정체감의 독특한 측면으로서 사회가 그 성에 적절하다고 인정하는 특성이나 태도 혹은 흥미와 동일시하는 것을 의미한다(김태련, 장휘숙, 1987). 전통적으로 성역할 정체감은 '남성적(masculine)', 혹은 '여성적(feminine)'의 2개 개념으로 이분화되었다. 남성성(masculinity)은 도구적, 주장적, 독립적, 합리적, 성취적, 적극적, 주도적, 경제적, 비감정적인 특성과 같이 전통적인 남성의 역할과 관련된 특성을 의미하며, 여성성(feminity)은 따뜻하고 정서표현적, 수동적, 관계지향적, 감정적, 협동적, 직관적, 양육적, 민감하고 의존적인 특성과 같이 전통적인 여성의 역할과 관련된 특성들을 의미한다. 성역할 정체감은 자기개념의 일부로서 사회성 발달을 통해서 습득된다. 그리고 사람이 속한 사회가 가지고 있는 성역할에 대한 고정관념이 내포되어 있으며 가정교육이나 학교교육과 어린 시절 부모가 자녀에게 취하는 태도가 많은 영향을 미치는데 사춘기를 지나면서 비교적 안정된다. 남자가 남자라는 것을 인식하고 남자로서 행동하는 것, 그리고 여자가 여자라는 것을 인식하고 여자로서 행동하는 것은 성역할 정체감에 따른 것이다.

Bem(1975)은 성역할 정체감은 심리적인 성을 나타내는 용어로서 한 개인을 특징짓는 성격 특성과 행동 특성의 집합체를 의미하여 개인이 자기 자신을 얼마나 남성적 또는 여성적 특성을 소유하고 있는지를 평가하는 개념이라고 했다. 한편 전통적 성격 이론에서 개인의 성역할 정체감은 생애 초기에 획득되며 일단 형성된 성역할 정체감은 성인기까지 지속된다고 본다. 이러한 과정은 자동적으로 이루어지는 것이 아니라 타인에 대한 동일시, 강화와 모방, 그리고 개인의 인지능력 발달을 통해서 형성된다. 이 견해를 지지하는 대표적인 이론은 다음과 같다.

1) 다양한 성역할 이론

생물유전학적 관점

남성과 여성은 유전적으로 생리학적 특성에 의해 차이가 있을 수밖에 없다는 주장이다. 태아기의 발달에서부터 남녀 차이가 나타난다. 또한 학습 능력이 없을 때부터 분명한 성차가 나타나고 호르몬상의 차이로 성호르몬이 성차에 중요한 영향을 미치지만 부모, 사회적 환경, 문화적 배경이 강화하고 억압하는 과정에서 발달하거나 약화되기도 한다.

문화인류학적 관점

여성성, 남성성뿐만 아니라 성역할 분담도 문화에 의해 결정된다는 관점이다. Mead의 뉴기니 부족 연구를 보면 세 부족 중 한 부족은 남성의 역할과 여성의 역할을 완전히 바꾸어 수행하고 있었다. 생물학적으로 남자 혹은 여자로 태어난다 하더라도 사회문화가 그들의 성향을 다듬는 역할을 한다는 것이다.

정신분석학적 관점

Freud(1933)에 의하면, 남자와 여자의 근원적인 차이는 심리성적 발달의 5단계 중 3단계인 남근기에서의 서로 다른 경험에 의해 형성된다. 남아는 오이디푸스 콤플렉스를, 여아는 엘렉트라 콤플렉스를 각각 경험하게 되는데, 이러한 콤플렉스를 해결하기 위한 수단으로 성역할 동일시가 이루어진다.

인지발달론적 관점

인지발달론자들은 성역할의 발달을 인지발달의 부산물이라고 주장한다. Kohlberg(1966)는 아이들이 7세 이상이 되어야 성정체감을 깨닫는다고 주장했다. 즉 아이들이 타인을 통해 성에 적합한 행동을 배우기는 하되, 이것이 보상 때문이 아니라 남자 또는 여자로서 자아 정체감을 유지하는 것으로 인지적인 일관성을 추구하기 위해서라고 본다.

사회학습론적 관점

Misched(1970)는 아동이 많은 행동을 주변 인물을 통해 모방하면서 학습한다고 본다. 따라서 행동에서의 성차도 자기 주변에서 남녀가 각각 다르게 행동하는 것을 보고 배웠기 때문에 일어난다고 한다. 즉 모방과 동일시를 통해서 성역할을 학습한다는 것이다.

생애발달론적 관점(성역할 초월 모델)

성역할 및 사회심리학적인 성(gender)은 전 생애를 통해서 보아야 한다는 관점이다. Hefer, Rebecca, Oleshansky(1975) 등은 마지막 성역할 초월 단계가 성역할 고정관념을 뛰어넘어 인간의 잠재력을 충분히 발휘하게 되는 단계라고 보았는데, 이들이 말하는 각 단계의 특성은 다음과 같다.

제1단계인 성역할 미분화 단계에서 아동의 사고는 총체성으로 특징지어진다. 생물학적인 성(sex)에 따라 문화가 제한하는 행동이 있다는 것도 깨닫지 못한다.

제2단계는 성역할의 양극화 단계로서, 이 단계에 있는 사람들은 자신의 행동을 고정관념의 틀 속에 맞추는 것을 필연적이라고 생각한다.

제3단계인 성역할의 초월 단계에 있는 사람은 성역할의 고정관념에서 벗어나 상황에 따라 적절하고 적응력 있게 행동할 수 있고, 행동적 표현이나 감정적 표현이 성역할 규범에 얽매이지 않는다.

심리적 양성성 관점

이는 고대 신화에서 그 뿌리를 찾을 수 있는데, 남성과 여성의 특징을 동시에 가졌다는 'androgyny(양성)'는 그리스어 'andro(남성)'와 'gyne(여성)'의 합성어다. 이 두 단어의 결합은 남성이 가진 특성과 여성이 가진 특성이 균형을 이루거나 혼합되어 있다는 것을 의미한다.

양성성 개념을 처음으로 심리학에 활용한 사람은 Jung(1971)이다. 그는 남성의 자아 속에 내재되어 있는 여성적 특성을 아니마(anima)라고 하고, 여성의 자아 속에 내재된 남성적 특성을 아니무스(animus)라고 명명했다. Jung에 의하면, 개인의 자아가 완전해지기 위해서는 개인 내부의 아니마와 아니무스가 통합되어 두 가지 특성을 함께 갖고 있는 사람은 전통적인 성역할에 얽매이지 않고 필요한 상황에 따라서 융통성 있게 성역할을 할 수 있다. 양성적인 성향을 가진 사람들은 전통적인 성역할을 강조하는 사람들에 비해서 자존감이 높고 사회적인 상황에서 더 자신감을 보이고 성취감도 높다고 한다(Kirchmeyer, 1996).

양성적인 사람은 남성형 과제와 여성형 과제를 수행할 능력이 있고 남성적인 독립성과 여성적인 양육성을 모두 표현할 수 있다. 반면 여성적이거나 남성적으로 성 유형화된 사람들은 고정화된 성역할로 반응하는 경향이 있다. 사회 변화에 따라 남녀의 역할이 변화하기 때문에 남성, 여성의 특성을 모두 가진 사람이 사회적으로 적응하기 쉽다고 볼 수 있다. 또 다른 시각으로는, 인간은 원래 남성, 여성 두 가지 특징을 모두 가지고 있기 때문에 원만한 인간이 되기 위해서는 이 양자의 특성을 발전시켜야 한다는 주장도 있다.

한편 성역할에 대한 여러 연구들은 양성성이 가장 융통성 있는 성역할 유형이라고 보고하지만(Bem, 1974), 이에 반해 정신건강과 적응은 여성성보다 남성성과 더 밀접하게 관련되어 있다는 주장도 있다(Yager & Baker, 1979). 즉 남성성이 더 효율적인 성역할 유형이라는 연구 또한 상당수 제시되고 있어서 단정적인 결론을 내리기는 어렵다. 따라서 정형화된 성에 대한 정체성이나 성역할에 얽매일 필요가 없다. 자신이 처한 상황에서 융통성 있게 적응하고 최선의 상태를 이루려고 노력하는 자세가 중요하다.

Bem(1975)은 남성과 여성 모두에게 있어서 전통적 성역할 기대에 대한 강한 동일시는 부정적인 심리 결과를 초래한다는 증거를 제시하면서 사회적으로 인정된 고정적인 여성적 특성과 남성적 특성이 결합되어 공존한다는 것을 의미하는 심리적 양성성 개념을 제시했다.

양성성 이론은 아동 초기까지 개인의 성역할 정체감이 형성된다는 전통적인 성격 이론의 주장과는 대조적으로 아동기 이후에도 계속해서 성역할 정체감 발달이 이루어질 수 있다고 가정한다. 또한 양성적 시각에서 이 성역할 발달 이론들은 남녀가 심리적으로 유사하며 고정관념적인 성역할은 남녀 모두의 자연스러운 개성과 잠재력의 개발에 제한을 준다는 전제로부터 발달했다(정진경, 1987).

심리적 양성성 개념은 전통적으로 이분화된 성역할 특성을 극복하는 대안적 개념으로, 한 개인 내에 남성성과 여성성 특성을 모두 높은 수준으로 가지면서 이들 특성이 균형을 이룬 상태를 의미하며 양성성은 '사회의 성역할 고정관념을 이루는 내용 중에서 바람직한 여성적 특성과 바람직한 남성적 특성이 결합하여 공존하는 것'으로 보아야 한다는 것이다(Kaplan & Sedney, 1980). 즉 심리적 양성성은 남성성과 여성성이 상호 배타적이 아니라 동시에 공유되며 이들 두 특성이 혼합함으로써 성에 관계없이 남성과 여성 모두에게 보다 가치 있으며 보다 이상적인 상태로 설명된다고 할 수 있다(문미란, 2003).

이 관점에서 볼 때 사람은 누구나 타고난 성별에 관계없이 여성적인 특성과 남성적인 특성을 공유할 수 있으며 여성성이나 남성성이라는 것이 사회적으로 형성된 고정관념을 반영하는 것일 뿐이고, 양성성을 바람직한 남성적 특성과 바람직한 여성적 특징이 한 사람 안에서 공존하는 것으로 정의한다. 그래서 더욱 바람직하고 적응적인 성격의 것으로 가정했다.

양성성의 특징은 사회적으로 인정받는 긍정적 특성들을 포함하며 그 사회의 구성원들이 여성과 남성에 대해 가지는 추상적이고 일반적인 기대를 말하는 고정관념적 여성성과 남성성이 포함된다. 따라서 양성적 성격의 구체적 내용은 사회, 문화에 따라 달라질 수 있으며 양성성은 그 사회의 구성원들이 가지는 여성과 남성에 대한 고정관념을 반영하는 것이므로 사회에 따라 양성적 성격의 구체적 내용이 달라질 수 있다(김혜숙, 1992).

이 새로운 시각은 기존의 연구들이 지녔던 성차별적인 전제들을 밝혀내고 앞으로의 연구가 나아가야 할 방향을 제시함과 동시에 성차별이 빚어내는 여러 사회문제의 해결에도 적용되면서 큰 변화를 일으키기 시작했다. 양성성 개념에 의하면 심리적으로 양성적인 사람은 남성적이거나 여성적인 사람보다 성 고정관념과 관계없이 상황적으로 효과적인 행동을 적용하기 때문에 상황에 따라 융통적인 성역할 적응을 나타낸다. 따라서 Bem을 포함한 최근의 여러 학자들은 전통적인 성역할 기대는 개인의 성장을 제한하기 때문에 극복되어야 한다고 했다.

2) 성역할 형성과정 및 초월적인 성역할

어린아이들은 3~4세가 될 때까지 자신의 성에 대한 정체성을 확립한다고 한다. 성에 대한 정체성이 확립되면 아이들은 자신의 성과 관련된 역할을 배우고 남성으로서 또는 여성으로서의 성역할을 확고하게 실행해 나간다. 성과 관련해서 인간이 어떻게 행동할 것이라고 미리 가정하고 기대하는 것을 성에 대한 고정관념(sex stereotype)이라고 한다.

성역할에 대한 고정관념은 과연 옳은 것인가? 남녀의 성역할은 타고난 것인가, 아니면 학습된 것인가? 이에 관한 연구들을 보면, 인간은 사회화 과정에서 다양한 경로를 통해 성역할을 습득하게 된다고 한다. 성역할 발달 과정에는 복합적 요인들의 상호작용이 있으며, 거기에는 성차에 대한 역사적 · 문화적 환경 및 개인 요인이 관련되어 있다고 본다. 따라서 운명적이기보다는 사회화의 산물이라고 보는 것이 더 타당하다. 이 요인들을 살펴보면 다음과 같다.

가족의 영향

부모는 아동의 성역할 사회화에 중요한 영향을 미친다. 아동은 동성 부모의 행동을 관찰하면서 자신의 성역할을 배운다. 여아는 엄마의 양육적인 행동을 보고 소꿉장난을 하고 아이를 등에 업고 우유를 주는 장면을 연출하지만, 남아는 행동을 지시하고 물건을 나르는 등의 행동을 한다. 아들과 딸에게 서로 다른 과제를 할당하는 것은 어느 문화에서나 발견되는 보편적인 현상이다. 우리나라와 같은 동양 문화권에서는 물론 서양 문화권에서도 딸은 어머니를 돕거나 대신하는 반면 아들은 아버지를 돕거나 대신하는 역할을 한다. 아들과 딸에 대한 과제 할당의 차이는 가족 내 형제자매의 존재에 의해서도 영향을 받는다.

가족이 소속된 계층도 가정 내에서 남녀 아동들에게 할당되는 과제에 영향을 미친다. 일반적으로 젊은 사람들보다는 나이 많은 사람들이, 여성보다는 남성이, 그리고 사회경제적 수준이 높은 사람들보다는 가난한 근로자 계층의 사람들이 아들과 딸에게 전통적인 성역할과 일치하는 과제를 더 많이 할당한다(Lackey, 1989). 그러므로 사회경제적 수준이 높은 가정에서 성장한 사람들은 성에 따라 유형화된 과제를 더 적게 할당받고 성장할 수 있으므로 고정관념적 성역할에서 벗어난 사고와 행동을 할 가능성이 더 많다.

학교 환경의 영향

여학생들이 학교에서 경험하는 남녀 불평등의 문제가 관심의 대상이 되기 시작한 것은 1990년대 들어서부터이다. 그 이전까지는 여학생들이 남학생들보다 생물학적으로 열등하다고 생각되었기 때문에 학교나 교사가 남녀 학생들에게 실시하는 교육의 질적 측면을 문제 삼는 사람은 거의 없었다. 1990년대 이후 미국에서 발간된 주요 보고서나 책들은 불공

평한 실상을 다음과 같이 지적한다.

- 여학생들보다 남학생들에게 더 복잡하고 추상적인 문제가 주어진다.
- 남학생들의 숙제는 학구적 성과에 의해 평가되지만, 여학생들의 숙제는 깨끗하다는 관점에서 평가된다.
- 성적이 우수한 여학생들은 우수한 남학생들에 비해 또래나 동년배로부터 훨씬 더 많은 질시를 받는다.

특히 교육 프로그램의 중추인 교사는 아동의 교육적 모델이자 사회화의 대리인이다. 교사들이 가진 성역할 고정관념이나 편견은 여학생들의 발달을 저해하고 자아존중감을 낮추는 역할을 할 수 있다. 교사들은 남학생과 동등하게 여학생들의 과제 수행을 격려하고 그들의 성장에 관심을 가져야 할 것이다.

미디어의 영향

부모, 학교, 또래들은 아동의 가장 강력한 사회화의 대리인이었으나 21세기에는 대중매체로 TV, 인터넷, 스마트폰이 강력한 정보 전달자로 부각되었다. 이것들은 사회화의 가장 강력한 도구로서 긍정적 태도와 부정적 태도를 모두 형성하고 강화하는 역할을 한다.

대중매체의 영향을 심층적으로 분석한 Wood(1994)는 대중매체 속에 등장하는 남성과 여성에 관해 다음과 같이 설명했다.

첫째, 여성은 남성보다 대중매체에 더 적게 등장한다.

둘째, 여성과 남성 모두 성역할 고정관념적으로 제시한다.

셋째, 여성과 남성의 관계 또한 고정관념적 방식으로 표현한다.

반복적인 TV 시청의 결과로 아이들은 여성이 남성보다 더 열등하다는 것을 학습하고 남녀 불평등을 당연시할 수 있다. 이와 같이 TV가 가진 여성에 대한 편견은 여성의 발달을 방해하고, 여성에 대한 왜곡된 태도와 가치관을 영속화하는 역할을 한다.

초월적인 성역할

사회심리학자 Bem(1974)은 남성성, 여성성 또는 양성성의 정도를 측정하기 위한 설문평가를 개발했다. 이후 다수의 학자들은 이러한 방법들로 양성성인 사람이 어떻게 성 유형화된 사람들과 비교되는지 조사했다.

연구 결과에서 양성을 공유하는 사람들은 행동 방식에 있어 유연하고 탄력적이며 고정화된 성역할 고정관념으로부터 비교적 자유로운 사고방식과 행동을 갖고 있는 것으로 나타났다. 또한 의사소통 능력에 있어서 타인에 대한 세심한 배려와 공감 능력이 높아 사회조직 내에서 적응력이 뛰어나고 유능한 사회적 역할을 수행하는 것으로 나타났다. 또한 성역할 고정관념이 높은 사람이나 그렇지 않은 사람보다 성취동기도 높아 원활한 사회적 적응능력이 높은 것으로 조사되었다(Hirokawa et al., 2004). 또한 Bem(1975)은 남성과 남녀 양성적인 사람들은 여성 역할을 강화한 사람들보다 독립적이고 소신이 있는 경우가 많은 것으로 나타났다.

다른 한편으로 최근 연구자들에 의하면 양성성인 사람은 삶에 대한 개인적인 만족도가 크지만 성별 유형화가 강한 사람들보다 직업 관련 스트레스 강도가 더 높았다(Rotheram & Weiner, 1983). 남성성 특징이 강한 대학생들을 대상으로 한 연구에서 다재다능함, 융통성 평가에서 양성성이 보다 높은 점수를 받았다(Lee & Scheurer, 1983). 이는 '남성성' 속성에는 주도적이고 긍정적인 특성이 있기 때문이며 사회적 보상이 크기 때문이다(Bem et al., 1996).

그럼에도 불구하고 남성, 여성의 양성 지향적 사람들은 전통적인 성역할을 하는 사람들보다 성(sexuality)에 대해 더욱 긍정적이며 깨어 있고, 감정표현도 유연하고 자연스러우며, 타인의 성에 대해 관대한 태도를 보이고, 쉽게 선입견을 갖거나 비난하지 않는다(Garcia,1982). 양성성인 사람들은 보다 융통성이 높으며 양성성인 커플이 역할 고정관념이 높은 커플에 비해 감정적, 성적 만족을 더 많이 경험하고 개인적 관여도가 높았다는 연구가 있다(Rosenzweig & Daily, 1989).

기존의 연구들을 기반해서 볼 때 사람들은 전통적 성역할을 초월할 때 더욱 넓은 범위 안에서 효과적인 역할을 다할 수 있으며 양성성은 여성성과 남성성 행동 방식을 선택할 수 있다. 양성성은 성역할의 기준에서가 아니라 주어진 상황에서 자신과 타인에게 안겨줄 수 있는 최적의 만족을 기반으로 독립성, 단호함, 양호 또는 부드러움이라는 특성을 취한다.

요약

- 인간의 성의식 발달이란 생물학적인 발달만을 뜻하는 것이 아니라 성(sexuality)과 관련된 정신 · 정서 · 사회적 측면 등을 모두 포함하는 것으로 상대에게 향한 욕구를 충족하려는 마음의 상태이며, 그로 인해 드러나는 태도, 행동과 성에 대한 지식을 포함하는 것을 의미한다. 특히 인간의 성적인 행위를 설명하기 위해 여러 가지 이론이 발달해 왔는데, 정식분석 이론에 근거한 성에 대한 이론은 우리 생활 속에 무의식의 법칙을 강조한 Freud에 의해 처음으로 전개되었다. 유아기와 아동기, 청소년기, 성인기의 성의식은 일정한 발달 과정을 밟게 되는데 신체 생리적인 변화, 개인의 성장발육 환경과 인간관계들을 둘러싼 성문화 등 많은 요인의 영향을 받는다.
- 생물학적 성(sex)을 기초로 하여 형성된 성(gender)은 개인의 행동, 사고, 감정에 영향을 주고 개인들 사이의 상호작용과 사회기관의 구조를 결정하는 역할을 한다. 인간의 성(gender)과 관련하여 인간 발달의 중요한 측면이 되고 있는 성역할(gender role)은 남성성, 여성성의 성정체성에 대한 구체적인 태도와 행동양식을 의미한다.
- 어린아이들은 3~4세가 될 때까지 자신의 성에 대한 정체성을 확립한다. 인간은 사회화 과정에서 다양한 경로를 통해 성역할을 습득하게 되는데, 성역할 발달 과정에는 복합적인 요인이 있다. 따라서 운명적이기보다는 사회화의 산물이라고 보는 것이 타당하다고 할 수 있다.
- 성역할 기대는 우리 사회에서 성역할 고정관념에 깊은 뿌리를 두고 있다. 성역할 이해는 성적 존재로서의 스스로의 판단, 친밀한 관계에 대한 기대, 그러한 경험에 대한 이해, 그리고 타인의 반응 등에도 큰 영향을 준다.
- 양성성인 사람들은 남성성과 여성성 양쪽 모두를 그들의 삶에 통합하면서 전통적인 성역할을 초월한다.

토론문제

- 성의 발달은 유아기에 시작되어 성인기에 이르기까지 인간의 생애 과정을 통해 꾸준히 발달한다. 성의식의 발달 과정에서 각 발달 단계에 따른 수행과업이 지체되었을 때 나타날 수 있는 다양한 성태도나 성행동에 대해 논의해보자(유 · 아동기, 청소년, 성인기 등).
- 성역할 정체감 형성을 뒷받침하는 다양한 이론의 제한점은 무엇이며 오늘날 성역할 고정관념에 영향을 주는 사회문화적 영향을 살펴보고 현재 자신의 생활 속에서 성역할 고정관념을 고착화하는 사례를 찾아보자.

04

CHAPTER

성의 해부학

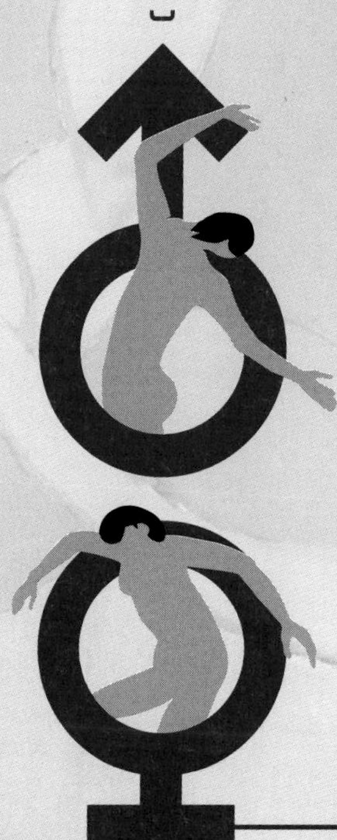

P S Y C H O L O G Y O F S E X U A L I T

4

1. 남성 생식기

남성의 생식기관들은 정자를 생산하고 유지하며, 다양한 분비액과 함께 정자를 여성 생식기관으로 운반하고 남성 호르몬을 분비한다. 정자를 생산하는 고환과 정자를 저장하고 운반 · 배출하는 부고환, 정관, 사정관 및 요도, 정낭, 전립선, 쿠퍼선 등은 내생식기, 밖으로 노출된 음경과 음낭은 외생식기로 구분할 수 있다.

1) 외생식기관

음경

음경은 원기둥 모양의 구조로 여성의 음핵과 같은 기관이며 성교를 할 수 있는 기관이다. 음경 속에는 요도가 있으며 비뇨기관의 통로인 요로와 정액이 지나가는 통로를 겸하고 있다. 음경은 좌우 1쌍의 음경해면체와 하나의 요도해면체로 구성되어 있는 발기성 조직으로 성적으로 흥분하면 단단하게 발기한다. 요도해면체는 요도를 보호하며 요도가 관통하고 있다.

음경의 크기는 사춘기 이후 호르몬의 영향으로 커지기 시작하는데, 한국 남성의 평균 음경의 길이는 6.1±1.3cm, 둘레는 8.9±0.8cm이며 발기된 음경의 길이는 10.8±1.3cm, 둘레는 11.3±1.2cm로 개인차가 있다. 남성의 경우 음경에 대한 관심이 매우 많고, 왜소 음경 콤플렉스로 고민하는 사람들도 많다. 그러나 왜소 음경의 진단 기준은 2cm 미만이며, 발기 시 5cm 정도만 되면 성생활에는 아무 지장이 없을 뿐만 아니라 음경의 크기와 성적 만족은 무관하다. 다만 심리적으로 위축되거나 자신감을 상실하는 것이 문제이므로 필요시에는 전문가와 상담하도록 한다.

그림 4.1 방광과 음경

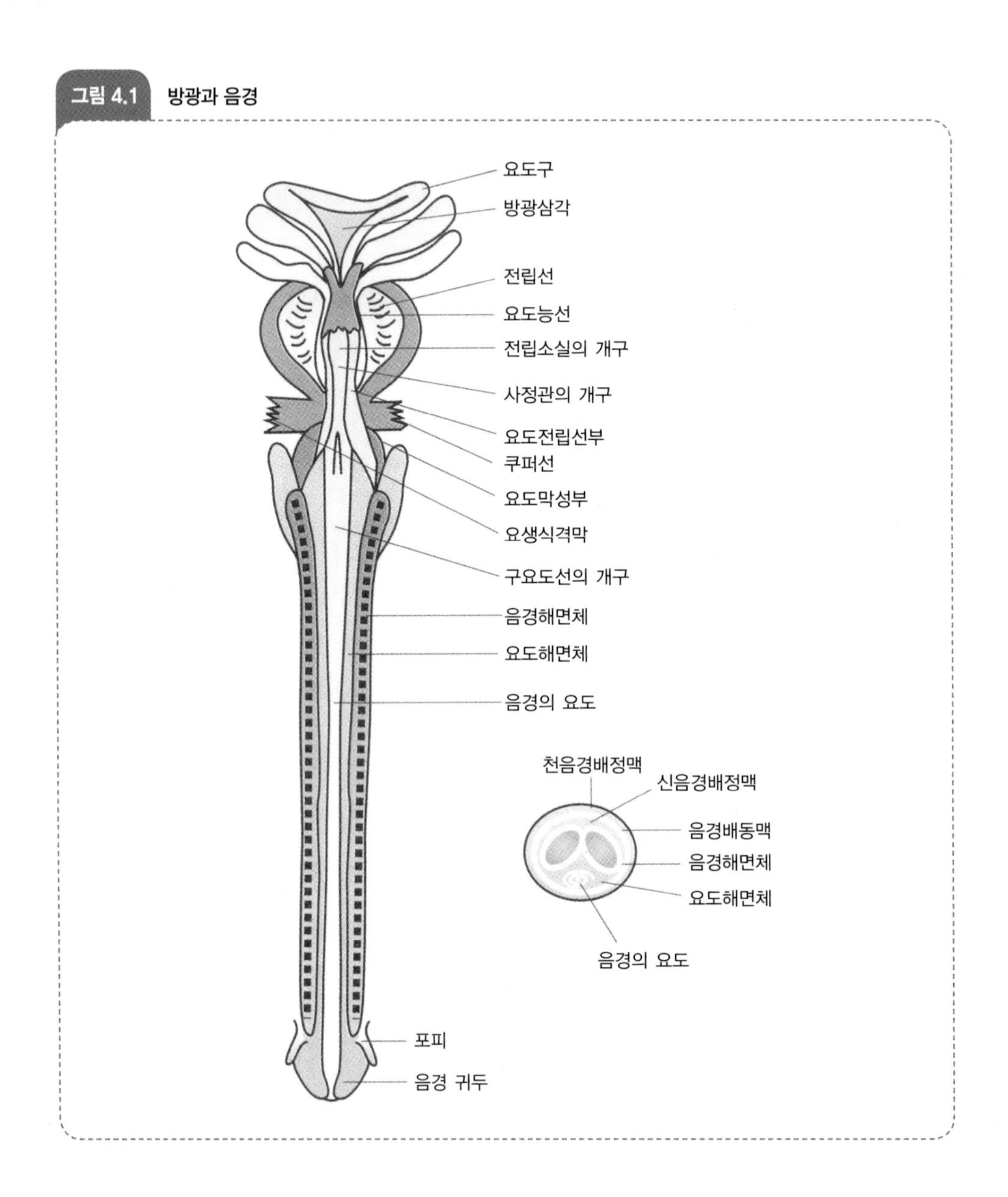

음경의 끝 부분은 귀두라고 하며 요도해면체가 말단 부위에서 팽대된 것으로 모자처럼 씌워져 있다. 성행위 시 가장 큰 물리적 자극을 유발하는 곳이다. 귀두를 포피 조직이 일부 또는 전체를 덮고 있으면 포경이라 하며, 이를 제거하는 포경수술은 위생과 성교 시 자극에 대한 반응을 둔감화하기 위한 것으로 알려져 있다.

음경의 혈관에는 혈액이 유입되는 동맥과 유출되는 정맥이 있다. 음경해면체 동맥은 음경해면체 내를 통과하면서 음경 발기에 관여하는 주된 혈관이며, 직경이 0.5mm로 매우 가늘다. 음경의 근육은 구해면체근과 좌골해면체근의 두 종류가 있는데, 구해면체근은 수축으로 요도에서 소변이나 정액을 밖으로 배출시키고, 좌골해면체근은 수축으로 음경의 정맥을 눌러 정맥을 통해 혈액이 되돌아가는 것을 방지함으로써 음경을 발기시킨다.

발기 현상은 성적 자극으로 유발되며, 성적 자극은 음부신경을 통해 척수의 발기중추를 자극하고 이를 경유하여 대뇌로 유입되면서 발기중추가 흥분된다. 이 흥분은 부교감신경을 통해 음경동맥을 확장시켜 음경해면체 등이 혈액으로 충만하여 음경이 단단해짐으로써 성교가 가능한 상태가 된다.

사정은 오르가슴 시 나타나는 척수반사로서 정액이 요도로 이동하여 체외로 배출되는 현상이며, 정액이 사출될 때에는 방광 저부의 조임근이 수축하여 소변의 배출을 방지하게 된다.

음낭

음낭은 음경의 바로 뒤에 위치하는 피부 및 근막으로 구성된 쭈글쭈글한 주머니로 고환 및 부고환, 정관을 둘러싸고 있으며 여성의 대음순과 같은 기관이다. 음낭은 좌우 대칭이며 음낭 사이는 중격으로 막혀 있다. 음낭의 가장 바깥층은 피부지만 피부 밑 지방은 없고 그 밑에 불수의근층이 있는데 이를 음낭 근육층이라 한다. 피부에는 많은 피지선과 한선이 분포되어 있고 치모가 드문드문 나 있다. 음낭은 온도에 민감하여 수축 또는 이완함으로써 음낭 벽을 주름지게 하며, 또한 회음부로부터 멀리 또는 가까이 당김으로써 고환의 온도를 적절히 유지하여 정자의 생성과 활력을 유지한다. 즉 정자는 체온보다 낮은 온도에서 활동성이 있으며, 따라서 꽉 조이는 바지를 입거나 장시간 앉아 있으면 정자의 생성과 운동성에 영향을 줄 수 있다.

2) 내생식기관

고환

고환은 남성 생식생리를 일으키는 중요한 기관으로 여성의 난소에 해당한다. 고환은 음낭에 둘러싸여 있으며 그 크기는 길이×폭×두께가 5cm×3cm×2cm 정도이고, 부피는 약 20ml 정도로 작은 달걀 모양이며 양쪽 고환의 크기가 거의 같다. 고환의 안쪽은 튼튼한 백색 막이 둘러싸고 있어 가벼운 충돌에는 손상을 입지 않으며, 좌측 고환이 먼저 하강하여 더 밑에 자리 잡기 때문에 걸을 때 서로 충돌하지 않는다. 백색 막 안에는 250여 개의

그림 4.2 남성의 내생식기

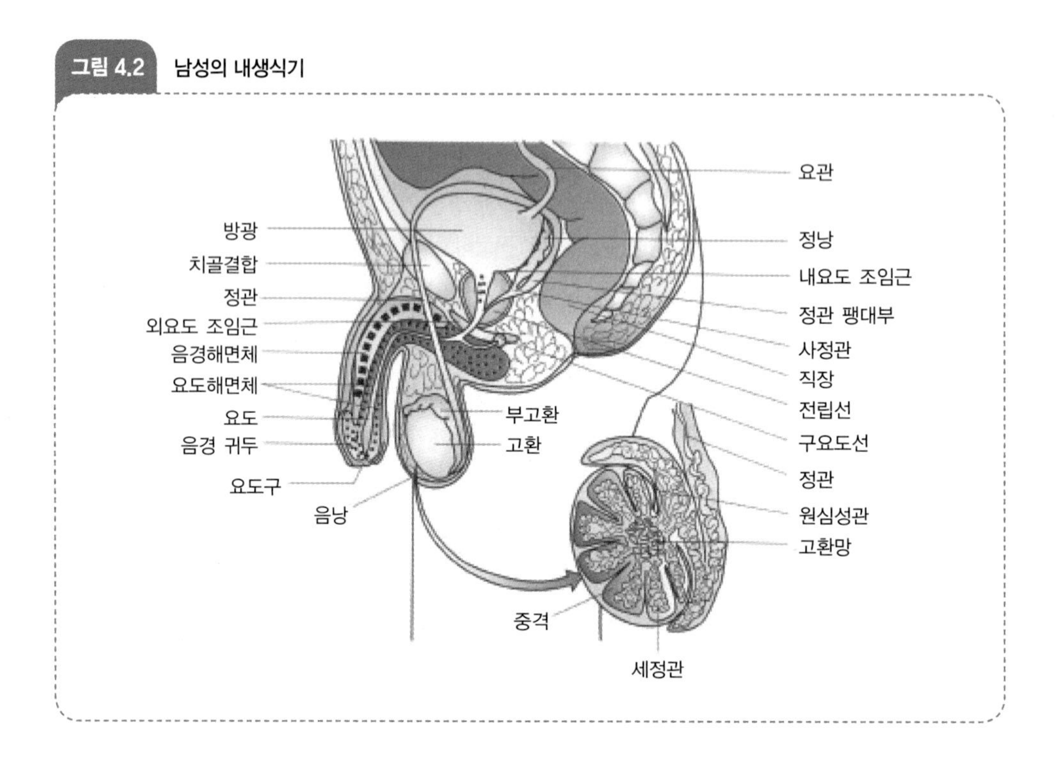

작은 방이 있고 각 방마다 1~3개의 나선 모양의 정세관이 꼬불꼬불하게 배열되어 꽉 차 있는데, 이 정세관들은 고환의 기본적인 중심 구조물로 관의 내면에서 정자를 생산한다.

고환의 기능은 정자 생산과 남성 호르몬(androgen) 분비인데, 사춘기 이후가 되면서 정자를 형성하게 된다. 정자 형성에는 테스토스테론 호르몬이 필요하다. 고환의 세정관에서 만들어진 정자는 부고환을 거쳐 정관으로 배출되어 정관의 말단 팽대부에 저장되어 있다가 사정 시 체외로 배출된다. 남성의 성기능에 관여하는 남성 호르몬은 고환의 간질세포에서 생산되어 혈관을 통해 혈액 속으로 들어가 체내를 순환한다. 따라서 정관수술을 했을 경우 정자는 배출되지 않아도 남성 호르몬의 생산 분비에는 전혀 지장을 주지 않아 남성의 성기능에는 영향을 미치지 않는다. 정자 형성은 노화가 되면 그 양은 줄어들지만 완전히 없어지는 것은 아니기 때문에 남성은 70세가 되어도 생식 능력이 있을 수 있다. 그러나 어렸을 때 볼거리를 앓다가 고환염에 걸리거나 고환에 심각한 손상을 입으면 수정 능력이 상실된다.

부고환

부고환은 고환 뒤 위쪽에 붙어 있는 연결기관이며 정관과 연결되는 가느다란 통로로서,

매우 꼬불꼬불하게 뭉쳐져 있어 그 길이가 외관상으로는 6cm 정도밖에 안 되지만 늘려 펴면 약 6m나 된다. 부고환은 고환의 정세관에서 생성된 정자를 정관으로 보내기 전까지 보관해 두면서 형태적으로만 완성된 정자가 수정 능력을 갖도록 변화시킨다. 고환에서 직접 배출된 정자는 수정 능력이 없으나 부고환을 통해 이동하는 6주 동안 성숙되면서 정자의 형태, 화학성, 운동성, 수정 능력, 투과력, 표면 특성, 항원성, 비중 등이 변화하여 수정 능력을 얻게 된다. 정관수술을 했을 경우 정자는 계속 생산되지만 부고환에서 용해되어 혈액 속으로 흡수되어 버린다.

정관

정관은 부고환과 정낭을 연결하는 관으로서 정액이 지나가는 통로이다. 길이가 약 45cm 정도로 부고환의 마지막 부분에서 시작되어 사정관까지 정자를 운반하는 관이며, 정관의 끝 부분은 정낭의 관과 합류하여 사정관을 형성하며 전립선을 통과하여 요도로 이어지게 된다. 정관의 근육층은 나선 배열의 평활근으로 두껍게 싸여 있어 사정 시 연동 운동을 함으로써 정자의 운반에 큰 역할을 한다.

정관결찰술은 정자의 통과를 차단함으로써 남성의 가족계획에 이용되고 있는데, 정관의 내공이 0.5～1mm 정도로 좁기 때문에 정관수술은 간단하게 시행될 수 있지만 정관복원술은 좁은 내공을 다시 연결해야 하므로 기술적인 어려움이 있다.

요도

남성의 요도는 배출관의 마지막 부위로 방광에서 음경의 맨 끝까지 연결된 관인데, 중간에서 사정관과 합류한다. 평상시의 길이는 16～18cm이고, 음경이 발기하면 3～4cm 더 길어진다. 평상시에는 소변을 배설하는 통로이고, 성교 시에는 사정관과 이어져 정액의 통로가 되는 두 가지 기능을 한다. 요도는 정자의 통로일 뿐 아니라 일정한 분비액을 내어 정액의 분량을 증가시키는 작용도 한다.

사정관

사정관은 정낭관과 정관이 합쳐져서 이루어지는 2cm 정도의 짧은 관으로 좌우 2개이며, 그 끝이 요도의 전립선 부분에 열려 정관에서 온 정자와 정관의 분비물을 합쳐 요도로 사출시키는 역할을 한다.

정낭

정낭은 전립선의 좌우에 위치하고 있으며, 방추형으로 성인의 새끼손가락만 한 크기이다. 정낭 안쪽 벽에는 주름 잡힌 점막이 있는데 그곳에서 분비물이 나와 정자와 섞이게 된다. 정낭의 관은 정관과 함께 사정관을 형성하며 요도와 연결되어 있다. 정액의 약 50~60%는 정낭에서 나오는 분비액으로 구성된다. 사춘기에 정낭이 정자로 가득 찰 경우 몽정 현상이 일어난다. 정낭의 분비액은 점성도가 높아 반고형 형태의 알칼리성 액체로 노란색이며, 과당이 많아서 사정된 정자가 잘 움직이도록 활동 에너지원이 되고 여러 종류의 프로스타글란딘을 함유하고 있다. 반고형의 정액은 전립선액에 의해 20분 안에 액화된다.

전립선

전립선은 방광 바로 앞에 위치하며, 남성 생식기계의 가장 큰 부속선으로 모양과 크기가 밤톨과 비슷하다. 전립선은 생식기관의 일종으로 정액 성분의 일부를 생산한다. 전립선의 분비액은 묽은 유백색의 알칼리성 액체로, 질의 강한 산성 환경을 중화시켜 사정된 정자가 질 내에 살아남도록 정자를 보호하고 정자의 운동성을 증가시키며, 동시에 임신의 가능성을 높여준다. 전립선 가운데로는 요도가 관통하고 있어서 병적으로나 노화 과정으로 전립선이 비대해지면 배뇨구와 요도를 압박하여 소변을 보기가 불편해진다.

전립선은 감염이 매우 잘되는 곳이며, 전립선암은 구미 선진국에서 나이 든 남성들이 가장 흔히 걸리는 암으로 발생 빈도가 높다. 최근 들어 우리나라에서도 전립선암이 급격히 증가하는 추세인데, 그 원인은 식생활의 서구화와 관련된 것으로 보인다.

쿠퍼선

쿠퍼선(Cowper's gland)은 요도망울선이라고도 하며, 완두콩 크기의 1쌍의 분비선으로 음경해면체의 뒤쪽, 전립선의 아래쪽에 위치한다. 성적 흥분이 고조되면 사정하기 전에 이 분비선에서 투명한 알칼리성 용액이 분비된다. 이 용액은 원래 산성인 요도의 산도를 중화시킴으로써 사정 시 산에 약한 정자를 보호하며, 윤활제의 역할을 함으로써 음경이 여성의 질 속으로 원활히 삽입되도록 도와준다. 또한 이 액에는 정자가 포함되어 있어 성교 시 실질적인 사정이 이루어지지 않아도 임신이 되기도 한다.

정액

정액은 오르가슴 시 사정되는 액체로 고환, 부고환, 정낭, 전립선 등에서 분비되는 분비물의 혼합액이며 하얀색이다. 비중은 1.028이고 pH는 7.35~7.5의 알칼리성이며, 1회 사정 시 평균 2.5~3.5ml(적게는 1ml에서 많게는 10ml)의 분량이 방출된다. 정액 속에는 정자가 섞여 있으며, 정액은 정자가 오래 생존할 수 있도록 보호하고 활동하기에 적합한 환경을 제공하는 역할을 한다. 정액은 수분이 많아서 정자가 정관이나 요도를 통과할 때 윤활액의 역할을 한다. 정액의 1회 분비량은 남성의 생식 능력을 결정하는 중요한 요소이나 반복되는 사정 시 정액과 정자의 양이 급속히 감소한다. 질에 사정된 정액은 혈액 응고 작용과 같이 응고되었다가 10~30분 내에 액화된다.

정자

정자는 남성의 생식세포로서 여성의 난자와 상대되는 생명의 근원이다. 정자에는 태아에게 전달되는 남성 유전물질이 들어 있으며, 정세관에서 만들어져 성숙 정자가 될 때까지 약 2개월이 걸린다. 정자는 길이 50μm(1mm의 1/20)이며 현미경으로 보면 작은 올챙이 모양이다. 성숙한 정자의 세포 구조는 농축된 유전물질을 싸고 있는 머리와 활동력을 생성하는 영양물질이 있는 몸체, 운동성이 있는 꼬리의 세 부분으로 구성되어 있다. 정자의 수명은 약 90일이며, 자궁 속 분비물에서 48~72시간 정도 살 수 있다. 정자의 가장 적합한

그림 4.3 정자와 난자

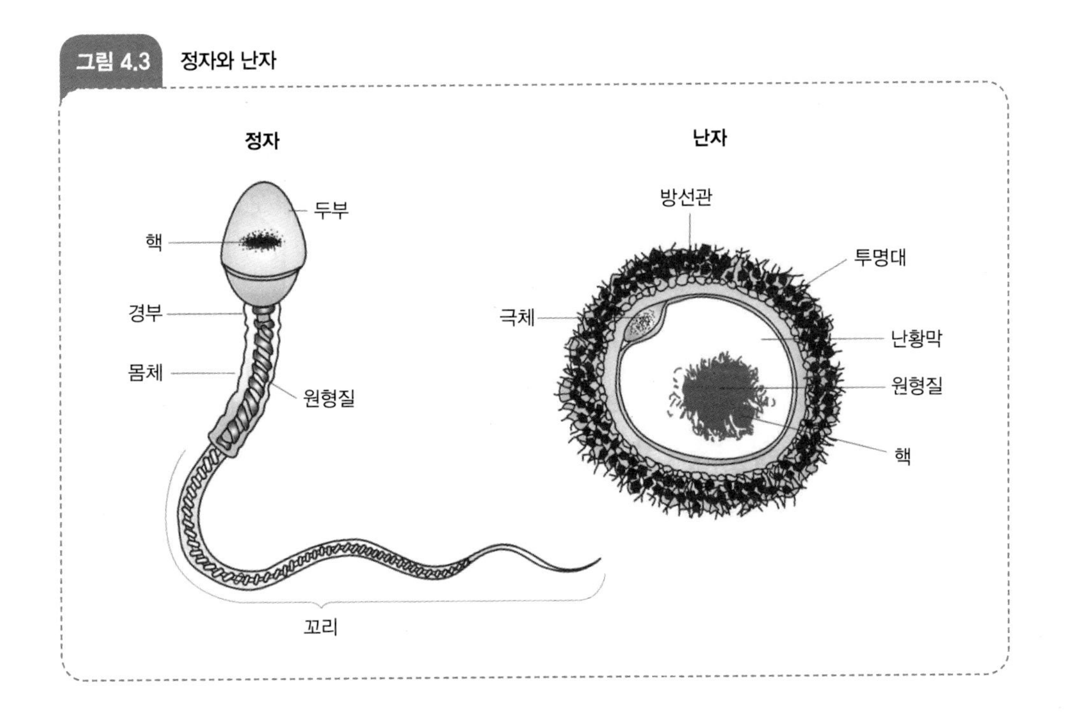

생존 조건은 알칼리성에 온도는 30~35℃의 환경이다. 정자는 2~3mm/분의 속도로 움직일 수 있으나 실제적인 속도는 환경 pH에 따라 달라질 수 있다. 정자는 저장되어 있는 동안에는 움직이지 않지만 일단 사정이 되면 대단한 기동성을 갖게 된다. 그러나 질의 산성 환경에서는 매우 느리고 약하며 자궁강 속의 알칼리성 환경에서는 빨라진다. 정자는 사정 시 정액과 함께 분출되는데, 한 번 사정할 때 평균 3.5ml 정도의 정액 속에는 2~5억 마리의 정자가 들어 있다.

2. 여성 생식기

여성의 생식기관은 외생식기와 내생식기로 구분되며, 여성의 생리학적 특징이 일어나는 곳은 내생식기이다. 여성 생식기관의 세 가지 주요 기능은 새로운 생명을 기르고 탄생시키며, 호르몬을 생산하고, 성적 만족감을 주는 것이라 할 수 있다.

1) 외생식기관

여성의 외생식기관은 외음부라고도 하며, 치구와 대음순은 외부에서 쉽게 볼 수 있고 안쪽으로 소음순, 음핵, 음핵포피, 질 전정, 요도구, 질 입구와 회음부로 구성되어 있다. 그리고 눈에 보이지는 않지만 스켄선과 바르톨린선이 있다.

치구

치구(불두덩)는 외생식기의 가장 윗부분인데 부드러운 피하지방 조직이 잘 발달된 둥근 언덕 모양의 부위로서 치골결합을 덮고 있으며 대음순과 합쳐진다. 사춘기가 되면 거칠고 검은 곱슬 음모가 나고 성교 시에는 치골결합을 보호하는 역할을 한다. 이곳에는 풍부한 혈관과 기름샘, 땀샘이 있어 늘 습하다.

대음순

대음순은 남성의 음낭에 해당되는 조직으로, 치골결합의 앞에서 2개의 음순이 치구로부터 항문 쪽을 향해 양쪽으로 둥글게 뻗어 있는 세로로 된 피부 주름이다. 대음순은 주로 지방 조직과 얇은 평활근으로 이루어져 있으며, 바깥 표면은 주위 조직보다 검게 착색되어 있고 음모로 덮여 있다. 안쪽은 부드럽고 비후되어 있으며 털이 없고, 땀샘과 피지선 및 혈관이 있어 항상 습하다. 또한 많은 신경이 분포되어 있어 온도나 접촉에 민감할 뿐만 아니라 독특한 성감을 나타낸다. 대음순은 사춘기에 이차적 성징의 하나로 뚜렷하게 발

그림 4.4 여성의 외생식기

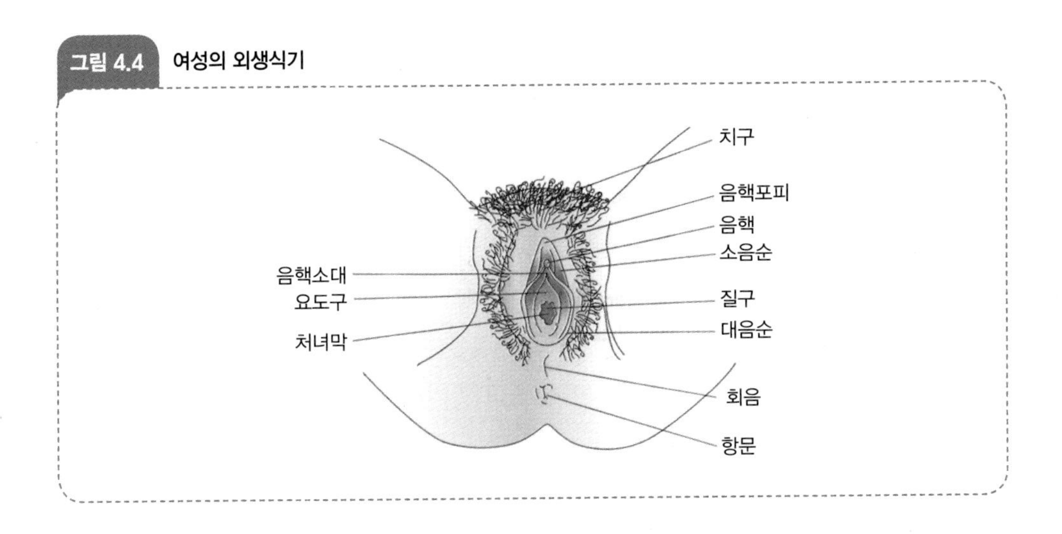

육되나, 사춘기 전에는 편평하여 소음순이 오히려 더 또렷하게 보이므로 구분이 명확하지 않다.

소음순

소음순은 남성의 요도와 같은 부분인데, 대음순 안쪽에 있는 얇고 세로로 된 부드러운 피부 조직으로 음핵에서부터 아래로 뻗어 음순소대에서 양쪽 소음순이 만나며 털이 없다. 소음순의 바깥 면과 안면은 보통 검게 착색되어 있으나 내면은 질 점막과 유사하며 습하고 분홍색을 띤다. 소음순은 미약한 발기성 조직으로 되어 있으나 발기 기능은 극히 미약하다. 성적 흥분 시에는 소음순 조직이 붉어지며 많은 신경이 분포되어 있어 성적으로 매우 민감하다. 소음순의 샘들은 외음부를 윤활하게 해주지만, 많은 피지선에서 낭종이 발생하거나 외음질염이 발생할 때는 심한 자극과 불쾌감이 초래되기도 한다.

음핵

음핵은 남성의 음경에 해당하는 부분으로서 성적으로 가장 민감한 발기성 조직이며 소음순의 윗부분에 있다. 음핵은 그 모양이나 크기, 색깔 등의 개인차가 심하다. 보통 건강한 여성의 경우 길이 2mm~1cm, 넓이 4~5mm 정도로 보이지만 사실은 대부분이 감추어져 있어, 일반적으로 생각하는 크기의 10~40배로 매우 큰 기관이다. 즉 남성의 음경처럼 흥분기에 발기되는 기관들을 통틀어서 음핵이라 하며, 이들은 하나의 장기처럼 연결되어 있다. 귀두라고 불리는 음핵의 끝 부분은 체부보다 더 민감하며 성적 흥분 시 귀두와 체부의 크기가 증가하여 2~3cm 정도로 발기된다. 음핵의 피지선은 남성의 성적 반응을 일으키는 독특한 냄새를 지닌 구지라는 지방성 물질을 분비한다.

음핵은 풍부한 혈관과 약 8,000여 개의 말초 지각신경이 치밀하게 모여 있어 온도, 접촉, 압박 감각에 대해 고도로 민감하며 마찰에 의해 성적 흥분을 일으킨다. 남성의 음경 귀두에 4,000여 개의 신경이 분포되어 있는 것과 비교하면 단위면적당 민감도는 훨씬 더 높다. 그러나 음핵은 매우 민감하기 때문에 윤활액으로 매끄럽게 되어 있지 않았을 때의 직접적인 접촉 자극은 견딜 수 없는 통증으로 연결된다. 음핵의 주기능은 성적 기능을 자극하고 고조시키는 역할로 성적 만족의 가장 중요한 부분이며, 성교 시 여성이 느끼는 쾌감은 발기된 음핵의 마찰에 의한 것이다.

요도구

요도구는 방광과 연결된 관으로 요도의 끝 부분이며 배뇨를 하는 곳이다. 보통 음핵에서 약 2.5cm 아래에 개구되어 있고, 안쪽으로의 길이는 4~5cm로 남성보다 짧다. 여성은 남성과 달리 배뇨를 하는 기관과 성교를 하는 기관이 다르다.

질구 및 질막(처녀막)

질구는 질의 아래쪽 입구로 요도구 아래에 있으며, 성교 시 남성 성기가 질 안으로 들어가는 입구이자 분만 시 아기가 나오는 문으로 질막(처녀막)으로 덮여 있다.

그림 4.5 여러 가지 모양의 질막(처녀막)

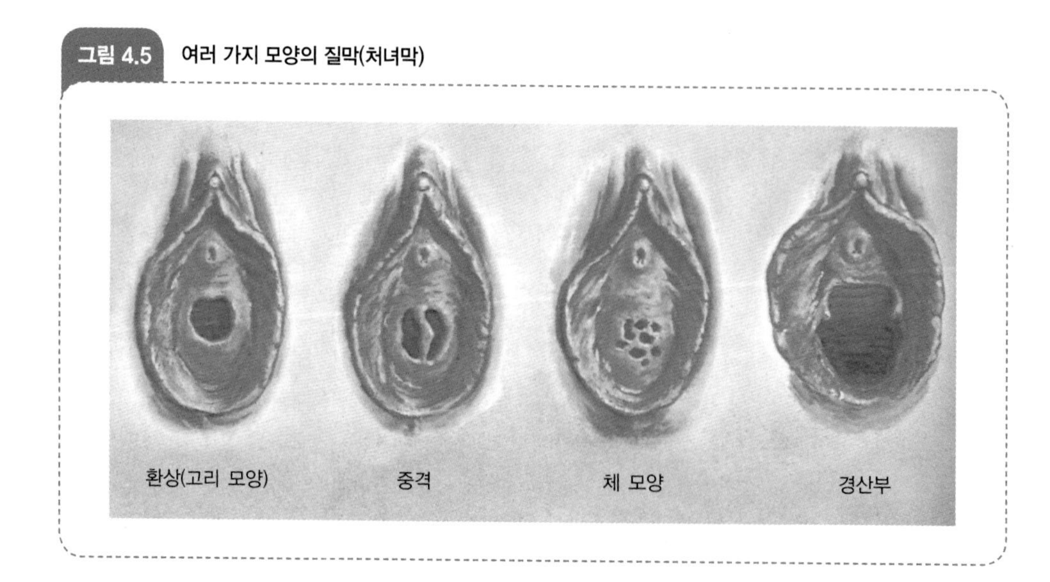

질막(hymen)은 탄력성과 확장력을 지닌, 쉽게 찢어지는 얇은 점막으로 여성 생식기의 내음부와 외음부를 구별하는 지표가 된다. 그리스 결혼의 여신 이름인 'hymen'이 어원이다. 생물학적 기능이 없는 이 막은 월경혈이 통과할 수 있게 되어 있으며, 질막의 모양과 두께는 개인마다 각기 다르다. 출생 시에는 가장자리가 불규칙하게 돌출된 상태로 있던 것이 처녀가 되면 바늘구멍만 한 것에서부터 손가락 1~2개가 들어갈 정도의 구멍이지만, 경우에 따라서는 질막이 전혀 없거나 질구를 완전히 덮고 있어 월경혈의 통과나 기구 삽입 혹은 성교를 불가능하게 하기도 한다.

질막은 대체로 첫 번째 성교 때 파열되며, 기구나 탐폰의 사용 혹은 질식 분만 후에는 대부분이 없어지고 흔적만 남게 되지만 개인차가 있다. 즉 질막은 탐폰 등의 사용이나 자전거 타기 등 격렬한 운동 혹은 자위행위 등에 의해 자연파열 되기도 하고, 분만 후에도 남아 있는 여성이 있어 질막을 순결의 상징으로 인식하는 것은 잘못된 관습이라 할 수 있다. 최근에는 질막 재생술을 간단하게 할 수 있어 질막은 더 이상 순결의 상징이 될 수 없다.

바르톨린선

질 입구의 양쪽에는 눈으로는 보이지 않는 바르톨린선이 질구의 좌우 아래쪽 처녀막과 소음순 사이에 있다. 바르톨린선은 성적 흥분 시 맑고 끈끈한 점액을 다량 분비하여 질 주위를 윤활하게 해주며, 이 점액의 알칼리성 pH는 정자를 위해 좋은 환경을 제공한다. 만약 병이 생기거나 잘라내는 수술을 하여 분비물을 분비할 수 없다면 성교 시 통증을 느끼게 된다. 바르톨린선은 임균성 감염, 화농 및 낭종의 호발 부위이다.

스켄선

부요도선이라고도 하며, 요도 구멍 바로 안쪽 양측에 위치한 짧은 관 조직으로 윤활 역할을 하는 약간의 분비물을 생성한다.

회음부

회음은 질 입구와 항문 사이의 근육 조직으로 외생식기를 지지해주는 곳이다. 출산 시 손상을 입기 쉬우므로 임신 동안 근육을 강화해주는 운동을 하는 것이 좋다.

2) 내생식기관

질

질은 여성의 성교기관이며, 자궁의 분비물과 월경이 나오는 통로이자 아기를 출산하는 산도의 역할을 한다. 질은 직장의 앞과 방광 및 요도의 뒤에 위치하며, 질 입구에서부터 자궁까지 연결된 관으로 그 길이는 약 9~10cm이나 질 후벽은 전벽에 비해 3cm 정도 더 높다. 똑바로 서 있으면 후상방으로 45°가량 기울어져 있으며 바람 빠진 풍선 같은 기관이다.

질 점막은 신축성이 있으며 가로로 된 주름이 많은 벽으로 되어 있어 분만 시에는 태아가 통과할 수 있도록 늘어난다. 질 속에는 점액이 있어서 약간 축축한 편이고, 질강 내에는 질 속 상주 세균인 되데를라인간균(Doderlein's bacillus)이 있어 질 벽에서 분비되는 글리코겐을 유산으로 변화시켜 pH 3.5~4.5의 산성도를 유지함으로써 외부 병균의 침입을 막는다. 만약 산성도가 떨어지면 질 감염이 될 수 있으며, 질 점액이 지속적으로 흐르는 것은 질을 청결하게 해준다. 따라서 평소에는 굳이 질 속까지 세척할 필요가 없다. 질의 pH는 배란이나 월경 시에 알칼리성으로 변화하기 때문에 정자의 활동을 활발하게 촉진시켜 임신을 가능하게 한다. 이때에는 세균의 침입 가능성이 있으므로 위생에 주의해야 한다.

질은 주로 자율신경의 지배를 받으며, 질 하부 1/3 부분까지만 신경이 분포하는 등 특별한 신경분포의 결핍으로 비교적 둔감하고 단순한 삽입성교만으로는 오르가슴을 얻기 어렵다.

지스팟(G-spot)은 요도 바로 밑의 질 앞 벽에 위치하며, 100원 동전 크기로 남성의 전립선과 비슷한 기관으로 Graefenberg에 의해 발견되었다. 많은 여성들이 이곳을 자극받으면 쾌감을 느끼며, 오르가슴에 도달하기도 하고 요도를 통해 사정하기도 한다. 그러나 어떤 사람들은 지스팟의 존재를 부정하기도 한다.

자궁

자궁은 서양 배 모양의, 평평하고 두꺼운 근육 벽으로 된 속이 빈 장기로서 골반 안의 가운데에 자리하고 있으며 전방을 향하고 있다. 자궁은 주먹만 한 크기의 역삼각형 근육체지만 나이와 임신 등에 따라 크기와 위치가 달라진다. 임신이 되면 30~40배로 커지며, 임신 기간인 280일 동안 태아가 성장하는 곳이다.

자궁 안쪽은 자궁내막으로 덮여 있으며 이 자궁내막에 수정란이 착상하여 태반을 이룬다. 착상이 되지 않으면 증식한 자궁내막이 떨어지면서 출혈이 되는데 이것이 월경이다.

자궁내막의 두께는 약 1.5~2cm이나 이 두께는 개인에 따라 그리고 월경주기에 따라 다르데, 월경 직후 내막의 두께는 0.5mm로 가장 얇고 점차적으로 두께가 증가하여 다음 월경 시작 직전까지 두꺼워져 5mm 정도로 비후해진다.

자궁의 입구를 자궁경관이라 하며 월경이 나올 수 있을 만큼 열려 있는데, 여성 생식기암 중 가장 발생 빈도가 높은 곳이기도 하다. 분만하지 않은 여성의 경관 외구는 매우 탄력성이 있는 작은 원형이며, 배란 혹은 임신되지 않았을 때의 입구 끝은 견고한 상태를 유

그림 4.6 여성의 내생식기

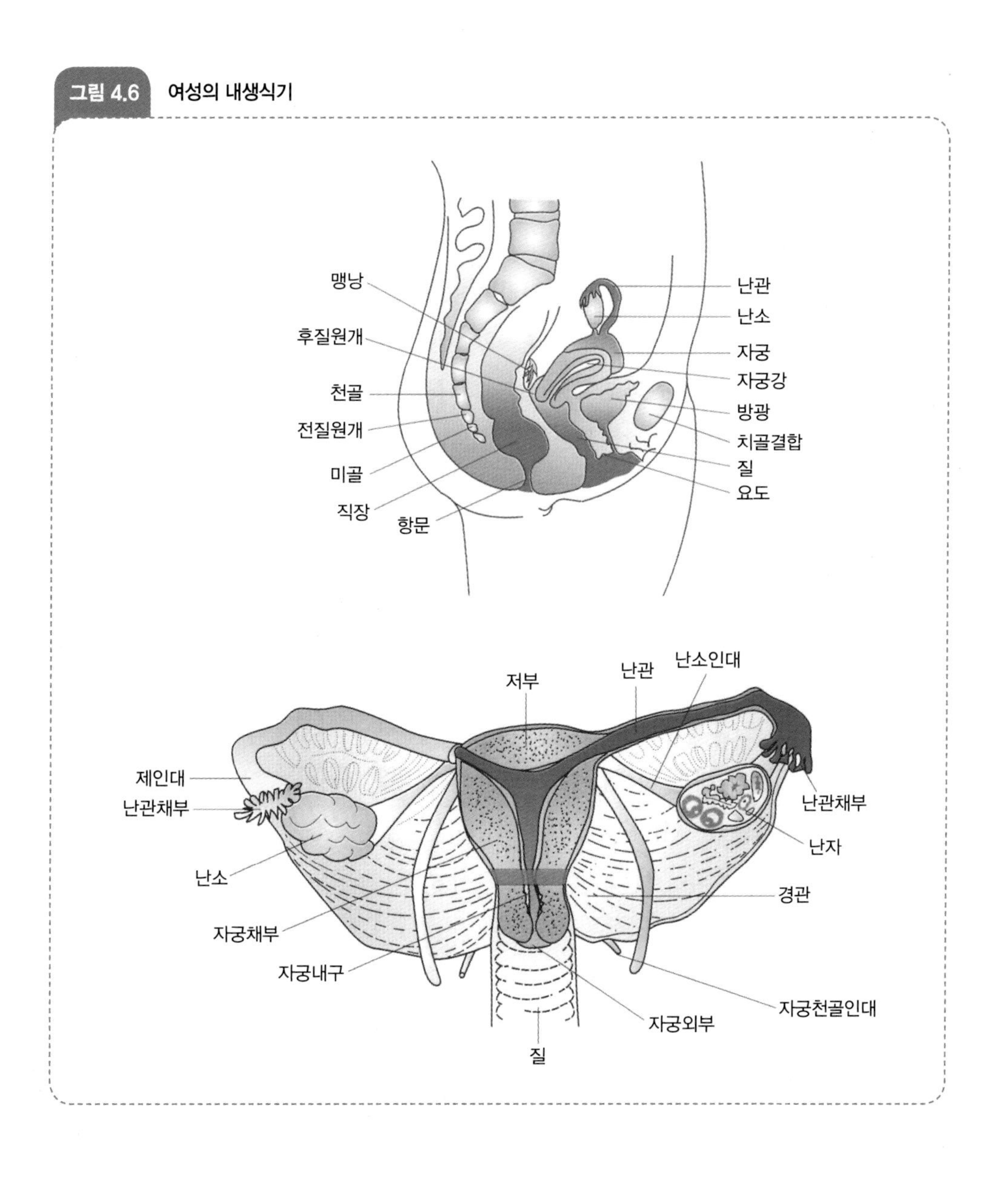

지한다. 자궁경관은 배란기에 알칼리성의 분비물을 다량 분비하여 질 쪽으로 흘려보낸다. 약산성의 질에 사정된 정자는 알칼리성의 자궁경관 분비물을 따라 자궁으로 상행하여 난관에서 난자를 만나 수정된다. 수정된 난자는 자궁으로 와서 착상하여 태아로 성장한다. 만약 자궁의 조건이 좋지 않으면 태아는 자랄 수 없다.

자궁근은 탄력성이 풍부한 평활근 섬유층으로, 자궁 저부의 바깥 자궁근층은 주로 세로로 된 섬유로 구성되어 있어 분만 과정 중에 태아를 만출시키는 데 적합하다. 자궁 속 입구 주위 괄약근의 작용은 임신 중 자궁 내용물을 유지하도록 도우며, 괄약근의 손상은 자궁경관 무력증을 유발한다. 자궁 저부는 강한 힘으로 수축함으로써 자궁경부를 얇게 하고 위로 끌어당겨 경관을 열어 태아를 자궁 밖으로 밀어낸다.

자궁은 주기적으로 나타나는 월경과 수정란을 성장 · 발육시키며 임신 · 분만을 하는 기능이 있다. 이 기능은 본질적으로 생식을 위한 것으로 여성의 육체적 생존에 필요한 것은 아니다.

난관

난관은 1쌍의 근막성 관으로 난자의 통로이며 난소로부터 배란된 난자를 자궁으로 운반한다. 길이는 약 11~12cm이고 직경은 일정치 않은 깊고 굴곡된 관으로, 가장 좁은 부위인 협부는 약 2~3mm이고 가장 넓은 팽대부는 5~8mm 정도이다. 난관 팽대부에서 정자와 난자가 만나 수정 작용이 일어난다.

난자는 난관 속 점막층에 있는 섬모상피세포의 섬모 운동과 난관근육의 연동 운동에 의해 자궁강으로 수송된다. 이 연동 운동은 에스트로겐과 프로스타글란딘에 의해 영향을 받으며 난관의 연동 운동과 점막의 분비 기능은 배란기에 가장 왕성해진다. 난관점막은 월경 시에 가장 얇아지며, 각각의 난관과 점막은 자궁 및 질 점막과 연속되어 있기 때문에 세균 감염 시 직접 질구에서 복강 내로 확대 만연될 수 있다.

근래 인공유산, 성병 등의 영향으로 난관염이 증가 추세에 있다. 난관염은 필연적으로 난관 폐쇄나 난관 협착을 일으킨다. 난관이 막히면 수정 자체가 이루어질 수 없고, 난관이 좁아지면 자궁 외 임신(난관임신)이 되기 쉽다. 난관 장애로 인한 불임은 여성 불임의 약 20~25%에 달한다.

난소

난소는 여성의 생식기 중 가장 중요한 기관으로 자궁의 좌우로 각 1개씩 나팔관의 양쪽 밑에 위치해 있다. 난소는 회백색의 강낭콩 모양이며 크기는 길이×폭×두께가 3cm×2cm×1cm, 무게는 3g 정도이다. 배란기에는 일시적으로 2배로 커지고 완경기 이후에는 현저하게 위축되어 작아진다. 난소는 중요한 두 가지 기능을 하는데, 난자를 생산하는 것과 여성 호르몬을 생산하는 것이다.

난소 안에는 수많은 난자 주머니가 있는데 이것을 난포라 한다. 난포 속에 있는 난자가 다 자라면 배란이 된다. 출생 시 정상적인 여아의 난소는 30~40만 개의 원시난포를 가지고 있으며, 사춘기에 시작해서 완경기가 될 때까지 한 달에 한 번씩 주기적으로 하나 또는 그 이상의 난자를 성숙, 배란시킨다. 배란은 뇌하수체에서 분비되는 호르몬의 명령에 따라 난포가 터지면서 그 속에 들어 있던 난자가 난소 밖으로 나오는 것을 말한다. 여성의 일생 동안 원시난포가 성숙난포로 자라서 배란이 이루어지는 것은 420여 개(월경 기간 35년×12개월)에 불과하며, 나머지 99% 이상의 난포는 자라지도 못하고 그대로 소멸된다.

난소에서는 난포 호르몬과 황체 호르몬이라는 두 종류의 호르몬이 방출된다. 이 호르몬은 난포의 성숙, 배란, 수정, 착상을 도와주고 월경 현상을 일으키는 등 여성의 생식생리를 일으키는 중요한 원동력이 된다.

배란된 난자는 난관 속으로 빨려 들어가며 여기에서 정자와 만나면 수정 · 착상의 과정을 거쳐서 임신이 된다. 난자의 수명은 24시간 정도이며, 이 시간 내에 정자를 만나서 수정되지 못하면 난관점막에 흡수 · 소멸된다.

3) 유방

유방은 여성의 성적 기관으로서 수유의 기능과 함께 여성의 자아 개념에 영향을 미치는 매우 중요한 기관이다. 유방의 한가운데에는 유두가 있고, 그 주위에는 둥근 모양의 멜라닌 색소가 침착된 유륜이 있다. 유두는 돌출된 부드러운 피부 조직으로 온도의 변화나 촉감에 민감하여 성적 흥분이나 자극을 받았을 때 그 크기가 약간 커지면서 발기된다. 유두와 유륜은 임신 중에 더욱 커지고 뚜렷해지며 멜라닌이 증가하여 더 검게 착색된다. 유륜의 표면에는 지방선인 몽고메리선(Montgomery's gland)이 있다. 몽고메리선은 유두 부위를 원활하게 하기 위한 기름기 유지와 감염 방지를 위해서 존재하는데, 평소에는 좁쌀만 한 크기지만 임신을 하면 현저하게 커진다.

유방의 크기나 모양은 대칭이지만 꼭 같지는 않으며 여성의 나이, 유전, 영양에 따라 다르다. 유방의 크기는 유선 조직의 양보다는 선 조직을 둘러싸고 있는 지방 조직의 양에 의해 결정된다. 유방이 크다고 해서 젖이 많이 나온다거나 감이 더 발달하는 것은 아니다.

그림 4.7 유방 조직과 젖샘관

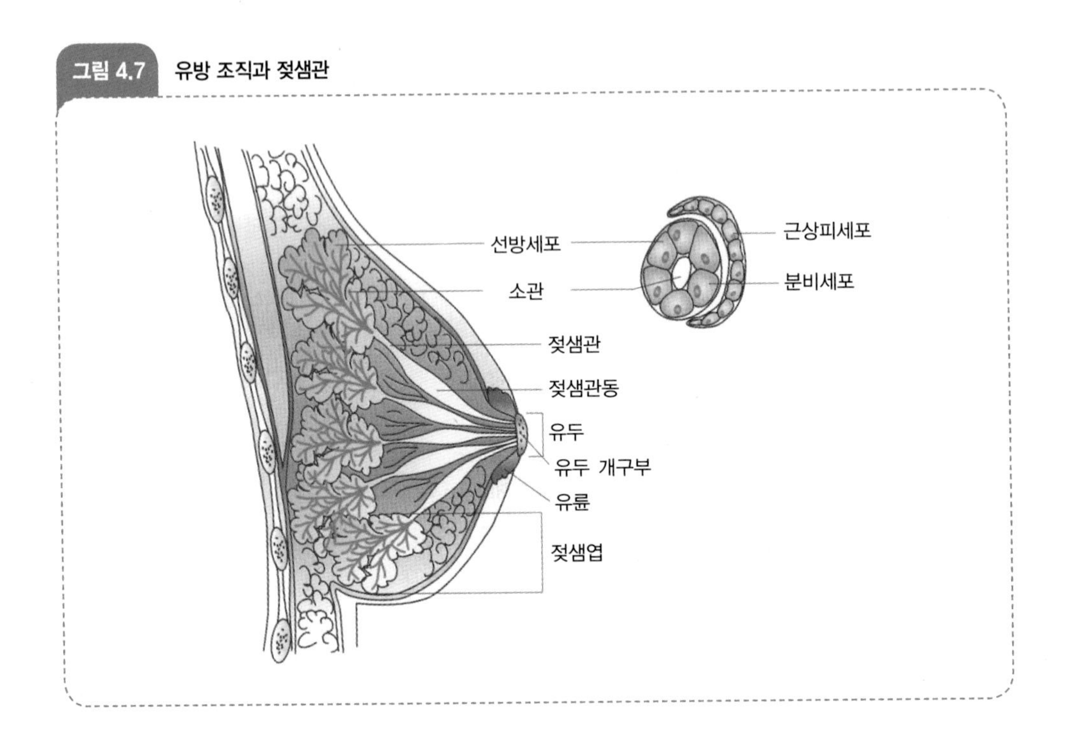

출산 경험이 없는 여성의 유방은 일반적으로 원추형이거나 반구형이며, 수유 경험이 있는 여성은 처지는 경향이 있다. 에스트로겐은 유방의 발달과 탄력성을 증가시키며, 지방 조직의 침착을 유도하고 광범위한 유관계의 성장을 자극하며 유방 조직의 혈관을 증가시킨다.

사춘기 이후에 배란이 시작되고 프로게스테론 수준이 증가하면 유선 조직과 지방 조직이 발달하면서 커지기 시작하나 유방의 완전한 발달은 첫 번째 임신 말기가 지나야 한다. 임신 중에는 유선 조직과 지방 조직이 모두 증대되면서 평상시보다 매우 커지며 폐경 후에는 위축된다.

유방은 난소의 주기적 변화에 따라 크기나 결절 생성 등이 변하는데, 월경 3~4일 전에 커지면서 울혈되고 단단해진다. 유방의 크기와 활동의 생리적 변화는 월경이 끝나고 5~7일 후에 최소로 된다. 그러므로 이때 유방암 등 병리적 변화를 알아보기가 가장 쉽다. 월경이 끝난 후 목욕을 하는 경우가 대부분이므로 목욕탕에서 자가검진을 하는 것이 좋다. 또한 완경기나 임신 등으로 생리가 없는 경우에는 매달 규칙적인 날짜에 자가검진을 한다. 최근 식생활이 서구화되면서 유방암이 증가함에 따라 유방암에 대한 관심이 높아지고 있다.

유방 자가검진법

(1) 목욕탕의 거울 앞에서 시행한다.

① 유방의 전반적인 색깔의 변화, 외형의 변화, 유두에서 분비물이 있는지를 관찰한다.

② 양손을 머리 뒤로 깍지 낀 뒤 몸통을 자연스럽게 흔들며 외형의 변화를 관찰한다.

③ 양손을 허리에 올린 뒤 팔과 몸통을 약간 앞으로 구부려서 유방이 함몰되는지를 관찰한다. 함몰되는 경우는 진행성 유방암의 징후이기 때문에 전문의의 진찰을 받아야 한다.

④ 상체를 앞으로 구부려 유방이 늘어지면서 생기는 변화를 본다.

(2) 샤워 중에 비누칠을 하거나 로션을 바르고 목욕탕에 앉아서 시행한다.

① 왼쪽 유방을 진단할 때는 왼쪽 팔을 머리 뒤로 하고 오른쪽 귀를 잡듯이 하며, 오른손으로 겨드랑이 가까운 유방 쪽부터 만지기 시작하여 원을 그리는 기분으로 유방 전체를 검진한다.

② 왼쪽 유두를 오른손 검지나 중지로 깊게 눌러서 돌려 본다. 유방암이 두 번째로 잘 발생하는 곳이므로 딱딱한 종괴가 촉진되는지 관찰한다.

③ 왼쪽 유방을 오른손으로 부드럽게 감싸서 유두 쪽으로 짜 보아 분비물의 유무를 확인한다. 맑은 유즙은 정상이지만 고름이나 핏빛의 분비물이 있을 때는 정밀검사를 받아야 한다.

④ 액와부에서 임파선이 촉진되는지 관찰한다. 왼쪽 팔을 세면대에 올려놓거나 앞 사람의 어깨를 잡고 오른손을 겨드랑이 깊숙히 넣어서 임파선이 촉진된다면 결핵성 임파선염, 염증성 임파선염, 유방암이 전이된 경우 중 하나이므로 정밀검사가 필요하다.

⑤ 오른쪽 유방도 왼쪽 유방 검진과 같이 시행한다.

(3) 침대나 방바닥에 누워 한쪽 어깨에 베개나 타월을 접어서 받친 후, 목욕탕에서 실시한 순서대로 반복 시행하여 앉아서 했을 때와 누워서 했을 때를 비교한다.

① 관찰한 것을 기록하여 다음 달 자가진단 결과와 비교한다.

② 기록지를 프린트하여 평소의 가슴 크기, 가슴의 반점이나 덩어리들을 표시한다.

③ 특히 평소와 다른 점을 주의 깊게 관찰해서 기록한다.

그림 4.8 유방 자가검진법

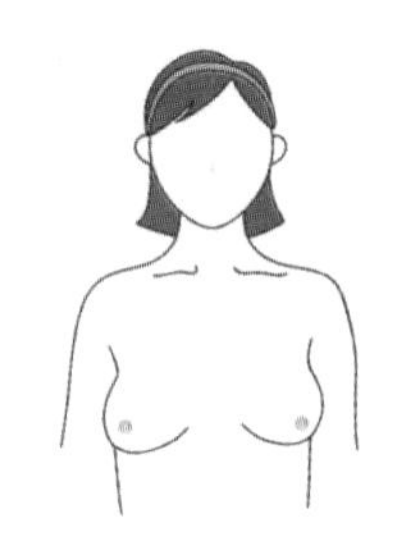

1. 양팔을 내린 자세

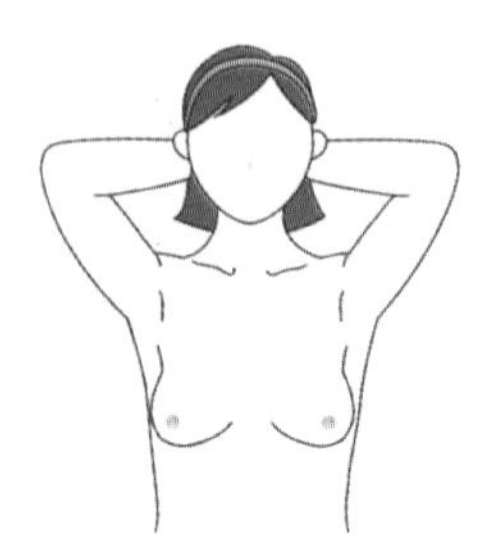

2. 양팔을 올린 자세

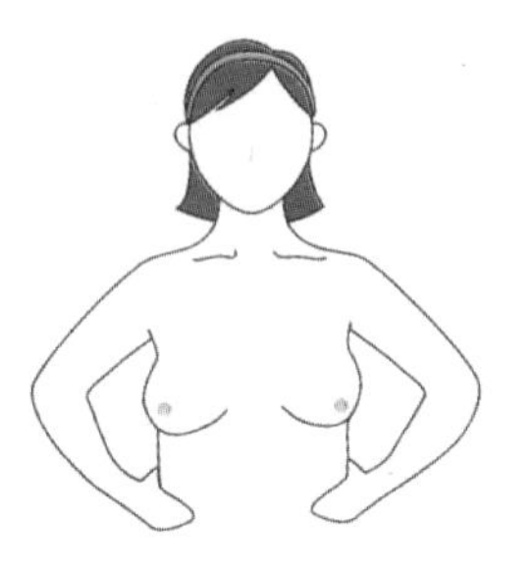

3. 양팔을 허리에 놓은 자세

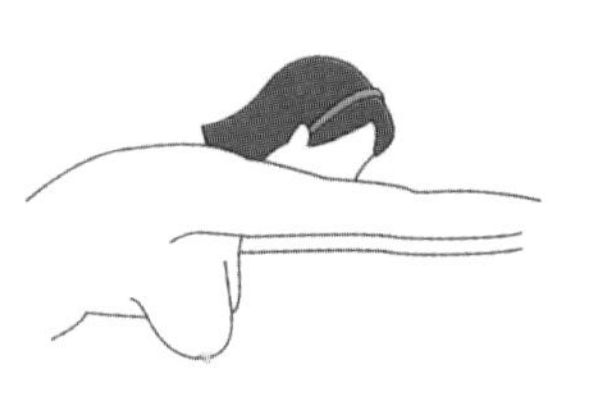

4. 양팔을 뻗은 자세

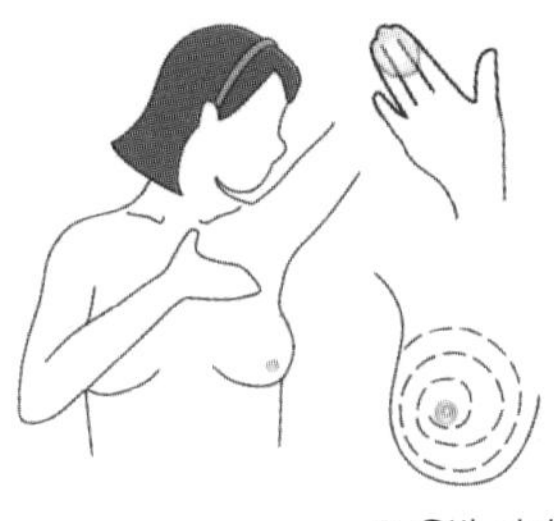

5. 유방 자가촉진 방향

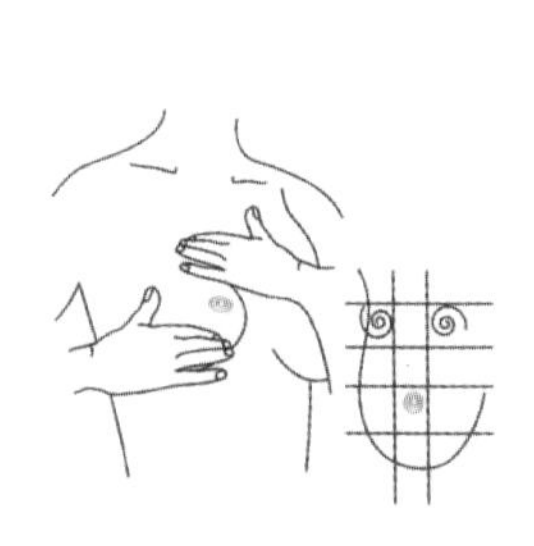

6. 양손으로 촉진

7. 유두 방향으로 촉진

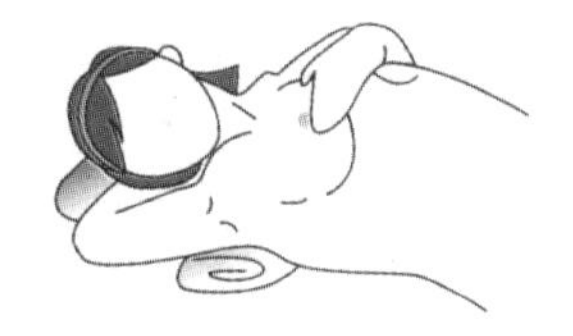

8. 누운 자세 시 유방 촉진

유방암의 대표적인 징후

- 가슴이나 겨드랑이의 덩어리
- 뜨거운 피부 감촉
- 붉은색 혹은 오랜지색 피부
- 움푹 들어가거나 주름진 부위
- 평소와 다른 통증
- 유두 부위의 가려움
- 평소와 다른 유두 함몰
- 유두 방향의 변화
- 유두의 피나 이상한 분비액
- 치료되지 않는 가슴의 통증

3. 성반응 단계

Masters와 Johnson은 성의 생리학에 관한 저서에서 성행위를 하는 동안 남성과 여성에게서 일어나는 생리적 변화에 대한 성반응의 주기(sex response cycle)를 흥분기, 고원기, 절정기, 해소기의 4단계로 나누어 설명했다. 또한 Kaplan은 욕구기, 흥분기, 절정기의 3단계로 구분했다.

1) 남성의 성반응 주기

욕구기

욕구기(desire stage)는 성행위를 하고자 하는 욕구를 느끼며 서서히 성적인 흥분이 시작되는 단계이다. 성적인 욕구는 흔히 다양한 외부 자극에 의해서 촉발되며 때로는 내면적인 성적 환상에 의해서도 유발된다. 대부분의 남성들은 성기를 직접 자극하거나 성적으로 반응하고 있는 상대의 나체를 보거나 접촉하는 경우 가장 강하게 흥분한다. 또는 향수 같은 후각적 자극이나 유혹적인 목소리 등 성적 감정은 모든 감각, 즉 시각, 후각, 미각, 청각 및 느낌, 접촉, 그리고 생각이나 환상 등에 의해 일어날 수 있다.

흥분기

흥분기(excitement stage)는 성적 자극에 대한 신체의 첫 번째 반응이라 할 수 있으며, 자극에 대한 일차적 반응은 혈관 충혈이고 이차적 반응은 근육 수축이다. 남성의 경우에는 음경의 발기가 흥분기 최초의 신호이다. 음경 발기 현상은 음경 내로 혈액이 충만해 음경이 팽창하면서 일어난다. 음경의 귀두 부분이 더 커지고 고환도 혈관 충혈에 의해 커진다. 또한 음낭의 피부와 근육이 두꺼워지고 납작해지며 올라간다. 남성도 유두의 직립과 민감성을 포함한 전반적인 근육의 긴장도가 증가한다. 호흡이 거칠어지고 심장박동 수가 증가하며 혈압이 상승한다.

고원기

고원기(plateau stage)는 성 활동 및 자극으로 흥분이 좀 더 활성적으로 진행되는 단계이다. 성기의 혈관 충혈이 최고조에 이르고 근육의 수축 및 긴장도 최고조에 이른다. 혈압, 맥박, 호흡 수가 상승하고 전신이 오르가슴에 이르도록 반응한다.

음경이 혈액으로 꽉 차서 단단하게 발기하고 음경은 최대 길이가 된다. 고환은 혈액으로 충혈되어 통상 크기의 2배로 늘어난다. 고환근을 끌어올리는 반사와 정관의 수축으로 고환이 회음에 딱 달라붙을 만큼 들어 올려진다. 귀두는 암적색을 띠고 쿠퍼선으로부터 소량의 맑은 분비물이 요도를 통해 배설되는데, 이는 요도의 산성화를 중화시켜 절정기에 사정된 정액 속의 정자를 보호하는 기능을 한다. 이 분비물에 때로는 살아 있는 정자가 들어 있을 수도 있으므로 효과적인 피임을 위해서는 음경을 질에 삽입하기 전에 콘돔을 사용해야 한다.

요도구와 정소는 크기가 50% 이상 증가하며, 정액이 전립선 요도에 모일 때 사정이 불가피한 느낌이 있다.

절정기

절정기(orgasm stage)는 성감각 중 최고의 쾌감을 경험하는 단계로, 발기한 음경으로부터 0.8초 간격으로 3~7회 정액이 사출된다. 이때 방광의 내괄약근이 단단히 닫히고 항문괄약근도 0.8초 간격으로 수축한다.

남성의 사정 반사는 두 가지 단계로 이루어진다. 제1단계는 내부 생식기관(수정관, 전립선, 정낭, 요도 내부)이 수축되면서 사정하는 것을 참을 수 없다는 느낌을 준다. 이 단계를 사정 전 단계라 한다. 제2단계의 사정은 음경 내 요도 및 음경 기저부와 회음 근육이 율동적으로 수축하여 음경 밖으로 강압적으로 정액을 쏟아낸다. 이것이 성적 극치감으로 체험된다. 이때 전신 근육이 수축하여 얼굴을 찡그리거나 팔다리가 안으로 굽는다. 또한 맥박, 호흡, 혈압이 고원기보다 더 증가하며 의식이 약간 흐려지기도 한다.

해소기

해소기(resolution stage)는 신체 내외의 기관들이 흥분 이전의 상태로 되돌아가는 단계이다. 충혈된 혈액은 오르가슴 후 순환 과정으로 도로 방출된다. 오르가슴에 이르지 못하면 혈관 충혈의 역류에 2배의 시간이 걸리고, 고환과 전립선의 불편감이나 정서적 불안정을 나타낼 수 있다.

발기의 상실은 2단계로 일어난다. 첫 단계는 성적 극치감을 경험한 직후 해면체에서 혈액이 빠져나가 발기의 50%가 사라지고, 30분 이내에 해면체와 귀두부에 남아 있는 여분의 혈액이 빠져나가는 2단계를 거쳐 완전하게 평상 상태로 되돌아간다. 정소의 크기가 감소하고 흥분 전의 상태로 하강하며 음낭이 얇아지고 주름이 회복된다. 또한 근육이 이완되고 호흡, 맥박 및 혈압이 정상으로 돌아온다. 흔히 발한 현상을 보이고 쉽게 졸음을 느끼며, 남성의 경우 불응기가 있어 성적 자극을 받아도 다시 흥분하거나 발기 반응이 나타나지 않는다. 불응기의 길이는 수 분에서 수일까지 다양하며 대체로 나이가 많을수록 길어지는 경향이 있다.

2) 여성의 성반응 주기

욕구기

여성의 성적 욕구는 복합적 상호작용이라 할 수 있다. 즉 자신과 파트너의 관계에 대한 정보와 판단 같은 인지 과정, 성적 욕구를 일게 하는 호르몬과 관련된 생리기 전, 친밀감 및 사랑하거나 사랑을 받는 기분 또는 분위기 등에 의해 유발된다. 여성을 흥분시키는 성적 자극은 남성과 유사하나, 특히 부드럽게 접촉하는 키스나 애무와 같은 촉각적 자극이 성감을 고조하는 데 효과적인 것으로 밝혀졌다.

흥분기

여성에게 나타나는 생리적 흥분의 첫 번째 신호는 질의 윤활 작용인데, 이는 혈관 충혈의 결과로 질 내부에 윤활액이 생성되는 것이다. 또 다른 변화로, 음경을 삽입했을 때 자궁경부에 닿지 않게 하기 위해 자궁과 자궁경부의 윗부분을 들어 올리며 질의 안쪽 2/3가 늘어나 발기한 음경을 수용할 수 있는 상태가 된다. 대음순이 벌어지고 음모도 약간 서며, 혈관의 충혈에 의해 음핵과 소음순의 크기가 2~3배 커지고 색깔이 진해진다. 또한 유두 근육의 수축으로 유두가 발기하고 유방이 확대되며, 유방 표면에 정맥 양상이 뚜렷해지고 피부 홍반이 생긴다.

고원기

고원기의 일차적 증상은 질 하부 1/3 조직의 종창과 부종으로 절정감의 대(orgasmic platform)를 형성하는 것이다. 이 종창의 결과로 질 입구의 지름이 감소한다. 질의 안쪽 2/3는 풍선처럼 부풀어 완전히 팽창한다(tenting effect). 음핵은 매우 민감해지고 더 발기되며 고원기 말에 음핵포피나 음순 아래로 오므라든다. 대음순의 종창이 지속되고 자궁은 완전히 상승한다. 소음순은 그 두께가 약 2~3배 두꺼워지고 고원기 말에 색정적 피부(sex skin)가 소음순에 나타나는데, 색깔은 분홍색에서 암적색까지 개인차가 있다. 이는 성적 자극이 더 효율적으로 지속되면 오르가슴이 임박했음을 나타내는 증상이다. 유방의 크기도 증가하고 바르톨린선에서 약간의 분비가 있다.

그림 4.9 남성과 여성의 성반응 단계

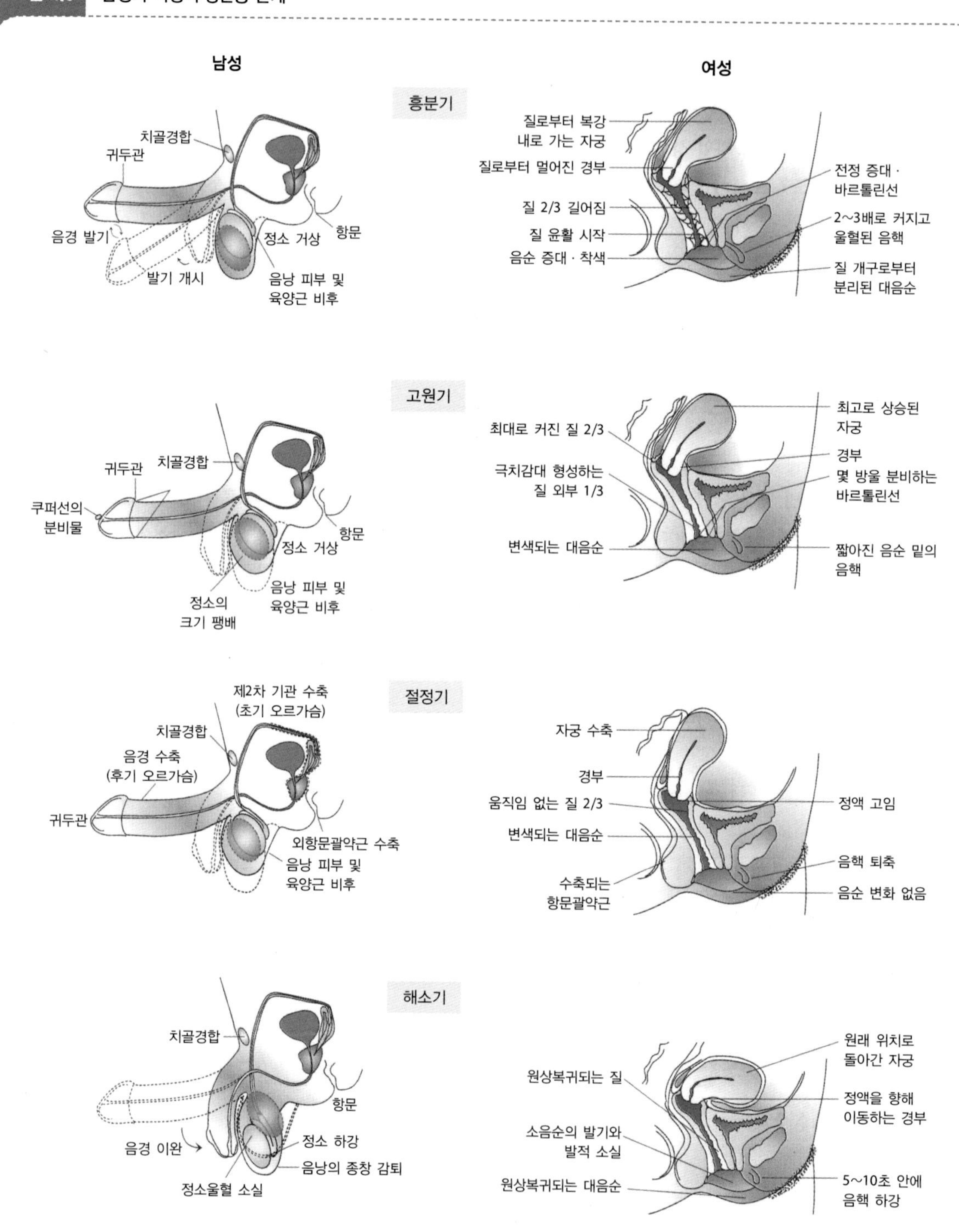

절정기

질 하부 1/3 부분이 0.8초 주기로 5~6회 율동적인 수축을 하면서 황홀한 극치감을 느끼게 된다. 극치감의 유발은 음핵의 자극에 의해서 일어나고, 극치감의 표현은 질의 율동적 수축으로 나타난다. 자궁의 율동적인 수축은 저부에서 시작되어 경부로 파동처럼 전파된다. 오르가슴이 절정에 이르면 자궁 수축이 심할 수 있다. 혈압, 맥박, 호흡 수도 흥분기보다 증가한다. 신체 모든 부분의 근육이 긴장하지만 특히 얼굴, 손, 발 등이 심하다. 오르가슴 때 여성의 표정은 마치 통증이 심할 때와 같아진다. 오르가슴의 극치에서 온몸이 순간적으로 굳어지기도 하고 약간의 의식 변화가 있을 수 있다. 여성은 남성과 달리 여러 번 극치감을 경험할 수도 있으며 전혀 극치감을 경험하지 못할 수도 있다. 자궁적출술을 받은 여성도 오르가슴을 느낀다.

해소기

성적 극치감을 경험한 이후 5~10초 정도가 지나면 음핵은 정상 위치로 되돌아온다. 그러나 질벽이 이완되어 평상 상태로 돌아가는 데는 10~15분이 걸린다. 자궁목과 자궁이 정상 위치로 하강하고 자궁구는 오르가슴 후 20~30분간 열린 채로 남아 있다. 유방의 크기 및 유두의 발기가 천천히 감소하고 대음순과 소음순이 정상의 색깔과 위치로 돌아온다. 여성의 경우 한 번의 절정감 이후에도 성적 자극이 계속되면 절정감을 다시 느낄 수 있다.

3) 남성과 여성의 성반응 차이

각 주기마다 남녀의 해부학적 특성에 따라 부위별로 성적 반응이 나타나지만, 해부학적 차이에 관계없이 남녀의 성 생리가 근본적으로 다른 점이 있는데 이 차이를 극복하지 못하면 남녀 간에 성적 갈등이 일어난다. 남성의 성욕은 때와 장소에 관계없이 충동적으로 급격하게 일어나지만, 여성은 부드럽고 천천히 일어나고 한 번 그 감정이 고조되면 성적 욕구가 매우 강해진다. 여성의 성 욕구는 성교와 함께 따뜻한 애정을 주고받고 확인하기를 원하는 것이다. 여성은 성을 사랑의 표현으로 알며 낭만적인 감정도 포함된다. 미국 여성 10만 명을 조사한 결과에 따르면, 성행위에서 가장 중요한 것은 신체적이거나 자기를 위한 것보다는 감정적이고 상대방을 위한 것이었다. 여성들이 성행위에서 가장 중요하게 생각하는 것은 친밀감, 파트너의 만족, 오르가슴의 순이었다. 반면 남성들은 오르가슴을 목표로 하고 친밀감은 부차적인 목표이다. 여성은 감정적인 친밀감을 위한 과정으로 성이라는 것을 이해하고 중요시하며, 나이가 들어도 이런 생각에는 변함이 없다.

전희 없이 성관계를 했을 경우, 남성은 성관계 시작 후 3분 내에 사정하지만 여성은 삽입 후 16분 이상 지속되지 않으면 오르가슴에 도달하기 어렵다. 성 욕구 단계에서 고원기로 넘어가는 과정에서 남성은 빨리 고원기에 도달하는 반면, 여성은 비교적 느리게 고원기에 도달하기 때문이다.

그리고 남성의 성의 절정기는 18세이고 여성은 35~40세라고 한다. 여성의 대부분은 40대보다 20대에 성교 횟수가 많지만 나이가 들면서 오르가슴 횟수가 늘어나는데, 이는 많은 성적 경험을 한 뒤에 오르가슴에 도달하기가 쉬워지기 때문이다.

남성은 사춘기에 자위행위로 첫 사정을 경험할 때부터 성관계 시의 절정기와 다를 바 없는 높은 수준의 극치감을 느낀다. 그러나 여성의 오르가슴 비율은 생물학적 측면보다 심리적인 것과 관련되어 있다. 많은 여성들은 오르가슴에 도달하는 방법을 배우지 않으면 안 되고, 또 상대와의 관계에서 친밀감을 가질 때 오르가슴의 빈도가 높아진다.

남성은 한 번 사정하면 그 이상 자극을 해도 반응이 없는 불응기가 있고, 여성은 오르가슴을 느낀 후에도 성적 자극을 계속 주면 곧바로 다시 오르가슴을 느낄 수 있다. 또한 남성은 연령이 증가할수록 불응기가 길어지고 사정 횟수도 감소하나 발기 능력은 비교적 연령에 따르지 않는다.

여성은 50세를 전후하여 완경기가 되면 난소에서 여성 호르몬 생산이 급격히 감소하고

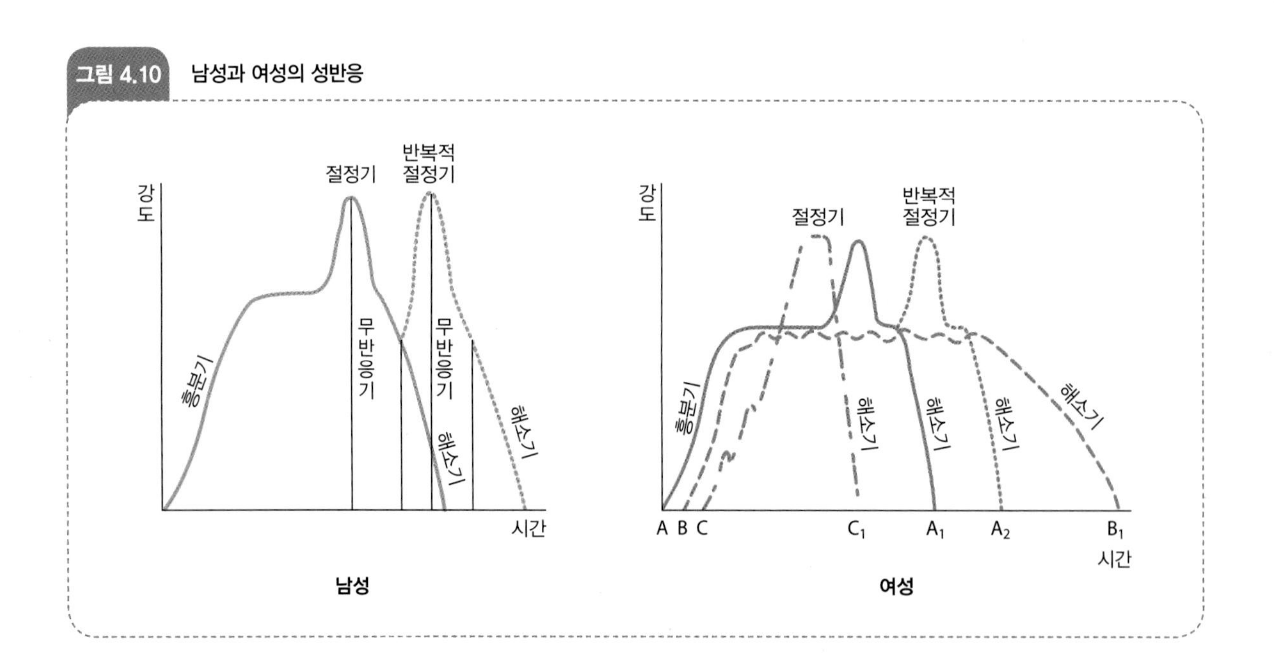

그림 4.10 남성과 여성의 성반응

생리가 없어지며 배란이 중단된다. 완경기가 되면 질 상피세포가 위축되고 얇아져서 질 분비물이 적게 나와 성교 시 통증을 느끼므로 자연히 성관계를 기피하게 된다. 그러나 폐경 후 난소가 여성 호르몬을 생산하지 못하더라도 성욕의 근원인 남성 호르몬은 생산되므로 성욕에 큰 영향을 미치지는 않는다. 다만 성교통으로 인한 불쾌감과 생리가 끝났다는 정서적 문제로 성욕이 감퇴하고 성교 횟수가 감소된다. 그러나 남성은 여성처럼 완경기가 있는 것이 아니므로 대체로 70세가 되기까지 성교 횟수가 급격히 떨어지는 현상은 나타나지 않는다.

요약

남성 생식기

- 음경은 좌우 1쌍의 음경해면체와 하나의 요도해면체로 구성되어 있는 발기성 조직으로 성적으로 흥분하면 부교감신경을 통해 음경동맥을 확장시켜 음경이 단단해짐으로써 성교가 가능한 상태가 된다.
- 음경의 크기와 성적 만족은 무관하며 왜소 음경의 진단 기준은 2cm 미만이고, 발기 시 5cm 정도만 되면 성생활에 지장이 없다.
- 귀두는 성행위 시 가장 큰 물리적 자극을 유발하는 곳이다.
- 사정은 오르가슴 시 나타나는 척수반사로서 정액이 요도로 이동하여 체외로 배출되는 현상이며, 정액사출 시에는 방광저부의 조임근이 수축하여 소변의 배출을 방지한다.
- 음낭은 피부 및 근막으로 구성된 쭈글쭈글한 주머니로 고환 및 부고환, 정관을 둘러싸고 있고 좌우 대칭이며 음낭 사이는 중격으로 막혀 있다.
- 음낭은 수축 또는 이완함으로써 고환의 온도를 적절히 유지하여 정자의 생성과 활력을 유지하며, 정자는 체온보다 낮은 온도에서 활동성이 있다.
- 고환의 기능은 정자 생산과 남성 호르몬(androgen) 분비이며 사춘기 이후 정자를 형성한다.
- 고환의 세정관에서 만들어진 정자는 부고환을 거쳐 정관으로 배출되어 저장되어 있다가 사정 시 체외로 배출된다.
- 부고환은 고환 뒤 위쪽에 붙어 있는 연결기관이며 정자를 정관으로 보내기 전까지 보관해 두면서 형태적으로만 완성된 정자가 수정 능력을 갖도록 변화시킨다.
- 정관은 부고환과 정낭을 연결하는 관으로서 정액이 지나가는 통로이며 정관의 근육층은 사정 시 연동 운동을 함으로써 정자를 운반한다.
- 남성의 요도는 방광에서 음경의 끝까지 연결된 관으로 중간에 사정관과 합류한다. 평상시는 소변을 배설하는 통로이며 성교 시에는 정액의 통로가 된다.
- 사정관은 정낭관과 정관이 합쳐져 이루어지는 좌우 2개의 짧은 관이며, 그 끝이 요도의 전립선 부분에 열려 정관에서 온 정자와 정관의 분비물을 합쳐 요도로 사출시킨다.
- 정낭은 전립선 좌우에 위치하며, 정자로 가득 찰 경

우 통정 현상이 일어난다. 정낭의 분비액은 사정된 정자의 활동 에너지원이 되고 여러 종류의 프로스타글란딘을 함유하고 있다. 반고형의 정액은 전립선액에 의해 20분 안에 액화된다.

- 전립선은 방광 앞에 위치하며, 모양과 크기가 밤톨과 비슷하다. 전립선의 분비액은 사정된 정자가 질 내에 살아남도록 보호하고 정자의 운동성을 증가시켜 임신 가능성을 높여준다.
- 쿠퍼선은 음경해면체의 뒤쪽, 전립선 아래쪽에 위치하며 성적 흥분이 고조되면 투명한 알칼리성 용액이 분비되어 윤활제 역할을 하고 사정 시 산에 약한 정자를 보호한다.
- 정액은 고환, 부고환, 정낭, 전립선 등에서 분비되는 분비물의 혼합액이며 하얀색이다. 정액 속에는 정자가 섞여 있으며, 정자가 오래 생존할 수 있도록 보호하고 활동하기 적합한 환경을 제공한다.
- 성숙한 정자의 구조는 농축된 유전물질을 싸고 있는 머리와 활동력을 생성시키는 영양물질이 있는 몸체, 운동성이 있는 꼬리의 세 부분으로 구성되어 있다. 정자의 수명은 약 90일이며 자궁 속에서 48~72시간 살 수 있다. 한 번 사정할 때 평균 3.5ml 정도의 정액 속에 2~5억 마리의 정자가 들어 있다.

여성 생식기

- 여성의 외생식기관은 외음부라고도 하며 치구, 대음순, 소음순, 음핵, 음핵포피, 질 전정, 요도구, 질 입구와 회음부로 구성되어 있고 눈에 보이지는 않지만 스켄선과 바르톨린선도 있다.
- 치구는 부드러운 피하지방 조직이 잘 발달된 부위로서 치골결합을 덮고 있으며 대음순과 합쳐진다. 사춘기가 되면 음모가 나며 성교 시에는 치골결합을 보호하는 역할을 한다.
- 대음순은 주위 조직보다 검게 착색되어 있고 음모로 덮여 있으며 많은 신경이 분포되어 온도나 접촉에 민감하고 독특한 성감을 나타낸다.
- 소음순은 대음순 안쪽에 있는 얇고 세로로 된 부드러운 피부 조직으로 성적 흥분 시에는 소음순 조직이 붉어지며 많은 신경이 분포되어 성적으로 매우 민감하다.
- 음핵은 소음순의 윗부분에 있으며 모양이나 크기, 색깔 등의 개인차가 심하다. 음핵의 끝 부분은 체부보다 더 민감하며 성적 흥분 시 발기된다. 음핵은 성적 만족의 가장 중요한 부분이며, 성교 시 여성이 느끼는 쾌감은 발기된 음핵의 마찰에 의한 것이다.
- 요도구는 음핵 아래에 개구되어 있고 안쪽으로의 길이는 4~5cm로 남성보다 짧다.
- 질막은 탄력성과 확장력을 지닌 쉽게 찢어지는 얇은 점막으로 모양과 두께는 개인마다 다르다. 처녀막이 전혀 없거나 질구를 완전히 덮고 있는 경우에는 월경혈의 통과나 성교를 불가능하게 하기도 한다.
- 바르톨린선은 질구의 좌우 아래쪽 질막과 소음순 사이에 있으며 성적 흥분 시 맑고 끈끈한 점액을 다량 분비하여 질 주위를 윤활하게 해준다.
- 스켄선은 요도 안쪽 양측에 위치한 짧은 관 조직으로 윤활 역할을 하는 분비물을 생성한다.
- 질 점막은 신축성 있고 가로로 된 주름이 많은 벽으로 되어 있어 분만 시 태아가 통과할 수 있도록 늘어난다.
- 질 점액은 pH 3.5~4.5의 산성도를 유지함으로써 외부 병균의 침입을 막는다. 배란이나 월경 시 질의 pH는 알칼리성으로 변하기 때문에 정자의 활동을 촉진해 임신을 가능하게 한다.
- 질은 하부 1/3 부분만 신경이 분포되어 단순한 삽입 성교만으로는 오르가슴을 얻기 어렵다.

- 지스팟(G-spot)은 요도 바로 밑의 질 앞 벽에 위치하며, 이곳을 자극하면 쾌감을 느끼거나 오르가슴에 도달하기도 하고 요도를 통해 사정하기도 한다.
- 자궁은 주먹만 한 크기의 역삼각형 근육체지만 나이와 임신 등에 따라 크기와 위치가 달라진다. 자궁의 입구를 자궁경관이라 하며 여성 생식기 암 중 가장 발생 빈도가 높다.
- 난관은 1쌍의 관으로 난자의 통로이며 난소로부터 배란된 난자를 자궁으로 운반한다. 난관점막은 자궁 및 질 점막과 연속되어 있어 세균 감염 시 질구에서 복강내로 확대될 수 있다. 난관염은 난관폐쇄나 난관협착을 일으키며 난관이 막히면 수정이 안 되고, 난관이 좁아지면 자궁 외 임신(난관임신)이 되기 쉽다.
- 난소는 자궁 좌우 각 1개씩 나팔관의 양쪽 밑에 위치해 있으며 난자와 여성 호르몬을 생산한다. 여아의 난소는 출생 시 30~40만 개의 원시난포를 가지고 태어나며, 사춘기에 시작해서 완경기가 될 때까지 한 달에 한 번씩 하나 이상의 난자를 성숙, 배란시킨다.
- 배란은 난포가 터지면서 그 속에 들어 있던 난자가 난소 밖으로 나오는 것을 말한다.
- 난자의 수명은 24시간 정도이며, 이 시간 내에 정자와 만나 수정되지 못하면 난관점막에 흡수 · 소멸된다.
- 유방은 여성의 성적 기관으로서 수유기능과 함께 여성의 자아 개념에 영향을 미친다. 유두는 온도변화나 촉감에 민감하며 성적 흥분이나 자극을 받으면 크기가 커지면서 발기된다. 유방의 크기는 유선 조직을 둘러싸고 있는 지방조직의 양에 의해 결정되며 유방이 크다고 젖이 많이 나온다거나 성감이 더 발달하는 것은 아니다. 유방은 월경 3~4일 전에 커지면서 단단해지며, 월경이 끝나고 5~7일 후에 최소로 되는데 이때 유방암 등 병리적 변화를 알아보기 쉬우므로 월경이 끝난 후 자가검진을 하는 것이 좋다.

성반응 단계

- Masters와 Johnson은 성반응의 주기(sex response cycle)를 흥분기, 고원기, 절정기, 해소기의 4단계로 나누었으며, Kaplan은 욕구기, 흥분기, 절정기의 3단계로 구분했다.
- 욕구기(desire stage)는 성행위를 하고 싶은 욕구를 느끼며 성적 흥분이 시작되는 단계이다.
- 흥분기(excitement stage)에 음경은 발기되며 귀두와 고환도 커지고 음낭의 피부와 근육이 두꺼워지고 납작해지며 올라간다. 여성의 질 내부는 윤활액이 생성되며 자궁과 자궁경부의 윗부분을 들어 올리고 질 안쪽 2/3가 늘어나 발기한 음경을 수용할 수 있게 된다. 음핵과 소음순은 크기가 2~3배 커지고 색깔이 짙어지며 유두의 직립과 민감성을 포함한 근육의 긴장도가 증가하고 호흡이 거칠어지며 심장박동과 혈압이 상승한다.
- 고원기(plateu stage)는 성기의 혈관충혈, 근육의 수축 및 긴장도가 최고조에 이르며 혈압, 맥박, 호흡수가 상승하고 전신이 오르가슴에 이르도록 반응한다. 남성의 음경은 단단하게 발기하고 최대 길이가 되며 고환은 회음에 딱 달라붙을 만큼 들어 올려진다. 귀두는 암적색을 띠고 쿠퍼선에서 소량의 맑은 분비물이 배설된다. 여성의 질 하부 1/3 조직은 종창과 부종으로 절정감의 대(orgasmic platform)를 형성하며 질 입구는 좁아지고 질의 안쪽 2/3는 풍선처럼 부풀어 팽창된다. 음핵은 매우 민감하고 더 발기되며 고원기 말에 음핵포피나 음순 아래로 오므라든다. 대음순의 종창이 지속되고 자궁은 완전히 상승한다.
- 절정기(orgasm stage)는 발기한 음경으로부터 0.8초 간격으로 3~7회 정액이 사출되며, 질 하부 1/3 부분도 0.8초 주기로 5~6회 율동적 수축을 하면서 극치감을 느끼게 된다. 이때 전신 근육이 수축하여 얼굴을 찡그

리거나 팔다리가 안으로 굽는다. 또한 맥박, 호흡, 혈압이 고원기보다 더 증가하며 의식이 약간 흐려지기도 한다. 여성은 남성과는 달리 극치감을 여러 번 경험할 수 있으며, 전혀 극치감을 경험하지 못할 수도 있다.

- 해소기(resolution stage)는 신체 내외의 기관들이 흥분 이전의 상태로 되돌아가는 단계이다. 오르가슴에 이르지 못하면 혈관 충혈의 역류에 2배의 시간이 걸리고 정서적 불안정을 나타낼 수 있다. 남성의 경우 성적 자극을 받아도 다시 흥분하거나 발기 반응이 나타나지 않는 불응기가 있으나 여성의 경우 성적 자극이 계속되면 절정감을 다시 느낄 수 있다.
- 남성과 여성의 성반응 차이는, 남성의 성욕은 충동적으로 급격하게 일어나지만 여성은 부드럽고 천천히 일어나고 한 번 감정이 고조되면 성적 욕구가 매우 강해진다. 여성들이 성행위에서 중요하게 생각하는 것은 친밀감, 파트너의 만족, 오르가슴 순이었으며, 남성들은 오르가슴을 목표로 하고 친밀감은 부차적인 목표이다.

토론문제

- 자신의 성기를 검사하는 것에 대해 생각해본 적이 있는지, 손거울로 자신의 성기를 검사한다고 상상한다면 어떤 느낌을 갖는지 생각해보자.
- 어린 시절, 첫 번째 성적인 경험에 대해 무엇을 기억하는지, 어릴 때 어떻게 성 정보를 얻었으며, 어떻게 섹스에 대해 배웠는지 논의해보자.

05 CHAPTER

피임

P S Y C H O L O G Y   O F   S E X U A L I T

5

1. 피임

피임이란 원하지 않는 임신을 어떤 수단을 사용하여 예방하는 것을 뜻한다. 인류 최초의 피임은 성경에서 찾아볼 수 있는데, 〈창세기〉에 등장하는 오난은 형수와 동침하며 질외 사정을 해 형의 후세를 잇지 않았다는 것이다. 기원전 1850년 이집트의 아메넴하트 3세의 통치 시절, 파피루스에 기록된 처방에 따르면 악어의 배설물로 알약을 만들어 질 안에 삽입하거나, 벌꿀과 천연 탄산소다를 배합하거나, 기름지고 껌 같은 물질을 배합하여 이를 성교 전에 질 안에 넣는다고 되어 있다. 이러한 방법은 과학적으로 타당성 있는 것은 아니지만 당시에도 임신을 피해 보려는 노력이 있었음을 알 수 있다.

그 후로 약 300년 뒤에 쓰여진 기록에는 '아카시아 잎의 끝을 벌꿀에 버무려 질 안에 넣는다'는 내용이 있다. 아카시아의 잎 끝이 발효하여 젖산이 발생하면 정자의 활동을 억제함으로써 피임의 효과를 보는 방법인데, 실제로 젖산은 오늘날에도 피임용 젤리의 한 성분으로 쓰이고 있다. 고대 이집트인은 석류나무 씨를 간 후 밀랍에 섞어서 환약을 만들어 사용하기도 했는데, 석류는 천연 에스트로겐을 함유하고 있어 현대의 먹는 피임약처럼 배란을 억제하는 것이 가능했던 것 같다.

근대적인 피임법은 19세기 영국에서 만들어졌다. 1879년 영국인 약사인 Lendel은 질좌약식 피임제를 최초로 만들었는데, 영국에서는 렌델씨 좌약이라는 이름으로 아직도 팔리고 있다. 가장 대중적이고 많이 사용되는 콘돔은 영국 왕 찰스 2세의 주치의인 콘돔(Condom) 경이 왕의 문란한 애정 행각을 보다 못해 왕가의 혈통 보존을 위해 만들었다는 설도 있다. 1710년 영국에 콘돔 회사가 설립되었을 때 콘돔의 재료가 된 것은 물고기의 껍질이나 동물의 창자 같은 것이었으며, 때로는 리넨으로 만든 콘돔을 사용하기도 했다. 고무 콘돔은 1840년대에 고무의 발명으로 보편화되었으며, 이때의 고무 콘돔은 두껍고 씻어서 다시 사용했기 때문에 비위생적이었다. 1930년 라텍스의 발명으로 현재 사용되고 있는 얇고 질긴 콘돔이 탄생했다.

피임의 역사에 새로운 장이 열린 것은 1960년대 피임약의 개발이다. 미국에서 생산되어 처음 판매된 에노비드가 최초의 현대적인 피임약이다. 그러나 이 약을 두고 유럽에서는 찬반 논쟁이 시작되었다. 먹는 피임약으로 인해 성 해방이 가능하다는 찬성론과 성의 문란함을 조장한다는 반대파의 대립이 시작된 것으로, 10년 정도의 대립 끝에 1970년대 초반부터 피임약이 여성의 당연한 권리로 인정받기 시작했다.

피임약은 많은 여성들에게 큰 축복이었으며, 여성 해방 운동과 맞물려 성의 역사를 뒤바꿔 놓은 획기적인 발명이었다. 그 전까지 섹스는 임신을 위한 것이었고, 따라서 임신을 위한 섹스 이외의 것은 모두 부정이며 음란하다고 치부했던 여성들이 감추고 억눌렸던 성을 적극적으로 표현하는 계기가 되었기 때문이다. 원치 않는 임신의 공포에서 벗어난 여성들은 산업의 발달과 함께 사회 활동에 적극적으로 참여할 수 있게 되었다. 피임약은 성을 보다 건강한 것으로, 그리고 즐기는 것으로 바꾸어 놓았다. 특히 여성의 사회적 · 경제적 지위가 높아지고 청소년들의 성행위가 증가하는 현실에서 피임은 원하지 않는 임신을 예방함으로써 여성과 남성, 나아가 가족의 안녕과 삶의 질의 향상에 초점이 맞추어지고 있다.

2. 피임법이 갖추어야 할 조건

피임법이 갖추어야 할 이상적인 조건은 다음과 같다.

① **피임 효과가 확실해야 한다.**

피임법의 효과는 절대적이고 확실해야 한다. 그리고 피임의 효과는 일시적이어야 하며 복원이 가능해야(reversible) 한다.

② **인체에 무해해야 한다.**

피임법은 부부 중 어느 한쪽이라도 건강에 위험을 주어서는 안 되며, 부작용이나 합병증이 적고 일시적이어야 한다.

③ **성교나 성감을 해쳐서는 안 된다.**

피임법을 사용함으로써 성행위가 부자연스럽거나 불완전해서는 안 된다.

④ **사용 방법이 아주 간편해야 한다.**

아무리 좋은 방법이라도 사용하는 방법이 쉽지 않으면 활용성이 떨어진다. 특히 사용자 자신이 사전에 조작하여 실행할 수 없는 방법은 실용 가치가 적다.

⑤ **비용이 적게 들어야 한다.**

여러 가지 조건이 모두 구비되었다 하더라도 많은 비용이 드는 방법은 한정된 인원만이 사용할 수 있다.

⑥ **성병과 AIDS의 감염을 예방하는 효과가 있어야 한다.**

성 접촉에 의한 성병과 AIDS의 감염을 예방하는 효과도 피임 효과 못지않게 중요하다.

이상의 조건을 고려하여 2종 이상의 피임법을 서로 보완해서 사용하거나 자신의 여건에 따라 가장 알맞은 방법을 검토하여 사용한다면 다소 불편감이 있다 하더라도 상대적인 이익을 얻을 수 있다.

3. 피임법의 종류

피임 방법은 성교에 따른 임신을 일시적 또는 주기적 시술에 의하거나 영구적으로 예방하는 수단을 의미한다. 현재 세계적으로 널리 사용되고 있는 방법을 분류하면 다음과 같다.

1) 일시적 피임법

경구용 피임제

먹는 피임약(oral pill)은 여성 호르몬 복합제로 배란을 억제하고 자궁 점액의 점도를 높여 정자의 자궁경부 통과를 어렵게 하며, 자궁내막의 증식을 억제해 수정란의 착상을 방해한다. 에스트로겐이 포함된 피임약은 난포 자극 호르몬(FSH) 생산을 억제하고 프로게스테론은 황체 호르몬(LH)의 생산을 억제해서 난자의 방출을 방해한다. 즉 월경은 정기적으로 하지만 그 안에 난자는 없는 것이다.

현재 시중에서 흔히 구할 수 있는 피임약은 피임 실패율이 1~3%로 일시적 피임법 중 가장 피임 효과가 확실하며 장기적인 부작용이 거의 없다. 경구 피임약을 중단한 후 일시적으로 무배란이 오는 경우가 있으나 이 현상은 대부분 1~2개월 내에 회복되며, 의사의 지시에 따라 배란 유도를 하면 곧 정상으로 돌아온다.

피임약은 월경 시작일로부터 3일 이내에 복용을 시작하는 것이 좋으며, 월경 시작일로

그림 5.1 피임약의 복용법

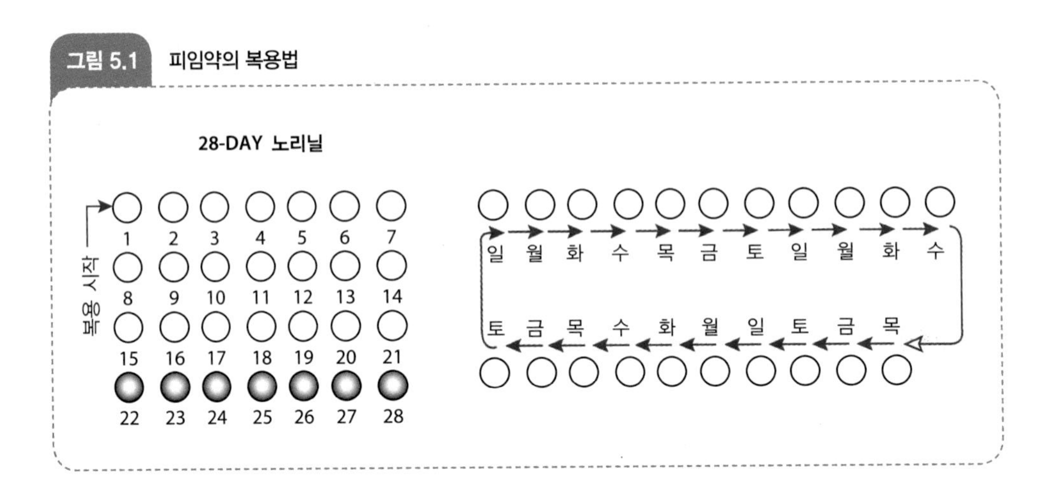

부터 1주일이 지났다면 다른 피임법을 겸하거나 피임법을 바꾸는 것이 좋다. 21개의 피임약을 다 먹고 나면 보통 3~4일 후에 월경이 시작되고, 월경 3일째부터 다시 먹기 시작하면 보통 6~7일간 복용을 쉬게 된다. 복용 중 약을 빼먹었을 경우에는 다음 날 2알을 한꺼번에 먹고, 2~3일 이상 복용을 못했을 경우에는 출혈이 생기면서 피임에 실패할 수도 있다. 하지만 이 경우에도 다른 피임법을 같이 사용하면서 나머지 분량을 계속 복용하는 것이 바람직하다.

복용 시간에는 크게 구애받지 말고 하루에 한 번 잊지 않고 복용하는 것이 가장 중요하다. 최근에는 피임약 복용이 양성 및 악성 난소 종양, 자궁내막암뿐 아니라 여러 산부인과 질환과 골다공증까지 예방해줄 수 있다는 보고도 있으므로 현재로서는 가장 권할 만한 피임법이라고 하겠다. 단 흡연을 하거나 간 질환이 있거나 혈전증이 있을 때는 위험성이 커지므로 사용하지 않는다.

콘돔

콘돔은 일시적 피임법 중 유일하게 남성이 사용하는 피임 기구이며 가장 흔하게 사용되는 피임법 중 하나이다. 콘돔은 남성의 성기에 착용하는 얇은 고무막으로 정자의 질 내 침입을 막으며, AIDS를 포함하여 성병 예방용으로도 사용되고 있다. 시중에 유통되고 있는 콘돔은 대체로 고무 제품이지만 요즘은 라텍스로 만들어져 더 얇고 신축성이 좋으며 질기고 성감이 좋은 것들이 많다.

사용 시의 주의점은 끝 부분의 돌출 부위를 비틀어 공기를 빼고 음경이 발기된 후에 착용해야 하고, 이때 손톱이나 반지 등에 의해 콘돔이 찢어지지 않도록 조심해야 한다는 것

그림 5.2 콘돔

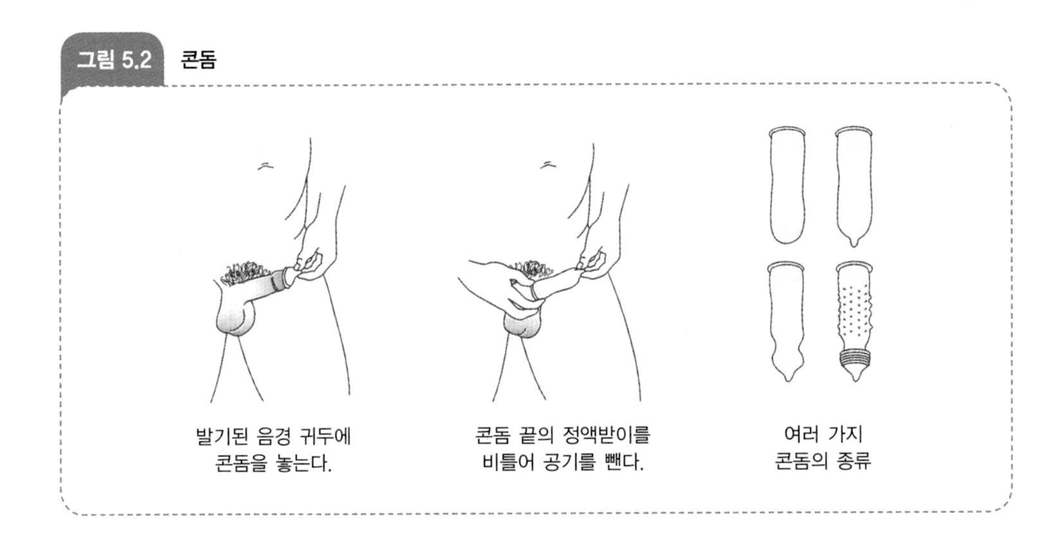

발기된 음경 귀두에 콘돔을 놓는다.

콘돔 끝의 정액받이를 비틀어 공기를 뺀다.

여러 가지 콘돔의 종류

이다. 사정 후에는 콘돔의 아랫부분을 손으로 잡고 정액이 새어 나오지 않도록 한 상태에서 질에서 빼낸다. 특히 주의해야 할 점은 남성의 쿠퍼선에서 분비된 액체에는 정자가 들어 있을 가능성이 있으므로 남성 성기를 질 내에 삽입하기 전에 착용해야 하며, 사정한 후에는 성기가 발기된 상태에서 빼내야 한다는 것이다.

콘돔의 장점은 피임 및 성병 예방에 효과적이고, 부작용이 없고 비용이 적게 들며 간편하게 사용할 수 있다는 것이다. 단점은 성감을 해치고 자연스럽지 않다는 이유로 사용하지 않으려는 경향이 있으며, 성경험이 미숙한 경우에는 바람직하지 않다는 것이다. 또한 사용 도중 찢어지거나 빠지는 경우가 있어 피임 실패율도 다른 피임법에 비해 높다. 그러나 살정제와 함께 사용하면 거의 완벽하게 피임이 가능하다.

성생활은 대부분의 경우 즉흥적 흥분으로 시작되므로 2~3개의 콘돔을 항상 침구 주변이나 신변에 보관하도록 한다. 우리나라의 피임법 이용의 특성은 남성 주도 피임에 비해 여성 주도 피임의 빈도가 월등히 높다는 것이다. 그러나 피임을 단지 여성의 몫으로만 생각하지 말고 임신을 원치 않을 경우에는 남성에게 콘돔 사용을 강하게 요구해야 한다.

페미돔

페미돔(femidom)은 '여성의(feminine) 콘돔(condom)'으로 기존의 남성용 콘돔보다 훨씬 크고 양 끝에 둥근 플라스틱 링이 달린 모양을 하고 있다. 처음 보았을 때 대개 그 크기에 놀라는 편인데 사람에 따라 거부감이 생길 정도이기도 하다. 그러나 이는 여성의 질 사이즈에 맞춘 것으로, 여성의 질 내부를 감싸주어 성병 및 AIDS로부터 보호할 뿐만 아니라 임신

그림 5.3 페미돔

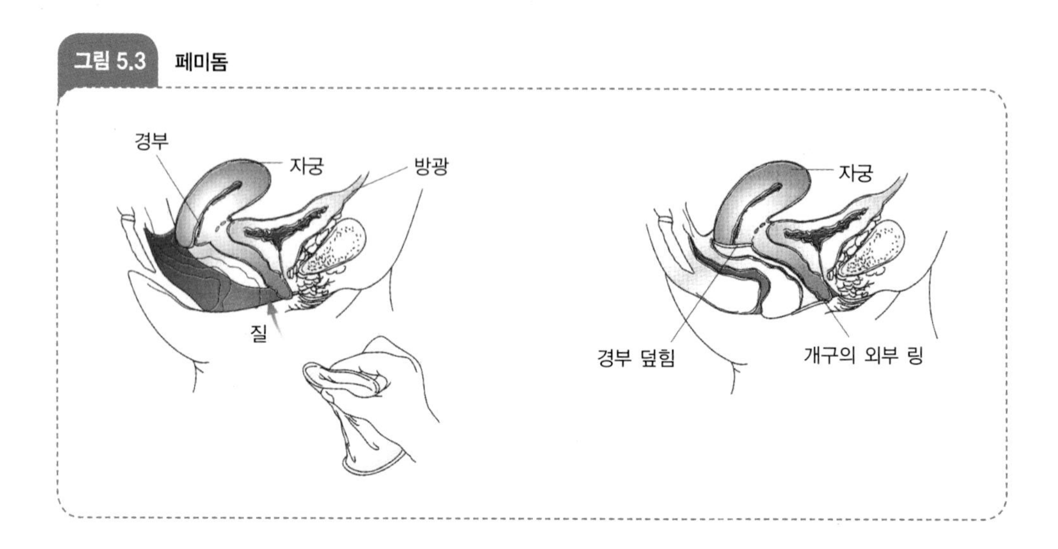

방지의 두 가지 목적으로 사용된다.

페미돔은 부드러운 플라스틱 제품으로 얇고 투명하게 만들어져 질 내에 넣어 질 벽을 덮을 수 있게 되어 있다. 여성이 성교 전에 막힌 쪽을 질 내로 깊숙이 넣는다. 막힌 끝은 유동적이므로 삽입 시 움직임이 있다. 열린 부분 끝의 크고 탄력 있는 둥근 링은 질 밖으로 씌워진다. 성교 동안 남성의 음경은 페미돔 내로 삽입된다.

페미돔의 장점은 무엇보다 여성 스스로 성병과 임신으로부터 자신을 보호할 수 있다는 것이며, 성교 전에 미리 삽입할 수 있기 때문에 중간에 성행위를 중단하지 않아도 된다.

월경주기법

월경주기법(rhythm method)은 피임 방법 중 가장 자연스러운 방법이다. 그러나 임신 가능 기간 동안 완전히 금욕한다는 것이 어렵고 완벽하게 임신 가능 기간을 추정할 수 없어서 피임 성공률이 낮다. 그러므로 월경주기법은 임신을 해도 무방하다고 생각될 때 사용하는 방법이다.

임신 과정에서 수정은 정자와 난자의 결합으로 이루어지므로 난자가 배출되지 않는 시기에는 임신될 가능성이 없다. 월경주기마다 1회의 배란이 일어나며, 이 배란일을 예측하여 그 시기에만 금욕을 하거나 다른 확실한 피임법을 사용하면 임신을 쉽게 조절할 수 있다는 원리이다. 월경주기를 이용한 피임으로는 월경력법, 기초체온법, 점액관찰법 등이 있다.

① 월경력법

월경력법은 1924년에 일본의 오기노가 황체와 자궁내막의 주기적 변화, 배란의 시기, 여성의 수태기를 설명한 학설에 근거한 피임법이다. 여성의 월경주기는 불규칙할 수 있다. 그러나 배란일(ovulation time)은 월경주기의 장단에 관계없이 항상 다음 월경이 시작될 전날부터 계산하여 12~16일의 5일간에 일어난다. 이것을 피임에 이용하는 것이 월경주기법(오기노식)이다.

이 방법은 5일간의 배란기에다 정자가 생존할 수 있는 3일간, 즉 다음 월경 전날부터 12~19일간의 8일간을 임신 가능 기간으로 간주하고 이 기간 동안 금욕하거나 다른 피임 방법을 쓰도록 하는 것이다. 그러나 이 피임법은 다음 월경일을 정확하게 알 수 없고 월경주기가 보통 1~2일씩 차이가 있기 때문에 정확한 계산이 불가능하다. 그러므로 적어도 6개월 내지 1년 동안의 월경주기 기록이 있어야 적용할 수 있다.

1년 동안의 월경주기 기록을 참고로 가장 짧은 주기에서 18일을 빼고 가장 긴 주기에서 11일을 빼면 그 사이가 임신 가능 기간이다. 예를 들어 제일 짧을 때가 25일이고 제일 길 때가 31일이라면 25일에서 18일을 뺀 제7일부터, 31일에서 11일을 뺀 제20일까지가 임신 가능 기간이므로 이 기간 동안 성관계를 하지 말아야 한다. 그러나 우리의 신체는 변화한다는 것에 주의해야 한다. 성교를 피하는 것이 어려우면 콘돔, 다이어프램, 살정제, 성교 중절법 등을 사용하도록 한다.

② 기초체온법

우리 몸의 체온을 변화시킬 수 있는 모든 인자를 제외했을 때 측정한 체온을 기초체온이라고 하는데, 여성은 배란 주기에 따라 체온이 변화한다. 즉 월경이 시작되면서부터 배란이 일어나기까지는 체온이 저온 상태를 유지하다가 배란기에는 다른 날보다 0.3~0.5℃(0.6~1.0℉) 정도 상승한다. 따라서 낮은 체온에서 높은 체온으로 이행되는 기간에 배란이 일어나게 되는데, 이는 배란이 되면 황체 호르몬이 분비되고 황체 호르몬인 프로게스테론의 체온 상승 작용으로 인해 체온이 높아지기 때문이다. 일반적으로 임신이 가능한 시기는 체온이 올라간 셋째 날에 끝나게 된다. 따라서 저온에서 고온기로 옮겨 가는 전후 7일간을 피하는 방법이다.

기초체온법(basal body temperature, BBT)은 매일 체온을 재서 전날과 비교하는 것이므로 항상 일정한 상태에서 측정하지 않으면 안 된다. 따라서 월경주기의 첫날부터 매일 아침에 잠이 깨면 조용히 누운 자세로 혀 밑에 온도계를 넣어 재고, 3주 동안 반복해서 각 주기별로 도표를 만든다. 보통의 체온계로는 판별하기가 어려우므로 미세한 체온

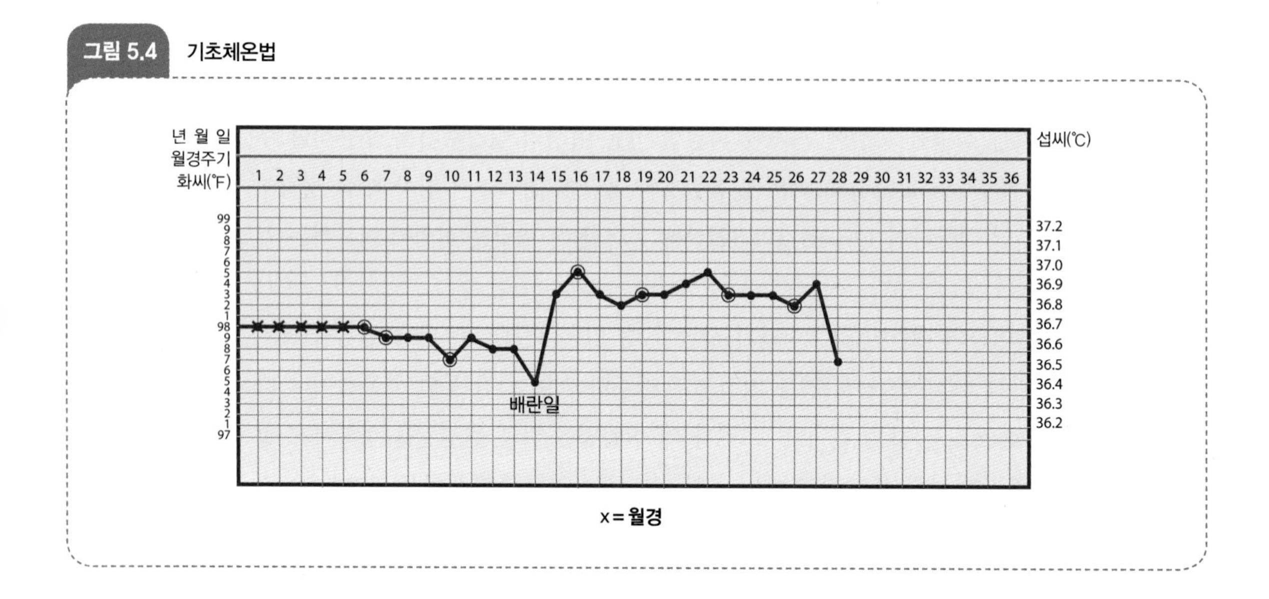

그림 5.4 기초체온법

의 변화를 감지할 수 있는 눈금이 세밀한 부인용 화씨 체온계를 사용해야 한다.

③ 점액관찰법

점액관찰법(cervical mucous method)은 혈액 내에 에스트로겐과 프로게스테론의 양이 증가할 때 경관 점액 분비물의 양과 성질이 달라지는 현상을 관찰하여 배란 시기를 피하는 방법이다. 1974년 빌링스(John Billings) 박사에 의하여 밝혀졌는데 상당히 믿을 만한 자연 피임법으로 받아들여지고 있다.

일반적으로 월경이 끝난 후 2～3일 동안은 건조기로서 질 내부가 건조하고 분비물이 거의 없으며 속옷에도 아무런 분비물이 묻어나지 않는다. 이렇게 질 내부가 건조할 때는 임신이 될 가능성이 적다. 월경이 끝난 후 3～4일 이후부터 점액 분비가 시작되며 점액량이 차차 많아지는데 에스트로겐이 가장 많은 배란 직전에는 맑고 미끄러우며 계란 흰자와 같은 점액이 다량으로 배출된다. 질 분비물이 끈적끈적하고 냄새가 나며 속옷에 점액이 묻어나는 것을 눈으로 볼 수 있고 휴지로 닦아낼 수도 있는 정도라면 임신 가능성이 매우 높다. 즉 점액이 처음으로 나타나는 날부터 점액이 가장 많이 분비되는 4일째 되는 날까지가 임신이 가능한 시기이다. 이때는 금욕을 하거나 다른 피임법을 사용해야 한다. 그러나 월경주기가 단기형일 때는 건조기가 월경기에 포함되므로 월경 직후에 바로 분비기에 들어가는 경우도 있다. 이 방법을 이용하려면 먼저 1～2개월 동안 콘돔으로 피임하면서 질 분비물의 변화를 매일 관찰 기록해야 한다.

그림 5.5 점액관찰법

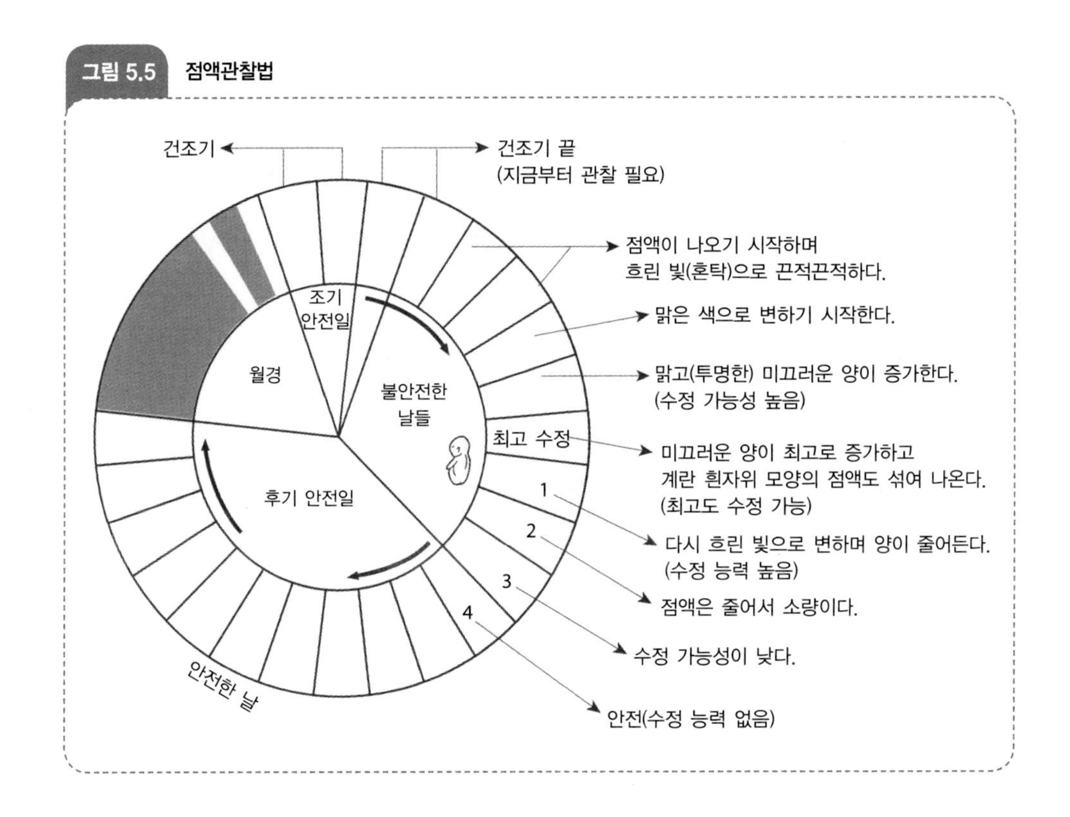

페사리, 다이어프램, 캡

페사리(pessary)는 가장자리를 구부릴 수 있는 얇은 철 위에 고무를 덧씌워서 만든 기구로 납작한 캡을 자궁경관에 씌워 정자가 자궁 내로 진입하는 것을 막는다. 다이어프램(diaphram)은 부드러운 고무컵 모양으로 경관을 덮고 살정제용 젤리나 크림과 함께 사용한다. 경관 캡(cap)은 다이어프램과 비슷한데 크기가 조금 작다. 이러한 기구들을 사용하려면 미리 의사의 진찰을 받아 자신의 자궁 크기에 알맞은 것을 정하고, 성관계 전에 질 내에 깊숙이 넣어 자궁구를 완전히 덮어야 한다. 살정제와 같이 사용하면 사정된 정자가 자궁에 접근하지 못하도록 하여 효과를 높일 수 있다.

사용법은 양면에 살정제를 묻힌 후에 한 손으로는 자신의 질을 벌리고 다른 손으로는 테두리를 모아 오므려서 납작하게 된 것을 자궁경관까지 들어가면 펴서 앞부분이 치골에 잘 닿도록 한다. 또한 손가락을 빼기 전에 위치가 정확한지 경관을 만져서 확인한다. 성교할 때마다 약 1시간 전에 삽입하고 살정제가 효과적으로 작용할 수 있는 시간 내에 성관계를 가져야 안전하다. 사용 후에는 씻어 말린 후 파우더를 묻혀 공기가 통하지 않는 통에

그림 5.6 캡과 다이어프램

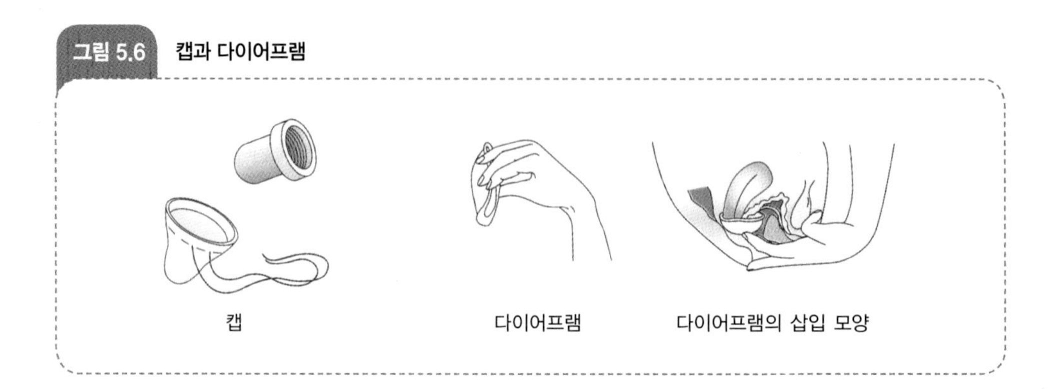

보관해야 한다.

살정제

살정제(spermicidal cream gels, suppositories)는 사정된 정자를 경관으로 들어가기 전에 죽이거나 난자에 도달하지 못하게 하는 화학약품으로 거품(foam), 크림(cream), 정제(tablets), 좌약(suppository), 얇은 막(film) 등이 있다. 살정제는 질 속에서 녹는 시간이 필요하므로 성관계 5~10분 전에 검지와 중지를 사용하여 질 안에 깊이 넣는데 어떤 약이라도 안전하지 않으므로 콘돔이나 페사리를 겸해서 쓰는 것이 좋다. 삽입 후 2~10분 후 녹으면서 효과를 나타내며, 약효 지속시간은 보통 30분에서 1시간 정도이므로 타이밍을 맞추는 것이 중요하고 성교 후 6시간 이내에 질 세척을 하지 않는다.

성교 중절법

성교 중절법(coitus interruptus) 또는 질외 사정법은 남성이 사정하기 전에 자신의 성기를 여성의 질 내에서 빼내는 것으로, 사정을 질 외에서 하므로 임신이 되지 않는다. 따라서 성교 중절법, 질외 사정법은 엄밀히 말하여 수태 조절이라고 할 수 없으며, 옛날부터 세계적으로 널리 실행되어 왔고 현재도 여전히 상당수의 사람들이 사용하고 있으나 실패율이 20%에 달한다. 이 방법은 특히 젊은 층에서 실패가 많으므로 수태 조절법으로 효과가 적다. 또한 남성에게 심한 자제력을 요구하므로 신체적 · 정신적으로 불가능한 경우가 많다.

질 세척법

질 세척법(postcotial douche)은 성교 후 물 또는 식초산(acetic acid)을 혼합하여 질을 세척하는 것으로, 질 내의 정자를 기계적으로 제거하고 산의 살정자 효과를 이용하는 방법이다.

콘돔의 파열이나 예기치 못한 성관계를 가졌을 때 응급적인 처치법으로 사용되기도 하나 현재 사용되고 있는 피임법 중 가장 피임 효과가 적은 방법이다. 그 이유는 사정된 정자가 질 내부나 자궁으로 이동하기 때문에 질 세척으로 정자를 모두 제거할 수 없기 때문이다. 질 세척을 자주 할 경우 질 내 정상 세균총에 변화를 일으켜 감염될 가능성이 높고 질 점막에 손상을 줄 수 있다.

2) 장기적 피임법

자궁 내 장치

자궁 내 장치(intrauterine devices, IUD)의 피임 원리는 자궁 내 장치의 표면과 접촉하는 자궁내막에 가벼운 변화를 일으킴으로써 정자와 난자의 수정을 방해하고, 만약 수정이 되었다면 수정란이 자궁내막에 착상하지 못하도록 하거나 성장하지 못하게 하는 방법이다. 현재 사용되고 있는 것으로는 여러 종류가 있는데, 전 세계적으로 가장 많이 사용되고 있는 것

그림 5.7 자궁 내 장치

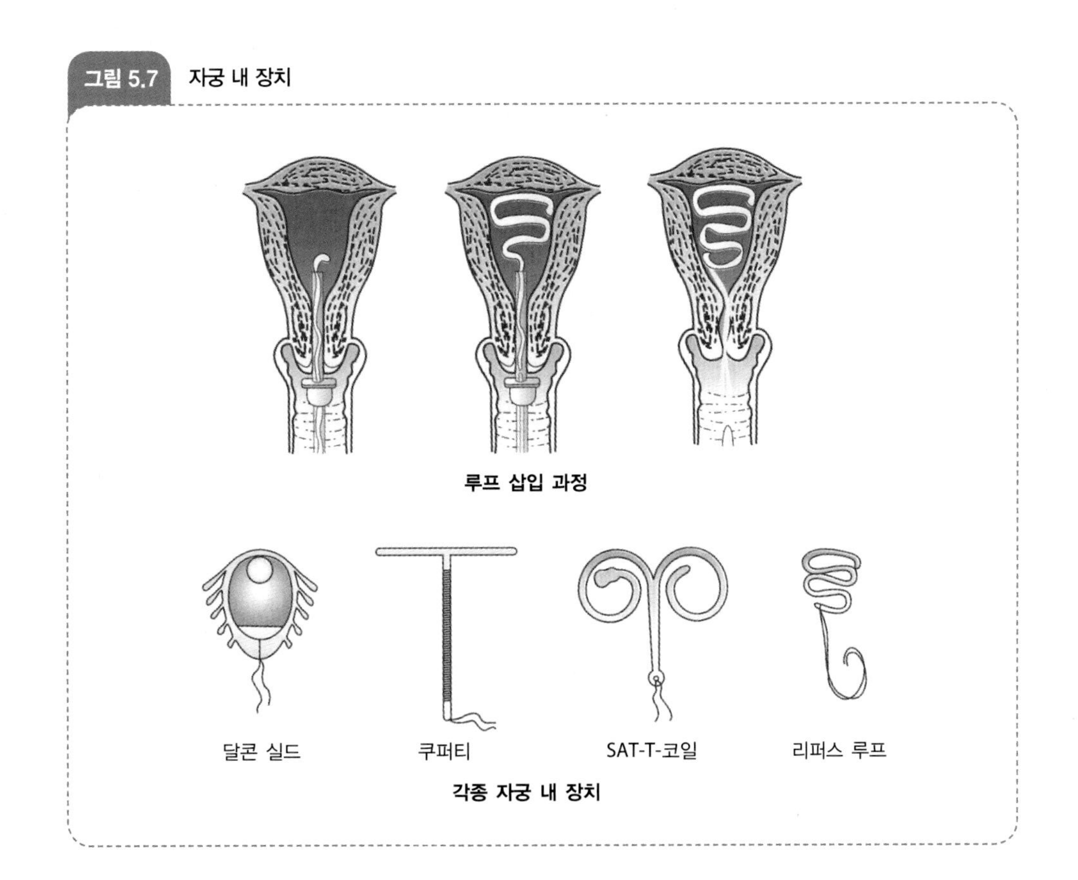

은 리퍼스 루프(Lippes loop)이다. 이것은 S자를 2개 연결한 모양의 플라스틱으로 만든 간단한 기구로서, 자궁경관을 무리하게 확대하지 않고 삽입기를 이용하여 자궁강 내에 넣어 피임의 목적을 달성한다.

자궁 내 장치는 전문가에 의해 시술되며, 일단 삽입하면 반영구적인 피임 방법으로 아무 고통 없이 쉽게 삽입할 수 있고, 또 끝 부분의 실을 잡아 제거하면 다시 임신이 가능하게 되어 매우 편리하다. 삽입한 후에는 일정한 주기로 검진을 받아야 한다. 이 방법은 피임의 효과, 사용의 간편성 등 많은 장점을 갖고 있어 어느 계층에서나 효과적인 피임법으로 사용할 수 있다.

자궁 내 장치를 사용하는 경우 간혹 출혈, 두통, 월경 과다, 요통, 복통, 자연 배출 등 부작용이 있을 수 있다. 자연 배출 시에는 다시 삽입하며, 그 외의 증상들이 나타날 때는 전문의와 상의한다. 자궁 내 장치는 이물질이므로 자궁에 염증성 반응을 일으킬 수 있으며 미혼 여성에게는 잘 사용하지 않는다.

미레나

호르몬을 방출하는 루프인 미레나(Mirena)는 먹는 피임약과 루프의 장점이 결합된 새로운 피임법이며, 한 번의 시술로 5년간 높은 피임 효과를 나타낸다. 미레나는 T자 모양의 유연한 플라스틱 재질로 되어 있으며, 매일 아주 적은 양의 황체호르몬을 자궁 내로 방출해 임신을 막는다. 미레나의 피임기전은 황체 호르몬에 의해 정자가 난자에 접근해서 수정하기 어렵게 만들고 자궁 내 점도를 높여 수정란의 착상을 막는 방식이다.

미레나에 함유된 황체 호르몬은 자궁 내에서만 국소적으로 작용하므로 전신적 호르몬의 영향이 거의 없어 호르몬으로 인한 부작용이 드물다는 장점이 있다. 시술 후 초기에는 불규칙한 출혈을 경험할 수 있으나 이러한 증상은 시간이 지남에 따라 자연히 사라지며, 생리통을 경감시키고 생리량을 줄여주는 효과가 있어 자궁근종이나 자궁내막증 등의 질환으로 인해 생리양이 많거나 심한 생리통으로 고통 받는 여성들에게 치료적 목적으로도 활용되고 있다. 또 모유수유 동안에도 사용이 가능하다.

그림 5.8 미레나의 작용

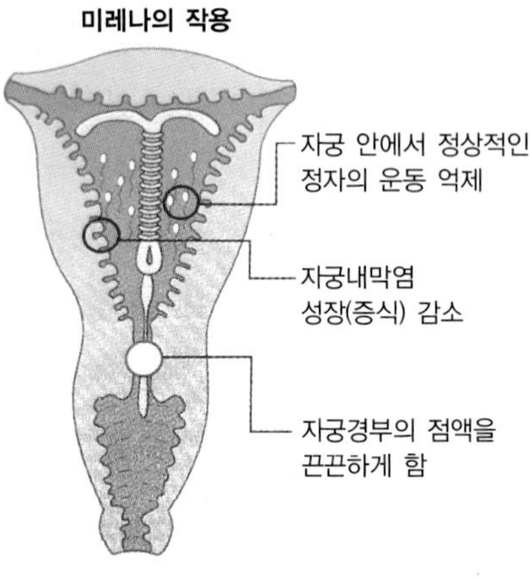

미레나는 생리 중이나 생리가 끝난 직후에 삽입하며, 인공유산 1주일 후, 자궁 내 장치(일반 루프) 제거 후 즉시, 분만 후에는 4~8주 이후 삽입하는 것이 배출이나 자궁 천공 등의 발생을 줄일 수 있다. 피임약 복용 시에는 마지막 피임약을 복용한 후에 삽입한다. 한 번 삽입하면 5년간 유지 가능하지만, 생리통이나 생리 양 과다로 미레나를 삽입한 경우는 3~4년 후에 교체해주는 것이 효과적이다. 꺼내고 싶을 때 언제든지 꺼낼 수 있으며, 제거 후 바로 임신 능력을 회복할 수 있다. 미레나는 현존하는 모든 피임 방법 중 피임률과 신뢰성이 가장 높다. 그러나 자궁경부를 통해 자궁 내에 루프를 집어넣는 것이므로, 보통 출산 경험이 있는 여성들이 시술받으며, 출산경험이 없는 여성이 시술하기엔 무리가 따른다.

임플란트 피임

임플란트 피임(Implant Contraceptive)은 성냥개비 모양의 호르몬 캡슐을 팔 상부 안쪽 피하에 이식하면 3년간 또는 5년간 서서히 호르몬을 배출시켜 여성의 배란을 억제하여 피임작용을 하는 것이다. 이 임플란트 피임은 먹는 피임약이나 자궁 내 장치 또는 다른 피임법이 맞지 않는 여성이 주로 사용하게 된다. 제거는 환자가 원하면 언제라도 쉽게 할 수 있어야 하며 임신을 원하면 지체 없이 언제라도 캡슐을 제거한다.

현재 세계적으로 유통되는 임플란트 종류에는 노르플랜트(Noreplant), 임플라논(implanon), 그리고 제들레(Jadelle) 등 세 가지이다. 노르플랜트는 미국식품의약국에서 1991년 인정받은 피임법으로 프로게스테론 호르몬을 주입한 작은 성냥개비 크기의 캡슐 6개를 여성의 팔 위쪽 피부 밑에 삽입하며 설치 후 5년간 높은 피임 효과를 보인다. 임플라논은 현재 우리나라에서 유통되고 있으며 1개의 프로게스테론-에토노게스트렐(progestogen-etonogestrel) 호르몬 캡슐을 이식하고 유효기간은 3년이다. 제들레는 2개의 레보노게스트렐(levonorgestrel) 호르몬 캡슐을 이식하며 유효기간은 5년이나 우리나라에는 수입이 되지 않고 있다.

그림 5.9 노르플랜트 캡슐 이식법

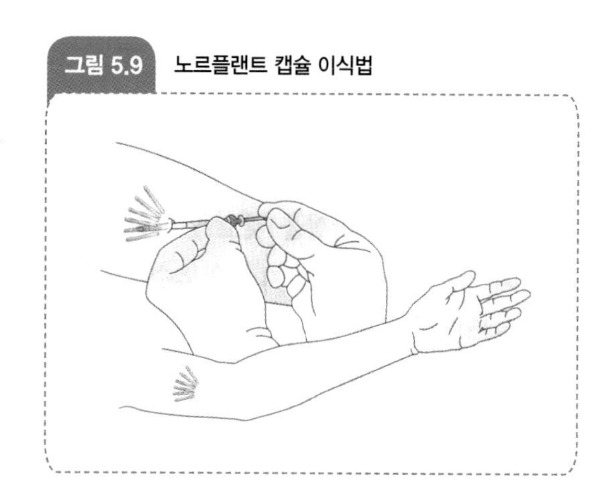

임플란트 피임은 캡슐을 삽입하거나 제거할 때 특별히 훈련된 사람이 시술해야 하며 그 시술비가 다른 피임법에 비하여 월등히 비싸고 부정출혈, 월경불순의 부작용이 있으며 유효기간이 지난 후 이식했던 캡슐을 제거하기가 쉽지 않은 것이 단점이다.

주사형 피임제

주사형 피임제(Injectable Contraceptives)는 1992년 피임법으로 검증되어 사용하기 시작한 프로게스테론 장기 지속형 주사 형태로 주사 즉시 피임 효과가 나타난다. 피임제를 주사하기 전에 임신 여부를 확인해야 하며, 보통 피임 효과가 3개월간 지속되므로 3개월마다 주사를 맞아 피임을 하는 방법이다.

이 방법의 원리는 배란을 방지하고 경관 점액을 두텁게 하여 정자가 통과하기 어렵게 하는 것이다. 장점은 효과가 높고 여성이 사용하고 있는지 아무도 모르기 때문에 비밀이 보장된다는 것이다. 또한 성감을 해치지 않고, 경구 피임제처럼 매일 먹을 필요가 없으며, 모든 연령에 쓸 수 있다. 모유 수유의 양과 질에 해가 없으므로 수유부인 경우 산후 6주부터 사용한다. 또한 에스트로겐과 관련된 심장 관련 합병증의 위험이 증가하지 않는다. 난소암, 자궁 외 임신, 자궁내막암, 자궁근육 섬유종을 예방하며 간질을 호전시킨다는 보고도 있다. 일부 여성의 경우에는 철분 결핍성 빈혈을 예방할 수 있다.

마지막 월경 후 성교를 하지 않았고 임신이 아닌 것이 확실하면 언제라도 주사할 수 있다. 최근에는 복합 주사용 피임제로 한 번 주사하여 30일간 피임 효과를 얻는 제제가 미국에서 개발되기도 했다.

피임패치

피임패치(Patch Contraceptives)는 사각형의 얇은 살색 플라스틱 패치를 이용하여 피부를 통해 호르몬을 투여하는 방법으로 재래식 호르몬 피임법으로 인한 부작용을 극소화하여 여성의 효과적인 피임을 목적으로 개발된 것이다. 피임패치는 배란을 억제하는 노렐게스트로민(norelgestromin)과 에치닐에스트라디올(ethinylestradiol) 등을 주성분으로 한 호르몬 복합제로 피부를 통해 혈관 속으로 호르몬을 전달하여 먹는 피임약과 동등한 효과를 나타낸다. 피임패치는 생리 시작 후 24시간 이내에 여성의 팔, 어깨, 복부 및 엉덩이 등에 한 곳을 선택해서 붙인다. 생리 시작 후 24시간이 지난 후에 붙일 경우에는 1주일 동안 콘돔 등 다른 비호르몬 피임을 사용해야 한다.

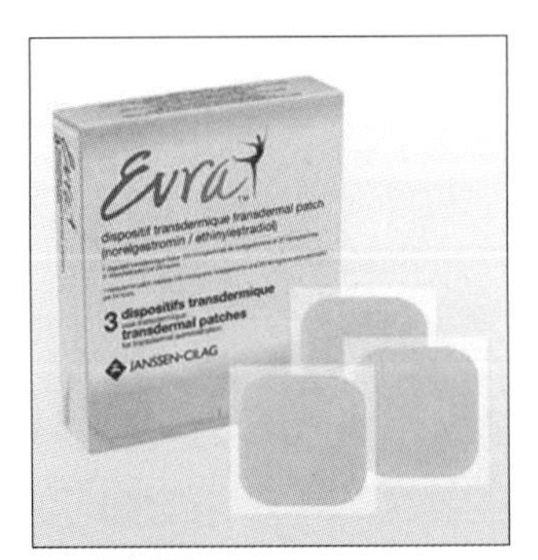

▲ 피임패치

피임패치는 일주일에 한 번씩 붙이는 자리를 바꿔 가면서 3주 연속 붙이고 1주일간은 쉬는데 그때 생리가 시작되며 1주일간 쉰 후 다시 붙이기 시작한다. 피임패치는 피부에서 떨어지거나 1주일에 한 번씩 새것으로 교환하는 것을 잊어버리면 피임효과가 없다. 목욕이나 수영을 할 때에도 잘 떨어지지 않게 되어 있으나 일단 한 번 떨어지면 다시 부착되지는 않는다.

임신 혹은 임신가능성이 있거나 혈액 응고, 암, 심장 발작 혹은 심장 마비 등의 병력이 있는 여성들은 피임패치를 사용해서는 안 된다. 특히 35세 이상 흡연 여성의 경우 심장 혈관에 심각한 부작용을 초래할 위험이 높으므로 절대적으로 금연을 해야 한다. 의사의 처방전이 있어야만 구입할 수 있으며 다른 피임법에 비해 비용이 많이 든다.

저장형 피임제

저장형 피임제(NUVARing)는 부드럽고 외관상 흠집이 없는 투명한 링(ring)을 질에 직접 끼워 넣어 링 안의 약이 3주 동안 서서히 배출되어 피임하는 방법으로 의사의 처방전이 필요하다. 이 방법은 매일 먹어야 하는 경구피임약보다 간편하며 적은 용량으로 일정한 혈중 호르몬 농도를 유지할 수 있고, 교육만 받으면 스스로 삽입과 제거가 가능하고 매일매일 신경을 쓸 필요가 없으며 제거 후에는 바로 정상적인 배란 주기로 돌아간다는 장점을 가지고 있다.

사용방법은 월경주기 중 첫째 날, 즉 월경 제1일에 링을 삽입해야 한다. 월경주기 2~5일부터 사용할 수도 있으나 이때에는 링을 삽입한 후 7일간은 콘돔과 같은 차단 피임법을 추가로 사용할 것을 권고한다. 3주간 계속해서 링을 착용한 후 1주일간 휴약기(Ring-Free interval)를 갖는 것은 피임제와 유사하다. 각 링은 3주간의 링 사용기간 동안 매일 15μg의 에치닐에스트라디올과 120μg의 에토노게스트렐을 방출한다.

링의 삽입을 위해서 여성은 편안한 자세, 즉 한 다리를 들어 올리거나, 쪼그려 앉거나, 누워서 삽입에 편리한 자세를 취해야 한다. 삽입은 링을 엄지와 검지로 오므려서 질 내에 삽입하되 편안한 느낌이 들도록 삽입한다. 링은 질 내에 삽입되어 있으면 삽입된 위치에 관계 없이 피임 효과가 유지되며, 일단 링이 삽입되면 계속해서 질 속에 3주간 삽입되어 있어야 한다. 만약 링이 몸 밖으로 빠지면 가능한 한 빨리, 늦어도 3시간 이내에 차가운 물이나 미지근한 물(뜨거운 물은 안 됨)로 헹군 다음 링을 다시 삽입해야 한다. 링은 삽입한 지 3주째가 되면 삽입했던 날과 같은 요일에 제거해야 한다. 즉 월요일 오전 10시에 링을 삽입했다면, 3주 후 월요일 오전 10시에 제거를 하고 다음 월요일에 새 링을 삽입해야 한다. 링을 제거할 때는 검지손가락을 구부려 당겨서 제거할 수도 있고 검지와 중지를 이용하여 집게 모양으로 하여 잡고 빼낼 수 있다. 링을 제거하고 나면 1주일 동안 휴약기를 가진 다음 새로운 링을 삽입한다. 보통 링을 제거한 2~3일 후에 생리가 시작된다. 휴약기에 생리가 없었다면, 새로운 링을 삽입하기 전에 임신 가능성을

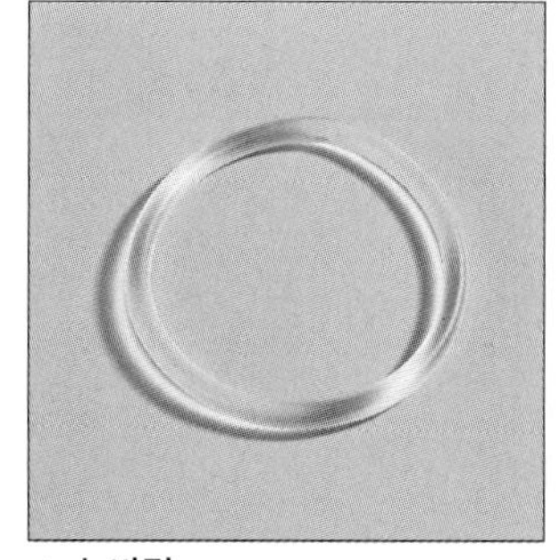
▲ 누바링

배제해야 한다.

누바링 역시 호르몬제이므로 경구피임약의 경우와 같이 흡연은 심각한 심혈관계 이상 반응의 위험성을 증가시킬 수 있으며, 특히 35세 이상의 여성은 흡연을 삼가고 심혈관질환 유무 등을 반드시 체크해야 한다.

3) 영구적 피임법

정관 절제술

정관 절제술(vasectomy)은 현존하는 방법 중 가장 안전하고도 효과적이며 간단한 영구 피임법이다. 특히 여성의 난관 결찰술과 비교할 때 보다 안전하고 시술 시간이 짧으며 비용면에서도 저렴하다. 정관 절제술은 정자의 통로인 정관을 막아 고환에서 계속 만들어지는 정자가 몸 밖으로 나오지 못하게 하는 수술로서 성생활에는 아무런 지장이 없고 정액량도 줄지 않는다.

정관 절제술은 국소마취로 외래에서 간단히 수술할 수 있으며, 음낭 중앙 절개로 양쪽 수정관을 절단하거나 음낭 안쪽을 약간씩 절개하여 수정관을 들어 올려서 자른 다음에 고환에서 먼 쪽으로 묶어주는 방법이다. 정관 수술을 하면 고환에서 정자 생산은 계속되지만 성교 시 외부로 방출되지 않으며 생산된 정자는 체내로 흡수된다. 정관 절제술에서 주의해야 할 점은, 정자의 수명이 약 90일이나 되므로 수술 후에 약 2~3개월간은 다른 피임법을 사용하고 적어도 두 번 이상은 정액 검사를 하여 정자가 없다는 것을 확인해야 한다.

정관 절제술은 남자에게 행하는 영구적 피임술이지만, 우리나라 남성들은 성욕과 정력이 떨어지고 오르가슴의 질이 떨어진다고 회피하는 경향이 있으나 잘못된 편견이며, 전혀 영향을 미치지 않는다. 정관 수술을 한 후 여러 가지 이유 등으로 임신을 원할 경우 다시 복원할 수도 있다.

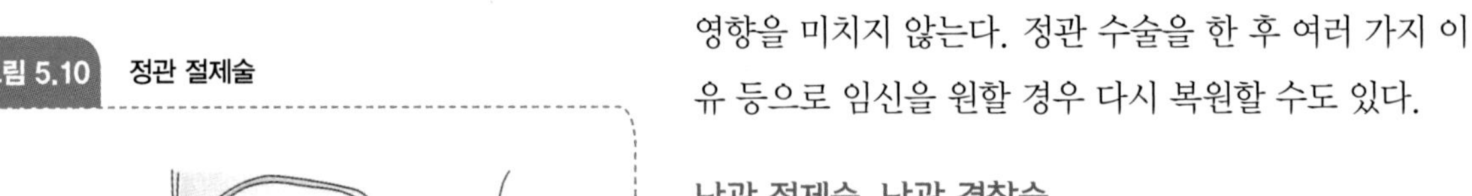

그림 5.10 정관 절제술

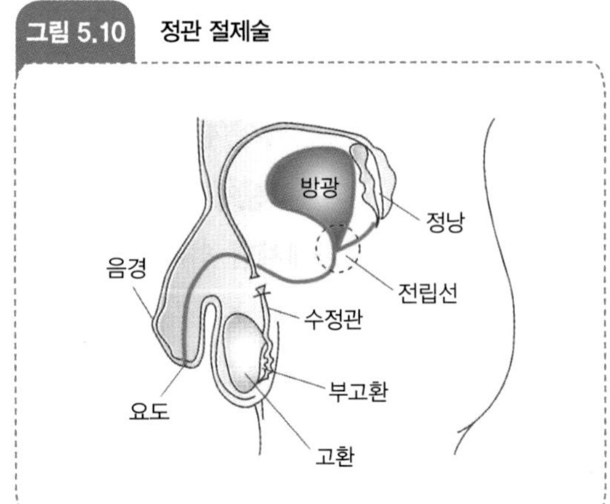

난관 절제술, 난관 결찰술

난관 절제술(salpingectomy)이나 결찰술(tubal ligation)은 정자와 난자가 만나지 못하도록 나팔관을 절단하거나 그 부위를 묶는 수술로 여성에게 시술하는 영구적 피임 방법이다. 정관 절제술과는 달리 즉시 피임이 가능하다. 난관은 복강의 골반 내에 있는 기관으로서 복벽이나 질을 통해 수술하는 여러 가지 방법이 있으며 개복

술, 질식난관 결찰술, 복강경 불임술이 있다.

이러한 불임 수술은 여성 신체의 호르몬 변화나 성욕, 성감 등에 아무런 영향을 미치지 않고 거의 완벽한 피임이 가능하다. 그러나 많은 여성들은 난관 결찰술에 대해서 이중적인 감정을 느낀다. 심지어 더 이상 아이를 원치 않는다는 사실을 확신할 때조차 마찬가지이다. 아기를 가진다는 것은 여성의 창조적인 능력을 발산할 수 있는 것이므로 이 능력을 포기하는 일은 근원적인 두려움을 일으킬 수 있다. 하지만 임신의 공포로부터 자유로워지는 것은 자신의 성 정체성을 강화하고 젊음을 되찾을 수 있는 방법이라고 생각하는 여성들도 많다.

그림 5.11 난관 결찰술

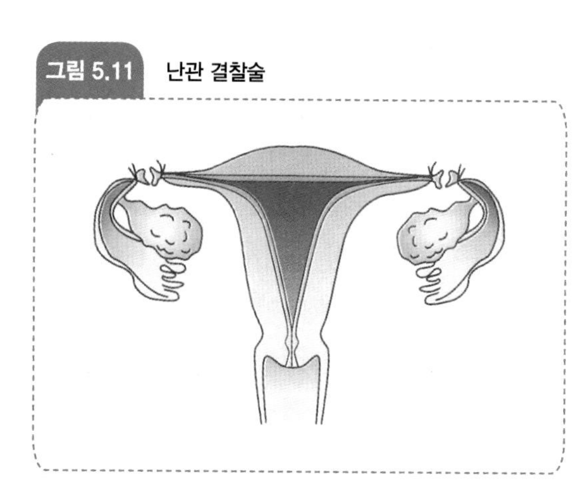

4) 성교 후 응급 피임법

성교 후 응급 피임법(post coital emergency contraception)은 계획하지 않은 성교, 피임의 실패, 불확실한 피임법 사용, 성폭력 등 불시의 성행위 후 임신을 방지하기 위한 것이다. 성교 후 응급 피임법의 종류는 다음과 같다.

응급 복합피임약

1974년 캐나다의 A. Alert Yuzpe 교수에 의해 최초로 기술되었다. 이 Yuzpe 법에 의한 응급 복합피임약의 작용 기전은 단기간에 강력하고 폭발적인 여성 호르몬과 황체 호르몬의 복합체에의 노출에 의해 배란을 지연 또는 억제하고, 정자나 난자의 난관 통과를 방해하여 수정을 억제하는 것이다. 가장 주된 작용은 자궁내막을 변형시킴으로써 착상을 억제하여 임신을 예방할 수 있다는 것이다.

응급 복합피임약은 성교 후 72시간 이내에 의사의 처방을 받아 12시간 간격을 두고 두 번 복용해야 하므로 첫 복용 시간은 두 번째 복용 시간을 고려해야 한다. 응급 복합피임약을 복용한 여성의 약 20%가 구토를 하는데, 피임약 복용 후 2시간 내에 구토를 할 경우에는 다시 같은 용량을 복용해야 한다.

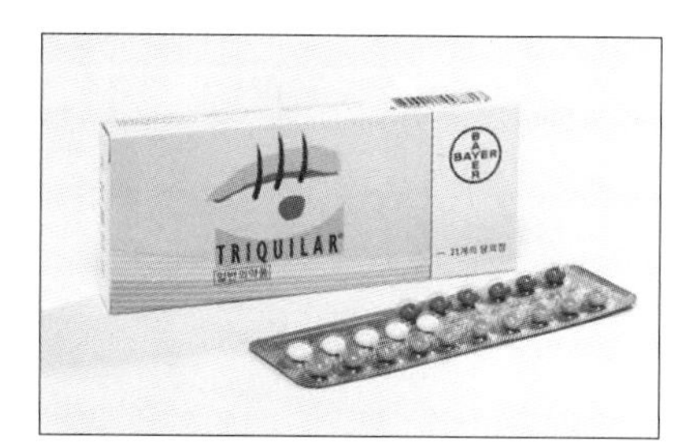

▲ 응급 복합피임약 트리퀼라

그러나 응급 복합피임약은 수정란이 자궁내막에 착상되는 시점을 기준으로 하여 착상 이전의 시기에 사용해야만 임신을 예방할

표 5.1 FDA 지침에 따라 한국에서 처방 가능한 성교 후 응급 복합피임약

약명	회사명	약 성분	성교 후 72시간 내	첫 복용 후 12시간 째
트리퀼라 (Triquilar)	동아제약	ethinyl estradiol 0.03mg levonorgerstrol 0.125mg	4정(황갈색)	4정(황갈색)
미니보라 (minivlar)	동아제약	ethinyl estradiol 0.03mg levonorgerstrol 0.15mg	4정	4정

수 있고 이미 착상된 이후, 즉 임신이 성립된 이후에는 그 효과가 없는 것으로 알려져 있다. 다시 말하면 이미 임신이 된 상태를 유산시키는 것이 아니다. 따라서 응급 복합피임약은 성교 후 빨리 복용할수록 효과가 있으며, 24시간 이내에 복용 시에는 95%, 48시간 이내에는 85%, 72시간 이내에 복용 시에는 58%로 효과가 떨어진다. 사후 피임약을 복용한 후에는 2~3주 내에 정상적인 생리를 하는지 반드시 확인해야 하며, 생리주기나 호르몬 불균형 등 부작용을 초래할 수 있기 때문에 남용을 삼가고 응급 시에만 복용하는 것이 좋다. 응급 복합 경구피임약은 태아 기형을 야기하지 않는 것으로 알려져 있다. 특히 Yuzpe 응급 피임법에서 사용하는 복합 경구피임약은 실제 총용량이 적고 단기간에 사용하며, 배란 직후 또는 늦어도 임신 초기에 사용하므로 만약 피임에 실패하여 임신이 지속되더라도 태아는 문제가 없다.

응급용 미니필

황체 호르몬만 포함되어 있기 때문에 미니필(minipill)이라고 하며, 응급 복합피임약보다 부작용이 훨씬 적다. 레보노게스트렐 0.75mg을 성교 후 48시간 내에 1회 복용한 후에 12시간 후 같은 용량을 한 번 더 복용하는데, 최근에는 성교 후 12시간 내에 바로 2회 용량(2알)을 복용하는 방법으로 바뀌었다. 우리나라에서는 현재 노레보 정(현대약품)이 있으며, 유사 제품으로 퍼스트렐 정(삼일제약)과 쎄스콘 원앤원 정(크라운 제약)이 시판되고 있는데 이 약은 의사의 처방을 받아야 구입할 수 있다. 그러나 주말, 휴일 등 응급 피임약을 먹어야 하는 위급한 상황에서는 모

▲ 응급용 미니필 레보노게스트렐

든 과에서 처방이 가능하며 응급실에서도 처방을 받을 수 있다.

구리 자궁 내 장치

구리 자궁 내 장치(Copper IUD)는 복합 경구피임약이나 미니필에 비해 훨씬 효과적으로 임신을 예방할 수 있으며 99% 이상의 피임 효과를 나타낸다. 배란 후 6일, 즉 월경주기가 28일인 경우 월경 시작일로부터 20일째가 되기 전은 아직 착상 이전이므로 피임의 의미가 있으며, 그 후, 즉 착상된 이후를 임신이라 하고 유산의 의미가 성립된다. 성교 후 5일 이내에 또는 배란 예상일로부터 5일 이내에 구리 자궁 내 장치를 자궁 내에 삽입한다. 구리 자궁 내 장치는 일시적인 응급 피임 효과 이외에 지속적인 피임 효과를 얻을 수 있다.

구리 자궁 내 장치는 성교 후 72시간이 경과했으나 5일은 되지 않았을 때, 응급 피임 후에도 계속 피임을 오랫동안 원할 때, 응급 복합피임약을 2회 복용하는 동안 한 번이라도 2시간 내에 토했고 임신 가능성이 높을 때 사용한다. 그러나 구리 자궁 내 장치는 임신의 경험이 없는 여성이나 자궁의 기형, 자궁경부가 유착된 경우에는 부적합하다. 삽입 후에는 통증, 출혈, 감염이 생길 수 있으며, 계속 피임을 원하지 않는 경우에는 다음 월경이 정상적으로 나오면 제거해준다.

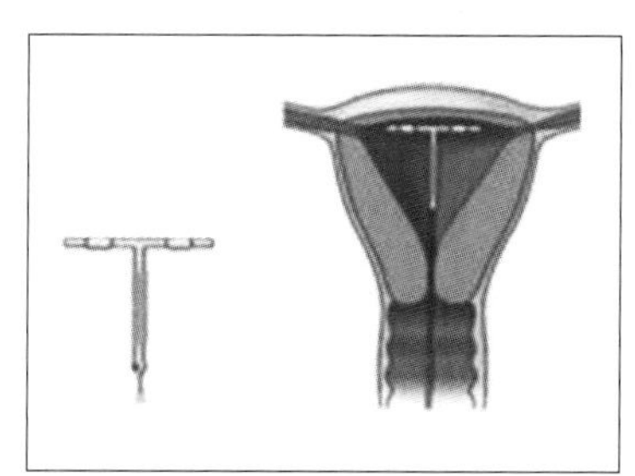

▲ 구리 자궁 내 장치

요약

- 피임이란 원하지 않는 임신을 어떤 수단을 사용하여 예방하는 것을 뜻한다. 피임법이 갖추어야 할 이상적인 조건은 피임 효과가 확실하고 인체에 무해하며 사용법이 간편하고 성감을 해쳐서는 안 되며 성병과 AIDS의 감염을 예방하는 효과가 있어야 한다.

일시적 피임법

- 경구용 피임제는 여성 호르몬 복합제로 배란을 억제하고 자궁 점액의 점도를 높여 정자의 자궁경부 통과를 어렵게 하며, 수정란의 착상을 방해한다. 에스트로겐이 포함된 피임약은 난포 자극 호르몬(FSH) 생산을 억제하고 프로게스테론은 황체 호르몬(LH)의 생산을 억제해서 난자의 방출을 방해한다. 피임약은 월경 시작일로부터 3일 이내에 복용을 시작하며 하루에 한 번 잊지 않고 복용하는 것이 가장 중요하다. 약을 빼먹었을 경우에는 다음 날 2알을 한꺼번에 먹고, 2~3일 이상 복용을 못했을 경우에는 출혈이 생기면서 피임에 실패할 수 있다.
- 콘돔은 남성이 사용하는 유일한 피임 기구이며, AIDS를 포함한 성병 예방에 효과적이고 부작용이 없고 비용이 저렴하며 간편하다. 사용 시의 주의점은 끝부분의 돌출 부위를 비틀어 공기를 빼고 발기된 남성

성기를 질 내에 삽입하기 전에 착용해야 하며, 사정 후에는 콘돔의 아랫부분을 손으로 잡고 정액이 새어 나오지 않도록 성기가 발기된 상태에서 빼내야 한다.

- 페미돔(femidom)은 '여성의 콘돔'으로 성교 전에 얇고 투명한 부드러운 플라스틱 제품을 질 내에 넣어 질 내부를 감싸주어 성병 및 AIDS 예방과 피임 목적으로 사용된다.
- 월경주기법은 가장 자연스러운 피임 방법이나 임신 가능 기간 동안 금욕하는 것이 어렵고 완벽하게 임신 가능 기간을 추정할 수 없어서 피임 성공률이 낮다.
- 월경력법(오기노식)은 다음 월경이 시작되기 전날부터 계산하여 12~16일의 5일간이 배란일이라는 것을 피임에 이용하는 것이다. 5일간의 배란기에다 정자가 생존할 수 있는 3일간, 즉 다음 월경 전날부터 12~19일의 8일간 금욕하거나 피임한다.
- 기초체온법은 배란 전까지는 저체온 상태를 유지하다가 배란기에는 체온이 다른 날보다 0.3~0.5℃(0.6~1.0℉) 정도 상승하므로 저온에서 고온기로 옮겨 가는 전후 7일간을 피하는 방법이다. 온도계는 미세한 체온 변화를 감지할 수 있는 눈금이 세밀한 부인용 화씨 체온계를 사용한다.
- 점액관찰법은 월경이 끝난 후 3~4일 이후부터 점액 분비가 시작되어 에스트로겐이 가장 많은 배란 직전에는 맑고 미끄러우며 계란 흰자와 같은 점액이 다량 배출되므로, 질 분비물의 변화를 관찰하여 점액이 처음으로 나타나는 날부터 점액이 가장 많은 4일째 되는 날까지 금욕하거나 다른 피임법을 사용한다.
- 살정제는 성관계 5~10분 전에 질 안에 넣어 사정된 정자를 죽이거나 난자에 도달하지 못하게 하는 화학약품으로 거품, 크림, 정제, 좌약, 얇은 막 등이 있다. 성교 후 6시간 이내에는 질 세척을 하지 않는다.
- 성교 중절법 또는 질외 사정법은 남성이 사정하기 전에 자신의 성기를 여성의 질 내에서 빼내는 것으로 실패율이 20%에 달한다.
- 질 세척법은 성교 후 물 또는 식초산을 혼합하여 질을 세척하는 것으로, 질 내의 정자를 제거하고 산의 살정 효과를 이용하는 방법으로 가장 피임 효과가 적은 방법이다.

장기적 피임법

- 자궁 내 장치는 정자와 난자의 수정을 방해하고, 수정란이 착상하지 못하도록 하거나 성장하지 못하게 하는 방법이다. 자궁 내 장치는 전문가에 의해 시술되며, 반영구적인 피임 방법으로 쉽게 삽입할 수 있고, 제거하면 다시 임신이 가능하여 매우 편리하다. 하지만 자궁 내 장치는 자궁에 염증성 반응을 일으킬 수 있으며 미혼 여성에게는 잘 사용하지 않는다.
- 미레나는 한 번의 시술로 5년간 높은 피임 효과를 나타내며, 매일 아주 적은 양의 황체 호르몬을 자궁 내로 방출해 정자가 난자에 접근해서 수정하기 어렵게 만들고 자궁 내 점도를 높여 수정란의 착상을 막는다.
- 임플란트 피임은 호르몬 캡슐을 팔 상부 안쪽 피하에 이식하면 3~5년간 서서히 호르몬을 배출해 여성의 배란을 억제하여 피임작용을 하는 것이다. 호르몬 캡슐의 삽입과 제거는 특별히 훈련된 사람이 시술해야 한다. 임플란트 피임은 시술비가 비싸고 부정출혈, 월경불순의 부작용이 있으며 유효기간이 지난 후 이식되었던 캡슐 제거가 쉽지 않은 것이 단점이다.
- 주사형 피임제는 프로게스테론 장기 지속형 주사 형태로 주사 즉시 피임 효과가 나타난다. 피임제를 주사하기 전에 임신 여부를 확인해야 하며, 3개월마다 주사를 맞아 피임한다. 장점은 효과가 높고 비밀이 보장되며, 성감을 해치지 않고, 매일 먹을 필요가 없으며, 모든 연령에 쓸 수 있다는 것이다. 마지막 월경

후 임신이 아닌 것이 확실하면 언제라도 주사할 수 있다.

- 피임패치는 배란을 억제하는 호르몬 복합제를 피부를 통해 혈관 속으로 전달하여 먹는 피임약과 동등한 효과를 나타낸다. 피임패치는 생리 시작 후 24시간 이내에 여성의 팔, 어깨, 복부 및 엉덩이 등에 붙이며, 1주일에 한 번씩 자리를 바꿔 가면서 3주 연속 붙이고 1주일간 쉰 후 다시 붙이기 시작한다. 임신 혹은 임신 가능성이 있거나 혈액 응고, 암, 심장 발작 혹은 심장 마비 등의 병력이 있는 여성들은 사용해서는 안 되며 절대적으로 금연해야 한다. 의사의 처방전이 있어야 구입 가능하며 비용이 많이 든다.
- 저장형 피임제는 부드럽고 외관상 흠집이 없는 투명한 링을 질에 끼워 넣어 링 안의 약이 3주 동안 서서히 배출되어 피임하는 방법으로 의사의 처방전이 필요하다. 경구피임약보다 간편하며 적은 용량으로 일정한 혈중 호르몬 농도를 유지할 수 있고, 스스로 삽입과 제거가 가능하고 제거 후 바로 정상적인 배란 주기로 돌아간다. 월경 제1일에 링을 삽입하여 3주간 계속해서 링을 착용한 후 1주일간 휴약기를 가진 다음 새로운 링을 삽입한다. 만약 링이 몸 밖으로 빠지면 늦어도 3시간 이내에 차가운 물이나 미지근한 물로 헹군 다음 링을 다시 삽입해야 한다.

영구적 피임법

- 정관 절제술은 가장 안전하고 시술 시간이 짧으며 비용 면에서도 효과적인 간단한 영구 피임법이며 필요시 다시 복원할 수도 있다. 정관 절제술은 정자의 통로인 정관을 막아 정자가 몸 밖으로 나오지 못하게 하는 수술로서 생산된 정자는 체내로 흡수되며 성생활에 지장이 없고 정액량도 줄지 않는다. 수술 후 약 2~3개월간은 다른 피임법을 사용하고 적어도 두 번 이상 정액 검사를 하여 정자가 없음을 확인해야 한다.
- 난관 절제술이나 결찰술은 정자와 난자가 만나지 못하도록 나팔관을 절단하거나 그 부위를 묶는 수술로 즉시 피임이 가능하고 호르몬 변화나 성감 등에 영향을 미치지 않는 거의 완벽한 영구 피임법이다.

성교 후 응급 피임법

- 응급 복합피임약은 단기간에 강력하고 폭발적인 여성 호르몬과 황체 호르몬 복합체에 노출시켜 배란을 지연 또는 억제하고, 착상을 억제하여 임신을 예방한다. 성교 후 72시간 이내에 의사의 처방을 받아 12시간 간격으로 두 번 복용한다. 복용 후 2시간 내에 구토할 경우에는 다시 같은 용량을 복용해야 한다. 응급 복합피임약은 빨리 복용할수록 효과가 있으며, 복용한 후 2~3주 내에 정상적인 생리를 하는지 반드시 확인해야 한다. 피임에 실패하더라도 태아는 문제가 없다.
- 응급용 미니필은 황체 호르몬만 포함되어 있으며, 응급 복합피임약보다 부작용이 적다. 레보노게스트렐 0.75mg을 성교 후 12시간 내에 2회 용량(2알)을 바로 복용하며 의사의 처방이 있어야 구입할 수 있다.
- 구리 자궁 내 장치는 99% 이상의 피임 효과를 나타낸다. 성교 후 72시간 경과 후 5일 이내 또는 배란 예상일로부터 5일 이내에 자궁에 삽입하며, 일시적인 응급 피임 효과 이외에 지속적인 피임 효과를 얻을 수 있다. 삽입 후에는 통증, 출혈, 감염이 생길 수 있으며, 계속 피임을 원하지 않는 경우에는 다음 월경이 정상적으로 나오면 제거해준다.

토론문제

- 피임을 선택할 때 가장 중요하게 여겨야 하는 것은 무엇이라 생각하는지, 피임은 주로 누구의 책임이며, 피임상담이 독신 남성이나 여성에게 유용하다고 생각하는지 토론해보자.
- 당신은 임신(생식)에 대해 의사결정을 할 권리가 있다고 생각하는가?

06

CHAPTER

사랑

PSYCHOLOGY OF SEXUALITY

6

1. 사랑의 의미

사람들에게 어떻게 살고 싶은가를 물으면 행복하게 살고 싶다 혹은 사랑하며 살고 싶다고 말한다. 인간관계에서 행복이라는 것과 유사한 뜻으로 사용되고 있는 '사랑'은 어떤 의미를 가진 것일까? 사전적 의미가 '아끼고 위하는 따뜻한 인정을 베푸는 일 또는 그 마음'인 사랑은 누구나 동경하는 체험이기도 하고, 동서고금을 막론하고 예술과 문학의 변함없는 주제로 등장한다. 모두가 원하고 시대와 상관없이 등장하는 사랑에 대해 이해하는 것은 큰 의미가 있을 것이다.

사랑에 대한 다양한 정의는 다음과 같다.

- 플라톤 : 누구를 사랑한다 함은 그 사람 속에 있는 미(美)와 선(善)의 진수를 알아보는 것이다.
- 카펠라누스 : 사랑이란 이성의 미를 보거나 너무 생각한 나머지 생겨나는 일종의 타고난 고통이다.
- 에리히 프롬 : 인간이란 근본적으로 고독한 존재이며, 그 고독감과 공허감을 극복하기 위해 우리는 사랑을 하는 것이다.
- 보들레르 : 사랑이란 거기서 빠져나올 필요가 있는 그 무엇이다.
- 버나드 쇼 : 사랑이란 한 사람과 다른 모든 사람 사이의 차이점을 과장하는 게임이다.
- 프로이트 : 사랑이란 목적이 억제된 성(性)이다.

"사랑은 무엇인가?" 이 물음은 철학적 혹은 현학적인 개념의 정의를 위해서가 아니라, 사랑을 하는 사람들이 보다 행복한 사랑을 하려는 실제적인 목적을 위하여 필요한 것이다. 우리 모두가 사랑을 하지만 각자가 생각하는 '사랑의 의미'와 '사랑하는 방법'은 서로 다르다. 그러므로 우리는 각자가 생각하는 사랑의 의미를 알아보고 서로 알릴 필요가 있다.

사람들은 각자가 생각하는 사랑의 의미가 조금씩, 때로는 크게 다르기 때문에 서로 사랑을 하면서도 상대로부터 자신의 사랑을 인정받지 못하거나 혹은 오해를 받을 가능성이 있다. 사랑은 혼자서 하는 것이 아니라 함께 하는 것으로, 각자가 생각하는 사랑의 의미를 서로 이해하고 받아들일 필요가 있다.

서로에 대해 이해하는 것은 두 사람의 의견이 일치된 사랑의 의미를 발견하는 것이 아니라, 각자의 의식 속에 자리 잡고 있는 그 사람만의 고유한 사랑의 의미를 확인하는 일이다.

2. 사랑의 유형

1) Sternberg의 사랑의 삼각형 이론

Sternberg는 적어도 한 번 이상 사랑을 경험한 사람들을 대상으로 하여 설문지와 면접을 통해 사랑을 연구했다. 그는 삼각형이 세 변으로 구성되어 있고 3개의 꼭짓점을 가지고 있는 것처럼, 사랑에도 세 가지 구성 요인이 있다고 보았다. 그리고 사랑의 세 가지 구성 요인은 친밀감(intimacy), 열정(passion), 의사결정과 책임감(commitment)이라고 했다.

첫째로, 친밀감 요인은 사랑하는 이들이 서로 가깝게 연결되어 있고 결합되어 있다는 느낌, 서로를 잘 이해하고 있다는 것, 원활한 의사소통, 긍정적인 지지 등을 의미한다. 사랑이 따뜻하게 느껴지는 것은 이러한 친밀감 때문이다. 친밀감은 사랑의 정서적 측면을 반영한다. 만남의 초기에는 이러한 친밀감 요인이 점차 증가하지만 어느 정도 관계가 안

그림 6.1 사랑의 세 가지 구성 요인(Sternberg, 1986)

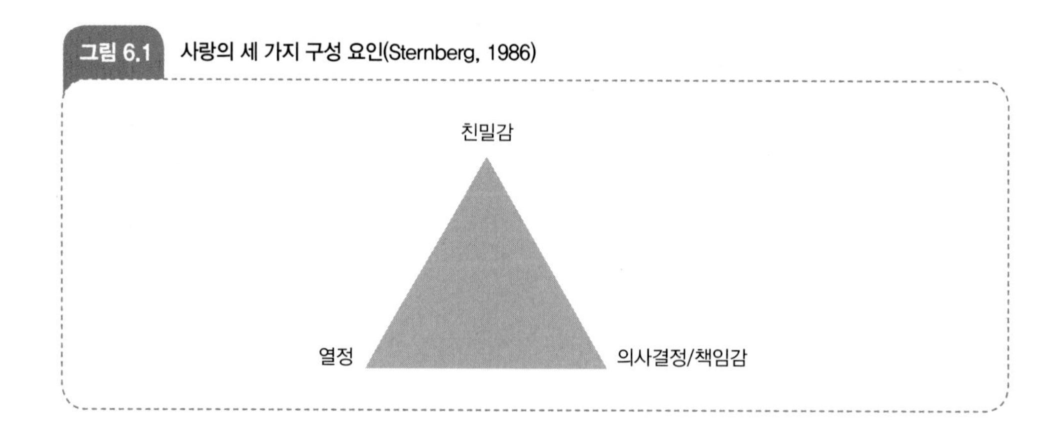

정되면 친밀해지려는 노력이 감소하는 경향을 띤다. 초기 이성관계에서는 서로 사랑에 대한 확신이 부족하고, 상대방이 진정 자신을 사랑하는지 알고 싶은 욕구와 가까워지고 싶은 욕구 때문에 친밀감 요인이 중시된다.

둘째로, 사랑의 동기적 측면을 이루는 열정 요인은 연인들을 생리적으로 흥분시켜서 들뜨게 하고, 사랑하는 사람과 함께 있고 싶은 로맨틱한 감정이 일어나게 한다. 또한 신체적 매력을 느끼게 하고, 성적 결합을 이루게 만드는 등 사랑하는 관계에 생길 수 있는 일들을 발생시킨다. 성적인 욕구가 사랑하는 사람들 간에는 열정의 주요 부분을 이루기는 하나 자존심이나 타인과의 어울림, 자기실현을 위한 노력 등도 열정의 경험에 영향을 미치는 변인이다. 이성 간의 열정은 무언가에 빠지는 경험으로, 친밀감과 달리 급속히 발전한다. 때로는 상대방을 만난 처음부터 강렬한 열정을 느끼기도 한다. 그러나 오래 지속되기 어렵고, 교제 기간이 길어짐에 따라 열정의 강도가 감소하거나 다른 형태로 변화하는 것이 일반적이다.

셋째로, 사랑의 인지적 측면인 의사결정/책임감 요인은 단기적으로는 누구를 사랑하겠다는 의사결정이며, 장기적으로는 그 사랑을 계속 지키겠다는 책임감이다. 의사결정/책임감 요인의 두 가지 측면이 언제나 함께하는 것은 아니다. 때로는 사랑하겠다는 의사결정이 그 사랑을 계속 지키겠다는 책임을 수반하지 않을 때도 있다. 대개의 경우 의사결정이 책임감보다 선행되는데, 때에 따라서 사랑하겠다는 의사결정은 없고 책임감만 있는 경우도 있다. 이것은 과거 우리나라에서 간단히 선만 보고 결혼부터 한 후에 사랑은 그다음에

Sternberg와 Grajeck(1984)의 친밀감의 열 가지 신호

① 사랑하는 사람의 행복을 증진하고자 하는 욕망
② 사랑하는 사람과 함께 있을 때 행복을 느끼는 것
③ 사랑하는 사람에 대해 존중하는 마음
④ 어려울 때 사랑하는 사람에게 의지할 수 있는 것
⑤ 사랑하는 사람과의 상호 이해
⑥ 자기 자신 및 자신의 소유물을 사랑하는 사람과 함께 나누어 갖고 싶은 것
⑦ 사랑하는 사람으로부터 정서적 지원을 받는 것
⑧ 사랑하는 사람에게 정서적 지원을 보내는 것
⑨ 사랑하는 사람과 친밀한 의사소통을 하는 것
⑩ 자신의 생활에서 사랑하는 사람을 소중히 여기는 것

생겨나게 되는 경우와 비슷한 현상이다.

사랑의 형태 또한 이 세 가지 요소의 상대적인 크고 작음에 따라 우정 같은 사랑, 정열적인 사랑, 숭늉처럼 미지근하지만 그런대로 일생을 함께 늙어 가며 이루어 가는 사랑 등이 생겨난다.

2) Reiss의 사랑의 수레바퀴 이론

Reiss는 사랑의 발달 단계를 친화(rapport), 자기노출(self-revelation), 상호 의존(mutual dependency), 욕구 충족(personality needs fulfillment)의 4단계로 보았다. 이는 마치 수레바퀴가 굴러가듯 계속되는 과정으로 사랑이 발달한다는 것이다. 각각의 발달 단계는 상호 의존적이어서 한 단계의 발전과 퇴보가 다른 단계에도 영향을 미치게 된다.

첫 번째 단계인 친화는 서로 간의 신뢰와 존중을 바탕으로 생기는 감정으로 성장 배경, 종교, 취미, 가치관 등이 유사할 때 쉽게 유발된다. 유사성이 없다고 하더라도 서로 상이한 점에 대한 흥미나 내가 가지고 있지 못한 바를 보완적으로 상대에게서 발견하게 됨으로써 가까이 다가가고자 하는 욕구가 생길 수도 있다.

두 번째 단계인 자기노출은 자신에 관한 개인적인 정보를 드러내 함께 나누는 과정이다. 자기노출의 정도는 성격이나 성별에 따라 개인차가 많다. 여성에 비해 남성이 자기노출을 덜하는 편인데, 이는 사회화의 영향일 수 있다. 또한 자아존중감이 높은 사람 중에도 남에게 의존하고 의지하는 것을 원치 않아서 자기노출을 하지 않으려는 경우도 있다. 자신의 내부 불안이 클수록 자기노출은 힘들기 마련이나, 이러한 불안으로부터 해방되기 위

그림 6.2 사랑의 수레바퀴 이론

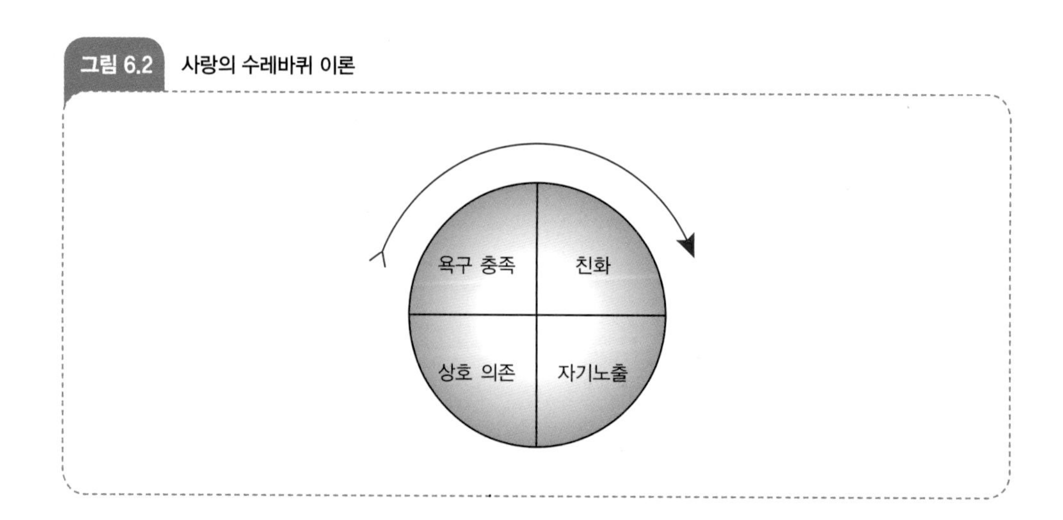

해서는 자신을 수용하고 있는 그대로 보여주는 자기노출의 노력이 필요하다. 왜냐하면 자신의 신념과 감정을 보여줌으로써 불안의 문제가 해결될 수 있기 때문이다.

세 번째 단계는 상호 의존으로, 사랑하는 사람들은 같이 있는 시간이 많아지면서 서로에 대한 의존도가 높아지게 된다.

네 번째 단계는 욕구 충족으로, 서로의 욕구를 들어주고 같이 행동하는 데 익숙해지면 혼자서 하는 것을 피하고 싶어 하며, 무엇을 하더라도 상대방의 생각이나 입장에 많이 따르고 좌우되기도 한다.

3) Erich Fromm의 사랑 이론

사랑이란 대상에 따라 구분되는 것이 아니다. 진정으로 한 사람을 사랑한다는 것은 그의 실존을 있는 그대로 사랑하는 것이며, 그 사람의 세계를 사랑하고 인생을 사랑하는 것이다. Erich Fromm의 여섯 가지 사랑은 대상을 기준으로 구분한 것이 아니라, 사랑의 다양한 속성을 나타내기 위한 표현이다.

그는 사랑의 종류를 형제애(brotherly love), 모성애(motherly love), 부성애(fatherly love), 성애(erotic love), 자기애(self-love), 신에 대한 사랑(love of God)의 여섯 가지로 구분했다. 이는 대상을 기준으로 구분하는 것이 아니라 사랑의 다양한 속성을 나타내기 위한 표현으로, 진정으로 한 사람을 사랑한다는 것은 있는 그대로를 사랑하는 것이다. 더 나아가 세계를 사랑하고 인생을 사랑하는 것이다.

4) Altman과 Taylor의 사회적 침투 이론

Altman과 Taylor(1973)는 시간 경과에 따라 사랑의 변화 과정을 사회적 침투(social penetration) 이론으로 설명하고 있다. 사회적 침투 과정은 5단계로 나뉜다.

첫 번째 단계는 첫인상의 단계(first impression stage)로 사람을 만났을 때 주로 외모나 행동의 관찰을 통해 인상이 형성된다. 상대방에 대한 호감은 이때 가질 수 있으며, 호감을 갖게 되면 상대에게 관심이 많아져 상대방과 관련된 개인적 정보에 관심이 증가하게 된다.

두 번째 단계는 지향 단계(orientation stage)로 서로에 대한 피상적인 정보를 교환하고 상대방을 탐색한다. 상대방에게 호감을 주려고 노력하고 상대방이 자신에게 호감을 갖고 있는지 확인해보려고 한다. 이 단계에서는 개인적 정보에 근거하여 관계 지속 여부가 결정되기 때문에 많은 만남이 여기서 끝나기도 한다.

세 번째 단계는 탐색적 애정 교환 단계(exploratory affective exchange stage)로 상대방과 좀

더 친근해지고 대화의 내용이 더욱 풍부하고 깊어지게 된다. 또한 애정의 초기 단계로 자신의 좋아하는 감정을 상대방에게 전달하고 사랑을 확인하려고 한다. 상대방의 말과 행동에 예민해지고 감정의 변화가 심하다.

네 번째 단계는 애정 교환 단계(affective exchange stage)로 마음 놓고 상대방을 칭찬하기도 하고 비판하기도 한다. 서로 좋아한다는 것, 연인이라는 것을 인정하며 좀 더 확실한 방법으로 사랑을 표현한다. 빈번히 데이트를 하고 선물을 교환하며 친밀감을 형성하게 된다.

다섯 번째 단계는 안정적 교환 단계(stable exchange stage)로 속마음을 털어놓고 이야기하고 서로의 단점이나 약점도 두려움 없이 내보이게 된다. 상대방에 대한 사랑에 확신을 갖고 신뢰와 친밀감을 바탕으로 한 안정된 애정 교환이 이루어진다. 이 단계에서 결혼 약속을 하게 되고 육체적인 애정 교환이 이루어진다.

5) Lee의 사랑 유형

사랑의 유형 분류는 Lee(1973)에 의해 처음 시도되었는데, 그의 책『사랑의 색(Colors of Love)』을 통해 삼원색처럼 사랑도 세 가지 원형에서 다양한 사랑의 유형이 파생되는 것이라고 했다. 이러한 Lee의 연구에 기초하여 사랑의 척도를 개발하고 다음과 같이 사랑의 유형을 분류한 사람은 Lasswell(1980)이다.

동료적 사랑

동료적 사랑(storge : companionate love)은 사랑하는 사람들이 자주 만나고 같이 지내다 자연스럽게 친근감, 편안함을 느끼고, 이것이 연장되어 서로 도움을 주고받기도 하고 상대의 강점과 약점도 있는 그대로 받아들이는 사이를 말한다. 열정은 없다고 하더라도 아주 오래된 친구처럼 서로 깊이 신뢰하고 상대방에 대한 요구도 과도하지 않다.

배우자와 성관계를 갖기 전에 먼저 친구로서 서로 알아 가는 과정이 중요하다. 일단 서로 간의 깊은 우정이 확실해지면 성과 관련된 문제가 밖으로 표현될 수도 있다. 둘의 사랑은 그 자체가 인생의 목표가 아니라 우정과 가정이라는 보다 큰 목표의 한 측면이다. 이 같은 사랑을 하는 부부들은 이혼율도 낮고, 큰 다툼이 있다고 하더라도 합리적인 방향으로 타협하여 일을 처리하는 편이다.

낭만적 사랑

낭만적 사랑(eros : romantic love)은 뜨거운 열정과 욕망이 중요한 요소가 되는 강렬한 사랑이다. 로맨틱한 사랑, 성적인 사랑이라고도 하는 열정적인 사랑의 특징은 대부분 독특하고, 특별하고, 심리적으로 각성시키고, 성적인 충동을 유발하며, 상대방에 대해서 관여적이고 떨어져 있는 동안 상대방을 그리워하는 등 상대에 대한 이상화를 포함한다.

낭만적 사랑에서 나타나는 특징

- 사랑하는 속도가 매우 빠르며, 상대방에 대한 감정이 강렬하고 그러한 감정이 자신의 전체 생활을 지배한다.
- 이성보다는 감성이 앞서고 '오직 한 사람, 단 한 번의 사랑'이라고 믿으며 다른 사람에 대해서는 배타성이 강하다.
- 상대방에게 모든 것을 요구하거나 기대하고, 숙명적 · 운명적인 만남임을 굳게 믿는다.
- 이상적인 연인을 만나서 함께 사는 것이 삶에서 가장 중요하다고 생각한다.

상대방에게 깊이 몰입하고 불이 붙는 듯 한꺼번에 뜨거워지는 열정적인 사랑은 위와 같은 특성 때문에 쉽게 결혼까지 이어지지 않는다.

논리적 사랑

논리적 사랑(pragma : pragmatic love)은 이성에 근거한 현실주의적이고 합리주의적인 사랑이다. 현실과 이성의 고삐를 늦추지 않는 범위 내에서 사랑하기 때문에 논리적인 사랑을 하는 사람들은 열정적인 사랑에 빠진 사람들과는 사뭇 다르다. 사랑을 하는 방식이 사려 깊으며 자신들의 사랑이 이루어지기 위한 상황이나 조건이 어느 정도 전제되지 않는다면 사랑의 진전을 참고 견디는 입장이다. 이들의 사랑은 공정거래, 즉 서로 사랑을 주고받는 거래가 깨지면 많은 갈등을 겪게 된다. 끝까지 논리적 사랑을 실현하는 사람들에게는 상당한 인내심이 요구된다. 그리고 이 사랑의 유형은 자신에게 어울리는 사람을 찾으려고 노력한다.

논리적 사랑을 하는 사람들은 가까운 사무실이나 자신이 몸담고 있는 공동체 내에서 자기 짝을 찾으며, 실제로 어떤 사람인지를 알 수 있는 상황에서 상대를 찾고 싶어 한다. 상대를 제대로 알기 전까지는 헌신이나 미래 같은 말에 대해서 얘기하기를 꺼린다. 일반적으로 과도한 감정의 표출이나 질투심 같은 것을 경시하면서도 상호 간에 점점 더 헌신적이 되거나 서로를 배려해주는 표시에 대해 매우 만족해한다.

소유적 사랑

사랑은 상대방을 소유하는 것이라고 여기거나 자신 또한 상대의 소유가 되어야 하는 것으로 여긴다면 이러한 사랑은 광적인 사랑에 해당한다. 소유적 사랑(mania : possessive love)을 하는 사람들은 극단적인 감정에 휘말려 감정의 노예처럼 상대방의 사랑을 확인하기 위해 모든 시간과 정력을 소모한다. 서로의 속박 때문에 사랑의 관계를 통한 각자의 성장은 거의 기대하기 어렵다. 어떤 유형을 좋아하는지에 대해서도 확신이 없으며, 때로는 잘 어울리지 않는 특성을 가진 사람을 찾아다닌다. 그들은 자신이 좋아하지도 않으며, 사랑이 실패한다면 친구로서의 관계를 유지하지 않을 그런 사람과 사랑에 빠지는 것에 스스로 놀라워하기도 한다.

소유적인 사랑을 하는 사람들은 종종 분별력을 잃은 것처럼 보인다. 사랑을 증명하기 위해 극단적인 일을 자행하기도 한다. 이들은 극도의 질투심을 보이고 상대방에게 더 많은 애정과 헌신을 요구한다. 또한 파트너와의 대부분의 성관계에서 만족이나 평온을 얻지도 못하나 스스로는 관계를 끊지 못해서 항상 상대방이 관계를 끝내도록 한다.

이타적 사랑

이타적 사랑(agape : altruistic love)은 헌신적이고 무조건적인 수용과 배려를 아끼지 않으며 상대방을 위하고 보살피는 사랑이다. 부모가 자식에게 조건 없이 사랑을 퍼붓듯, 이성 간에도 진정한 사랑은 받는 것이 아니라 주는 것으로 생각하고 이를 실천하는 사랑이다. 성인이 자신의 배우자를 찾는 방식에서 가장 드문 것이기도 하다. 이타적 사랑은 타인 중심적이며, 이런 사랑을 하는 사람들은 심지어 사랑하는 감정이 없다 하더라도 사랑하는 것을 의무로 받아들인다. 따라서 이타적 사랑은 마음이 아닌 머리가 더 많은 작용을 하며, 이것은 감정이 아닌 의지의 표출이다.

이타적 사랑을 하는 사람들은 사랑하는 대상에게 애정 어린 보살핌을 베풀어야 할 의무를 강하게 느끼며, 배우자는 그러한 배려를 필요로 하는 사람이어야 한다. 따라서 파트너를 단지 보살핌을 필요로 하는 수많은 사람 중 한 명으로 생각하기 때문에 파트너에게 자신의 시간과 정열의 아주 적은 몫을 할애해주게 되며 파트너는 그것으로 만족해야만 한다. 이타적 사랑을 하는 사람들은 파트너가 자신보다는 다른 누군가와 함께 있는 것이 더 낫고 행복하다고 생각하면 대상이 비록 사랑의 경쟁자일지라도 파트너를 위해 기꺼이 그 관계를 단념할 수 있다.

유희적 사랑

유희적 사랑(ludus : playful love)을 하는 사람들은 사랑을 정서적인 관계에서 승리하는 것으로 생각하거나 시합하는 것으로 여긴다. 사랑의 서약이나 약속 등을 바라지 않으며 이들은 여러 대상과의 만남과 사랑을 더 원한다. 또한 유희적 사랑은 성적인 대상으로 즐기려 할 뿐 결혼까지 가는 것을 고려하지 않는다. 유희적 사랑을 하는 사람들은 상대방과의 관계에서 쾌락과 즐거움이 줄어들면 다른 대상을 찾게 된다. 사랑도 게임처럼 재미있게 할 수 있어야 하므로 책임감이나 의무감에 많은 비중을 두지 않는 것이다.

3. 사랑의 유형 검사

Lee의 연구를 보완하여 Lasswell과 Hatkoff가 사랑의 유형 검사를 만들었다.

표 6.1에 사랑에 대한 다양한 태도가 제시되어 있는데, 각 문항에 대해 자신이 해당하는지 여부를 '그렇다' 또는 '아니다'로 응답해야 한다. 이전에 경험한 사랑을 떠올리거나 현재 진행하고 있는 사랑에 대해 응답한다.

표 6.2에는 사랑의 유형별로 거기에 속하는 문항의 번호가 제시되어 있다. 사랑의 유형 검사에서 '그렇다'라고 대답한 문항의 수를 유형별로 합쳐서 합계란에 적는다. 각 유형별로 '그렇다'라고 대답한 문항의 백분율을 계산했을 때 가장 높은 백분율값을 얻은 유형이 자신의 사랑 유형이 된다. 점수가 높을수록 그 유형의 특성을 강하게 지니고 있다고 할 수 있다.

표 6.1 사랑의 유형 검사

1	나는 '첫눈에 반한다'는 것이 가능하다고 생각한다.
2	나는 한참 지난 다음에야 비로소 내가 사랑하고 있음을 알았다.
3	둘 사이의 일이 잘 풀리지 않으면 나는 소화가 잘되지 않는다.
4	현실적인 관점에서, 나는 사랑을 고백하기 전에 먼저 나의 장래 목표부터 생각해보지 않으면 안 된다.
5	먼저 좋아하는 마음이 얼마 동안 있은 다음에 비로소 사랑이 생기는 것이 원칙이다.
6	애인에게 나의 태도를 불확실하게 해두는 것이 언제나 좋다.
7	처음 키스하거나 볼을 비볐을 때, 나는 성기에 뚜렷한 반응(발기, 축축함)이 오는 것을 느꼈다.
8	나는 전에 연애 상대였던 사람들 대부분과 지금도 좋은 친구관계를 유지하고 있다.
9	애인을 결정하기 전에 인생 설계부터 잘해두는 것이 좋다.

(계속)

10	나는 연애에 실패한 후 몹시 우울해져서 자살까지도 생각해본 적이 있다.
11	나는 사랑에 빠지면 너무 흥분되어 잠을 이루지 못하는 때가 있다.
12	애인이 어려운 상황에 처하면, 비록 그가 바보처럼 행동한다 하더라도 힘껏 도와주려고 노력한다.
13	애인을 고통 받게 하기보다는 차라리 내가 고통을 받겠다.
14	연애하는 재미란 두 사람의 관계를 발전시키면서 동시에 내가 원하는 것을 거기서 얻어내는 재주를 시험해보는 데 있다.
15	사랑하는 애인이라면 나에 관하여 다소 모르는 것이 있다 하더라도 그것 때문에 그렇게 속상해하지는 않을 것이다.
16	비슷한 배경을 가진 사람끼리 사랑하는 것이 가장 좋다.
17	우리는 만나자마자 서로가 좋아서 키스를 했다.
18	애인이 나에게 관심을 보이지 않으면 나는 온몸이 쑤시고 아프다.
19	애인이 행복하지 않으면 나도 결코 행복해질 수 없다.
20	대개 제일 먼저 나의 관심을 끄는 것은 그 사람의 외모이다.
21	최상의 사랑은 오랜 기간의 우정에서 싹튼다.
22	나는 사랑에 빠지면 다른 일에는 도무지 집중하기 힘들다.
23	그의 손을 처음 잡았을 때, 나는 사랑의 가능성을 감지했다.
24	나는 어떤 사람과 헤어지고 나면 그의 좋은 점을 발견하려고 무진 애를 쓴다.
25	애인이 다른 사람과 같이 있는 것 같은 생각이 들면 도저히 견딜 수가 없다.
26	애인 두 사람이 서로 알지 못하도록 교묘하게 재주를 부린 적이 적어도 한 번은 있다.
27	나는 매우 쉽고 빠르게 사랑했던 관계를 잊어버릴 수 있다.
28	애인을 결정하는 데 가장 고려해야 할 한 가지 점은 그가 우리 가정을 어떻게 생각하는가이다.
29	사랑의 가장 좋은 점은 둘이 함께 살며 가정을 꾸리고 함께 아이들을 키우는 일이다.
30	애인이 원하는 것을 위해서라면 나는 기꺼이 내가 원하는 것을 희생할 수 있다.
31	배우자를 결정하는 데 가장 먼저 고려해야 할 점은 그가 좋은 부모가 될 수 있는가이다.
32	키스나 포옹이나 성관계는 서둘러서는 안 된다. 그것들은 서로 충분히 친밀해지면 자연스럽게 이루어지는 것이다.
33	나는 매력적인 사람들과 바람피우는 것을 좋아한다.
34	나와 다른 사람들 사이에서 있었던 일을 애인이 알게 된다면 매우 속상해할 것이다.
35	나는 연애를 시작하기 전부터 나의 애인이 될 사람의 모습을 분명히 정해 놓고 있다.
36	만일 나의 애인이 다른 사람의 아기를 갖고 있다면, 나는 그 아기를 내 자식처럼 키우고 사랑하며 보살펴줄 것이다.
37	우리가 언제부터 서로 사랑하게 되었는지 정확히 알 수 없다.
38	나는 결혼하고 싶지 않은 사람하고는 진정한 사랑을 할 수 없을 것 같다.
39	나는 질투 같은 것은 하고 싶지 않지만, 애인이 다른 사람에게 관심을 가진다면 참을 수 없을 것 같다.
40	내가 애인에게 방해물이 된다면 차라리 나는 포기하겠다.
41	나는 애인의 것과 똑같은 옷, 모자, 자전거, 자동차 등을 갖고 싶다.
42	나는 연애하고 싶지 않은 사람하고는 데이트도 하고 싶지 않다.
43	우리의 사랑은 이미 끝났다고 생각될 때도 그를 다시 보면 옛날 감정이 되살아나는 때가 적어도 한 번쯤은 있었다.

44	내가 가지고 있는 것은 무엇이든지 애인이 마음대로 써도 좋다.
45	애인이 잠시라도 나에게 무관심해지면, 나는 그의 관심을 끌기 위하여 때로는 정말 바보 같은 짓도 할 때가 있다.
46	깊이 사귀고 싶지는 않아도 어떤 상대가 나의 데이트 신청에 응하는지를 시험해보는 것은 재미있는 일이다.
47	상대를 택할 때 고려해야 할 한 가지 중요한 점은 그가 자신의 직업을 어떻게 생각하는가이다.
48	애인과 만나거나 전화한 지 한참 지났는데도 아무 소식이 없다면 그에게 그럴 만한 이유가 있기 때문일 것이다.
49	나는 누구와 깊이 사귀기 전에 아기를 가지게 될 경우 그쪽의 유전적 배경이 나와 잘 맞는지부터 먼저 생각해본다.
50	가장 좋은 연애관계란 가장 오래 지속되는 관계이다.

표 6.2 사랑의 유형 검사 해석

사랑의 유형	낭만적 사랑	동료적 사랑	유희적 사랑	논리적 사랑	소유적 사랑	이타적 사랑
문항번호	1	2	3	4	6	12
	7	5	10	9	14	13
	17	8	11	16	15	19
	20	21	18	28	26	24
	23	29	22	31	27	30
	35	32	25	38	33	36
	41	37	39	42	34	40
		50	43	47	46	44
			45	49		48
합 계	( )	( )	( )	( )	( )	( )

4. 사랑의 화학작용

우리의 신체와 사랑은 어떤 관계가 있을까? 이에 대한 반응에 관심을 가졌던 많은 생리학자들은 성적 행동의 시작이 뇌에서 비롯되었다는 증거가 될 만한 것으로 열정적 사랑과 이와 관련된 감정의 혼합에 대한 화학적 성질에 관해 좀 더 잘 알게 되었다.

인간의 뇌에서 성반응과 성행동에 관여하는 부위는 주로 대뇌피질(cerebral cortex)과 변연계(limbic system)이다. 대뇌는 성적인 환상, 욕구, 이미지에 관여하는 곳으로, 감각 정보를 해석하고 척추의 신경을 통해서 정보를 전달한다. 변연계는 시상(thalamus)과 시상하부(hypothalamus)로 구성되어 있으며 인간의 감정과 정서, 동기, 기억, 행동 욕구, 성적인 흥분과 관련이 있다.

약리학자인 Michael Liebowitz(1983)는 낭만적인 사랑에 빠질 때, 첫 단계로 페닐에틸아민(PEA)이 변연계를 가득 채우며, 남녀가 애착을 느끼는 사랑의 두 번째 단계에서는 엔도르핀(endorphin)이 뇌 안에 가득 차게 되는 생리적 과정을 따른다고 설명한다. 변연계의 신경세포가 PEA로 채워져 뇌가 자극을 받을 때 상대방에게 홀린 듯한 느낌을 갖게 된다. PEA는 암페타민처럼 뇌를 자극하기 때문에 연인들은 행복감에 도취되며 활기가 넘칠 뿐 아니라, 밤새 마주 보고 있어도 지치지 않고 몇 시간이고 되풀이해서 성교를 즐기는 것이다. 남녀가 상대에게 애착을 느낄 때 나타나는 엔도르핀은 몸 안에서 분비되는 모르핀(endogeneous morphine)이라는 뜻이다. 모르핀은 PEA와는 달리 통증을 억제하며 마음을 가라앉힌다.

Liebowitz가 사랑에 대한 화학적 성질에 대해 추론한 것이 옳은지 여부는 논란의 소지가 많다. 사랑은 마음에서 비롯된다는 고정관념에 배치되기 때문이다. 물론 누구를, 언제, 어떻게 사랑할 것인지를 결정하는 주체는 마음이다. 그러나 일단 상대를 선택한 뒤에 사랑의 감정을 느끼게 하는 역할은 뇌 안의 PEA나 엔도르핀 같은 화학물질이 담당한다. 사랑은 정신문화의 소산이기도 하지만 동시에 생물학의 문제이기도 하다. 생물학적 관점에서 사랑은 선택이 아니라 필연이다. 종족 보존을 위해 사랑은 필수적이기 때문이다. 최근 신경해부학적 혹은 신경생리학적 연구는 학자들이 예전에 생각했던 것보다 다양한 감정이 훨씬 더 밀접하게 관련되어 있다고 제안한다.

1) 페로몬

페로몬(pheromone)은 땀샘이나 오줌 등에 함유되어 배설되는 외분비선의 체외 분비 화학물질로서, 같은 종의 동물 사이의 커뮤니케이션 혹은 이성을 유혹하거나 영향을 미치기 위해 분비되는 성 유인물질을 일컫는다. 특별한 냄새도 나지 않고 보이지도 않는 페로몬이 인간에게 존재하는지, 실제 작용하는지 등은 연구 결과들의 다양한 과학적 증거를 통해 볼 때 분비하고 있음을 알 수 있다. 어떤 사람에게 나타나는 과도한 성욕이 단순히 정상보다 높은 수준의 테스토스테론에 의한 것이라고 설명될 수 없거나, 많은 이성 중에서 특별한 이유 없이 무의식적으로 한 이성에게만 성적 매력을 느끼거나 특별히 호감을 가지게 되는데, 이런 경우 이성으로부터 분비된 페로몬이 강하게 작용하고 있다는 것을 의미한다.

사람에게 페로몬 분비선인 부분분비샘(apocrine gland)은 95%가 겨드랑이에 분포하며, 나머지는 음부, 두부, 안검, 코, 경부, 유두, 배꼽, 서혜부, 클리토리스, 질, 회음부, 항문 및 발바닥 피부에 존재한다. 부분분비샘의 분비물은 땀과는 다르게 무균 무취이고 약간 끈적한 성상과 함께 쉽게 노란색으로 착색되지만, 분비 후 1시간 이내에 땀과 함께 그람 양성균에 의해 암모니아와 휘발성 지방산으로 분해되어 특징적인 체취를 풍긴다. 여성은 부분분비샘의 분비 기능 외에도 이를 맡을 수 있는 후각 또한 월경주기 중 배란기에 가장 강해진다.

Winnifred Cutler는 남성의 겨드랑이를 닦은 수건에서 분리한 물질을 여성의 윗입술에 3주간 바르는 실험을 했다. 실험 결과 실험 대상자인 여성들에게서 불규칙하던 월경이 규칙적으로 되고 임신율이 높아지는 것을 확인했다. 또한 이 여성들의 겨드랑이 분비물을 가지고 다른 여성들을 대상으로 실험했을 때 월경이 빨라지거나 늦어져 분비물을 제공한 여성과 월경주기가 같아지는 현상을 관찰했다.

페로몬은 향수나 방향제로서 성 흥분 혹은 성 유혹의 목적으로 이용되기도 한다. 페로몬 향수를 사용한 후 키스나 성교 횟수가 3배 이상 증가했다는 보고도 있다.

2) 페닐에틸아민, 도파민, 세로토닌

뇌 속에서 자연 분비되는 암페타민과 유사한 페닐에틸아민(phenylethylamine, PEA)은 이성으로부터 성적 매력을 느끼게 한다. 운동이나 노래를 한 후 기분이 좋아지는 것도 증가된 PEA가 도파민(dopamine)을 높여주기 때문이다. 뇌 속의 도파민 수치가 올라가면 극단적인 집중력뿐만 아니라 흔들리지 않는 동기 부여와 목적 지향적인 행동이 생긴다. 적포도주나 초콜릿에는 많은 양의 PEA가 포함되어 있는데, 연인에게 주는 선물로 초콜릿이 널리 사용되는 것은 상당히 과학적인 근거를 가지고 있다고 볼 수 있다.

성행동에 관여하는 뇌신경세포 사이에 작용하는 카테콜아민계 신경전달물질인 노르에피네프린은 평소에는 화가 나거나 흥분했을 때 또는 운동을 한 후에 분비되어 얼굴이 벌겋게 되고, 손발에 식은땀이 나고 떨리며, 입이 바싹 마르고, 말이 잘 안 되고, 다쳐도 아픈 감각이 없고, 밤새워 떠들어도 피곤하지 않고, 혼자 웃거나 콧노래를 하는 것을 볼 수 있으며, 실제 성행위 시에도 유사한 증상이 동반될 수 있다.

도파민은 사랑에 빠진 남녀가 낭만적 사랑에 간절히 목매고, 사랑하는 사람과의 감정적 결합을 강렬하게 갈망하는 이유에 대한 설명이 될 수 있을 것이다. 사랑하는 사람과 섹스를 하고 싶은 열망까지도 도파민의 높은 수치와 간접적으로 연결되어 있다. 뇌 속에서 도파민의 수치가 올라가면 성욕의 호르몬인 테스토스테론의 수치도 높아진다.

뇌의 특정 부위에서 일어나는 세로토닌(serotonin)의 활동을 자세히 기록하기 전까지 과학자들은 세로토닌이 낭만적 사랑에서 맡은 역할에 대해 자신 있게 말할 수 없었다. 연애가 깊어지면 파트너에 대해 공상하고, 깊이 생각하고 빠져드는 충동을 강하게 느끼는데, 이는 도파민과 노르에피네프린의 수치가 올라가면 세로토닌의 수치가 떨어지는 것으로 설명될 수 있을 것이다.

3) 옥시토신과 바소프레신

성행위와 관련해서는 성적 자극이나 성행위에 의해 중추신경계에서 도파민이 일차적으로 분비되고, 이는 이차적으로 옥시토신(oxytocin)의 분비나 해당 신경계의 활성을 유발한다.

옥시토신과 바소프레신(vasopressin)은 시상하부에서 생산되는 것으로, 이성 간의 낭만적 사랑과 부모가 자녀를 사랑하는 데 영향을 준다. 옥시토신은 여성이 오르가슴을 느끼거나 출산할 때 자궁 수축을 도와주고, 성적으로 수용성을 증가시켜 준다. 남성의 경우 성적으로 흥분하면 바소프레신 호르몬의 양이 증가하여 성적인 민감성을 높이고 성행동 반응에 도움을 준다.

옥시토신은 남녀 간의 따뜻한 손길, 정다운 말, 함께 하는 봉사, 등산 등 사랑의 행위 시 증가하며, 남녀 모두에게 성행위 시 육체적 · 정신적 극치감을 유발한다. 이때 옥시토신은 뇌의 중추에 서로를 각인(imprint)하는 작용을 한다. 남녀가 사랑에 빠지면 서로가 친밀해지고, 의지하게 되고, 편안하고, 안정이 되며, 이런 이유로 인해 옥시토신, 바소프레신이 중독성을 지닐 수 있다. 따라서 남녀 간의 사랑은 어려운 상황에서도 관계를 끊기가 쉽지 않고, 세월이 지나 배우자를 잃으면 심한 육체적 · 정신적 공황에 빠지는 사랑의 금단 증상이 나타날 수 있다.

5. 어떻게 하면 좋은 사람을 만날 수 있을까?

1) 사랑의 시작

정신적으로 건강한 사람의 경우는 다른 사람에게 깊은 사랑을 느낄 줄 아는 것뿐 아니라 자기 자신도 소중히 여기고 사랑할 줄 알게 된다. 다른 사람에게 충분히 사랑받을 가치가 있는 사람이라는 믿음을 갖는 것이다. 있는 그대로의 나를 그대로 받아들이는 것 또한 필요하다. '나'를 좋아하는 사람도 있고, 또 어떤 사람들은 '나'를 싫어할 수도 있다. 모든 사람으로부터 똑같이 사랑받을 수 있는 사람은 이 세상에 아무도 없다. 그래서 스스로 자신을 받아들이고 자신을 존중한다면 훨씬 더 많이 사람들이 '나'를 좋아하게 될 것이다.

2) 대화의 시작

대화의 기술이 부족하다고 이야기하는 사람들이 많다. 책 또는 학원 등에 가서 말하기를 배우기도 한다. 그런데 이렇게 자기 스스로 대화를 하지 못한다고 생각하는 사람의 생각 속에는 '완벽한 이야기'를 생각하거나 '말을 잘해야' 한다고 하는 생각이 많이 있다. 그러나 사적으로 친밀감을 형성해 가는 과정에서 만나는 상대에게 얼마나 '거대하고', '중대한' 이야기를 할 수 있을 것인가? 대화의 첫 단계는 유창하고 대단한 이야기를 하는 것이 아니라 '사소한' 이야기에서 시작하는 것이다. 여기에 자기 스스로가 개방된 이야기를 할 때 상대방 또한 대화에 흥미를 느끼고 자신을 개방하게 된다는 것이다.

사랑에 성공하기 위한 의사소통

대부분의 사람들은 자신이 무엇을 원하고 무엇을 좋아하는지 분명하게 잘 알지 못한다. 그리고 그것을 표현하기 어려워한다. 사랑 또한 그렇다. 우리는 사랑을 어떻게 할지에 대해 이야기를 잘하지 못하며 그저 사랑을 하게 되면 자연스럽게 알게 되는 것으로 이해하고 있는 경우가 많다. 표현하지 않아도 진정으로 사랑한다면 알 수 있을 것이란 기대를 갖고 있는 것이다. 그러나 실제는 그와 다르다. 그렇기 때문에 추측에 의해 지레짐작하거나 시행착오를 겪으며 알게 되는 것이다. 자신이 선호하는 사랑의 양식을 알고 상대방에게 구체적으로 말, 행위, 태도 등을 요청하는 것이 필요하다.

- 사랑이란 두 사람이 감정을 함께 나누는 일이다. 감정을 함께 나누기 위해서는 서로가 자기의 마음을 열어 보여주어야 한다. 열어 보이지도 않고 상대방에게 내가 무엇을 원하는지 알아달라고 하는 것은 합리적이지 못하기 때문이다. 그러므로 서로의 자기개방은 사랑을 한 발 더 나아가게 할 수 있다. 서로가 상대편을 이해하려고 노력하는 가운데 두 사람의 사랑이 성공할 확률이 더 높아지게 되는 것이다.
- 의사전달은 구체적으로 한다. 상대방이 상처 받을지 모른다고 생각하여 돌려 말하면 오히려 오해가 더 쌓이고 해결점을 찾기 어려워진다. 원하는 것은 구체적으로 표현해야 비생산적인 감정싸움을 피할 수 있다.
- 의사전달에서 하고 싶은 말은 가능한 간략하게 표현하라. 보다 확실한 감정을 전달한다는 것은 여러 가지 이야기를 많이 하는 것이 아니라는 것이다.
- 의사전달은 상대방을 비난하거나 화나게 하려고 하는 것이 아니다. 내게 필요한 것을 요청하는 것이 상대방을 비난하는 것처럼 들려서는 안 된다. 그러기 위해서는 이야기

의 문제와 해결방안은 상대방이 잘못했기 때문이 아닌 내가 원하는 방향과 다르기 때문임을 알 수 있어야 한다.

- 의사전달 시 극단적인 표현은 피하라. 극단적인 표현들은 내 마음을 제대로 전달하려는 목적이라기보다는 상대방을 비난하기 위해 사용된다. 그러므로 개선을 위한 방법을 찾고자 하는 마음을 전할 때는 극단적인 단어보다는 실제적이고 구체적인 단어나 상황 설명을 통해 이해되어야 한다.

  의사전달은 내 이야기만 하고자 하지 않고 상대편의 이야기도 경청하는 것이다. 상대편의 주장과 일치하는 나의 의견이 있을 땐 서로 이해 가능한 점을 찾기가 수월해진다. 잘 이해되지 않는 부분에 대해서는 적극적, 구체적으로 질문하여 이해하려고 하자. 이해하려는 태도 자체가 상대방에게는 공감적이기 때문이다.

6. 사랑 행동과 애착

애착은 생애 초기 주양육자와 형성하는 사회 정서적인 관계이다. 양육자와의 관계 경험으로부터 발달된 것으로, 사람들이 친밀감 관계에서 어떤 방식으로 관계를 맺고 행동을 하며 친밀감에 어떻게 반응하는지에 관한 중요한 정보를 제공해주고 있다. 또한 애착은 생애 초기에 가장 먼저 발달되는 사회적 행동 체계로서 이후의 대인관계에 대한 기대, 감정, 그리고 행동에 대한 체계적인 패턴을 생성하도록 하는 데 기여한다. 후기 청소년기부터 자녀에 대한 부모의 영향력이 감소하는 대신 친밀감 관계에서의 청년기 및 성인기의 애착 대상, 애착유형은 이전 발달시기보다 더 다양하고 복잡해진다. 일반적으로 성인애착은 관계 만족을 예측하는 가장 대표적인 변인으로, 불안애착과 회피애착은 모두 불안정애착으로 관계 만족과 부적으로 관련되었지만 애착 차원에 따라 심리정서 경험과 행동 양식에는 차이가 있다.

불안애착과 회피애착 수준이 모두 낮은 안정애착은 자신은 물론 상대방을 안정적이고 지지적인 존재로 지각하여 특히 친밀감 관계에서 더 친밀하고 온정적이며 적절하고 높은 수준의 관여를 보인다. 또한 파트너와의 관계를 신뢰할 수 있고 상호의존적이며 헌신할 수 있는 것으로 받아들인다.

회피애착 수준이 높은 성인은 친밀한 관계에서도 파트너와 감정적으로 거리를 유지하려고 노력하며 상대방과 심리정서적 거리를 유지하며 파트너를 불신하는 경향이 있다. 특히 이들은 파트너가 유대감과 친밀감을 형성하려는 노력을 보이는 경우 파트너의 행동을 무시하고 그러한 행동의 가치를 과소평가하는 태도를 보인다. 따라서 회피애착 수준이 높은 성인은 지속적이고 헌신적인 관계를 맺을 가능성이 낮다고 할 수 있다.

반대로 불안애착 수준이 높은 성인은 타인과의 친밀감을 강하게 열망하고 분리와 거절에 대한 공포를 보이는데, 이들은 파트너와의 장기적인 헌신과 친밀감에 대해 집착하는 경향이 있지만, 자신의 파트너는 자신에게 헌신하지 않을 것이라고 기대하는 경향이 있다. 또 파트너가 자신을 긍정적으로 평가하는 것보다 과소평가하고 파트너가 관계에 대해 불만족하는 부분을 과대평가하여 결과적으로 자신이 버려질 것이라 예상하는 경향이 있는 것으로 나타났다. 따라서 불안 수준이 높은 사람은 파트너가 자신을 떠나거나 부재할 것에 대한 걱정으로 파트너와의 접근성을 확실히 해놓으려는 인지행동 체계를 과활성화시키며, 이는 오히려 상대 파트너와의 관계갈등을 가속화하게 된다.

이처럼 성행동은 애착과 상호작용하며 특히 원하지 않는 성행동에 응낙하는 것은 성적 욕구 자체보다는 상대적으로 관계적인 측면과 더 밀접한 관계가 있다. 따라서 원하지 않는 성행동 응낙이 관계 내에서 어떠한 영향을 주는가를 살펴보는 것이 필요하다.

1) 사랑의 끝

이별은 실연(lost love)이라고 하며, 관계가 끝났다고 하는 것은 믿을 수 없을 만큼 당황스러운 것이다. 이별 후에는 사랑을 통해 얻었던 기쁨과 희망, 설렘 등을 모두 잃어버리게 된다. 이별의 고통과 아픔은 사랑을 잃은 사람은 누구에게나 나타나는 현상인 우울, 낮은 자존감, 집중력 저하, 부정적 정서, 공허감, 고립감 및 불안감을 경험한다. 이별 후의 감정 및 행동을 어떻게 극복하는가를 알아본 연구(정민자, 2011)에서는 많은 경우 신체 및 감정의 변화를 느꼈으며, 술을 마시기도 하지만 자기개발, 일이나 공부에 몰두함으로써 극복하기도 한다. 이별의 과정에서는 왜 헤어졌는지, 왜 헤어져야 하는지 상대방은 모르는 채로 헤어지기도 하는데, 이때 후유증을 다루려는 노력으로 사람들은 단순히 자신의 이별에 대해 이야기를 하기도 하며, 대부분은 연락을 하지 않지만 간혹은 이전 파트너와 친구관계를 유지하려고 시도한다.

이별을 치유하는 것은 실연을 한 사람에게는 중요한 일로, 사랑의 애착을 버리기 위해 분노, 슬픔, 두려움, 아쉬움의 감정을 충분히 경험하고, 그 감정들을 행복과 평화로운 감정으로 대체할 수 있도록 도와야 한다. 사랑의 상실을 애도하고 충분히 아파한 후 일상으로 돌아올 수 있어야 인간관계와 일에 복귀할 수 있다.

요약

사랑의 의미는 시대와 관계없이 모든 사람에게 중요한 부분으로 각자가 생각하는 사랑의 의미를 사랑하는 사람들이 함께 이해하고 받아들일 필요가 있다.

Strernberg의 사랑의 유형은 친밀감, 열정, 의사결정과 책임감의 구성 요인을 가지고 있으며 이 유형을 통해 나의 사랑의 유형뿐 아니라 상대방에 대한 이해를 높일 수 있다. Reiss는 사랑의 발달 단계를 친화, 자기노출, 상호 의존, 욕구 충족의 4단계로 보았고 각각의 발달 단계는 상호 의존적으로 한 단계의 발전과 퇴보가 다른 단계에 영향을 미치는 것으로 보았다.

Erich Fromm의 사랑 이론은 대상이 기준이 아닌 사랑의 다양한 속성을 나타내기 위한 표현들로 형제애, 모성애, 부성애, 성애, 자기애, 신에 대한 사랑의 여섯 가지로 구분했다. 시간의 경과에 따른 사랑의 변화 과정을 설명하고 있는 Altman과 Taylor의 사회적 침투 이론도 있다.

Lee에 의해 시도된 사랑의 유형 분류를 통해 사랑도 세 가지 원형에서 다양한 사랑의 유형이 파생되는 것이라는 점에 착안하여 Lee의 연구를 기초로 하여 Lasswell이 사랑의 유형을 분류했다. 사랑의 유형은 동료적 사랑, 낭만적 사랑, 논리적 사랑, 소유적 사랑, 이타적 사랑, 유희적 사랑 등이 있다.

성행동에 관여하는 뇌신경세포 사이에 작용하는 카테콜아민계 신경전달물질인 노르에피네프린과 도파민의 수치가 올라가면 세로토닌의 수치가 떨어져 연인들은 낭만적인 황홀경을 강하게 느끼며 그 파트너에 대해 공상, 몽상, 충동에 강하게 빠져들게 된다.

어린 시절 경험하게 되는 애착의 유형에 따라 친밀감을 맺는 관계방식이 불안애착, 회피애착, 안정애착으로 다르게 나타날 수 있다.

사랑이 끝나 이별을 아파하는 경우, 중요한 관계가 끝남에서 오는 슬픔, 두려움 등의 감정을 충분히 느끼는 것이 필요하다.

토론문제

- 나 스스로는 '나의 사랑'에 대해 어떤 기대를 가지고 있는지 생각해보고, 그 기대들이 얼마나 현실적인지 논의해보자.
- 나의 사랑 유형을 찾아보고, 상대의 사랑 유형도 찾아보자. 서로의 공통점과 차이점에 대해 논의해보자.
- 이별의 슬픔에 대처하는 방법에 대해 이야기해보고, 각자의 삶에 가장 도움이 되었던 방식에 대해 공유해보자.

CHAPTER 07

성적 친밀감과 성 관련 의사소통

P S Y C H O L O G Y O F S E X U A L I T Y

7

1. 성적 친밀감과 관계 형성

1) 의사소통의 중요성

성적인 의사소통은 친밀한 관계와 성적 관계의 만족, 즐거움을 얻는 데 긍정적인 기여를 한다. 성적인 욕망과 관심에 대한 의사소통이 잘되는 것은 성적 관계의 만족을 발전·유지하는 데 가치 있는 것으로 확인되어 왔다(Byers & Demmons, 1999; Ferroni & Taffee, 1997). 때로 말로 하는 의사소통은 건설적이기보다 오히려 파괴적일 수 있다. 그럼에도 불구하고 성적인 부분에 대해 전혀 이야기를 나누지 않는 이성관계는 상대방이 필요로 하는 것에 대한 욕구와 탐색이 부족하여 서로 간에 친밀감과 즐거움을 증진할 수 있는 기회를 상실할 수 있다.

성적 친밀감은 애착 이론에서 성인기 낭만적 관계에서의 필수적인 부분으로 관계의 유지와 발달에 중요하다고 본다. 특히 Hawan과 Zeifman(1994)은 근접성 추구가 성인기에 성적 매력과 성적 활동을 통해 친밀감, 편안함과 지지를 얻으려는 기본적 동기의 힘으로 작용한다고 보았다. Davis, Shaver와 Vernon(2004)은 성관계를 하게 되는 동기를 친밀감, 자아존중감 향상, 스트레스 감소, 파트너의 부정적인 감정과 행동으로부터 보호, 신체적 즐거움 등으로 분류했다. 이러한 동기들은 애착과 관련되어 활성화되고 친밀감이나 안도감 등 애착 관련 동기가 성행동을 유발하고 애착욕구의 제공으로서 성관계를 설명했다.

이영실(1990)은 만족스러운 성관계가 커플 간의 적응과 관계가 깊고 성적으로 만족하면 커플갈등이 감소되며 김영임(2002)은 부부의 성생활은 현대 부부의 삶에서 중요한 부분으로 성적 친밀감은 서로의 신체적인 관계만이 아니라 감정적 혹은 사랑을 통한 심리적 결합을 의미한다고 했다. 그러므로 성생활 만족이란 단순히 성교 횟수나 성행위의 빈도라기 보다는 커플 간에 서로의 욕구가 잘 받아들여진 상태로 볼 수 있다.

의사소통은 반드시 언어적인 메시지로 이루어지는 것만은 아니며 행동이나 몸짓, 얼굴 표정 등 다양한 통로를 통해서 이루어질 수 있고, 때로는 이와 같은 비언어적인 메시지가 의사소통에서 더 중요한 기능을 할 때도 있다. 성적인 의사소통 또한 예외가 아니어서 성에 대한 이성 간의 구체적인 대화 이외에 서로가 만족할 수 있는 성관계로 이끌기 위한 상호작용의 조정, 성행동이 발생한 이후의 상호작용 등도 의사소통을 구성하는 하나의 측면이 될 수 있다.

한편 의사소통이 반드시 언어적 메시지에 의해서만 이루어지는 것이 아니듯이 성적인 의사소통 또한 성에 대한 대화만을 언급하는 것은 아니다. Rider(2000)는 의사소통의 언어적인 측면뿐 아니라 비언어적인 의사소통도 중요시할 필요가 있다고 지적했다. 즉 사람들의 눈빛, 몸짓, 얼굴 표정, 움직임 등도 서로 간의 성적인 친밀감을 표현하는 데 의미 있는 기제가 될 수 있다. 성행위는 무수히 많은 의미를 전달하는 의사소통의 역할을 하고 있다. 즉 남근과 여근만으로 이루어지는 것도 아니며, 쾌락 충족만을 위해서 이루어지는 것도 아니다. 바람, 두려움, 욕구 충족, 또 다른 메시지 전달 등이 그 행위 속에 담길 수 있는 것이다.

2) 성적 친밀감과 의사소통

커플들이 친밀한 일, 특히 섹스에 있어서 효과적으로 의사소통을 할 수 있는가에 대한 자료는 교과서, 강의, 그리고 일반적 매체에 그렇게 풍부하지 않다. 백인계 미국인들은 성적 친밀감에 대한 의사소통 방식이 친밀한 관계의 마음이고 정신이라는 신념을 갖고 있다. 흑인은 그보다 덜하며, 스페인과 아시안계는 의사소통의 능력이 '영향을 준다는 것'에 대하여 덜 공감하고 있다(Chang & Holt, 1991). 상대방이나 집단보다 개인을 더 중요시하는 개인주의에 대한 이런 강조는 '나는 당신과 함께 무언가를 하고 있으며 내 요구를 얻게 될 것이다'라는 의견에 가장 영향을 받고(Hecht, 1993), 반대로 스페인계나 아시안계는 개인보다는 오히려 상대나 집단에 초점을 맞추는 관념인 집단주의에 주로 영향을 받는다고 했다. 친밀한 관계에 대한 이러한 조망은 '우리는 함께 뭔가를 하며 둘 다 뭔가를 알아낸다'는 의견에 영향을 받고 있다(Hecht, 1993).

비언어적인 성적 소통에 있어서도 민족 간에 차이가 있다. 스페인계 사람들은 사랑이나 친밀감의 욕구 혹은 성관계 의사를 전달하기 위해 상호 접촉에 대해 특히 공감을 하고 있다(Hecht, 1990). 접촉은 백인보다 흑인이 더 많이 하고 하나의 주된 역할로 행해지며 아시안계는 접촉이 더 적다(Hecht, 1990).

성차에 따른 의사소통 방식을 살펴보면 남성들은 특히 의사소통에 관해 여성만큼 큰 관심을 나타내지 않는다. 전통적으로 남성들은 자신의 내적 감정이나 경험을 표현하지 않는 과묵함을 갖도록 강화되었기 때문에 여성과의 의사소통에 큰 관심을 보이지 않는다. 대조적으로 여성들은 정서나 감정을 표현하도록 강화를 받으면서 성장한 결과 커플 간의 의사소통에 대단히 민감하다. 더욱이 이성관계(데이트 관계와 부부관계를 포함하는)의 패턴이나 문제에 대해 영향을 주는 중요한 요인 중 하나는 남녀가 매우 상이한 의사전달 스타일을 갖고 있다는 것이다(Tannen, 1990). 많은 사람들이 이성관계에서 원활한 의사소통을 하는 데 불편함을 느끼거나 곤란을 겪거나 실패를 경험한다. 이것은 아마 남녀가 상이한 의사소통 스타일을 갖고 있다는 데 기인할 수 있고, 몇 개의 영역에서 남녀 차이를 확인할 수 있다.

한편 이성 간에 성에 대한 대화가 어느 정도로 이루어지고 있으며, 또 커플이 서로 만족

자기개방

일반적으로 여자는 남자보다 더 많이 자기개방을 한다(Cohen & Strassberg, 1983; Cozy, 1973). 그러나 이러한 성차는 특수한 상황 요인과 문화 규범에 의해서 영향을 받는다. 데이트하는 남녀 쌍들의 자기개방 패턴에 관한 연구(Rubin et al., 1980)는 여자와 남자가 다음의 주제들에서 차이가 크다는 것을 나타냈다.

① 여자가 남자보다 더 많이 개방하는 주제

- 부모에 대한 감정
- 친한 친구에 대한 감정
- 수강 과목에 대한 감정
- 인생에서 가장 두려웠던 일
- 개인적 성취

② 남자가 여자보다 더 많이 개방하는 주제

- 정치적 견해
- 개인적으로 가장 자랑스러운 점
- 파트너가 지니고 있는 가장 좋아하는 점

따라서 여자들은 개인적인 것, 감정적인 것 및 부정적 정서를 개방하는 경향이 있다. 이와 달리 남자들은 사실적인 것, 정서적으로 중립적인 것 및 긍정적인 것을 더 쉽게 개방한다. 흔히 여자들은 애정을, 남자들은 스포츠를 이야기한다(Aries & Johnson, 1983).

할 수 있는 방향으로 관계를 이끌어 가기 위해 성적인 상호작용을 어떻게 조정하는지, 그리고 성행동이 발생한 뒤에 감정이 어떤 식으로 노출되거나 평가되어 상대방에게 전달되는지 등을 살펴보는 것은 의미 있는 작업이 될 것이다.

첫 움직임은 신체적 친밀감에 의해 나타난다. 처음에 성적 상호작용을 할 때는 비언어적으로 모호하게 간접적으로 표현하며 성적 무관심은 비언어적으로 표현한다. 성적으로 관계를 할 때는 반드시 피임, 성병 예방, 성적으로 좋아하는 것, 싫어하는 것에 관해서 의사소통을 해야 한다. 만일 성적 지향에 대해 분명하게 하지 않는다면 동성애자들은 비언어적인 방법으로 파트너를 결정한다. 남성들의 성역할 때문에 게이들은 이성애자보다 빨리 성을 경험하는 반면 레즈비언 여성들은 성관계 이후에 알게 되는 경우가 있다.

성적 자기노출

커플 간에 자신의 성적 욕구나 성적 선호와 기피에 대해서 적극적으로 자기노출하는 것은 커플 간에 성관계와 관련된 합의를 이끌어내면서 성적 자기만족을 느낄 수 있고 서로 간의 만족도를 높여주는 역할을 한다(김지애, 2006). 특히 파트너에게 자신의 욕구를 정확하게 표현할 때 효율적인 의사소통을 할 수 있기 때문에 자기노출의 정도가 성적 의사소통에서 중요하다(변금령, 2010).

개방적 · 긍정적 성태도

성태도는 성에 대한 가치나 현상 및 남녀 간의 생리적인 관습과 행동에 대해 반응하는 경험의 결과로 나타나는 행동 양식이다. 이는 성생활 및 성욕구와 밀접한 관련이 있어 한 번 형성되면 장기간 유지되는 특성이 있으며 성생활 만족 정도에 영향을 많이 주고 성태도의 유형이 개방적인지 보수적인지에 따라 성 의사소통의 양상이 달라진다. 대학생 커플의 성행동에 관련한 연구에서 허용적이고 개방적인 성태도일 경우 커플 간에 높은 성대화 빈도와 상관이 있으며(박지현, 김태현, 2005) 성생활 만족도가 높았다(이인숙, 문정순, 2000). 부정적 성태도는 남녀 모두에게 성적 불만족과 성기능 장애를 일으킬 수 있으며 반대로 긍정적인 성태도를 가질 때 성적 만족을 더 높게 느끼는 요인으로 작용한다(이홍식, 1987). 또한 성태도가 개방적일수록 성생활 만족도가 높았다.

성 주체성과 성적 자기주장성

성 주체성(sexual regulation)은 자신의 성행동에 대한 내적 통제 또는 외적 통제의 여부로 커플 간 성관계에서 자기 의지에 따라 자신의 통제력을 행사할 수 있는 능력이다(남영주,

2003). 성 주체성을 가지지 않고 상대방에게 지나치게 의존하거나 자신이 자율적이지 않을 때 성적 만족을 잘 느끼지 못한다고 할 수 있다. 한편 성생활을 할 때 본인의 만족을 위해서 원하는 성행동을 파트너에게 정확하게 알려주고, 원하지 않는 성행동에 대해서는 거절하는 것을 성적 자기주장성(sexual assertiveness)이라고 한다(최명현, 2005). 성적으로 자기주장을 하는 여성은 그렇지 않은 여성보다 성행동과 오르가슴 경험 빈도가 높으며 성 만족도 및 커플 만족도가 높았다. 또한 남녀가 평등적인 성태도를 갖는 것이 성 만족도를 증가시킨다(Hurlbert & Whittaker, 1991).

원하지 않는 성관계에 대한 합의

원하지 않는 성관계에 대한 합의(consenting to unwanted sex)는 성관계를 원하지 않거나 욕구가 없을 때 배우자의 강요 없이 배우자가 제의하는 성관계에 기꺼이 동의하는 정도를 말한다(O'sullivan & Allgeier, 1998). 원하지 않는 성관계에 대한 합의는 긍정적 결과와 부정적 결과를 낳는다. 긍정적 결과는 원하지 않았지만 성관계에 응하고 난 뒤에 즐거움을 경험한다는 것이다. 배우자가 만족하는 모습을 보고 즐거워하고 친밀감도 촉진되며 관계의 불화도 예방할 수 있다고 했다. 또한 합의가 배우자에게 애정과 지지를 표현하는 수단일 때도 긍정적인 결과를 얻을 수 있다(Impett & Peplau, 2003). 이와는 반대로 부정적 결과에는 성병 감염과 관련해 위험한 성행동을 유발할 수 있고 정서적 불편감과 부정적인 자기평가를 할 수 있다(O'sullivan & Allgeier, 1998).

2. 데이트와 성적 의사소통

연인 간에 상호 친밀성이 높아지면 데이트관계가 발전하여 자연히 성적 접촉(신체적 접촉, 포옹, 키스, 애무 및 성관계 등)이 있게 된다. 이때 연인 간 친밀성의 한 측면이 성적 친밀성이라고 할 수 있는데 연인 간 데이트에서 어떤 활동이 적절하고 어떤 활동이 부적절한지에 대해 효과적으로 의사전달을 하기가 매우 어렵다.

개인차이가 있겠지만 성적 상황에 대해 불편해하는 경향이 있는 사람은 자신의 성적 활동에 대해 선호나 싫어함을 솔직하게 전달하지 못하고 성적 진행을 회피하기 위해 비언어적 의사소통을 통해 나타낸다(Murnen et al., 1989). 또한 어떤 파트너는 성적 상황에서 적극적 역할을 기대받고 있고 성적 활동을 주도하기도 하지만 상대 파트너의 비언어적 표현을 알아차리지 못해 데이트 관계의 친밀감 형성에 부정적 영향을 주기도 한다.

Muehlendhard(1985)의 연구에 의하면 데이트 시 남성들은 여성들보다 파트너의 행동을 더 성적인 것으로, 더 성적 관심이 있는 것으로 해석하는 경향이 있는 것으로 나타났다. 남자들은 여자들이 호의적이거나 호감 있는 것이라 해석하는 행동을 성적 관심을 나타내는 것으로 해석하여 파트너의 단순한 호감(통상적인 중립적 행동)과 성적 관심을 혼동하는 경우가 많다고 한다. 예를 들어 남성들은 여성이 자신의 집에 가려는 의사, 짧은 스커트를 입는 것, 여성이 남성에게 데이트 신청, 여성이 지나가는 말로 쉬는 날 할 일이 없다는 표현 등을 자신에 대한 성적 관심의 표시로 해석하는 경향이 있다. 즉 여성들에 의해 호의적 행동이라고 간주되는 것이 남성들에 의해 성적 관심으로 간주된다.

한편 성적 활동에서의 남자의 적극적 역할과 여자의 수동적 역할에 관한 문화 규범들이나 성각본(예 : '남자의 시도와 여자의 저항')은 여자들에게 성적 활동에 대한 자제나 저항을 나타내는 의례적 행동, 즉 상징적 저항(token resistance)을 하게끔 만든다.

Muehlendhard와 Hollabaugh(1988)의 연구에서 다수의 여학생들 중 약 40%는 성적 활동에 의사가 있음에도 불구하고 이것에 대한 상징적 저항을 행한 바가 있다는 것을 발견했다. 또한 이러한 저항을 행하는 여성들은 다소의 성적 죄의식이 있는 여성들이며 높은 성적 죄의식이 있는 여성들은 성적 활동에 대한 거부를 분명하게 제시하는 경향이 있는 것으로 나타났다. 남녀의 성적 상호작용에서의 이중기준(남성의 주도성과 여성의 수동성)은 여성의 적극적 성활동, 성적 의사표현에 대해 난잡하다거나 아무에게 몸을 준다는 사회적 비난과 낙인을 부여하고 어떤 여성들은 이러한 비난을 피하기 위해 하나의 합리적 수단으로서 상징적 저항을 표시할 수도 있다.

남성과 여성들은 성적 상황에서 원치 않는 성활동을 행하는 압력을 받고 있다. 약 1,000명의 남녀 대학생들에 대한 연구에서 남녀 90% 이상이 자신이 원치 않는 성활동을 수행한 바 있다고 보고했다(Muehlendhard & Cook, 1988). 이러한 원치 않는 성활동을 고무시키는 주요인은 전통적 성역할일 것이다(홍대식, 2002).

1) 언어적 대 비언어적 의사소통

언어와 성적 의사소통

성생활을 잘 영위하고 있는 사람들의 공통된 특징은 어떤 행위, 체위, 테크닉, 전희 등이 자신에게 좋은지 나쁜지를 잘 알고 있으며, 그것을 철저하게 실제 행동에 반영한다는 것이다. 또 솔직한 자기 속마음을 상대에게 부담 없이 말해주고 들어 주며 그 의견을 성행위에 적용한다. 만족스러운 성생활을 하려면 지나친 자기억제나 피상적인 성지식을 고집하는 자세도 피해야 한다. 또한 성생활이 자신들만의 것이지 다른 누구의 것이 아니라는 사실을 확실하게 알고 있어야 한다.

성적 관계에 들어가기 전에 서로의 정보를 교환하여 상대가 어떤 애무를 즐기는지, 어느 곳이 강한 자극을 받는지 미리 파악해 성 접촉에서 최대한의 만족을 느끼기 위한 준비를 철저히 한다.

성적인 대화와 자기노출을 통해 자신의 요구를 명확히 표현하고 상대방의 요구를 잘 파악하는 것은 성적인 보상을 더 증가시킨다. 커플 간에 이루어지는 성에 관한 대화는 관계의 친밀성을 촉진할 뿐 아니라 개방된 상호작용은 성과 관련된 문제에 대한 커플 간의 상호 동의를 이끌어낼 수 있고, 또 상대방의 관점을 이해할 수 있도록 한다. 또한 성적인 욕구나 선호에 관한 자기노출은 성생활에서의 문제를 감소시킬 수 있고, 더 나아가 커플관계의 질을 향상시키는 기능을 할 수 있을 것이다.

보수적인 성문화와 적절한 의사소통 방식을 사용하지 못하기 때문에 커플 간에 솔직하게 성적 표현을 하는 것이 어렵다(손영미, 2005). 의사소통 방법을 배우는 것이 중요한데, Brenton(1972)은 커플들을 위한 의사소통에서 네 가지 유형의 성적 의사소통에 대해 설명했다.

- 관습적 유형(conventional style) : 피상적 대화 형태로 경직된 발언과 일상적인 감정만 간단하게 표현하고 성에 대해서는 애매한 표현을 사용
- 독단적 유형(assertive style) : 상대방에게 무조건적으로 자세나 행위를 요구하는 형태
- 방관자적 유형(speculative style) : 가장 비생산적이고 무책임한 대화 형태로 철저하게 자기 의견을 제시하지 않고 방관자 입장을 고수하면서 심각한 주제는 쉽게 거론하기 때문에 악의적인 대화로 상황을 더 악화시킴
- 직면적 유형(confronting style) : 방관자적 유형과 정반대 유형이며 문제에 대해 직면하고 매사에 책임감을 가지고 솔직하게 자신의 감정을 표현하며 문제 해결을 위해서 민감한 대화도 피하지 않고 적극적으로 대화하는 가장 바람직한 유형

언어와 성적 의사소통에서 효과적인 의사소통의 또 다른 장애는 성에 관한 적절한 어휘의 부족이다. 성적 욕구나 느낌을 표현하고 싶은 갈망을 가지고 있지만 대부분의 사람들은 표현 방법을 잘 모른다. 또한 우리가 배운, 성을 묘사하는 많은 단어들이 긍정적인 정서보다는 부정적인 정서와 연관되어 있다.

많은 사람들이 금기된 성 단어를 킬킬거리며 배우거나, 혹은 화가 나거나 공격적이거나

창피를 줄 때 그 단어를 사용한다. 결과적으로 정말로 배려하는 누군가와의 활동을 묘사하기 위해 그런 단어를 사용하는 것이 매우 불편해질 수 있다. 그래서 성적 의사소통을 시작하려 할 때 친밀한 대화를 위해 가장 적당한 단어를 찾으려고 애를 쓰는 자신을 발견하게 된다. 성기의 구조를 묘사하기 위해 일반적으로 사용되는 단어들의 범주는 성에 대한 사회의 혼합된 정보들을 암시한다. 그것은 2개의 극단적인 경향을 띠고 있는데 속어와 전문 용어의 형태를 갖고 있다. 자신의 생식기를 묘사하는 편안한 단어가 부족하여 많은 사람들이 그 단어를 일상적으로 통용하기가 쉽지 않다. 배려하는 상황에서 사용하기에는 너무 임상적이거나 거칠거나 유치하거나 때론 공격적이거나 모욕적이기도 하다.

서로의 생식기에 대해 부르기 쉽고 긍정적인 의미를 가진 개인적인 이름을 부여할 때, 이는 재미를 촉진함으로써 상호 의사소통을 수월하게 한다(Contemporary Sexuality, 1999). 즐거움을 갖고 서로가 몸을 접촉하는 동안 사랑하는 사람에게 이야기하는 것과 연결 지어 생각하는 것은 많은 이로움이 있다. 서로의 욕구와 선호에 대해 아는 동시에 친밀감을 발전시키기에 아주 좋은 시간이다. 특히 성숙하게 허용할 수 있는 단어들을 발견하기 위해서도 좋은 방법이다.

비언어적 의사소통

인간관계에서 언어적으로 말하는 내용 자체는 의사소통 과정의 일부분에 불과하다. 실제로 많은 비언어적 단서들이 의사소통을 위해 동원된다. 비언어적 의사소통은 응시, 제스처, 얼굴 표정, 자세, 움직임 등을 포함하며 그 외 옷차림과 머리 모양 및 액세서리와 같은 각종 장식도 중요한 정보를 전달한다.

신체 접촉

남성과 여성 중 누가 상대편과 더 많이 접촉하는가? 여성은 남성보다 아는 사람들과 포옹하거나 껴안기를 더 많이 하며 동성끼리 더 많이 접촉하는 경향이 있다. 여성들의 이러한 행동은 친밀성을 표현하기 때문에 여성들의 접촉 시도는 남성들이 접촉을 통해 전달하려는 힘과 성의 의미를 전달하지 않는다.

마주 보기

여성은 남성보다 대화를 할 때 상대방을 더 자주 바라본다. 친한 친구와 대화할 때 여성들은 더 가까이 앉고 서로 마주 보면서 이야기를 나눈다. 반면에 남성들은 더 멀리 떨어져 앉고 서로를 직접적으로 바라보는 일이 거의 없이 나란히 앉아서 이야기한다.

표정

아동들은 미소의 양에서 남녀 차이가 없지만 성인 남녀의 경우에는 여성이 남성보다 더 많이 미소를 짓는다. 여성은 다른 여성들과 함께 있을 때 가장 많이 미소를 띠며, 논쟁할 때와 같이 웃을 이유가 없을 때에도 미소를 짓는다. 여성들의 미소는 그들의 내적 행복 상태를 표현하기보다는, 여성은 미소 띤 얼굴을 하고 있어야 한다는 성역할 고정관념을 반영한다고 할 수 있다.

몸으로의 대화(전희)

사랑의 행위는 육체적 관점에서 지극히 자연스러운 현상이라는 견해가 있는 것처럼 전희로서의 대화는 어디에서든 나눌 수 있다. 예를 들면 점심을 먹으면서, 파티에서, 그리고 애무를 하면서도, 서로가 그것을 받아들인다는 전제만 성립되면 언제 어디서나 가능한 것이다. 대화는 진심에서 우러나와야 하며 상황에 걸맞아야 한다. 대화에 사용되는 어휘는 전희(대화)를 거쳐 성 접촉을 갖고자 하는 상대방의 의식 수준에 맞아야 한다.

성에 대한 상호작용

커플 간의 성과 관련하여 파트너와 어느 정도 의사소통을 하는지 파악하는 것도 중요하지만, 서로 만족하는 바람직한 성관계를 이끄는 방향으로 서로 조정하는지를 탐색하는 것도 중요하다고 본다. 왜냐하면 이러한 조정 자체가 의사소통의 기제가 될 수 있고, 이러한 기제에 의해 파트너와 자신의 성에 대한 바람직한 의미를 형성해 나갈 수 있기 때문이다.

사회심리학자인 Carol Kabris(1992)는 성행동을 연구할 때에는 단지 행위의 횟수나 경험된 절정감 등의 행동적인 측면뿐 아니라 행동 뒤의 느낌과 동기도 연구해야 할 필요성이 있다고 했다. 성행동이 발생한 이후에 부부간의 상호작용이 어떤 방식으로 일어나는지를 살펴보는 것도 의미가 있다는 것이다. Wood 등(1994)은 부부간의 성행위 후 상호작용이 부부의 성생활 만족도에 유의한 영향을 미치는 것으로 보았다. 이러한 관점에 따른다면, 행동이 발생한 뒤 배우자에 대한 감정 전달이나 표현 방식 등이 다음에 발생하는 성적 상호작용뿐 아니라 배우자가 성에 대해 부여하는 의미나 성에 대한 태도 등에도 영향을 미치는 중요한 메시지가 될 수 있다.

성적 의사소통이 어려운 가장 중요한 이유 중 몇 가지는 자신의 사회화(socialization), 성에 관한 대화를 나누는 데 사용할 언어, 그리고 많은 사람들이 자신을 표현하는 데 갖는 두려움 등이 있다.

사회화와 성적 의사소통

어린 시절 양육 방법은 성인이 된 이후 성적 욕구에 관한 대화에 있어서 어려움을 주는 원인이 될 수 있다. 국부를 가리도록 하고 배설기관을 '더러운 곳'이라고 생각하게 하거나, 역반응에 대한 두려움으로 자신의 즐거움을 숨기도록 배우는 모든 것들이 우리 신체의 성적 부위와 기능에 대해 부끄러움과 불편함을 갖게 하는 원인일 수 있다.

가정에서 성에 대해 대화하지 않는 것은 아동에게 있어서 훗날 생애에서 성에 대한 대화를 위한 중요한 근거를 박탈당한 것과 같다. 이러한 의사소통의 결핍으로 인해 성이 대화에서 수용할 수 있는 화제가 아니라는 절대적 메시지를 갖게 된다. 즉 자신의 생각을 표현하는 기회가 뒤따르는 대화의 상호작용 본보기가 주어질 때 의사소통 기술을 가장 효과적으로 습득할 수 있다. 그러나 성에 대한 대화를 전혀 나누지 않는 가정에서는 일반적으로 가능하지 않은 것이다.

성적 의사소통 기술의 개발

효과적인 의사소통의 주요한 열쇠는 자기개방, 신뢰, 피드백이다. 자기개방은 자신에 대해 친근하게 느낄 수 있도록 정보를 제공하는 것과 관련된다. 진실은 다른 사람을 신뢰하고 통합하는 믿음이다. 또한 피드백은 자기 자신을 개방함으로써 다른 사람으로부터 구체적인 반응을 얻는 것이다.

Tannen은 의사소통을 증진하는 첫 번째 단계는 의사소통 방식에 성차가 있다는 것을 받아들이고 이해하는 것이라고 했다.

말하기 대 말하기

사람들이 한 주제에 대하여 어려움을 느낄 때 시작하기 가장 좋은 지점은 말하기 대 말하기이다. 성에 관해 말하는 것이 왜 어려운지에 대해 토론하는 것은 시작하기에 좋은 지점이다. 각 파트너는 개인적인 이유를 가지고 있으며, 그러한 이유들을 이해하는 것은 단단한 기반 위에 관계를 설정하는 것을 도울 수 있다. 초기에 덜 개인적인 주제(예 : 새로운 피임법, 음란물의 법률 등)로 이끌어 가는 것은 성적 의사소통의 장으로 점진적으로 나아가는데 도움이 된다. 이후에 서로 편안해짐에 따라서 더 개인적인 느낌이나 관심에 대해 얘기할 수 있다.

읽기 대 토론

많은 사람들이 성에 대해 말하는 것보다 읽는 것이 더 쉽다는 것을 알 수 있다. 즉 그 주제를 다루는 잡지나 책은 개인적인 대화를 위해 자극을 줄 수 있다. 파트너와 나눠서 읽고 함께 토론하며 개인적인 반응을 얘기할 수 있다. 종종 개인적으로 관심이 많이 가는 것을 얘기하는 것으로 시작하기보다는 책이나 잡지를 통해 갖는 개인적인 느낌들을 나누면서 분위기를 전환하는 것이 자연스럽다.

듣기와 피드백

의사소통에서는 효과적으로 말하고 경청하는 것이 중요하다. 예를 들어 어떤 사람은 자석같이 다른 사람을 자신에게로 끌어당기는 것 같은데 이런 부분에 대해 궁금해한 적이 있는가? 그러한 사람을 좀 더 가까이에서 관찰해보면 그들은 공통적으로 잘 듣는다는 특성을 가지고 있다. 그러한 특성과 관련된 것을 다음 목록에서 살펴볼 수 있다.

① 적극적인 경청자 되기

시선을 맞추고 유지하기 : 우리의 눈은 놀라울 정도로 감정을 나타낸다. 우리는 다른 사람들과 중요한 생각이나 감정을 나눌 때 눈을 지속적으로 맞춘다. 말하고 있는 것에 관심을 가지고 있다는 메시지는 명백하다. 눈 맞춤을 지속하는 데 실패할 때, 상대방이 전달하고자 하는 가치 있는 피드백을 부인한다.

피드백 주기 : 메시지의 영향은 늘 그 의도와 꼭 같을 수는 없으며 의사소통은 잘못 이해될 수가 있다. 성(sexuality)과 같은 주제에서는 특히 그렇다. 이때의 말은 우회적이고 서투르다. 그래서 말로 피드백을 줌으로써 상대의 메시지에 대해 반응하는 것은 매우 도움이 된다. 상대의 의견을 자신이 어떻게 받아들이고 있는지를 분명히 하는 것 이외에 말로 하는 피드백은 자신이 적극적으로 듣는 것을 증진한다. "내가 방금 말한 것에 대한 당신의 생각은 어때?"와 같은 언급은 피드백을 조장하며, 상대에게 전달하는 메시지의 영향을 측정하는 것을 도울 수 있다.

② 파트너의 의사소통 노력을 지지하기

많은 사람들은 상대에게 중요한 메시지를 전달할 때 상처 받기 쉬운 감정을 가질 수 있다. 노력에 대한 지지는 두려움이나 불안을 경감할 수 있으며, 실행 가능한 관계를 위하여 아주 중요한 의사소통 기술을 지속적으로 만들어 가도록 고무할 수 있다. 중요한 사안에 대해 말로 소리 내어 싸우고 난 뒤에, "당신이 실제로 어떻게 느끼는지 나에게 얘기해줘서 기뻐." 혹은 "당신 마음이 어떤지 나에게 말해줄 정도로 충분히 배려해준 것에 대해 고맙게 생각해."라고 하는 것이 얼마나 좋은 느낌일지 생각해보라. 그런 지지적인 언급은 서로 간의 공감을 촉진하도록 도울 수 있으며, 솔직하게 생각과 느낌을 계속 전달하려고 할 것임을 확언한다.

③ **무조건적인 긍정적 수용 표현하기**

내담자 중심 치료, 무조건적인 긍정적 수용은 가장 난처하거나 고통스러운 사안까지도 얘기하도록 고무할 수 있다.

④ **바꾸어 말하기**

듣는 사람이 말하는 사람의 메시지를 자신의 말로 요약하여 듣는 사람 입장에서 바꾸어 다시 말해줌으로써 서로 간의 의사소통의 오해를 줄이기 위해 재확인하는 과정이다.

파트너의 욕구 탐색하기

상대방이 무엇을 즐거워하는지 아는 것은 성적인 친밀감의 중요한 한 부분이다. 많은 커플들이 상대의 선호를 알고 싶어 하지만 어떻게 찾아내야 할지는 불분명하다.

파트너가 자기노출을 기꺼이 하려고 할 때에는 강한 정서적인 주제에 관하여 느낌을 나누는 것이 쉽다. 그러나 이러한 접근은 위험할 수 있으며 경우에 따라서 어떤 사람은 개인적인 생각이나 느낌을 나누었을 때 쉽게 상처 받을 수 있다. 남자가 자신의 감정에 대해 논하는 것은 특히 어려울 수 있다. 성적 의사소통의 만족과 성적 만족, 관계 만족의 연구(Byers & Demmons, 1999)에서 성적 · 비성적 자기노출이 전반적인 성적 의사소통의 만족과 관계 만족에 긍정적으로 기여한다는 것이 드러났다. 이 연구에서 자기노출은 2개의 경로를 통하는데, 관계에서 성적인 보상을 증가시킴으로써 전반적인 관계의 만족을 증가시키고 이는 성적인 만족에 기여한다고 주장했다. 즉 '성적 보상의 증가와 관계 만족의 증가는 성적인 만족을 강화한다'라고 할 수 있다.

한편 서로의 즐거움에 대한 얘기를 나누고, 또한 책임에 대해서도 논의할 수 있는데 이런 얘기와 요구는 명확하게 '나 메시지'를 사용해 전달한다.

비난 주고받기

① **건설적인 비난 전략**

파트너에게 말로 비난을 하기 전에 가장 좋은 시작은 비난을 하려는 자신의 근원적인 욕구가 무엇인지를 살펴보는 것이다.

② **자신의 동기 자각하기**

상대에게 상처, 굴욕, 비난, 조롱 등을 하기 위한 목적이라면 상대를 비판하는 것이 건설적이기보다 파괴적일 수가 있다. 상대를 비판하는 자신의 동기를 자각하는 것은 이러한 위험을 피하는 데 도움이 될 수 있다. 서로 간에 공감하고 단란한 시기에는 효과적인 비판을 하기가 쉽지 않지만 몇 가지 전략이 대립된 상황에서 공감을 유지하도록 도울 수 있는데, 중요한 것 중 하나는 적당한 때와 장소를 잡는 것이다.

③ 적당한 때와 장소 선택하기

"내 애인은 우리의 성생활에 관하여 자신을 괴롭히는 어떤 것을 얘기할 때 늘 성관계를 하고 난 후에 한다. 나는 이완되어 있고 그녀를 팔로 안고 있으며 기분 좋은 생각을 하고 있는데 그녀가 비판을 좀 하면서 그 기분을 깨뜨린다. 그녀가 생각을 표현하는 것이 싫은 게 아니라 그 시간에 하는 것이 힘들다. 사랑을 나눈 뒤에 내가 듣고 싶은 얘기는 '더 좋을 수 있었어.'이다."

이 남자의 낙담은 분명하다. 사랑을 나눈 후의 상기된 상태에서 그녀가 자신의 염려를 말하는 것은 그녀의 목적에 상반되는 일을 하는 것이다. 그는 쉽게 상처 받을 수 있으며, 잠재적인 어려운 대화의 예견으로 인해 성관계 뒤의 좋은 기분을 망가뜨린 것을 불쾌해하고 있다.

많은 사람들이 위 사례의 여성과 같이 파트너에게 직면하는 가장 좋은 때를 선택하지 않는다. 대부분의 경우에 시간이 제한되거나 피곤하거나 스트레스를 받고 있거나 술을 먹었을 때 문제를 얘기하는 것은 현명하지 않으며, 시간이 충분하고 서로 가깝다는 느낌이 들고 이완되어 있는 휴식 시간을 찾아야 한다. 서로가 또는 어느 한쪽이 피곤할 때, 자기나 상대방이 골몰해 있을 때, 급히 처리해야 할 일이 남아 있을 때, 술에 취해 있을 때는 성 문제를 꺼내지 말아야 한다. 특히 분노가 머리끝까지 치밀어 올랐을 때는 성에 관한 대화를 하지 말아야 한다. 주로 긴장이 풀려 있을 때, 서로 충분한 시간이 있을 때, 서로가 서로에게 애정을 느끼고 있을 때를 선택해야 한다.

대화를 하기에 좋은 시간을 선택하면 서로가 서로를 다치게 하지 않는다. 혹 다치더라도 대화를 시작한 쪽이나 대화에 응하는 쪽이나 느긋한 상태에서 하는 말이기 때문에 그 상처가 크거나 깊지 않을 것이다. 따라서 파트너에게 성 문제를 이야기하고 싶을 때 먼저 스스로에게 물어보라.

첫째, 적절한 시간인가?

둘째, 적절한 장소인가?

셋째, 나 그리고 우리는 문제를 제기해도 괜찮은 적절한 분위기에 있는가?

넷째, 내가 진정으로 바라는 것은 무엇인가?

2) 성에 관한 여러 가지 대화 형태

상황에 알맞은 대화 형태는 의사소통을 원활하게 하지만, 알맞지 않은 대화 형태는 의사소통을 단절시키고 나아가 서로의 관계를 위태롭게 만든다.

관습적인 형태

피상적인 대화 형태로 사실에 관해 구태의연한 발언과 일상적인 감정만을 간단하게 표현한다. 성과 관련해서 이것도 저것도 아닌 애매한 표현으로 일관한다.

독단적인 형태

상대방에게 어떤 자세나 행위를 무조건적으로 요구하는 내용의 대화를 하는 것이다. 이렇게 대화하는 사람은 스스로도 느끼겠지만 독재적이고 뻔뻔스러우며 상대를 우습게 볼 가능성이 크다. 독단적인 대화는 상대를 짓밟는 공격적인 대화와 다를 게 없다. 이런 형태의 대화도 상대에 따라서는 토론으로 전개될 수 있으나 매우 드문 경우이고 대개는 논쟁으로 번지게 된다.

방관자적인 형태

가장 비생산적이고 악의적인 대화 형태이다. 싱겁고 모호한 대화로 이루어지며 막다른 골목에 가서야 자신의 본심을 드러낸다. 자신을 철저하게 방관자적인 입장에 놓고 자신의 의견을 좀처럼 먼저 꺼내지 않고 결정적인 순간에 남의 실수를 잘 물고 늘어진다.

문제와 대결적인 형태

방관자적인 것과 정반대되는 형태이다. 발생하는 문제를 직시하고 매사에 책임 있게 자신의 솔직한 감정을 바탕으로 대응하므로 어떤 상대와도 실질적인 대화를 나눌 수 있고, 문제 해결을 위해서는 민감한 대화도 회피하지 않는다. 가장 바람직한 대화 형태라고 할 수 있다.

이상의 네 가지 대화 형태는 사람에 따라서 차이가 있겠지만 어느 한 가지만을 고수하는 사람은 없다. 때와 상황에 따라서 이런 태도, 저런 태도, 또는 두 가지 이상을 복합해서 사용할 수도 있다. 서로 솔직하고 투명한 자세로 문제를 살펴보고 서로의 내면을 있는 그대로 열어 보여주는 형태의 대화는 건강한 성, 완전한 성을 마음껏 즐길 수 있게 해주며 일상생활에 적용할 경우 삶이 풍요로워진다.

3) 성적 의사소통과 결혼생활

부부 혹은 커플 간의 성이란 결혼과 함께 시작되는 결혼 생활의 핵심 요소이고 부부간의 중요한 관심사로서 결혼관계의 결속을 강화하기도 하지만, 성적 부적응으로 인한 갈등이 발생하기도 한다. 실제로 여러 연구에서 부부간 불화는 성적 부조화나 불만족과 같은 성적 문제가 중요한 원인으로 작용하고 있다고 밝혀져 있다. 따라서 배우자와 정서적 관계가 친밀할수록 성생활이 보다 적극적인 경향을 보인다. 이처럼 성생활은 부부관계에 직접적으로 영향을 주는 중요한 변수로 작용하고 있다.

인간의 성적인 문제는 개인, 가족 및 사회적 측면에서 건강에 관련된 변수로서 작용한다. 인간의 성생활은 성적인 존재로서의 성욕구의 표현이다. 이러한 성욕구의 표현인 성행위는 여성의 경우 심리적 자극과 신체적 자극에 의해 유발된다. 애정이나 친밀감, 신뢰감을 중요시하는 부부관계에서의 성 또한 단순히 성행동의 수행이나 그러한 행동을 통한 기본적인 인간의 성욕 해결, 자녀의 출산, 또는 쾌락이나 절정감의 경험만을 받아들여서는 안 된다. 오히려 성은 관계 전반을 평가하는 하나의 지표가 될 수 있다. 즉 성은 사랑이나 친밀감을 표현하는 하나의 방식이 될 수도 있고, 관계에 대한 헌신이나 몰입을 확인하는 기능을 할 수도 있으며, 배우자 간의 권력 균형을 맞추기 위한 방법이 될 수 있으므로 부부간의 성과 직접적인 관련성을 가지지 않는 관계적 현상에 있어서도 유의한 함의점을 갖는다.

Feldmang은 부부의 친밀감과 부부 상호 간의 만족에 있어서 성관계의 중요성을 강조하면서 성관계의 질은 친밀감과 깊은 상호 이해에 영향을 미치고 또한 영향을 받는다고 했다. Blumstein과 Schwartz는 부부간의 원만한 성생활이 좋은 관계의 중심이 된다고 주장했고 성행동을 전체 결혼 만족에 기여하는 요인일 뿐 아니라 부부 의사소통의 한 형태로 보았다. Scoresby도 성행동을 의사소통으로 보는 견해를 지지하고 개방적이고 친밀한 방법으로 자유롭게 의사소통하여 얻은 성의 쾌감은 두 사람의 결혼생활을 향상시켜 준다고 했다.

성관계에 있어서 의사소통이 중요한 이유는 성관계는 혼자 하는 관계가 아니며 부부가 함께 신체를 매개로 하는 관계이기 때문이다. 성관계를 단순한 신체 접촉이라는 협의적 개념을 넘어서 분위기 조성-전희(상호수음)-삽입-후희 등의 성행위에서 성과 관련된 언어적, 비언어적 소통을 파악할 때 성관계는 사랑을 주고받는 소통의 한 종류이다. 부부는 이런 성적 의사소통을 통해 서로의 감정이 전달되고 정서적 교감으로 말미암아 만족을 느끼게 된다. 그러므로 부부가 서로의 성행동이나 성태도, 사랑에 대한 지각의 차이를 이해하기 위해서는 가장 기본적으로 부부간의 개방적인 의사소통이 필요하다. 서로간의 의사소통이 원만하지 못하면 성적 측면과 정서적인 면에서 판단이나 결정이 어려워지며 서로 만족을 주지 못하게 된다.

부부간 의사소통이 원활하지 않아 문제가 되는 경우의 예는 '전희는 반드시 성교로 이어져야 한다'는 사고방식에서 비롯된 문제들을 들 수 있다. 이와 같은 문제로 단순한 전희로 얼마든지 즐거운 시간을 보낼 수 있는 부부들이 상대방이 원한다고 지레짐작하고는 의무적으로 성행위를 하려고 무리를 한다. 또한 성과 관련된 이중적인 표현이나 권위적 의사소통이 부부관계를 혼란스럽게 만들 수 있다. 성과 관련된 의사소통이 불확실하여 오해와 좌절을 가져오기도 한다.

효과적인 성적 의사소통의 예

첫째, 성적인 용어를 사용하라. 성교에 연관하여 생각할 수 있는 모든 기술적이고 속어적인 용어를 포함하는 목록을 만들어 배우자와 함께 어색하고 불편한 느낌이 없을 때까지 반복해서 읽는다. 이러한 노력은 배우자와 성교에 관해 이야기하는 것을 편안하게 느끼는데 도움을 준다.

둘째, 자유해답식의 질문을 하라. 성관계 전 배우자에게 성교에 대해 개방적인 질문을 하는 것은 활발한 성 의사소통에 도움을 준다.

셋째, 반영적인 피드백을 하라. 피드백을 통해 배우자의 감정이 받아들여지고 있다는 것을 확신시키는 것이 중요하다.

특히 중년기 성생활은 부부의 잠재적인 즐거움을 개발하고 결혼생활을 풍성하게 해주는 중요한 요인이다. 성생활은 의사소통의 아주 강력한 형태이며 부부관계에서 의사소통의 다른 차원을 풍성하게 하는 것은 무엇이든 성생활을 고양한다. 성적 능력이나 즐거움이 급격히 감소한다는 그릇된 통념이 실제로 성적인 면을 감퇴시키는 요인의 하나이다. 자녀양육의 짐이 감소하고 폐경기와 함께 원하지 않는 임신의 두려움으로부터 자유로워진 중년기는 부부가 마음껏 성생활을 누릴 수 있는 시기이다. 중년기 부부관계 성장을 위해서는 상대방에 대한 기대를 수정하고 서로가 정서적 지지를 제공하며 상호 성적인 즐거움을 발전시키며 새로운 방향을 탐색하는 것이 중요하며 중년기 새로운 부부관계를 위해 결혼을 재정비할 기회를 가지라고 한다.

상호간의 사랑, 책임 수행 등에 커플 간의 성생활이 잘 수행되지 않을 때에는 반드시 상대방의 의사소통에 대한 이해가 중요시되어야 한다. 특히 성생활에서 상대방에 대한 언어적 지지와 격려, 이해 등이 필요하며 커플 간의 개방적이고 솔직하며 분명한 의사소통이 성생활 만족을 높여준다고 했다. 따라서 커플 간 성관계 패턴에 기초하여 성생활에 있어 상대방에게 자신의 감정과 요구를 제대로 전달할 수 있는 효과적인 의사소통 방식을 개발할 필요가 있다.

한편 Masters와 Johnson(1986)도 커플 간 성에 관한 의사소통이 만족스러운 성적인 관계에 필수적이라고 했을 뿐 아니라, 여러 연구에서 성적인 의사소통이 커플 간의 성생활 만족도는 물론이고 결혼생활 전반에 대한 만족도에도 유의한 영향을 미치는 것으로 밝혀졌다. 성은 친밀감을 표현하는 하나의 중요한 방법으로서 그 자체가 하나의 의사소통 기제가 될 수도 있다.

그럼에도 불구하고 대부분의 사람들이 성에 관하여 직접적으로 의사소통하거나 자신의 견해를 표현하는 것을 배우지 못했다고 Gottman과 Silver(2000)가 지적한 바 있다. 국내의 한 연구(문혜숙, 1993)에 따르면, 성적 적응이 잘되는 커플은 성에 관한 의사소통이 어느 정도 원활히 이루어지고 있으나 성적 적응이 잘되지 않는 커플 사이에서는 성에 관한 의사소통이 전혀 이루어지지 않는 것으로 나타났다. 성적인 불만족이나 부적응이 성에 관한 의사소통을 방해하는 것인지, 전무한 의사소통이 커플의 성적 불만족과 부적응에 기인한 것인지 원인을 정확히 알 수 없으나, 성적인 적응과 커플의 의사소통은 의미 있는 관련성이 있다. 또한 성생활 불만족은 성생활 의사소통 문제와 깊은 관련성을 가지며, 성생활 의사소통은 커플 간 갈등에도 의미 있는 영향을 미치는 것으로 나타났다.

따라서 커플이나 부부간의 성적 의사소통이 효율적이고 원만하게 이루어짐으로써 성생활을 통한 커플이나 부부간의 애정과 친밀감이 더욱 증진되며, 부부 사이의 불일치나 갈등을 줄여 나가는 데 기여할 수 있다. 의사소통 이론에 의하면 관계라는 것은 바로 의사소통을 통해서 드러나게 되고, 커플이나 부부 문제는 개인의 문제가 아니라 관계상의 문제이기 때문이다.

요약

- 성적 의사소통은 친밀한 관계와 성적인 관계 만족과 즐거움을 얻는 데 긍정적인 기여를 한다. 만족스러운 성관계가 커플 간의 적응과 관계가 깊고, 성적으로 만족하면 커플갈등이 감소하며, 이러한 의사소통은 반드시 언어적인 메시지로 이루어지는 것만은 아니다. 행동이나 몸짓, 얼굴 표정 등 다양한 통로를 통해서 이루어질 수 있고 때로는 이와 같은 비언어적인 메시지가 의사소통에서 더 중요한 기능을 할 때도 있다. 특히 성적인 의사소통은 성에 대한 커플 간의 구체적인 대화 이외에 서로가 만족할 수 있는 성관계로 이끌기 위한 상호작용의 조정, 혹은 성행동이 발생한 이후의 상호작용 등도 의사소통을 구성하는 하나의 측면이 될 수 있다.
- 성적 상호작용의 첫 움직임은 신체적 친밀감에 의해 나타난다. 처음에 성적 상호작용을 할 때는 비언어적으로 모호하게 간접적으로 표현한다. 성적으로 관계를 할 때는 반드시 피임, 성병 예방, 성적으로 좋아하는 것과 싫어하는 것에 관해서 소통해야 하고, 성적 지향에 대해 분명하게 하는 것이 필요하다.
- 커플 간에 이루어지는 성에 관한 대화는 관계의 친밀성을 촉진할 뿐 아니라, 개방된 상호작용은 성과 관련된 문제에 대해 커플 간의 상호 동의를 이끌어낼 수 있다. 이는 상대방의 관점을 이해할 수 있도록 하고 성적인 요구나 선호에 관한 자기노출은 성생활에서의 문제를 감소시킬 수 있고 커플관계의 질을 향상시키는 기능을 한다. 성적인 대화와 자기노출을 통해 자신의 요구를 명확히 표현하고 상대방의 요구를 잘 파악하는 것은 성적인 보상을 더 증가시킨다.

토론문제

- 의사소통이 잘되는 관계일수록 서로에 대한 만족도가 매우 높다고 할 수 있다. 특히 성 관련 의사소통은 관계를 유지하는 데 중요한 작용을 하는데, 성 관련 의사소통에 대해 남녀 간의 차이가 존재하는지 논의해보자.
- 커플이나 부부간의 결속을 강화하는 데 성적 부조화로 인한 불만족 등 성적 문제가 갈등의 중요 원인으로 작용을 하고 있다고 밝혀지고 있다. 따라서 성관계에 있어서 성 관련 의사소통이 중요한 이유를 주변의 다양한 사례를 들어 논의해보자.

08

CHAPTER

다양한 성적 활동

P S Y C H O L O G Y O F S E X U A L I T

8

1. 성적 환상

1) 성적 환상의 의미

성과 관련된 환상은 어느 누구에게나 있고 또 어떤 시점에서나 생겨날 수 있다. 여러 연구 결과에 의하면 남성의 54%, 여성의 19%가 하루에 한 번 정도는 성과 관련된 생각을 하며(Laumann, 1994), 95% 이상의 남녀가 자신만의 성적 환상이 하나 이상 있다고 응답했다(Harold & Henning, 1995). 대학생을 대상으로 한 연구에서는 남성의 94%, 여성의 76%가 지난 하루 동안 성과 관련된 생각을 했다고 보고한 바도 있다(Elliott & Brantley, 1997).

Nancy Friday(1980)는 '성적 환상은 욕망과 절제 그리고 회피와 모호함의 지도'라고 했다. 성적 환상은 모든 성적 행위를 포함하는 광범위한 개념이라 할 수 있다. 모든 사람에게 성적 환상이 존재한다고 예상되지만, 개인적인 가치관과 사회적으로 허용되지 않는 것에 대해서는 서로 논의하는 경우가 극히 드문 것으로 보인다. 다시 말해 성적 환상은 행동화되기보다는 숨겨지거나 억압된다고 할 수 있다.

이러한 성적 환상은 성적인 욕구의 수준과 밀접하게 관련되어 있으며, 개인 성생활의 만족도가 높을수록 성적 환상의 경험도 증가하는 것으로 나타나고 있다(Leitenberg & Henning, 1995). 또한 성적 환상은 우리의 내적 욕망과 속해 있는 사회 간의 균형을 유지하는 방법을 창조해내기도 한다. 이러한 점에서 개인이 경험하는 성적인 행위(삽입성교, 구강성교 등)를 자위적인 행동으로 활용하기도 한다. 성적 환상은 성별에 따라 차이가 있지만 경험 안에서 발전한다고 볼 수 있다.

연령별로 살펴보면, 11~13세로 어릴수록 여성보다는 남성에게 긍정적으로 받아들여지는 것으로 보고되고 있다(Leitenberg & Henning, 1995). 이러한 연구에서 성적 환상은 여성과 남성의 성역할 고정관념, 성과 관련된 교육 여건에 따라 다르게 나타나는 것으로 보인다. 예를 들어 남성은 여성의 몸에 대한 직접적인 환상이 많은 반면, 여성은 수동적으로 남성이 자신의 몸에 보이는 관심에 대한 환상이 많은 것으로 나타났다. 환상의 주요 내용도 남성은 성행위 자체에 대한 것들이 주를 이루는 반면, 여성은 정서적인 교류와 로맨틱한 상황에 대한 것들이 더 많은 부분을 차지했다. 또한 성행위 상대의 숫자도 여성보다 남성이 다수의 상대와의 행위에 대한 환상이 많은 것으로 나타났다.

2) 성적 환상의 기능

흔히 성적인 환상에 사로잡혀 있다고 하면 이상 성행동을 떠올리게 되지만, 꼭 역기능적인 측면만 존재하는 것은 아니다. 성적인 환상은 어떤 특정한 개인에게만 있는 것이 아니라, 대부분의 사람들에게 영향을 미치는 광범위한 개념이라고 할 수 있다. 따라서 몇 가지 기능적인 측면을 살펴보고 오인되거나 평가절하되었던 성적인 환상을 새롭게 인식하고자 한다.

첫째로 성적인 환상은 실현하기 힘든 성적인 욕망을 직접적으로 해결할 수 있도록 해준다. 막연하게 갖고 있던 성적인 욕구가 환상으로 변화하면서 구체적으로 재구성되는 과정을 거치게 된다. 이는 막연한 이미지가 구체화되는 것과 유사하다고 볼 수 있다. 이미지로 남아 있던 것이 어떤 행위나 상황처럼 구체적으로 구성되는 것이다. 이런 과정을 통해 구체화되더라도 대부분의 성적 환상은 실현 불가능할 수밖에 없다. 하지만 때때로 현실에서 가능한 환상도 있을 수 있다.

두 번째로 성적 환상은 우리가 처할 수 있는 다양한 상황에 대한 예시를 제공하기 때문에 구체적인 내용에 대해 미리 준비할 수 있게 해준다.

세 번째는 보다 안전한 방법으로 성적인 욕구를 해소할 수 있게 해준다는 것이다. 위험한 상황에 실제로 노출되지 않고서도 성적인 환상을 충분히 느끼는 것만으로도 오르가슴을 만끽할 수 있기 때문에 보다 안전하게 해소할 수 있다.

마지막으로 성적 환상은 꿈과 마찬가지로 개인이 정서적으로 잘 기능하고 있는지를 보여주는 지표 역할을 한다. 아무런 근거 없이 나타나는 것이 아니라 우리가 경험하는 현실에 뿌리를 두고 가지를 치기 때문에 현재의 관심사, 욕망, 불안, 공포와 같은 것을 포함하는 경우가 많다고 볼 수 있다. 이는 의식 수준에서 경험할 수 없는 무의식과도 관련되는 정보라고 볼 수 있다.

이와 같이 성적 환상은 그 자체로 개인에게 기능적인 측면이 많다고 볼 수 있다. 과도하게 집착하거나 사로잡히면 곤란을 초래할 수도 있지만 잘 조절하여 활용한다면 도움이 되는 측면이 많다.

3) 성행위와 환상

성적 환상은 혼자 있는 동안에만 나타나는 것이 아니다. 물론 자위행위를 하거나 꿈을 꾸는 동안 많이 등장하지만 파트너와 성행위를 하는 동안에도 나타난다. 성행위 시 나타나는 환상은 주로 현재의 파트너를 다른 대상으로 전환해서 생각하는 경우이다. 보다 성적인 매력이 있거나 혹은 금기시되는 성적 환상의 대상으로 바꾸어 생각하는 것이다. 여러 연구에서 성행위에 환상이 개입되었던 경우가 60~90%까지 보고된 바 있다(Cado & Leitenberg, 1990; Knafo & Jaffe, 1984; Price & Miller, 1984). 환상이 개입되었던 이유는 상대에 대한 성적인 매력도 상승과 성적 흥분을 유지하기 위한 것으로 나타났다.

Kinsey의 연구에 따르면 남성과 여성의 2/3가 성과 관련된 꿈을 경험한 적이 있다고 보고했다(Kinsey, Pomeroy, Martin, & Gebhard, 1953). 성과 관련된 이미지는 꿈에서 더욱 강력한 형태로 나타나고 경험된다. 이런 이미지는 개인의 성적 환상와 관련된 경우가 많고 자는 동안이 아니어도 나타날 수 있지만, 꿈에서 경험하는 것이 더 직접적인 느낌을 줄 수 있다. 이러한 경험은 사춘기 시절에 절정을 이루지만 성인이 된 이후에도 나타난다.

성과 관련된 꿈을 경험할 때, 남성은 대부분은 사정과 연결되며 이러한 과정을 처음 경험할 때는 당혹스러울 수 있으나 보편적으로 편안히 받아들이게 된다. 그 이유는 생물학적으로 성적인 꿈이나 사정과 관련없이 수면 시에 발기되기 때문이다. 또한 사정의 경험이 없을 때 일정한 시기가 지나면 소변과 함께 배출되거나 몽정을 통해 자연적으로 사정이 이루어지기 때문이기도 하다.

반면 여성의 경우에는 수면을 취하는 동안에 성적인 꿈에 노출되지 않고서는 느낄 수 없는 경험이기 때문에 죄책감을 갖는 경우도 있으며, 심한 경우에는 공포심을 느끼기도 한다. 그리고 성과 관련된 꿈을 꾸었다고 해서 반드시 질의 분비액이 분비되지는 않기 때문에 생물학적인 개연성이 적은 것도 이런 성적인 꿈에 대한 거부감을 증폭시키기도 한다.

2. 자위행위

1) 자위행위에 대한 이해

자위행위(masturbation)란 자신의 성기를 문지르거나 애무하는 등 자극하는 것을 말하며, 스스로 성적인 긴장을 해소하는 행위로서 성행동의 일종이라고 볼 수 있다. 남성의 경우 음경을 직접 손으로 자극하거나 다른 물체를 이용하여 자극하는 것을 말하며, 여성의 경우에는 질이나 소음순, 음핵을 직접 손으로 자극하거나 다른 물체를 이용하여 자극하여 성적인 흥분을 추구하는 것을 말한다. 이때 질에 손가락이나 기구(dildo)를 삽입하기도 한다. 이러한 자위행위는 성기에만 국한되는 것이 아니라 성적으로 민감한 부분을 자극함으로써 흥분을 유지하거나 고조시키는 것도 포함된다.

자위행위를 하는 특정한 연령대가 있는 것은 아니다. 사춘기 초기부터 80대 노인에 이르기까지 전 연령대에서 고루 자위행위를 한다. 이러한 자위행위는 아동과 청소년들이 자신의 몸을 이해할 수 있는 기회가 된다. 성기 중심이기는 하지만 성적 흥분과 쾌감을 경험하고 그에 따른 몸의 변화를 겪으면서 성적 반응을 학습하고, 남녀 간의 성 심리를 이해하는 데 중요한 기능을 한다.

또한 자위행위는 성별에 따라 다르게 받아들여지는데, 남성에게 자위행위는 성적인 발달의 정상적인 단계로 이해되지만 여성들에게 있어 자위행위는 성에 대한 불편감과 수치심을 더욱 증폭시키는 계기가 되기도 한다. 남성들에게는 자연스러운 자위행위가 여성들에게는 성에 대한 개방성의 척도로 보여지기도 하며 자위행위에 대한 경험을 나누는 것조차 어려운 경우가 많다. 이는 성에 대한 남녀의 태도 차이를 반영하는 것이기도 하며 성문화에 따른 편견이 작용되는 것일 수 있다.

자위행위는 성인들에게도 전희의 단계로 활용되거나, 파트너를 통한 성교가 불가능할 경우 성적 긴장에서 해방되고 성적 만족감을 주는 기능을 한다. 자위행위의 빈도는 연령의 증가와 함께 감소하지만 80~90대 노인층에서도 나타나는 자연스러운 행동이다. 특히 남성의 자위행위 빈도는 사춘기에 가장 높다가 30대에 급격히 줄어드는 반면, 여성의 경우는 20대에서 50대까지 계속 그 평균이 지속된다고 한다(Rathus et al., 2005).

2) 자위행위에 대한 역사적 이해

Masturbation은 '손으로 더럽히고, 손으로 휘저어 놓는다'는 뜻의 라틴어 masturbare에서 유래된 말로서, 200년 전 영어권에 소개될 당시 '젊음에서 오는 열정' 또는 '혼자만의 외로운 기쁨'으로 이해되어 사용되기 시작했다. 자위행위를 '수음'이라고 하는 것도 여기에서 기인한 것이다. 자위행위는 또 다른 말로 '오나니즘(Onanism)'이라고 불리기도 하는데, 이는 성경의 〈창세기〉에 '오난'이란 사람이 형이 죽은 후 형수와 성관계를 하도록 강요당하자 바닥에 사정한 것에서 비롯되었다고 한다. 이로 인해 신의 노여움을 사게 되어 기독교에서는 자위행위를 죄악시하는 근원이 되었으며, 뿌리 깊은 부정적인 인식은 현재까지도 이어져 오고 있다.

이런 자위행위에 대한 오해는 스위스 의사인 Samuel Tissot가 1774년 펴낸 『오나니즘』이라는 책으로 인해 더 깊어진다. 이 책에서 Tissot는 1온스의 정액 낭비가 40온스 이상의 혈액 손실과 비슷한 수준으로 위험한 행위라고 언급하고 있다. 그는 잦은 자위행위로 인해 코피 출혈에서부터 정신질환까지 일어날 수 있다고 보고했다. 이 책으로 인해 19세기 의학 전문가들은 자위행위를 자주 하면 정신 이상이 된다고 확신하고 자위 욕망을 잠재우거나 자위를 못하게 막는 장치들을 개발하기도 했다. 예컨대 침대가 흔들리면 경보가 울리거나 음경이 발기할 수 없게 기구를 착용하는 등 자위를 막기 위해 노력했다. 더 심하게는 여성의 음핵을 거세해야 한다고 주장하는 학자도 있었다. 나중에 입장을 바꾸긴 했으나 Freud도 신경쇠약의 원인으로 과도한 자위행위를 꼽기도 했다.

이런 고정관념들을 혁신적으로 변화시키게 된 것은 바로 킨제이 보고서(1948, 1953)가 등장하면서부터이다. 이 보고서(1953)에 따르면 남성의 92%, 여성의 58%가 자위행위를 한 경험이 있다고 보고했다. 이런 결과는 기존의 관념을 뒤엎는 것이었고, 이를 통해 자위행위에 대한 새로운 평가가 이루어지기 시작했다.

3) 자위행위의 필요성

자위행위는 연령과 성별에 구애받지 않고 활용되고 있는 성행동이다. 하지만 첫 키스와 첫 성관계에 의미를 부여하거나 기억하는 것과는 다른 차원의 대접을 받아 왔다. 앞에서 살펴본 역사적 편견이 오늘날에도 영향을 미치고 있다고 예상할 수 있다. 그렇기 때문에 자위행위는 많은 오해와 오명을 딛고 새로운 시각에서 평가되어야 할 필요가 있다. 따라서 자위행위가 왜 필요한지에 대해 먼저 이해해야 할 것이다.

자위행위를 통해 얻을 수 있는 이점과 그 필요성에 대해 살펴보면, 첫째, 과도한 성적 긴장을 완화해줄 수 있다. 이 부분이 자위행위가 가장 필요한 이유라고 볼 수도 있다. 특히 사춘기를 겪는 청소년들이나 파트너와 성관계를 할 정도로 아직 친밀한 관계가 아닐 경우, 또는 현재 배우자와 같이 있지 않은 상태일 때 자위행위를 통해 성적 만족감을 얻고 긴장을 해소할 수 있다.

둘째, 자신이 원하는 시점에 원하는 장소에서 성적인 만족감을 얻을 수 있다. 상대에게 많은 관심을 기울여야 하는 파트너와의 성관계와는 달리 자신의 성적 주기에 맞게 흥분을 유지할 수 있기 때문에 성적 만족감을 극대화할 수 있다. 자신의 성적 주기에 따른 자위행위는 자신의 몸에 대한 성감을 확인할 때 도움을 줄 수 있다.

셋째, 자위행위를 통해 깊은 수면을 유도할 수도 있다.

넷째, 매우 위험한 성 전파성 질환인 HIV/AIDS의 위험을 피하기 위한 방법으로 사용되기도 한다(Laumann et al., 1994). 따라서 자위행위는 인간의 가장 안정한 성관계 방법일 것이다.

마지막으로, 성기능 장애를 갖고 있을 때 치료의 한 방법으로 사용되기도 한다. 부부간의 치료 장면에서 또는 조루증이나 지루증, 그리고 성적 흥분이나 욕구에 장애가 있는 여성에게 훌륭한 치료 방법으로 제안되기도 한다.

4) 건강한 자위행위

자위행위를 위한 준비

① **사생활이 보장되는 장소에서 해야 한다.**

우선 독립된 공간에서 다른 사람의 방해를 받지 않는 것이 첫 번째로 만족되어야 하는 조건이라고 할 수 있다. 또한 부모나 다른 사람에게 자위행위를 하는 모습을 보일까 봐 불안하다면 더욱 신경 써야 하는 부분이다. 독립된 공간에서의 자위행위가 숨어서 해야 한다는 것을 의미하는 것은 아님을 알아야 한다. 숨어서 하는 것이라고 생각하게 되면 죄책감과 같은 옳고 그름의 판단이 따라오기 마련인데, 자위행위는 잘못된 행동이 아니며 자연스러운 성행동의 한 부분임을 이해해야 한다.

② **성기에 무리한 힘을 가하거나 과도한 기구 사용은 주의한다.**

자위행위를 하다 보면 바이브레이터나 딜도를 사용하거나 음경을 마찰하기도 한다. 그러나 너무 과도하게 사용하거나 힘을 주면 상처가 날 수도 있기 때문에 조심해야 한다. 그리고 자위행위를 할 때 오일이나 윤활제를 사용하기도 하는데 될 수 있으면 천연 오일이나 성행동에 사용하도록 나온 제품을 사용하는 것이 좋다.

③ **청결에 신경 써야 한다.**

자위행위를 할 때 손으로 성기를 만지거나 여성의 경우 질 안에 손가락을 넣기도 하므로 청결에 신경을 써야 하다. 그리고 자위행위를 마치고 나서는 주변을 잘 정리해야 한다.

자위행위의 절차와 방법

자위행위에 대한 편견으로 인한 불편감으로 자위행위를 시도해보지 않았다거나 하는 방법을 몰라서 해보지 않았다면, Betty Dodson이 제안하는 다음의 방법을 참고로 자신을 사랑하는 행동을 시작해보라.

① 자신을 사랑하기

자위행위는 혼자서 하는 사랑이다. 따라서 자신의 몸을 사랑하는 것이 기본 단계라고 할 수 있다. 자신을 사랑한다고 말해주고 자신의 몸에 대해서도 관대해질 필요가 있다. 뚱뚱하다면 그대로 풍만한 풍요의 여신 같은 몸을 사랑하고, 말랐다면 요정 같이 귀여운 몸을 사랑하면 된다. 신체 유형별로 비유할 아름다운 명칭은 우리들 주변에 넘쳐난다. 자신을 사랑한다고 직접 말을 하거나 매일 거울을 보며 웃어주거나 다양한 방법으로 사랑을 표현해본다. 이 단계가 충분히 이루어지면 자위행위에서 오는 심리적인 불편감이나 불쾌함이 많이 줄어드는 것을 경험할 수 있다.

② 여유를 갖고 시작하기

독립되고 사적인 공간에서 시작해야 편안한 마음으로 즐길 수 있다. 몸에 대해서도 편안하게 이완되어 있는 것이 좋다.

③ 목욕을 통해 자극하기

물을 받아 놓은 욕조에서 느긋하게 목욕을 즐기면서 자신이 좋아하는 향비누나 오일로 자신의 몸을 자극해본다. 몸을 천천히 만지면서 성기 주변을 만져본다. 그리고 가슴이나 목, 다리를 쓰다듬고 그 느낌에 집중해본다. 자위행위뿐만 아니라 파트너와의 성관계에서도 좋은 전희 단계가 될 수 있다.

④ 자신의 몸 마사지하기

자신의 몸을 세세히 만져보고 눌러본다. 성적 흥분이 전해져 온다면 멈춰서 그 느낌을 느끼고 다른 부분으로 전달해본다. 발가락과 손가락까지 만져보고 느낌을 전달한다.

⑤ 성적 환상 활용하기

자위행위나 몸에 대해서 민감하지 않다면 성적 흥분이 일어나기가 쉽지 않다. 이럴 때 성적 환상을 활용하면 성적 흥분을 일으키는 데 도움을 받을 수 있다. 에로틱한 영화 장면을 상상하거나 자신의 손을 다른 사람의 손길이라고 생각해본다.

⑥ 성기 사랑하기

- 여성의 경우 : 자신의 성기 모양을 본 적이 있는가? 그런 일이 없다면 아주 멋진 경험

에서 자신이 벗겨 나가 있음을 명심할 필요가 있다. 그리고 자신의 성기를 마주하기 전에 성기가 얼굴만큼이나 다양한 모습을 하고 있다는 것을 숙지해야 한다. 두 손을 사용해서 자신의 성기를 만져본다. 음핵의 모양과 색깔을 보고 소음순의 모양도 살펴본다. 거울을 이용해서 보는 방법이 수월하다. 오일을 바른 손으로 음핵을 자극하고 모양이나 색깔이 변하는지 살펴본다. 성기 전체를 부드럽게 만져본다. 질 안에 손가락을 밀어 넣어 지스팟을 찾아본다. 꼭 그 지점만 자극하기 위함이 아니라 질 입구 부분들을 자극해보는 것이다.

- 남성의 경우 : 남성은 여성에 비해서 자신의 성기와 친밀하다. 늘 상대하기 때문에 자위행위를 시작할 때도 수월할 수 있다. 성기를 만질 때는 부드럽게 다뤄야 한다. 음경을 부드럽게 만지고 귀두를 매만져준다. 모양도 잘 살펴본다. 발기가 될 때 느낌에 집중하고, 자신의 성기가 어떤 모양으로 발기되는지도 살펴본다. 고환을 만져 보고 서로 크기가 다른지, 느낌은 어떤지를 알아본다. 완전히 발기가 된 이후에 귀두부터 음경까지 만져본다. 강하게 위아래로 자극하는 게 아니라 손의 느낌을 따라가면서 천천히 자극해준다. 귀두에도 민감한 부분이 있고 음경에서도 민감한 부분이 느껴질 것이다.

3. 성적 표현

성적인 표현은 복잡한 정서 과정을 통해서 성적인 자기 자신을 드러내는 행동이라고 할 수 있다. 인간을 설명할 때 감정이나 정서를 배제할 수 없듯이 성과 관련된 행동, 즉 성적 표현은 명백히 주요한 부분이라 할 수 있다. 성적 표현은 감정이 상승하거나 사랑에 대한 열망이나 흥분이 고조될 때, 그리고 강한 관계의 욕망이 생겨날 때 나타나게 된다. 인간의 성을 이해하기 위해서는 우선 성행동과 정서 사이의 관계를 이해하는 것이 우선되어야 한다. 그리고 어떤 맥락에서 정서가 표현되고, 특히 성적으로 흥분되는 시점을 어떻게 표현하게 되는지는 자세하게 살펴볼 필요가 있다. 따라서 다양한 성적 표현에 대해서 알아보는 것은 그 기본이 된다.

1) 만지기

만지기(touching)는 성기에 집착하지 않고 서로의 몸을 탐험하는 것으로 만져지는 감촉과 상대의 반응을 살피는 것이 중요하다. 서로 만져주는 역할을 바꿔 가며 만져지는 부위에 대한 느낌을 얘기하는 것은 좋은 자극이 될 뿐 아니라 서로의 성적 기호를 맞추는 데도 도움이 된다.

만지기를 통해 느낌을 나누는 것은 좋거나 불편함을 명확하게 할 수 있어 궁극적으로 서로에 대한 성적 만족도를 높이는 데 도움이 된다. 여러 사람들이 성적인 쾌감을 느끼는 곳이어도 상대는 그렇지 않을 수 있다. 이런 세심한 만지기 과정이 없다면 간과하기 쉬운 부분이므로 성행위 시 어려움을 호소하는 커플들에게는 꼭 필요한 과정이기도 하다. 이러한 과정을 통해 서로의 몸의 반응에 대해 알지 못했던 부분들을 알게 되면서 자연스럽게 대화의 문도 함께 열린다.

만지기는 친밀함에 따라 다양하게 응용될 수 있다. 그 한 가지 예로 서로 옷을 벗은 상태에서 하는 방법으로는 등, 발 그리고 전체 마사지를 해주는 방법이 있다. 이런 마사지를 할 때 마사지용 오일을 사용하면 그 만족도와 효과가 증대될 수 있다.

2) 키스하기

키스(kissing)란 그 사전적 의미로는 성애의 표현으로 상대의 입에 자기 입을 맞추는 행위, 또는 서양 예절에서 인사할 때나 우애 · 존경을 표시할 때 상대의 손등이나 뺨에 입을 맞추는 것을 의미한다. 그러나 이것만이 키스를 설명하는 전부는 아니다. 키스는 서로의 관계에 대한 확인이자 서로에 대한 열정을 표현하는 주요한 성행동 중 하나라고 볼 수 있다. 키스를 하기 위해 입술과 입술이 닿는 과정은 몸 전체에 영향을 미치며 강한 자극을 동반한다. 키스를 통해 서로의 몸을 탐색하고 발견하게 되기도 한다(Tucker, Marvin, & Vivian, 1991).

두 남녀가 사랑과 정감과 욕구를 가지고 서로의 혀를 주고받는 순간 체내에서는 강렬한 충동이 일어난다. 심장이 뛰고 맥박이 2배로 빨라지고 혈압이 오르며, 그러면서 췌장에서 인슐린이 분비되고 부신은 아드레날린을 배출한다. 성적 충동을 받아 키스를 하면 그 순간 체내에서 화학물질이 배출된다. 이것은 진통제의 일종으로 약물과 같은 작용을 하게 되는데, 이 화학물질은 핏속의 백혈구의 활동을 활성화해 발병의 기회를 차단하는 역할을 한다. 성적인 흥분은 또 좌절할 때나 공포감을 느낄 때 나타나는 스트레스 호르몬의 생성을 막아주는 효과가 있다. 이것은 뇌와 면역 체계 또는 키스와 건강 사이에 밀접한 관계가 있음을 증명해주는 것이다.

Kinsey 보고서(1953)는 서양 아이들의 경우 여자는 대개 8~9세에 처음으로 사랑의 키스를 배우게 되는데, 주로 베개나 동성 여자 친구를 이용한다고 적고 있다. 많은 사람들은

키스의 종류

- 슬라이딩 키스 : 위아래 입술을 밀착시키고 누르면서 머리를 좌우로 흔든다. 입술에서 나오고 들어가는 일은 없지만 순애도가 높은 키스로 입술 감각이 상당히 자극되고 쾌감을 느낀다.
- 프렌치 키스 : 아마 프렌치 키스를 들어보지 못한 사람은 없을 테지만 프렌치 키스의 정확한 방법에 대해서 아는 사람은 별로 없을 것이다. 프렌치 키스는 입술을 벌린 채 혀만 장난치듯 자유롭게 움직이는 키스이다. 이 키스와 함께 손으로 상대의 볼을 감싸거나 몸을 강하게 끌어당겨 꼭 껴안는 애무를 겸하면 더욱 강한 자극을 받게 된다.
- 인사이드 키스 : 슬라이딩 키스로 차츰차츰 서로의 입술을 빨아들이다가 숨이 가빠지면서 입술이 열리게 되고 상대를 받아들이듯이 입술과 혀를 받아들이는 키스로 섹스를 연상시킨다.
- 혀 훈련 키스 : 상대의 입술을 벗겨 내는 기분으로 애무를 하다가 혀의 접촉이 시작되면 혀를 상하 좌우로 얽으면서 서로의 혀를 빨아들이거나 밀고 당기면서 입의 위아래 점막이 자극되어 서로 흥분이 고조됨을 느낄 수 있는 키스이다. 타액의 교환도 이루어지며 깊은 포옹과 함께 본격적인 섹스를 암시한다.
- 먹는 키스 : 주로 여성이 남성에게 하는 키스로 침입해 온 상대의 혀를 가볍게 깨물기도 하는 사이에 가볍게 당기듯이 한다. 섹스를 묘사하나 혀에 대한 자극도 강하고 여성스러움이 표현되어 있다.
- 햄버거 키스 : 자극적인 흥분을 느끼면 자연스럽게 딥키스로 옮겨 가게 된다. 먼저 입술을 열고 상대의 위아래 입술을 사이에 끼워 문다. 입술을 촉촉히 하고 입술 끝을 사용해서 서로 입술을 좌우로 비벼본다. 팔에 힘을 가하고 포옹하는 데 적합하다.
- 넓은 공간 키스 : 주로 남성이 여성에게 하는 키스로 상대의 입술 전체를 덮으며 남성다운 표현으로 이루어진다.
- 공기 키스 : 상대의 입 안에 공기를 넣어 부풀려서 자신의 체내로 옮겨 오는 것으로 성적인 의미가 더욱 강하다.
- 레슬링 키스 : 서로의 혀와 혀를 입 안에 함께 가져간다. 입술만이 아닌 혀와 혀의 감촉이 전신을 마찰하는 듯한 쾌감을 불러일으킨다. 마치 레슬링을 하는 듯한 밀착된 키스이다.
- 새 키스 : 작은 새가 부리를 부딪치는 것처럼 서로 가볍게 입술과 입술을 맞대기만 하는 가장 가벼운 키스이다. 잠들기 전에 혹은 아침에 일어났을 때, 헤어질 때 하는 가벼운 인사 정도로 한다.
- 교차 키스 : 입술을 살짝 다문 채 교차시켜 닿게 하는 방법이다. 우아하고 가벼운 느낌으로 새 키스보다는 접촉면이 크지만 본격적인 것은 아니다.
- 전화 키스 : 일반적으로 유치하다고 생각할지 모르지만 전화를 통한 키스는 연인들 사이에서 비일비재하다. 전화를 끊기 전에 수화기를 통해 키스하는 소리만 보내는 아주 간단한 방법이다.

영화를 통해 키스를 배우기도 한다. 심지어 영국에는 키스를 가르치는 학교도 있다.

3) 구강성교

앞서 살펴본 만지기와 키스는 삽입성교 이전 단계에 이루어지는 것으로 볼 수 있다. 그러나 구강성교는 삽입성교 이전의 단계로도 볼 수 있지만, 그 자체만으로 서로에게 오르가슴을 줄 수 있는 성적 표현이라고 할 수 있다.

구강성교는 크게 남성이 여성의 질과 음핵을 자극해주는 쿤닐링구스(cunnilingus)와 여성이 남성의 성기를 자극해주는 펠라티오(fellatio)로 나눌 수 있다. 또한 동시에 파트너의 성기를 자극해주는 방법도 있다. 구강성교는 임신 가능성이 없지만 성 전파성 질환의 감염 가능성이 존재한다.

쿤닐링구스

여성의 성기 외음부에서 대음순, 소음순, 음핵 부분을 입으로 자극해주는 것이다. 사람의 혀는 매우 감각적이기 때문에 여성에게 성적 쾌감을 줄 수 있다. 손으로 만지면서 함께 자극해줄 수도 있는데 그런 자극에 더 민감하게 반응하기도 한다.

펠라티오

남성의 성기 전체를 자극해주는 것이다. 입으로 성기 전체를 자극해주되 위아래로 운동을 하면서 강약을 조절한다. 입으로 성기를 자극하면서 회음부나 항문 주변, 다른 신체 부위를 자극하면 만족감이 더 높아진다. 절정에 다다랐을 때 사정을 하게 되는 것에 대해서는 파트너와 의견을 나눌 필요가 있다.

4) 삽입성교

1992년 세계보건기구는 하루에 전 세계적으로 1억 명 이상이 삽입성교를 한다고 보고했다. 임신과 더불어 성과 관련된 질병들이 이러한 성행위를 통해 발생하기도 한다. 삽입성교는 욕구의 만족, 대화의 한 형태, 사랑과 친밀감의 표현으로 매우 개인적인 영역이다. 그러나 성행위를 통해 상대방을 공격하거나 고통을 주기 위한 도구로 사용하기도 한다. 삽입성교는 친밀감을 가진 사람들에게 신체적인 만족감과 정서적인 안정감을 주는 경우가 많기 때문에, 우리는 삽입성교에서 오는 오르가슴과 여러 감정에 관심을 기울이게 된다고 할 수 있다.

성교는 과연 여성과 남성에게 동등한 의미로 받아들여지고 있을까? 여러 연구에서 남성들은 성적인 만족을 주는 성행위로 인식하는 경향이 강하다고 나타났고, 여성들은 파트너를 성적으로 만족시켜주는 것으로 더 많이 인식한다고 나타나기도 했다. 이것은 남성이 여성보다 성행위를 가볍게 여긴다기보다는, 여성이 남성보다 친밀감과 관련된 요인을 더 중요하게 생각하기 때문에 나타난 결과로 보인다(Blumstein & Schwartz, 1983; Sprecher & McKinney, 1993).

성교를 할 때 삽입하는 방법과 자세는 매우 다양하며 파트너의 조건과 기호에 따라서 선택할 수 있다. 어떤 자세가 가장 좋다고 할 수 없을 만큼 개인적인 편차가 존재하는 부분이기도 하다. 그리고 개인적으로 선호하는 자세가 있다고 하더라도 파트너의 의견을 존중해야 한다. 성행동은 매우 사적인 부분이기 때문에 좋고 싫음의 경계가 더 분명하기도 하다. 그런 사적인 느낌과 정서를 존중해주어야 만족할 만한 성관계를 유지할 수 있다.

남성 상위 체위

남성 상위 체위(face to face, man on top)는 가장 많은 사람들이 사용하고 있는 체위로서 흔히 정상체위나 미셔너리 포지션(missionary position)이라고도 한다. 이 체위는 남성이 손이나 팔로 자신의 몸을 지탱하고 여성의 질 안에 삽입을 시도하는 것이다. 남성이 주도성을 갖는 체위로 여성의 음핵을 자극하는 데도 효과적이다. 서로 얼굴을 마주 보는 것도 이 체위의 장점이라 할 수 있다. 또한 손이나 입으로 여성을 애무할 수도 있다. 하지만 남성이 몸을 지탱하면서 몸을 움직이기 때문에 신체적으로 힘들고 사정하는 시간이 짧아질 수 있다. 또 여성은 수동적인 입장이기 때문에 삽입의 정도와 강도를 조절할 수 없어 성교 중 불편감을 느낄 수도 있다.

여성 상위 체위

여성 상위 체위(face to face, woman on top)는 여성이 남성의 위에 앉아서 삽입을 하는 것으로 여성이 주도적인 역할을 하게 된다. 성기의 삽입 정도와 빠르기, 강도를 여성이 조절하는 체위이다. 이 자세는 여성의 음부가 충분히 자극되어 오르가슴을 느끼는 데 도움이 되며, 남성의 경우도 신체적으로 힘을 많이 들이지 않고 충분한 만족감을 느낄 수 있다. 남성도 두 손이 자유롭기 때문에 여성의 음핵을 자극하거나 가슴을 만지는 등 성적 만족감을 상승시킬 수 있다. 이 자세는 남성이 덜 자극되기 때문에 사정을 지연할 수 있다. 따라서 조루증을 치료할 때 이런 자세를 처방하기도 한다.

후배위

남성이 여성의 뒤쪽에서 삽입하는 모든 자세를 후배위(rear entry)라고 한다. 먼저 남성이 여성의 뒤에 위치하고 좀 더 아래쪽으로 누워 삽입을 시도하는 것이다. 이 체위는 여성이 임신 중일 때 사용하기 편리하다. 남성이 뒤에서 삽입하기 때문에 별 무리가 없고 두 손이 자유로워 여성을 충분히 애무할 수 있다. 여성의 경우에도 신체적으로 불편감이 적기 때문에 더 집중할 수 있다. 남성이 뒤에 있는 위치상 서로 움직이다 보면 음경이 질에서 빠질 수도 있다.

|여|기|서| |잠|깐|

카마수트라

〈카마수트라(Kamasutra)〉는 약 5세기 전 인도에서 Valtsyana가 쓴 경전이다. 고대 인도 사람들은 인생의 세 가지 목표, 즉 다르마(dharma), 아르타(artha), 카마(kama)를 연구하고 많은 책을 썼다. 다르마는 법, 이득 같은 종교적 의무, 아르타는 부와 이익을 추구하는 처세의 길, 카마는 사랑과 쾌락의 성애의 길을 뜻한다.

〈카마수트라〉는 신분 제도가 뚜렷했던 인도에서 높은 계급의 사람들을 위해서 쓴 책으로, 사랑을 하는 것이 좋고 다양한 성행위를 즐기는 것이 좋다고 강조한다. 다양한 성교 방법에서부터 아내와 남편이 해야 하는 역할에 이르기까지 다양한 내용들이 실려 있다. 하지만 내용이 남성 중심적이기 때문에 현실에 적용하기에는 무리가 있다.

탄트라

탄트라(Tantra)는 약 5,000년 전 인도에서 시작된 것으로 힌두교 가운데 샤크티(sakti)를 숭배하는 집단의 교리이자 그것을 담은 경전이다. 육체 중앙에는 정수리부터 성기 또는 항문까지 두 줄기 신경이 있으며, 맨 아래 잠자던 여성적 힘인 샤크티가 깨어나 위쪽으로 올라가서 정수리의 남성적 힘인 시바와 합일되면 세계에 대한 모든 이원적 관념이 사라지고 해탈이 이루어진다는 것이다. 수행법 중에 성적 결합도 있는데 이것이 탄트릭 섹스(tantric sex)이다.

탄트라에서 행하는 사랑의 의식은 단순한 성적 쾌락만이 아니라 오히려 신과의 상호작용이나 신과 동일시하려는 기본적인 방법이다. 우주에서 가장 중요한 에너지가 성교이며, 또 성교에서 오르가슴에 도달하는 것을 초월적이고 우주적인 경험으로 받아들인다.

탄트라는 완전에 가까운 만족을 얻기 위하여 열정을 최대한 연장시키는 색다른 하나의 예술이다. 결국 이는 최대한 천천히 흥분에 이르게 해서 절정기 바로 전에 최대한 오래 견디려는 행위이기도 하다. 탄트라를 가까이 할수록 인간은 성을 더 즐기고 능력을 증대해 나갈 수 있다. 이를 통해 죄의식이나 두려움을 이길 수 있고 문화적 속박으로부터도 해방될 수 있다. 탄트라는 성적 영역을 넓혀 일찍이 경험하지 못했던 폭발적이고 항구적인 오르가슴을 얻게 하기도 한다.

후면 자세의 또 다른 형태로는 여성은 무릎을 꿇고 남성이 뒤에서 삽입을 하는 방법이다. 동물들의 교미 모습과 흡사해서 도기 스타일(doggy style)이라고도 한다. 이 방법은 음경과 질이 강하게 접촉되어 자극이 많은 편이다. 남성은 두 손으로 여성을 자유롭게 애무할 수 있으나 여성은 움직임이 제한될 수 있다.

측면 자세

측면 자세(face to face on side)는 남성과 여성이 서로 얼굴을 마주 보며 삽입을 하는 것이다.

서로 친밀감이 증대될 수 있으며 몸과 손이 자유롭고 서로 충분히 자극해줄 수 있다. 하지만 후배위와 같이 음경이 질에서 잘 빠질 수 있다.

항문성교

성기를 항문에 삽입하여 성적 흥분을 유도하는 방법이다. 항문의 경우 질액과 같은 윤활제 역할을 하는 물질이 분비되지 않기 때문에 오일이나 유사 제품을 사용해야 한다. 그리고 항문 주변을 자극해주면 성적 흥분이 매우 고조되기 때문에 꼭 성기를 삽입하지 않더라도 손을 이용해서 애무해주는 것도 좋은 방법 중 하나이다. 앞서 언급한 것과 같이 호기심에 항문성교를 원한다고 해서 파트너에게 강요해서는 안 된다. 준비되지 않은 상황에서 항문성교를 한다면 심한 고통이 수반될 수 있기 때문에 주의해야 한다.

요약

성적인 활동은 신체적인 접촉뿐만 아니라 자신이 가지고 있는 성적 환상도 포함된다. 자신의 신체를 스스로 자극하면서 쾌감을 얻는 자위행위도 중요한 성적 표현 중 하나다. 다양한 성적 활동에 파트너와 함께하는 행동은 만지기, 키스하기, 구강성교, 삽입성교가 있으며, 각 활동의 자세한 방법은 더 세분화하여 나뉜다. 중요한 것은 성적 활동은 개인의 성적 만족의 추구뿐만 아니라 파트너와의 상호작용에 있다는 것이다.

토론문제

- 다양한 성적 활동 중 자위행위에 대한 남녀의 차이에 대해 논하고 그 이유에 대해서 생각해보자.
- 이번 장의 제시된 내용 이외의 성적 활동에 대해 논의해보자.

09

CHAPTER

성적 지향과 성

P S Y C H O L O G Y O F S E X U A L I T

9

많은 역사에서 동성 간의 사랑 이야기가 전해져 왔는데, 일종의 정신과적인 질병으로 명명되고 종교적으로는 죄로 인식되었다. 하지만 미국정신의학협회는 동성애를 정신질환의 일종으로 간주하다가 1973년 정신질환의 목록에서 삭제했고 현재 동성애를 정신과적 질환으로 진단하거나 치료의 영역으로 보지 않는다. 미국 내에서 유지되어 왔던 동성애 전환치료(conversion therapy)도 전환치료를 중단했다. 그 이유는 동성애가 전환이 필요한 질병이 아니라는 게 주요했다. 이에 부가적으로 전환치료의 효과에 대한 연구들이 뒷받침되었다. 연구 결과, 전환치료를 받은 경우에 더 잦은 자살시도와 중증 이상의 우울을 보였으며 자신의 성 정체성을 이해하고 받아들이는 과정이 지연되어 친밀한 관계를 시작하거나 유지하는 데 어려움이 있다고 보고했다. 이런 결과들은 전환치료의 한계와 윤리적 문제를 드러내게 했다. 또한 전환치료를 의뢰하는 당사자가 성 소수자보다는 그들의 부모나 보호자인 경우가 많다는 보고도 이 치료의 문제점을 드러내는 결과라고 볼 수 있다.

성적 정체성의 다양성을 치료의 영역이 아닌 성적 개념의 확장으로 이해하는 것이 성적 지향과 성에 대해 편견 없이 탐구하는 자세라고 할 수 있다.

▪ LGBTIQQA로서 성적 다양성과 성 소수자

성 소수자 권리 운동 초기에는 성적 소수자에 대한 이해가 동성애자(Lesbian, Gay)에 국한되는 경향이 있었다. 1990년대 이후에는 양성애자(Bisexual)와 트랜스젠더(Transgender)를 포함하여 LGBT로 확장되었다. 그 이후 성적 소수자(sexaul minority)로 이해되던 시점에서 성적 다양성(sexual diversity)으로 확장되면서 성적 정체성을 확정하지 않은 사람들(questioning)과 간성(intersex), 무성애자(asexual), 성적 다양성을 지지하고 연대하는 동맹(allies)들도 포함하게 되었다. 성적 다양성의 개념에는 성별과 성 정체성의 유동성이 포함되어 있으며 스스로 부여하는 정체성의 유동성을 이해하는 문화적 맥락이 영향을 미쳤다.

성 소수자 전반을 지칭하는 퀴어(queer)는 성적 지향성이나 성 정체성이 사회가 정한 규준에서 벗어난 사람들을 말한다. 본래는 기괴하거나 이상하다는 의미로 동성애자들을 비하하는 용어로 사용되었으나 1980년대 인권운동의 흐름에서 당당한 단어의 의미로 바꾸어 사용했고 현재도 사회적 규범에 얽매이지 않고 자신의 정체성을 드러내는 의미로 사용된다.

성적 다양성에 대한 용어의 확장과 성 소수자를 비하하던 퀴어를 스스로를 드러내는 용어로 선택하는 변화의 과정은 성 소수자들의 지속적인 인권운동이 큰 영향을 미쳤다고 볼 수 있다. 성 소수자의 존재를 드러내고 이를 다양성의 의미로 전달하려는 노력이 2000년대에 이르러 성 소수자들의 사회적 제약에 주목하게 했다. 특히 법적 효력이 있는 결혼이나 육아, 가족공동체로서 함께 공유되는 보험이나 재산 형성과 분배에 있어서 성 소수자들도 동등한 권리를 요구하게 되었다. 2000년대 이전 성 소수자가 이질적 소수의 집단으로 머물러 있었을 때는 당사자들조차도 요구하기 어려웠던 지점들이 성적 다양성의 개념으로 확장되면서 가능해졌다고 볼 수 있다.

1. 성 소수자의 다양성에 대한 이해

용어	설명
게이 (gay)	• 남성 동성애자를 나타내는 말. • 한국에서는 '남성 동성애자'만을 나타낼 때 쓰지만, 미국에서는 '남성 동성애자' 혹은 '남성, 여성 동성애자' 모두를 지칭하는 개념으로 사용하기도 한다. 그래서 글이나 혹은 영상자료들을 볼 때, 외국이 출처일 때는 게이란 용어가 반드시 남성 동성애자만을 가리키는 것이 아닐 수도 있음을 염두에 두어야 한다(gay man, gay woman이란 말도 사용됨). • 게이는 1960년대 후반 미국 동성애자 사회에서 만들어져 널리 사용되기 시작한 단어로 영어사전적 의미로는 '즐거운, 기쁜'이란 뜻을 담고 있다. 즉 자신이 동성애자임을 즐겁고 기쁘게 받아들인다는 뜻이 내포된, 동성애자들이 스스로를 긍정적으로 표현한 단어인 셈이다. 에릭 마커스의 『커밍아웃』(박영률출판사, 2002)에 따르면 미국 동성애자 사회에서는 1920년대부터 호모섹슈얼을 대신하는 은어로 공공연하게 사용해 왔다고 한다.
동성애 (homosexuality)	• 동성의 사람을 사랑하는 것. • 동성애적 성 정체성이란 동성을 향해 지속적으로 성적, 정서적 이끌림을 갖는 것이다. 영어의 소도미(sodomy)나 패곳(faggot), 동양에서는 대식, 맷돌부부, 단수 등의 말이 있으나, 이 단어들 역시 '동성 간의 사랑'이란 의미보다는 '동성끼리의 섹스'에 초점을 맞춘 것이다. • '동성의 사람을 사랑하는 마음이나 감정, 동성을 향한 사랑' 등은 인류가 사랑을 시작했을 때부터 있었다고 말해도 과언이 아니지만, 그것을 동성애, 즉 호모섹슈얼리티(homosexuality)라는 단어로 규정짓기 시작한 것은 불과 100여 년이 조금 넘은 일이다. 동성애는 1869년 헝가리의 의사인 칼 마리아 벤커르트(Karl Maria Benkert)가 처음 만들어낸 용어로 20세기 초반에 성의학자들이 논문 등에 다시 인용하기 시작하면서 널리 퍼지게 되었다.
동성연애 (homosexuality)	• 동성애의 다른 말. • 동성연애와 동성애의 차이는 말 그대로 한 글자 차이일 뿐이지만 동성애자들이 받아들이는 체감 의미는 아주 다르다. '동성연애자'나 '동성연애에 빠져'라는 말은 동성애자를 비하하는 표현이며, 동성애자에게 이런 말을 쓴다면 매우 불쾌하게 받아들이므로 조심해야 한다.

용어	설명
레즈비언 (lesbian)	• 여성 동성애자를 지칭하는 말. • 사전적 의미로는 '레스보스 섬에 사는 사람들'이란 뜻이 되겠지만, 일반적으로 여성 동성애자를 가리키는 말로 널리 쓰인다. • 레스보스(Lesbos)는 에게해 북동쪽에 자리 잡은 커다란 섬으로 고대 그리스 시대엔 화려한 영화를 자랑했지만 지금은 조용한 어촌과 관광지로 옛 명성을 이어가고 있다. 레스보스가 레즈비언의 고향이 된 것은 기원전 7세기 무렵 그리스 시대 4대 서정시인이자 역사 기록상 최초의 레즈비언이라고도 불리는 사포(Sappho)가 살던 섬이기 때문이다. 레즈비언은 '레스보스 섬의 사포와 같은 사람들'이란 뜻에서 유래된 단어이다. 이런 의미에서 여성 동성애자를 '사포주의자'라고 하기도 하며, 여성 동성애를 '사피즘(sapphism)'이라고 부르기도 한다.
성적 지향 (sexual orientation)	• 다른 사람에게 향하는 정서적, 낭만적, 성적, 감정적인 끌림. • 성적 지향성이라고도 한다. 이성애자 · 양성애자 · 동성애자 성적 지향 등으로 나눌 수도 있다. 흔히 '성적 선호'라는 말을 쓰기도 하는데 이것은 올바르지 못한 표현이다. '선호'라는 것은 마치 담배를 선호한다는 것처럼 단지 현재 그것을 좀 더 좋아한다는 정도를 의미하므로, 동성애 또한 선호의 결과로 노력을 하면 바꿀 수 있는 문제로 보는 결과를 빚어낼 수 있기 때문이다. • 성적 지향은 생물학적 성(sex), 젠더 정체성, 사회적 성역할 등과도 구별된다. 현대 심리학에서는 성적 지향이 한 개인의 임의적 선택이 아니라 그 개인을 둘러싼 선천적이고 후천적인 요인들이 매우 복잡하게 상호작용한 결과로 보고 있다. 자신의 성적 지향을 스스로 깨닫게 되는 시기는 사람마다 다르다.
성 정체성 (sexual identity)	• 성적, 낭만적 맥락에서 자신을 동성애자, 이성애자 혹은 양성애자로 지각하는 것. • 성 정체성이란 이해하기 쉽게 말하자면, 자신이 사랑과 성적인 이끌림을 느끼는 사람이 자신과 같은 성의 사람인지, 다른 성의 사람인지, 혹은 양쪽 성 다인지를 자각하고, 자신의 성적 지향을 받아들여 '나는 동성애자이다, 이성애자이다, 혹은 양성애자이다.'라고 인정하게 되는 것을 말한다. • 일반적으로 정체성은 '자신이 누구인가'를 인식하는 것이라고 말한다. 흔히 청소년 시기에 많은 갈등과 방황, 고민을 거쳐서 자신의 정체성을 확립한다고 말한다. 이때 '성 정체성'도 함께 확립이 되는데 지금의 사회는 너무나도 당연하게 '이성애자적 성 정체성'만을 인정하기 때문에 성 정체성에 대해 학교에서 따로 가르치거나 지도하지 않는다.
이성애주의 (heterosexism)	• 오로지 이성애만이 옳다고 여기는 태도. • 이성애주의는 성차별주의, 인종차별주의 등에서 보여지는 편견의 기제에 이성애가 우월하다는 감정이 더해져 나타난다. 이성애주의는 사회의 전반적인 관습과 제도 내에 깊게 뿌리 내리고 있어, 이는 비가시성과 폭력, 즉 '드러내지 말아야 하거나, 드러내면 폭력을 당하는' 이중 작용으로 움직인다. • 유사개념인 호모포비아와 이성애주의를 비교하자면, 호모포비아가 개인 차원의 반동성애적인 태도 혹은 행위와 관련하여 주로 사용되는 반면, 이성애주의는 사회적 차원의 이데올로기나 비이성애자를 억압하는 기제를 논하는 데 주로 쓰이는 차이가 있다.
이성애자 (hetrosexual)	• 정신적, 육체적 끌림을 이성에게만 느끼는 사람. • 다른 말로 스트레이트(straight)라고도 부른다. 이 세상에서 이성애만이 옳다고 믿는 것을 헤테로섹스즘이라고 하는데, 즉 이성애 중심주의이다. 현 사회에는 헤테로섹스즘에 빠진 헤테로섹슈얼 등이 많은 편이다. 이들은 이성 간의 성행위만이 지구상에서 가장 올바르며 유일하게 존재해야 할 성행위라고 믿으며, 이런 믿음에 어긋난 것을 보면 못 견뎌 하며 그 대상을 미워하는 것이 특징이다. • 이런 사람들을 비하해서 동성애자들이 가끔 '헤테로'라고 부르는 일도 있지만, 이런 비하어는 인격이 존중되어야 할 사이에서는 상대 이성애자의 기분을 상하게 할 수 있으므로 조심해야 한다.
양성애자 (bisexual)	• 정신적, 육체적 끌림을 이성과 동성 모두에게 느끼는 사람. • 양성애적 성 정체성을 가졌다고 표현할 수 있다. 동성애자는 동성에게만, 이성애자는 이성에게만 성적 매력을 느낄 수 있다면 양성애자는 동성, 이성 구별하지 않고 성적 매력을 느낄 수 있는 사람을 말한다. 이런 점 때문에 양성애자는 이성과 동성에게 늘 양다리를 걸치는 바람둥이 정도로 인식되고, 이쪽을 좋아했다가 저쪽을 좋아했다가 하며 양쪽을 마음대로 넘나드는 박쥐 같다는 오해를 받기도 하는데, 이것이 양성애자의 참 모습은 아니며, 양성 모두에게 성적 매력을 느낄 수 있다는 것과 두 성 모두를 동시에 사귄다는 것은 다른 일이다.

용어	설명
아웃팅 (outing)	• 제3자가 동성애자임을 숨겨왔던 유명 인사들을 공개적으로 밝히는 일. 홍석천의 커밍아웃 때 그것이 아웃팅인가 커밍아웃인가 또는 언론의 인권침해적 폭로에 불과한 것인가 하는 논란이 잠시 있었다. 이 일로 뜻하지 않게 '아웃팅'이란 단어가 일부 사람들에게 (주로 기자들에게) 커밍아웃과 동일한 단어로 쓰이기도 했다. • 스스로의 의지와 관계없이 자신이 동성애자임이 알려지는 일. 대부분의 사회에서 동성애자가 여러 가지 불이익을 당하는 현실에서, 자신의 원하지 않는 커밍아웃이 이루어지는 것은 당사자에게 큰 고통이 된다.
젠더 정체성 (gender identity)	• 성별에 관한 근본적인 감정, 스스로를 남성 혹은 여성으로 인식하는 것. • 일반적으로 '성별 정체성'으로 번역한다. 성역할(gender role)은 '남성 혹은 여성적인'에 연관되는 행동, 태도, 특성을 의미한다. 젠더 정체성이 결정되는 부분은 기본적으로 해부학적인 요소라고 할 수 있지만, 어느 범위까지가 특정 성에 대한 내적인 결정인지, 외적인 표현인지에 대한 측정과 개념적 정의는 불분명하다. 개인적 차이를 중시하는 심리학과 문화와 사회적 구조 측면을 중시하는 광의적인 시각에서 젠더 정체성에 대한 수준은 다르다.
커밍아웃 (coming out)	• 자신의 성 정체성을 숨기고 있다가 드러내는 것을 말한다. • 커밍아웃은 1차적으로는 가족이나 친구, 동료들에게 자신이 동성애자임을 밝히는 것을 말하지만, 자신이 동성애자임을 스스로 받아들이는 것 또한 커밍아웃이라고 볼 수 있다. 우리 사회에서는 연예인 홍석천이 아웃팅을 당하게 되면서 이 단어가 널리 알려졌으며, 요즘은 동성애자가 자신을 드러내는 것이란 뜻 이외에 다른 사람은 모르고 있던 자신의 어떤 점을 드러낸다는 일반 명사로도 사용되는 추세이다.
퀴어 (queer)	• 이성애적이지 않은 모든 성 소수자. • 우리나라에서는 쉽게 '동성애자'의 다른 표현으로 받아들이고 있다. 퀴어는 원래 '이상한, 기묘한'이란 뜻으로 이성애자들이 동성애자들을 비하하고 모욕을 줄 때 쓰던 말이다. 이런 퀴어란 단어를 1980년대 동성애자 인권운동에 새로운 경향이 생기면서 오히려 당당한 단어로 바꾸어 사용하기 시작했다. 즉 '그래, 나 이상하다. 그래서? 어쩔래?'라는 식으로 오히려 억압받는 소수자들이 더 적극적으로 차용함으로써 해방감을 얻는 것이다.
트랜스젠더 (trans-gender)	• 트랜스섹슈얼과 같은 말. • 트랜스젠더와 트랜스섹슈얼은 보통 특별한 구별 없이 같은 말로 쓰고 있지만, 사람들마다 조금씩 다른 구분을 주장하는 경우도 있다. 어떤 이는 성전환 수술을 한 경우는 트랜스섹슈얼, 성전환 수술을 하지 않은 경우엔 트랜스젠더라고 불러야 한다는 이도 있고, 트랜스섹슈얼은 지나치게 성적인 면에만 국한한 단어이므로 트랜스젠더로 부르는 것이 더 존중하는 말이라는 사람도 있다. 다시 설명해보자면, 젠더(gender)는 사회적 성별을 말한다. 즉 여성과 남성이라는 성별이 생물학적 구분에 의한 것이 아니라, 그렇게 교육받았기 때문에 후천적으로 습득된 성별이란 점에서 트랜스젠더라고 부르는 것이 맞다는 것이다. 트랜스섹슈얼이라고 하면 성기의 모양까지 바뀌어야 한다는 것을 기본적으로 상정한다는 것에 대한 반발로 반드시 성전환 수술을 모든 트랜스젠더가 할 필요는 없다는 뜻이다.
트랜스섹슈얼 (transsexual)	• 육체적 성과 정신적 성이 일치하는 않는 사람을 지칭하는 말. • 육체적 성별은 남성에 속하지만 정신 혹은 영혼은 여성인 경우를 'M TO F 트랜스섹슈얼'(Male to Female transsexual)이라고 하고, 그 반대의 경우를 'F TO M 트랜스섹슈얼'(Female to Male transsexual)이라고 부르기도 한다. 우리나라에서는 그동안 성전환자라는 말을 많이 썼다.
호모포비아 (homophobia)	• 동성애자에 대한 무조건적인 거부감과 비합리적인 혐오감. • 호모포비아라고도 한다. 〈아메리칸 헤리티지 사전(American Heritage Dictionary)〉(1992)에는 '동성애자 또는 그들의 생활 양식 또는 동성애 문화에 대한 거부감/이런 거부감에 기초한 행위 또는 행동 양식'이라고 기술되어 있다. 다시 쉽게 말하자면, 동성애자라고 말만 들어도 왠지 소름이 끼치고 역겹다는 생각이 들면서 자기 주위에 있는 것조차 싫어하는 감정이나 행동을 지칭하는 단어이다. 이런 동성애 혐오는 더 나아가 동성애자들은 반드시 처벌받아야 하고, 자신이 그들을 응징해도 상관없다는 혐오범죄로 표현되기도 한다.

출처 : 성적소수자사전(한국성적소수자문화인권센터)

2. 성 소수자에 대한 개념

1) 성 소수자의 정의

성 소수자(sexual minority)는 트랜스젠더와 이성애자를 제외한 사람을 포괄하는 용어라 할 수 있다. 이는 성적 지향의 차원에서 이성애자와 다른 동성애자와 양성애자, 성별 정체성의 차원에서 비(非)트랜스젠더와 다른 트랜스젠더, 동성애자, 양성애자, 트랜스젠더 이외의 범주로 자신을 정체화하는 사람(젠더퀴어, 범성애자 등) 등이 포함된다. 성 소수자를 가리키는 용어는 성적 지향과 성별 정체성 중 어떤 차원에서 소수자 지위를 가지며, 어떤 방식으로 스스로를 정체화하는지에 따라 다양하다(이호림, 2015). 서구 문화권에서 성 소수자를 언급할 때는 주로 남성 동성애자인 게이(gay), 여성 동성애자인 레즈비언(lesbian), 양성애자인 바이섹슈얼(bisexual)의 줄임말로 LGB라는 용어를 사용하거나 트랜스젠더(transgender)를 포함하여 LGBT라는 용어를 사용해 왔다. 보다 포괄적인 용어로는 퀴어(queer)가 있으며 이는 원래 '이상한, 기묘한'이라는 뜻으로 평범하지 않거나 관습적이지 않은 것을 설명하는 단어이나 현재는 이성애 중심의 사회적 틀에 반대하는 모든 성 소수자들을 포함하는 용어로 사용된다(Gonzalez et al., 2013). 국내에서는 '이반'이라는 용어를 사용하기도 하는데 이성애자인 '일반(一般)'과 구별되는 차원에서 동성애자들을 '이반(二般)'으로 칭하기 시작했다(윤가현, 1998). 그러나 점차 이성애자들과 다른(異) 사람들이라는 의미의 '이반(異般)'으로 의미가 확대되면서 이성애제도 밖의 성 소수자 전반을 포괄적으로 지칭하는 용어가 되었다(홀릭, 2010).

현재 국내의 인권단체들에서는 LGBT 혹은 LGBTI라는 단어를 주로 사용하고 있으며, 이 단어는 성적 지향을 나타내는 LGB와 성별 정체성을 나타내는 TI로 구성되어 있다. 이는 성적 지향과 성별 정체성이 각각 독립적인 축으로 간주됨을 반영한다(나영정, 정현희, 2015). 예를 들어 트랜스젠더이면서 이성애자이거나 트랜스젠더이면서 동성애자인 경우가 각각 존재할 수 있는 것이다. 이와 같이 한 개인은 성적 지향과 성별 정체성의 각 축을 통해 둘 이상의 성 정체성을 가질 수 있는데 그뿐 아니라 하나의 축 안에서도 여러 정체성 개념을 통해 자신을 나타낼 수 있다. 대표적인 소셜 네트워크 서비스인 페이스북에는 성별 표기란에 약 70개의 옵션이 존재하며 이러한 정체성 개념들은 상호배타적이지 않다.

이와 같이 성 소수자의 정의는 복잡한 양상을 띠고 있으며 성 소수자 집단 내에도 매우 다양한 하위집단이 포함되어 있기 때문에 성 소수자를 단일한 개념으로 정체화하는 것은 어려운 문제이다. 또한 성 소수자의 정의는 세대, 지역, 민족 등에 따라 달라지므로 구체적인 정의는 연구의 목적에 따라 다르다(Meyer & Wilson, 2009). 이렇게 상이한 정의가 있다는 것은 여전히 확인하기 어려운 부분이기 때문이며 개인의 욕구나 성향을 단정 지어 말하는 것에 대한 어려움이 반영된 부분이라 할 수 있다.

2) 성적 정체성의 개념

성적 정체성(sexual identity)을 구성하는 요소 중 성(sex)은 신체적, 생물학적이며 선천적으로 타고나는 것에 가까운 개념이고, 성별(gender)은 신념, 제도, 역할 등의 영향을 받는 사회문화적인 개념이라 할 수 있다(Anders, 2015).

Shively와 De Cecco(1977)에 의하면 생물학적 성별(biological sex)은 개인이 출생 시에 외부 생식기, 호르몬, 염색체 등의 생물학적인 특징을 고려하여 남성이나 여성으로 분류되는 성별이다. 하지만 생물학적 성별은 추후에 변화하거나 본인 스스로 대안적으로 정의할 수 있기 때문에 생물학적 성별 대신에 '지정된 성별(assigned sex)'이란 용어가 사용되기도 한다. 신체를 남성이나 여성의 신체로만 분류하는 성별 이분법적인 기준에 맞지 않는 생물학적 성별 특징을 지닌 사람은 '간성(intersex)'이라 한다.

성별 정체성(gender identity)은 생물학적 특징과 상관없이 자신을 남성, 여성 또는 그 외의 성별이라 느끼는 내재적인 감각이고, 성별 표현(gender expression)은 신체적 외관, 복장, 행동 등으로 성별 정체성을 표현하는 것이다(Mertus, 2005). 성별 정체성과 성별 표현이 생물학적 성별과 일치하는 사람을 '시스젠더(cisgender)', 불일치하는 사람은 '트랜스젠더(transgender)'라 한다. 자신의 지정된 성별과 다른 성별 정체성과 신체가 일치할 수 있도록 호르몬이나 수술과 같은 의료적 조치를 통해 신체를 바꾸었거나 바꾸고 있는 중에 있는 사람은 '트랜스섹슈얼(transsexual)'이라 한다. 성별 표현이나 성별 정체성이 지정받은 성별과 관련된 규준과 일치하지 않는 사람들을 가리키는 포괄적인 용어로 '젠더 논컨포밍(gender nonconforming)'이 사용되기도 한다. '젠더 퀘스처닝(gender questioning)'은 자신의 성별 정체성을 확정하지 않고 탐색하거나 이에 의문을 품고 있는 사람을 뜻한다.

성적 지향은 여러 학자에 의해 다양한 방식으로 개념화되어 왔다. APA(2015)는 성적 지향을 타인에 대한 성적인 정서적인 끌림과 이러한 끌림에 기인하는 행동이나 사회적 관계를 포함하는 용어로 정의했다. Storms(1980)는 성적 지향을 개인의 성적인 환상의 유형, 범위, 빈도를 통해 정의할 수 있으며, 이성애와 동성애라는 양극을 지닌 일차원적인 연속체로 이해했다.

그 후 Storms(1979)는 Kinsey의 일차원적인 성적 지향 모델을 수정하여, 동성애와 이성애라는 두 가지 차원을 설정했다. 이에 따르면 동성애의 정도가 높고 이성애의 정도가 낮으면 동성애자, 그 반대의 경우에 해당하면 이성애자, 두 가지가 모두 높으면 양성애자, 그 반대의 경우에 해당하면 무성애자로 성적 지향을 분류할 수 있다.

Storms(1980)는 추후 연구를 통해 성적 지향과 성역할과는 상관이 없으며, 이차원적인 모델을 지지하는 강력한 증거를 발견할 수 있었다. Shively와 De Cecco(1977)는 성적 지향을 성적 파트너로서 남성 또는 여성에게 육체적인 선호를 느끼는 측면과 정서적 파트너로서 남성 또는 여성에게 정서적인 선호를 느끼는 측면으로 구분했다. 또한 성적 지향에 근거하여 개인은 자신을 여성 동성애자(lesbian), 남성 동성애자(gay), 양성애자(bisexual), 이성애자(heterosexual) 등으로 정체화할 수 있다. 하지만 성적 지향을 범주화하는 대신에 연속선상의 개념으로서 '전혀 아닌', '어느 정도', '매우'와 같은 정도의 차이로 이해해볼 수도 있다.

관련된 용어의 구체적인 정의를 살펴보면, 자신과 같은 성별에게 끌리는 '동성애', 남성과 여성 모두에게 끌리는 '양성애', 반대의 성별에 끌리는 '이성애'가 있다. 이러한 용어들은 성별에는 남성과 여성만 존재하는 것으로 보는 전통적인 성별 이분법에 근거한 것이다.

성별 이분법에서 벗어나서 모든 다양한 성별에 끌리는 '범성애자(pansexual)', 반대로 어떤 성별에도 끌리지 않는 '무성애자(asexual)'가 있다. 무성애자는 기본적으로 타인을 향한 성적인 끌림이 적은 또는 없는 사람이지만(Bogaert, 2015), 성적인 욕구가 아예 없거나 연애를 하지 않는 것은 아니다. 성적인 욕구는 있으나 정서적인 끌림을 느끼지 않는 경우 또는 반대의 경우도 가능하다. 이와 관련하여 성적 지향과 '정서적, 신체적, 낭만적 또는 영적인, 그러나 반드시 성적인 것은 아닌 타인에 대한 지속적인 이끌림'을 구분하기 위해 '로맨틱 지향(romantic orientation)'이라는 단어가 사용되기도 한다(Miller, 2016).

성별 정체성과 성적 지향은 배타적인 개념이 아니라 서로 연결되어 있다. 따라서 트랜스섹슈얼 남성이 여성에게 끌린다면 이성애자라 할 수 있으며, 범성애자이면서 자신을 남성으로 또는 젠더 논컨포밍으로 정체화할 수도 있다. 즉 성별 정체성과 성적 지향에 근거하여 복합적인 정체성을 지니게 될 수 있다. 또한 개인은 자신의 고유한 정체성에 근거하여 새로운 용어로 자신을 정의할 수 있으며 또는 정의하지 않을 수도 있다(Walton & Bhullar, 2016). 성 정체성을 정체화하는 데 타인이나 외부의 기준과 상관없이 스스로 자신을 원하는 방식으로 정체화하는 것이 점차 중요해지고 있다.

사회적, 정치적으로 수용되는 성별 정체성 및 성적 지향과 관련한 표준적인 범주에 해당하지 않는 사람들을 가리키기 위한 포괄적인 용어로 '퀴어(queer)'가 사용되기도 한다

(Miller, 2016). 이 용어는 본래 사전적 정의는 '이상한', '별난'이고 성 소수자를 뜻하는 부정적인 용어로 사용되었지만, 최근에는 성 소수자들이 그들의 역량강화(empowering)를 위한 목적으로 자신의 정체성을 가리키는 용어로 재정의하고 있다(Nadal et al., 2016).

이제까지 살펴본 바와 같이 성적 정체성과 관련된 용어들은 명확한 구분 없이 혼용되기도 하며, 그 정의는 개인적 및 사회문화적 맥락에 따라 얼마든지 변화할 수 있음을 알 수 있다. 용어가 다양한 만큼 다양한 성 소수자가 스펙트럼처럼 존재한다. 또한 개인의 성별 정체성이나 성적 지향 자체도 고정불변의 본질적이거나 절대적인 것이 아니라, 유동적이고 역동적인 형성 및 변화 과정을 거칠 수 있다(Katz-Wise, 2015).

3. 성 소수자 이해에 대한 이론적 관점

성적 다양성을 치료적 측면에서 배제하기 이전에 학자들은 특히 동성애를 치료의 영역으로 두고 연구했다. 이런 관점에서는 동성애의 원인을 이해하려는 노력이 수반되었다. 하지만 초기 동성애의 원인을 이해하려는 연구들은 대상의 제한들로 인해 연구를 확장하기 다소 어려웠다고 할 수 있다. 초기에 이루어진 동성애의 원인을 이해하려는 관점에 대해서 알아보고자 한다.

1) 생물학적 관점

최근까지 동성애가 생물학적으로 결정되는지를 확인하려는 연구들은 주로 유전설(세포유전학), 호르몬설(내분비계), 뇌 구조설(신경해부학)로 나뉘고 있다.

유전설은 부모로부터 받은 유전적 요인이 동성애적 지향을 결정하는지를 밝히기 위한 방법으로, 주로 쌍둥이를 표집 집단으로 삼고 있다. 초기 연구에서 일란성 쌍둥이 중 한쪽이 게이일 때 다른 쪽도 게이일 경우가 이란성 쌍둥이보다 월등히 많았으나, 표집 집단이 좀 더 광범위해지자 그 차이도 점점 줄었다. 결국 일란성 쌍둥이의 동성애 일치율이 100%가 아닌 이상 유전자 요인이 동성애의 결정 요인이 될 수는 없다(앞으로 인간 게놈 해석이 완전히 이루어져 동성애 유전자를 찾아내서 조작하여 동성애자를 이성애자로 바꾼다면 유전설은 정당성을 얻을 것이다).

호르몬설은 일부 포유동물의 연구에서 호르몬 조작으로 이성적 행동을 할 수 있다는 가정에서 출발하는데, 이 가정은 게이는 여성적이고 레즈비언은 남성적이라는 전제가 필요하다. 그러나 동성애자들의 호르몬 구성이 이성애자들과 전혀 차이가 나지 않았으며, 게이에게 남성 호르몬(테스토스테론)을 주입한다고 해서 성행동의 유형이 바뀌지도 않았다.

뇌 구조설은 동성애자들의 뇌 구조가 이성애자들의 뇌 구조와 다르다는 것으로, 주로 뇌 구조물 중 시상하부가 게이들과 이성애자들이 다르다는 것을 보여준다. 게이들의 경우 시상하부가 일반 남성의 것보다 작고 여성의 크기와 비슷하다는 것이다. 그러나 표집 모델이 AIDS나 범죄로 죽은 10명 안팎의 게이들이고 레즈비언의 경우는 설명하지 못해 설득력이 약하다.

그러나 생물학적 원인은 동성애자들에게 성 정체성이 생기기 훨씬 이전, 즉 생의 초기나 생리학적 요인으로 동성애적 행위가 시작된다는 최근의 연구를 뒷받침하고 있다. 즉 자발적으로 동성애적 성향이 선택되지 않으며, 동성애적 행위의 치료가 불가능하다는 것을 어느 정도 지지하는 태도에 영향을 주었다.

2) 정신분석학적 관점

정신분석학을 성립시킨 Freud는 그 이전에 동성애적 행위를 죄악으로 터부시하거나 정신질환으로 취급하던 것과는 달리, 일단 동성애가 정신질환이라기보다는 인간의 성적 발달과정에서 어떤 정신적 외상으로 성적 기능이 변한 것이란 점을 강조했다. Freud는 인간은 원래 양성적 존재로 태어나는데, 동성애자들은 자라는 도중 부모와의 갈등과 가족 간의 잘못된 상호작용으로 동성애적 성향에 고착된다고 보았다. 동성애는 치료할 수도 없고 치료도 불필요하다는 입장이긴 했지만, 동성애를 이성애보다 미숙한 형태의 성적 행위로 인지하고 동성애의 원인을 가족관계에 두고 있다는 데 문제가 있다.

예를 들어 동일한 가족관계에서 어떤 형제는 이성애자로, 또 다른 형제는 동성애자로 자라는지를 설명하지 못한다. 즉 게이의 경우 오이디푸스 콤플렉스에 의한 아버지로부터의 거세 공포라고 하고 있으나, 어머니와 사이가 좋고 아버지와 관계가 나쁜 경우는 동성애자든 이성애자든 별반 차이가 없다. 최근 500여 명이 넘는 한국 게이들을 상대로 한 인터넷 설문조사의 경우 아버지와 관계가 나쁘다는 경우(약 26%)보다 좋은 경우(약 45%)가 월등히 많았다. 또 이 이론은 레즈비언의 경우는 분석 사례가 별로 없다는 결함도 있다.

3) 학습 이론적 관점

성적 정체성에 대해 학습 이론적 관점에서는 조건 형성 모델로 설명한다. 동성과의 만족스러웠던 경험이나 이성과의 불만족스러웠던 경험이 동성애를 선택하게 된 원인이라고 보고 있다. Kinsey 학파들이 대표적 연구집단인데, 그들은 어릴 때의 의식적 · 무의식적 성경험이나 기숙사, 교도소, 군대 등에서의 동성애적 경험이 동성애적 행동을 강화한다고 본다. 더욱이 행동주의 이론가들은 동성애는 잘못 학습된 결과이므로 학습과 훈련으로 교정될 수 있다고 본다. 예를 들면 전기충격, 혐오 연상 등의 치료법을 들 수 있다.

그러나 일시적으로 효과가 있다 하더라도 이 같은 요법으로 이성애로 전환했다는 사례는 없으며, 특수 환경에서 이루어진 동성애적 행위는 그 조건이 해제되면 원래의 성애 지향으로 되돌아간다. 동성애자들보다 이성애자들이 사춘기 때 동료들과 동성애적 행위를 한 경우가 더 많고, 레즈비언 중 남성으로부터 성폭행을 당한 경험이 이성애 여성보다 많다는 연구도 있지만, 이는 레즈비언이 된 원인보다는 레즈비언이기 때문인 결과일 경우가 높다. 사회학습 이론 모델에서는 직접적 경험에서 오는 보상 내지 징벌뿐 아니라 인형, 옷, 놀이 방법 등 간접 경험이나 관찰로써도 동성애적 행위가 강화된다고 보고 있다.

오늘날 서구 사회에서는 성별 정체성과 성적 지향의 원인과 치료에 대한 연구보다는 서로 다른 성적 지향자들의 행동이 왜 다른지에 더 많은 관심을 두고 있다. 그리고 그 행동 특성에 영향을 미치는 환경적 · 심리적 · 생물학적 요인이 무엇인지를 찾아내려고 노력하는 경향이다.

4. 성 소수자의 정신 건강

1) 성 소수자의 성 정체성 확립

강병철(2011)은 국내 성 소수자의 수를 약 100~500만 명으로 추정했고 미국의 성 소수자는 약 4%인 900만 명으로 추정된다고 보고했다(Poussu, 2015). 윤가현(1997)은 성 소수자가 성적 지향과 관련한 감정을 인식하는 시기는 12~16세라고 했으며, 자신이 성 소수자임을 수용하는 시기는 19~23세로 주장했다. 한국청소년개발원의 청소년 성 소수자의 생활실태조사(2006)에 따르면 청소년들이 성 정체성을 인지한 연령은 13~15세가 57.8%로 가장 많은 것으로 나타났고 그다음으로 12세 미만, 16~18세, 19세 이상의 순서를 보였다.

성인 동성애자를 대상으로 한 강병철(2011)의 연구에서도 성 정체성의 평균 인지 연령은 16세로 드러났다. 또한 스스로 자신이 성 소수자임을 받아들이는 평균 수용 연령은 20세로 나타나 성 소수자들이 일반적으로 청소년기 초 · 중반에 걸쳐 성적 지향과 관련한 감정을 인식하며, 성인기 초기에 자신의 성 정체성을 수용하게 된다고 볼 수 있다. 다음으로 성 정체성 탐색과 확립에 대한 대표적인 이론을 자세히 살펴보도록 한다.

Cass의 6단계 이론

동성애 성적 지향과 성 정체성은 자신의 정체성이 타인과 다르다는 점을 인식하는 것에서 출발하여 자신을 받아들이고 자긍심을 느끼며 타인에게 드러내는 단계로 변화하고 발전한다. Cass(1979)는 ① 정체성의 혼란기(identity confusion), ② 정체성의 비교기(identity comparison), ③ 정체성의 똘레랑스기(identity tolerance), ④ 정체성의 수용기(identity acceptance), ⑤ 정체성의 자긍심기(identity pride), ⑥ 정체성의 통합기(identity synthesis)의 6단계로 모형화했다. 전단계(pre-stage)에서는 자신을 이성애자라고 가정하거나 이성애자가 될 수 있으나 동성애로 낙인이 찍힌 소수자 그룹으로 알고 있는 시기이다.

첫째, 정체성의 혼란기에는 동성애, 레즈비언, 게이 개념을 제3자에서 자신에게로 옮기는 첫 번째 단계이다. 자신의 행위, 사고, 그리고 감정에 그 무엇인가가 있음을 관찰하는 시기이고 '이렇기 때문에 내가 레즈비언이나 게이가 아닐까'라는 의문을 갖는다.

둘째, 정체성의 비교기에는 감정-소외감 같은 이질감을 경험한다. 또한 이 시기에는 과거, 현재, 미래 사이의 연속성이 끊어지고 상실감만 남는다.

셋째, 정체성의 똘레랑스기에는 자아존중감이 높아지고 이질감을 줄이기 위해 다른 동성애자들을 만나는 데 주력하기 시작한다.

넷째, 정체성의 수용기에는 성취감과 평화로움이 특징이고 '나는 게이/레즈비언이고 행복하게 정체성을 수용한다'라고 생각한다. 또한 성 정체성을 개인적 프라이버시 문제라고 여기는 신념이 강해지는 태도를 취하게 되는 시기기도 하다.

다섯째, 정체성의 자긍심기에는 이성애에 대한 가치가 상당히 하락한다. 동성애를 더욱 선호하는 상태가 되며 하위문화에 더욱 몰입하여 자긍심, 성실, 그리고 동지의식을 강하게 체험하는 시기이다.

마지막으로 여섯째, 정체성의 통합기에는 지지적인 이성애자는 긍정적으로 재평가되고 비지지적이거나 반동성애적인 이성애자들은 더욱 깎아내린다. 이 시기에는 타인과의 상호작용에 의한 내적, 심리적 경험이 깊어지고 강해진다.

Cass(1979)는 자신의 이론이 동성애자를 돕고 이해하는 데 유용한 도구이며 고정된 범주 세계가 아니라 상호작용하는 과정에서 설명하는 것이 무엇인지를 아는 것이 중요하다고 했다. 또한 그는 단계별 설명이 개인적 인지와 상호작용 과정에 중요한 이동(significant shifts)의 발생, 그리고 동성애자 성 정체성의 짜여진 틀, 문화적 차이에 대한 민감성을 잊어서는 안 된다고 강조하면서 전문가들이 동성애자의 본질적 경험을 공감해야 한다고 주장했다.

Troiden의 4단계 이론

사춘기를 전후하여 동성애 성 정체성의 형성단계를 살핀 Troiden(1989)은 민감화기(sensitization), 정체성 혼란기(confusion), 정체성 가정기(assumption), 정체성의 전념기(commitment) 등 4단계로 분류했다.

청소년의 성 정체성을 획득하는 과정에는 여러 단계가 수반된다. 어린 시절까지 거슬러 올라가 자신이 달랐다는 사실을 상기한다. 첫째, 민감화기에는 사춘기 이전에 또래와의 차이점을 느끼면서 더욱 발달한다고 하는데 동성에게 매력을 느끼는 경험을 반추해본다.

둘째, 정체성의 혼란기에는 17~18세의 청소년 시기에 일어난다. 이 시기에는 정체성으로 인한 스트레스에 적응하기 위해 동성애적 감정과 충동을 부정하고 동성애 충동과 감정을 인식하면서 부딪히는 상황의 회피, 고쳐보려고 시도하는 이성애적 행동을 보이는 교정(repair), 그리고 동성애자 자신의 수용 등 네 가지 전략을 이용한다. 이 시기의 청소년 동성애자는 타인과의 친밀감 발달과 정체성 형성의 발달과업과 또래관계에서 사회적 기술 발달도 방해를 받는다. 청소년 동성애자는 괴롭힘과 희롱을 당하고 자신들이 소수자라는 감정을 느낀다. 또한 아동기의 이성애적 사회화 교육 때문에 동성애자들의 삶과 경험에 관한 지식을 거의 얻지 못하며 동성애 삶의 적응 준비를 하지 못한다. 청소년 동성애자들은 경직성이 증가하고 자신들의 감정을 억누르며 인간 상호 접촉이 줄어들거나 가짜 정체성을 갖기도 한다.

셋째, 정체성의 가정기에는 다른 동성애자와 만나는 것이 점차 늘어나고 사회적 고립이 감소하며 사회적 낙인에 대한 대처가 주된 과업이다. 이 시기에는 항복, 과장, 통과(passing), 그리고 동성애자 그룹의 재배열(group alignment) 전략을 이용한다. 또한 동성애 커뮤니티에 몰입하고 가족으로부터 분리하는 데 어려움을 느낀다.

넷째, 정체성의 전념기에는 사랑과 삶을 선택함에 있어서 끊임없이 전념하는 시기이다. 이 시기에는 정체성을 인정하는 경계가 확실해지고 동성과의 사랑에 전념하며 만족감과 행복감이 증가한다. 또한 이성애자로 위장하거나 통과하는 전략은 줄어들고 자신의 정체성을 일상생활에 함께 담는다.

동성애자는 이러한 발달 단계를 거치면서 커밍아웃을 경험한다. Ramos(2003)는 '커밍아웃'이란 게이와 레즈비언이 자신의 성적 지향을 인식하고 지식(knowledge)을 자신들의 삶에 통합해 나가면서 거치는 발달 과정이라고 정의했다.

여기동(2006)의 정체성 발달 이론

여기동에 따르면 국내의 남성 동성애자들은 타인과 내가 다르다는 차이점을 느끼며 혼란에 빠지는 혼란기를 거쳐, 정체성을 인식하게 되는 인식기, 정체성을 부인하는 저항기, 저항 끝에 정체성을 운명으로 받아들이는 수용기, 그리고 스스로에게 긍지를 갖는 자긍심기를 경험하는 특성을 보였다.

위에서 살펴본 바와 같이 정체성을 발달시키는 과정에서 성 소수자는 커밍아웃(coming out)을 경험하는데, 커밍아웃이란 자신이 성 소수자임을 드러내는 것이다. 커밍아웃은 성 소수자들의 중요한 심리적 결정으로서, 특히 가족에 대한 커밍아웃은 성 소수자에게 가장 큰 도전으로 받아들여진다(Heatherington & Lavner, 2008). 그러므로 커밍아웃은 성 소수자들의 인생에서 매우 중요한 의미이며 중요한 특성을 함유하는 개념이다. 성 소수자는 커밍아웃이 수용되지 않았을 때 정신적 어려움을 겪게 되고 언어 및 신체적 폭력을 경험하게 된다(Elizur & Ziv, 2001). 이와 반대로 긍정적인 수용과 반응의 경험을 갖게 되면, 성 소수자들은 외로움과 우울이 감소하고 안정감을 갖게 된다(Oetjen & Rothblum, 2000). 성 소수자들은 커밍아웃을 많이 할수록 우울감이 감소되고 커밍아웃을 하지 않았을 경우 계속해서 자신의 정체성을 숨기고, 고립감을 느끼고, 우울을 겪을 가능성이 높아진다(김성연, 2013).

성 소수자들의 커밍아웃 저해 요인으로는 '아웃팅(타자에 의해 성 소수자인 것이 밝혀지는 것)'의 위협 속에 놓이기 때문에 어려움을 겪는 경우가 많았고, 사회적으로 커밍아웃을 했을 경우 사회적 매장, 노동권 박탈이라는 심각한 위기 속에서 살아가고 있기 때문이라고 했다(조여울, 2005).

5. 성 소수자 정신건강에 대한 입장의 변화

미국정신의학회는 1942년에 동성애를 질병이라고 선언했으며, 1952년 DSM-I을 출간하면서 동성애를 사회 병질적 성격장애 범주 내의 성적 일탈의 일부로 분류했다(윤가현, 1998). 이러한 병리적 시각은 1973년 DSM-III의 정신진단 목록에서 동성애를 삭제하면서 다른 전기를 맞게 된다. 이러한 변화에는 동성애를 병리적으로 정의할 수 없다는 것을 최초로 실증적으로 증명한 Evelyn Hooker의 연구가 큰 영향을 미쳤다. DSM-III의 진단 목록에서 삭제된 후 흑인 인권운동의 영향을 받은 성 소수자 권리운동이 가시화됨에 따라 성 소수자를 바라보는 시각이 병리적 관점에서 사회적 소수자 집단으로 이해하는 관점으로 변화해 왔다(이호림, 2015).

이러한 변화에 대한 이해와 학회의 지침에도 불구하고 현장에서의 성 소수자에 대한 이해는 부족했다. 이에 미국심리학회(American Psychological Association, APA)에서 게이, 레즈비언, 양성애자 내담자들을 위한 심리치료 가이드라인이 등장하게 되었다(APA, 2011, 2010)

레즈비언, 게이, 양성애자 내담자들을 위한 심리치료 가이드라인(APA, 2011)은 상담자들을 위해 2000년도에 이미 가이드라인을 제시했지만, 2011년에 그 지침서를 수정 및 보완하여 발표했다. 이에 따르면 (1) 상담자들은 레즈비언, 게이, 양성애자(LGB)들의 삶 속의 편견, 차별, 폭력과 다양한 맥락의 영향을 이해하려고 노력해야 한다. (2) 상담자는 LGB의 성적 지향이 정신장애가 아님을 이해해야 한다. (3) 상담자들은 동성에게 끌리는 감정, 행동이 인간의 정상적인 다양성이며 성적 지향을 바꾸려는 노력이 안전하지 않았고, 효과를 보이지 않았다는 것을 이해해야 한다. (4) 상담자들은 LGB 문제에 대한 자신의 태도와 지식이 상담에서 어떻게 평가되고 치료와 관련될 수 있는지 인식해야 하며, 상담에서 적절한 추천을 하고 있는지 인식해야 한다. (5) 상담자들은 양성애자들의 특정한 경험에 대해 인식해야 한다. (6) 상담자들은 LGB 내담자들과 작업을 할 때 성적 지향과 성 정체성에 대한 이슈를 구별해야 한다. (7) 상담자들은 LGB들의 관계에서의 중요성을 잘 알고, 존중하도록 노력해야 한다. (8) 상담자들은 LGB의 부모들이 직면하는 경험과 도전에 대해 이해해야 한다. (9) 상담자들은 LGB의 가족들이 법적으로 또는 생물학적으로 관련이 없을 수도 있음을 인식해야 한다. (10) 상담자는 LGB의 성적 지향이 그들의 가족과의 관계에 어떻게 영향을 미치는지 이해하도록 노력해야 한다. (11) 상담자들은 소수자 집단으로서 LGB가 직면하는 사회와 상반되는 여러 규범, 가치, 신념과 관련된 과제를 인식하기 위해 노력해야 한다. (12) 상담자들은 LGB들의 삶에서 종교와 영성의 영향을 고려해야 한다. (13) 상담자들은 LGB들의 연령적 특성과 차이를 인식하도록 노력해야 한다. (14) 상담자들은 LGB 청소년들이 겪는 특별한 문제와 위험이 존재함을 이해해야 한다. (15) 상담자들은 신체적 · 감각적 · 인지적 · 정서적 장애가 있는 LGB가 겪는 특정한 어려움을 인식해야 한다. (16) 상담자들은 HIV/AIDS가 LGB 개인 및 공동체의 삶에 미치는 영향을 이해하려 노력해야 한다. (17) 상담자들은 LGB의 심리적 안녕감에 미치는 사회경제적 지위의 영향을 고려해야 한다. (18) 상담자들은 LGB 개인들이 직장에서 겪는 특별한 경험들이 존재하는 것을 이해해야 한다. (19) 상담자들은 LGB 이슈를 포함하는 전문적인 교육과 훈련을 받을 것을 권장한다. (20) 상담자들은 지속적인 교육, 훈련, 감독 및 협의를 통해 동성애 및 양성애에 대한 지식과 이해를 증진해야 한다. 마지막으로, 성적 지향 및 관련 문제에 대한 연구의 사용과 보급에 있어서 상담자들은 연구 결과를 완전하고 정확하게 표현해야 하고, 연구 결과의 잠재적인 오용 혹은 잘못된 표현에 주의해야 한다. 이상의 내용은 APA에서 1990년대부터 지속적으로 수정 및 보완한 가이드라인으로서 세계의 상담자 및 정신건강 전문가들의 지침서가 되고 있다. 이와 같은 지침에서도 알 수 있듯이 심리학적인 견해로서 동성애는 그 자체로 치료대상이 아님을 알 수 있다. 성 소수자의 상담 과정에서 그들의 경험과 환경에서 오는 스트레스에 대한 이해가 필요하다는 의견은 그 자체로 성 소수자에 대한 혐오와 차별이 정신건강에 영향을 미치고 있음을 의미한다.

그럼에도 동성애가 정신질환 혹은 성격적 결함이라 주장했던 사람들은 동성애자 집단에서 나타나는 정신장애의 유병률을 근거로 들며, 이처럼 이성애자 집단보다 더 높은 정신장애 유병률을 보이는 것은 동성애 집단 자체에 문제가 있는 것이라고 주장했다(Bailey, 1999).

동성애자 집단에서의 정신장애 유병률이 이성애 집단에서보다 높은 경향성이 있는 것은 사실이며, 이는 한 나라에 국한된 일이 아니라 전 세계적으로 관찰되고 있는 현상이다. 예를 들어 Gilman 등이 미국의 전국 유병률 조사를 통하여 5년간의 자료를 모아 분석한 결과, 지난 1년간 동성과 성관계를 가졌던 사람들은 이성과만 성관계를 가졌던 사람보다 우울, 불안, 물질 관련 장애의 진단을 받았을 확률이 더 높았으며 더 높은 자살사고와 자살 계획을 보고했다. 이러한 경향성은 유럽에서도 나타나는데, 비교적 동성애자들에 대한 차별이 적으며 동성결혼 등 법적, 제도적 장치가 잘 마련되어 있다고 알려진 네덜란드에서도 성 소수자들은 이성애자들에 비하여 우울장애, 불안장애, 물질관련장애 등 정신과적 질환 진단을 더 많이 받았다(Sandfort, Graaf, & Schnabel, 2001).

비록 전국 단위의 표본조사가 이루어진 적은 없으나, 국내에서도 유사한 연구 결과들이 발표된 바 있다. 대표적으로 남성 동성애자들이 남성 이성애자들보다 더 높은 수준의 우울감과 자살사고를 나타내었다는 연구 결과(공성욱, 오강섭, 노경선, 2002) 및 동성애자가 이성애자보다 자살사고 및 자살과 관련된 지표(절망감, 짐이 되는 느낌 등)를 더 많이 보고한다는 연구 결과가 있었다. 반면 동성애자 집단에서 더 높은 정신장애의 유병률이 나타난다고 해서 동성애를 정신장애와 등치시키는 것은 논리적 오류이다. 따라서 동성애자의 정신건강을 연구하던 학자들은 동성애자 집단의 높은 정신장애 유병률을 설명하기 위하여, 사회에 내재한 소수자에 대한 폭력 및 차별과 편견을 근거로 들었다. 즉 소수자 집단이 병리적이기 때문에 유병률이 높은 것이 아니라 소수자 집단이 받는 폭력, 차별 등이 원인이 되어 정신장애의 위험이 높아졌다는 것이다. 1970년대 초반 대두된 동성애 혐오

(homophobia) 및 내면화된 동성애 혐오(internalized homophobia)와 같은 개념은 이러한 '동성애=정신질환'이라는 인식을 개선하는 데 도움을 주었다. 최근 동성애자 집단에서의 정신건강에 대한 연구들 역시 차별 및 편견과 정신건강의 관계에 초점을 맞추고 있는 추세이다(임민경, 2014)

동성애와 관련된 차별, 편견, 그리고 정신건강의 관계를 가장 포괄적으로 설명하고 있는 것은 소수자 스트레스 모델(Minority Stress Model)이라 할 수 있다. 소수자 스트레스 모델은 본래 소수 인종에게서 나타나는 정신건강 문제들을 설명하기 위해 처음 만들어졌으며(Brooks, V. R., 1981), Meyer가 이를 성 소수자에게 적용했다. 이 모델은 사회의 차별이 성 소수자의 정신건강에 부정적 영향을 미치는 과정을 설명한 것이다. Meyer는 성 소수자 인구에게서 나타나는 더 높은 정신건강 문제를 성 소수자의 정체성 때문에 받게 되는 스트레스로 설명한다. 이때 이 스트레스(즉 소수자 스트레스)는 성 소수자가 아닌 인구에게는 존재하지 않는 부가적인 스트레스로 간주되며, 따라서 성 소수자는 이성애자보다 더 많은 적응을 필요로 하게 된다. Meyer에 따르면 소수자 스트레스에 영향을 미치는 요소는 크게 근접(proximal) 요소와 원격(distal) 요소로 나누어볼 수 있다. 근접 요소는 거절에 대한 예상, 정체성 감추기, 내면화된 동성애 혐오(즉 내면화된 성적 낙인) 등 개인 내의 심리적 요소이며 원격 요소는 반동성애와 관련된 차별, 폭력과 같은 외적 사건이다. 이때 개인의 스트레스를 완화하는 역할을 해주는 것으로는 사회적 지지와 대처전략 등이 있다.

요약

성 소수자는 성 소수자가 아닌 사람과는 다른 성 정체성 발달을 경험하는데, 이러한 성 소수자의 정체성 발달 모형을 제시한 연구자들이 있었다. Troiden(1989)에 따르면 동성애자가 또래 다르다는 느낌이 들면서 자기 정체성을 알아차리는 민감화기, 혼란기, 가정기, 전념기 등 4단계를 거친다는 모형을 제시했고 Cass(1996)는 동성애 성 정체성 발달을 혼란, 비교, 똘레랑스(관용), 수용, 자긍심, 통합의 6단계 모형으로 제시했다.

토론문제

- 당신은 동성애에 대해 어떤 견해를 가지는가? 찬성과 반대를 하게 되는 이유에 대해 토론해보자.
- 성적 소수자의 합법적인 결혼과 입양에 대해 당신의 견해는 어떠한가?

10

CHAPTER

성 관련 사회문제

P S Y C H O L O G Y   O F   S E X U A L I T

10

1. 성폭력

그리스 신화에 보면 제우스가 자신의 정욕을 채우기 위해 뻐꾸기나 백조, 황소 등으로 변신하여 겁탈하는 것을 묘사하는 장면들이 많이 나온다. 성폭력의 역사가 언제, 어디서부터 시작되었는지는 누구도 알 수 없지만 성폭력(sexual violence, sexual aggression)은 인류 역사 속에서 다양한 형태로 항상 존재해 온 것으로 보인다. 그러나 성폭력을 범죄나 사회 문제로 인식한 것은 최근의 일이다.

전통적인 가부장 사회에서의 여성은 남성과 동등한 인격체라기보다는 남성의 지배하에 종속된 하나의 자산으로 간주되고 여성의 성(sexuality)을 권력이나 물리적인 힘으로 통제하고 대상화하는 것이 일반적이었다. 또한 성폭력은 폭력의 문제가 아니라 남성의 주체할 수 없는 성적 욕구를 자극받아 행하는 성관계로 인식되면서 남성의 성욕을 유발한 책임을 여성에게 지우거나 피해자가 유혹 또는 부주의했거나 결함이 있어 일어나는 수치스러운 개인적인 사건으로 몰아갔다. 이러한 남성 중심적인 시각과 태도는 여성의 성 피해 사실을 침묵하도록 조장하고 은폐되면서 성폭력에 대한 사회적 인식과 공감이 전혀 없었다. 이러한 분위기 속에서 성폭력 피해자들은 '더럽혀졌다'는 생각에 스스로 입 다물고 숨기기에 급급했고 주위에서는 피해자를 조롱하고 비난하는 것이 현실이었다.

우리 사회에서 성폭력이 주요한 사회문제로 부각되기 시작한 계기는 1990년대 초 아홉 살 때 동네 아저씨에게 강간을 당하고 30대에 이르러 그 가해자를 찾아가 살해한 사건과, 의붓아버지에게 13년간 성폭력을 당해 오다가 남자친구와 함께 그 의붓아버지를 살해한 사건이다. 이 두 사건은 어린이 성폭력, 친족 성폭력 피해의 후유증이 얼마나 심각한지를 여실히 보여준 계기가 되었다.

1990년 전후로 일어난 일련의 성폭력 사건들이 사회적으로 큰 반향을 일으키면서 성폭력을 사회문제로 받아들이는 새로운 인식과 함께 성폭력에 대한 관심과 논란이 대두되었다. 그리고 성폭력을 전문으로 상담하는 상담소가 등장하면서 은폐되어 있던 성폭력 문제가 본격적인 사회문제로 다루어지기 시작했다. 그리하여 성폭력 상담소를 비롯한 여성 단체와 시민 단체들의 성폭력 근절을 위한 노력으로 1994년 '성폭력 범죄의 처벌 및 피해자 보호 등에 관한 법률'(이하 성폭력 특별법)이 만들어지고, 성폭력이 사회적 범죄임을 알리면서 동시에 성폭력 피해자들을 보호 · 지원할 수 있는 법적 토대를 마련하게 되었다. 또한 성폭력은 단순히 여성이 순결을 잃는 개인적 사건이 아니라 인간으로서의 존엄성과 자율성, 그리고 선택권을 침해하고 인격을 훼손하는 사회적 범죄로 인식하는 계기가 되면서 우리 사회에서 성폭력 문제의 심각성에 대한 인식은 상당히 높아졌다고 볼 수 있다.

이 장에서는 성폭력을 성희롱에서부터 강간에까지 이르는 하나의 스펙트럼으로 보며, 성폭력의 개념과 형태, 그리고 성폭력 피해 후유증과 성폭력 예방법 등을 살펴볼 것이다.

1) 성폭력 개념과 관련 법

성폭력의 개념을 정의하는 것은 쉬운 일이 아니다. 왜냐하면 각 개인에 따라 혹은 사회문화적 인식이나 가치관에 따라 달라질 수 있으며, 또한 어디서부터 어디까지가 성폭력이고 어떠한 행위들이 친근감이나 애정의 표현이 되는지에 대한 판단이 다르게 내려질 수 있기 때문이다.

성폭력의 개념에 대한 문제 제기는 1990년대 중반부터 오늘날까지 이어지는 문제로, 성적인(sexual) 폭력의 의미를 강조하는 현재의 개념은 보다 다양한 형태의 성폭력에 대처하기에 역부족이라는 입장이다.

우리 사회에서 성폭력의 개념을 정의하는 논의는 크게 두 가지 범주로 나뉘어 진행되었다. 하나는 넓은 의미의 여성에 대한 폭력(gender violence 혹은 violence against women)으로서의 성폭력이고, 다른 하나는 좁은 의미의 성폭력(sexual violence)이다.

넓은 의미의 성폭력 개념은 강간, 성추행을 포함한 성적인 폭력과 아내 구타, 성매매, 인신매매 등의 여성에 대한 폭력, 그리고 심리적 폭력과 언어적 폭력을 포함한다. 좁은 의미의 성폭력 개념은 성적인 폭력의 의미를 강조하고 개인의 성적 자유와 자율성을 침해하는 행위로 보는 '성적 자기결정권의 침해'에 근거하여 강간을 비롯한 성희롱, 성추행 등 신체적 피해뿐만 아니라 심리적으로 느끼는 불쾌감, 공포, 두려움 등을 말한다.

법적 영역에서는 성폭력의 개념을 좀 더 협소하게 정의하는 경향이 있다. 즉 증거에 근거하기 때문에 증거가 확실한 물리적 강제만을 인정하고 심리적 강제는 인정하기 어렵다. 특히 강간의 경우 남성을 가해자로, 여성을 피해자로 한정함으로써 여성의 질에 남성의 음경이 삽입되어야만 강간으로 인정하여, 현재 발생하고 있는 남성의 피해와 구강성교, 항문성교에 대해서는 그 피해가 심각함에도 불구하고 성추행으로 분류하여 피해를 축소하는 경향이 있다.

성폭력은 심리적 · 사회문화적 · 법적 등 다양한 측면에서 정의될 수 있다. 일반적으로 성폭력은 성을 매개로 한 상대방의 의사에 반하는 모든 행위로, '성폭력 특별법'에 의하면 상대방의 동의 없이 강제적으로 성적 행위(언어 포함)를 하거나 하도록 이용하거나 강요하는 것으로 성폭력의 대상, 피해자와 가해자의 관계, 성적 행위의 범위 등 세 가지 기본 요인을 토대로 이해할 수 있다.

그러므로 현재까지 진행된 논의에 의하면 성폭력이란 성적 자기결정권에 대한 침해 행위로 물리적인 힘이나 위계를 이용하여 성적인 방법으로 가해지는 일방적인 폭력 행위로, 강간뿐 아니라 원치 않는 신체적 접촉, 음란 전화, 불쾌한 언어와 추근거림, 음란한 눈빛으로 바라보는 것, 몰래카메라 등 성적으로 가해지는 신체적 · 언어적 · 정신적 폭력 모두를 포함한다.

1994년에 성폭력 특별법이 처음 제정된 이후 성폭력 사건을 사회문제로 이슈화하고 꾸준히 입법운동을 한 결과 끊임없이 법의 제정과 개정이 이루어져 왔다. 특히 2013년 6월 19일을 기점으로 개정 형법에 친고죄가 폐지되었고(형법 제296조, 제306조, 성특법 제15조, 아청법 제16조 삭제), 강간죄의 대상에 남성을 포함하여 '부녀', '여자'를 '사람'으로 변경했으며 유사강간죄가 신설되었다(형법 제297조). 유사강간죄란 폭행 또는 협박으로 사람에 대해 구강, 항문 등 신체(성기 제외)의 내부에 성기를 넣기나 성기, 항문에 손가락 등 신체(성기 제외)의 일부 또는 도구를 넣는 행위를 일컫는다. 그리고 장애인과 13세 미만인 자에 대한 강간죄의 객체는 '여자'에서 '사람'으로 변경하여 강간죄로 보호받지 못한 남성을 포함하고 성전환자에 대한 강간죄 성립도 인정하는 의미가 있다. 또한 친족관계 강간에 있어서 친족의 범위를 '동거친족'으로까지 확대했다(성특법 제5조, 제6조). 친고죄 조항의 삭제는 성범죄에 대한 처벌이 피해자에 대한 합의 종용 등으로 2차 피해를 야기할 수 있으며 성범죄자의 처벌이 합당하게 이루어지지 못했다는 비판을 수용한 결과이다. 성폭력 범죄는 형법을 기본법으로 하면서 아동, 청소년(19세 미만)의 성 보호에 관한 법률(이하 '아청법')과 성폭력 범죄처벌 등에 관한 특례법(이하 '성특법')을 특별법으로 나누어 규율하고 있다.

2) 성폭력에 대한 이론적 접근

성폭력에 관한 연구는 1950년대에 정신의학 분야에서 시작되어 1970년대까지도 성폭력은 가해자의 정신병리적 현상이나 범죄에 한정되어 연구되었다. 그러나 점차 심리학, 사회학과 여성학의 관심 영역으로 확대되었으며 성폭력에 대한 인식도 크게 변화했다.

초기 성폭력 연구자들은 기본적으로 강간(rape)에 초점을 맞추어, 남자들이 자신의 억제할 수 없는 성욕을 충족시키기 위해 충동적으로 물리적인 힘을 사용하거나 위협하여 여성의 질에 음경을 삽입하는 것으로 정의하고 개인의 정신병리로 분류했다. 또한 피해 여성은 유순하여 다루기 쉽거나, 옷차림이 단정하지 못하고 조심성이 없어 느닷없이 가해자의 목표물이 되어 강간을 당하는 것으로 특징지었다.

Freud로 대표되는 정신분석 이론에서는 가해자를 심리성적(psychosexual) 발달상의 문제에서 비롯된 질병이라는 정신병리적인 문제를 가진 개인으로 규정하면서 치료에 초점을 두었다. 즉 남성 폭력의 근원을 미성숙한 성격, 성격장애, 빈약한 충동 억제, 좌절감에 대한 통제력 상실, 의존성, 우울, 자아 기능의 문제 또는 여성 혐오에 이르는 다양한 발달장애, 친밀감이나 유기에 대한 두려움, 상실, 정신병리적 질병, 성장 과정에서 입은 상처(trauma)로 인한 자아 통제 기능의 어려움으로 보았다.

한편, 진화론적 생물학적 관점은 테스토스테론과 같은 남성 호르몬이 남성의 성적 공격성을 자극하며, 남성이 공격적이고 여성이 수동적인 것은 많은 유전자를 퍼뜨려 적응 능력을 향상시키고 생존하기 위한 유전적 코드의 진화 결과라고 주장한다.

이상과 같이 성폭력 가해자를 정신 이상, 반사회적 성격장애 등 생물학적 본질로 설명하고자 하는 가정은 남성의 공격적인 성행동을 자연적 본능에 의한 행동으로 보고 개인의 문제로 한정하여 치료의 대상으로 보았다. 그러나 정신적 문제를 가진 사람만이 성폭력을 저지르지 않으며 실제로 성폭력을 저지르는 사람들은 다른 일상생활에서 평범하게 적응적인 생활을 하고 있는 사람이 대부분이다.

이후 1970년대 페미니스트 연구자들은 성폭력 가해자 개인의 정신병리적 시각에 반론을 제기하면서 성적 일탈행동으로 간주하는 강간의 개념에 도전하고 성폭력 가해자보다는 피해자에게 미치는 영향에 중점을 두었다. 이들의 주장에 의하면 성폭력은 폭력을 허용하고 정당화하는 문화적 규범의 영향을 받으며 근본적으로 개인의 성적 만족을 위해서가 아니라 권력과 힘을 행사하는 것이라고 주장했다. 이들은 여성에 대한 성적 착취가 남성 중심의 가부장적 지배문화의 특징이라는 데 인식을 같이했다.

성폭력은 생물학적인 힘의 불균형과 본능의 차원보다는 남성 중심의 가부장적 성문화 속의 사회문화적인 힘의 불균형에서 비롯된다고 볼 수 있다. 즉 남자와 여자에게 다르게 적용되는 성역할 사회화 과정과 성별 분업, 여성에게 강조되는 순결 이데올로기, 성에 대한 이중 기준과 성윤리, 성폭력 피해를 피해자의 책임으로 전가하는 잘못된 통념 등이 성폭력의 문제를 사회적 범죄로 인식하는 데 어려움을 느끼게 하고 이러한 남성 중심적인 성문화에 의해 성폭력이 조장되고 유지된다고 보았다.

그리고 남성이 여성을 수동적이고 의존적인 존재로 보며 성적으로 대상화하거나 쉽게 상품화하는 사회에서는 주체할 수 없는 남성의 성적 본능을 생리적 현상으로 정당화하면서 피해의 책임을 여성에게 전가하게 된다. 또한 여성 스스로도 이러한 성문화를 내재화하여 문제를 왜곡하면서 그 책임을 떠안게 된다. 남성 중심적 가부장 사회와 성역할 사회화를 통해 성폭력이 유발된다(Hill & Fischer, 2001)는 이러한 입장은 거시적 차원에서 성폭력이 발생하는 기제를 밝히고, 피해자 입장에서의 문제 해결 모색을 강조한다. 그러므로 성폭력은 특정 피해자의 개인적인 문제가 아니라 사회적인 문제이므로, 해결도 개인 차원이 아닌 사회 구조적인 차원에서 접근해야 한다고 주장한다.

3) 우리 사회의 성문화와 성폭력에 대한 잘못된 통념

우리 사회의 일반적인 성 개념은 성교나 성기 중심의 성행위 위주로 생물학적 본능에 입각한 생리적 현상으로서의 개인적인 측면을 부각함으로써 성이 가진 복합적인 성격을 간과하고 있다. 물론 생물학적 차원을 전적으로 배제할 수는 없겠지만, 많은 학자들은 성(sexuality)이 사회문화적으로 강력하게 영향을 받는 사회적 구성물이라는 데 동의하고 있다. 사회 구성물로서의 성은 가족, 사회, 특히 인터넷 등 대중매체의 영향을 받으면서 우리가 생활하는 방식에 따라 다양하고 복잡하게 표현되고 형상화된다.

한국의 전통적인 가족제도를 지배해 온 유교 문화 속에서 성(sexuality)은 혈통의 순수성과 가계 계승을 위한 출산에 많은 비중과 의미를 두었다. 이러한 생식 위주의 성은 여성을 성적으로 대상화하고 은밀하고 사적이며 금기적 영역으로 인식하게 되었다. 또한 남성우월적이며 성차별적인 여성관은 여성에게는 성적 욕망을 억압하고 순결을 강요하는 한편 남성은 대를 잇기 위한 외도를 정당화시켰고, 성적 본능을 억압하는 것은 오히려 부자연스럽고 남자답지 못한 행동으로 여겼다. 이러한 이중적인 성윤리는 동등한 인격체의 상호 친밀한 교류로서의 성관계보다는 힘의 우월성을 과시하고 일방적으로 공격적이며 능동적으로 표현하는 것이 '남성다움'이라는 남성 중심의 성관계 관행을 정착시켰다. 그리하여 생리적이고 신체적인 측면만이 강조되는 남성 주도의 성기 중심적 성관계에 집착하고 여성은 이러한 성관계에 단지 수동적으로 반응하도록 사회화되었다.

한편 인터넷 등 통신매체의 급속한 발달과 무분별한 서구 성문화의 유입은 상업주의와 맞물려 퇴폐적, 폭력적인 성이 범람하면서 성과 사랑이 분리되고 성이 상품화되면서 여성을 성적 대상으로 취급하는 결과를 초래하고 있다.

이러한 왜곡되고 상품화된 성문화는 우리 사회에서 성폭력이 만연하게 된 배경과도 무관하지 않다고 볼 수 있다. 성폭력 관련 법률들이 만들어지고 처벌의 수위를 높이고 있지만 성범죄가 근절되지 않고 끊임없이 일어나는 이유는 성폭력에 대한 잘못된 믿음이 만연해 있기 때문이다(Cowan, 2000; O'Donohue et al., 2003).

성폭력의 문제는 그 피해가 심각함에도 불구하고 자신이나 주변인이 피해를 당하기 전까지 자칫 남의 문제로 인식하기 쉽다. 더구나 우리 사회에 널리 퍼진 성폭력에 대한 잘못된 통념으로 인해 피해자는 피해를 당당히 주장할 수 없을 뿐 아니라, 의혹의 눈초리나 오히려 피해자가 피해를 유발했다는 비난을 받기 쉽다. 그리하여 피해자로 하여금 피해를 드러내고 당당하게 극복하는 데 걸림돌로 작용하며, 또 다른 성폭력을 발생시키는 요인을 제공한다.

다음은 성폭력에 대한 일반적인 잘못된 통념들이다.

나에게는 일어날 수 없는 일이다?

성폭력은 나이와 인종, 계층, 종교, 직업, 교육 정도, 신체적 매력 등과는 상관없이 누구에게나 어디서든 일어날 수 있다.

여성은 강간당하기를 원한다?

여자가 '아니요'라고 말하는 것은 '네'를 의미한다고 생각하는 경우가 많다. 이러한 생각은 자신의 가해 행동을 정당화하면서 성폭력이 아니라 '서로가 원했다'라고 생각하며 자신의 행동에 대한 죄책감을 느끼지 않는다. 심지어 여성들은 강간당하고 싶어 한다는 왜곡된 강간 신화를 수용하는데, 성애를 연상하는 것과 자신에게 가해지는 피해를 의식적으로 바란다는 것은 구분해야 한다.

여성은 무의식적으로 강간당하기를 원한다는 강간 신화가 있다. 이러한 믿음은 여성의 'No'라는 말을 'Yes'라는 의미로 받아들이게 하고, 강간을 폭력으로 인식하기보다는 성관계로 인식하게 만든다. 그러나 피해자들은 사소하게 생각되는 성희롱이나 성추행에 대해서도 모욕감과 수치심, 분노로 오랫동안 피해 후유증에 시달리게 된다.

대부분의 성폭력은 낯선 사람에 의해 우발적으로 이루어진다?

여성들은 낯선 사람을 경계하고 피하지만, 많은 경우 모르는 사람보다 알고 지내는 친구, 직장 내 관계, 학교/학원, 친족, 친인척, 동네 사람, 친밀한 관계(전 배우자, 데이트 상대, 동거인, 남편), 남자친구의 친구, 인터넷 동호회원, 친목 모임 등 사회적 관계 속의 아는 사람에 의한 성폭력 피해가 훨씬 많다. 한국성폭력상담소의 2018년 상담통계를 살펴보면 아는 사람에 의한 피해가 86.5%로 성인의 경우 직장관계나 친밀한 관계에 있는 사람에 의한 피해가 대부분이고, 청소년은 학교와 학원 등 주변 사람들에 의한 피해가 많으며, 아동과 유아의 경우 친족과 친인척에 의한 성폭력 피해가 높은 비율로 나타났다(한국성폭력상담소 2018년 상담통계).

성폭력은 젊은 여성에게만 발생한다?

성폭력은 남성의 성욕을 자극하는 20대의 젊고 성적 매력이 있는 아가씨만 당하는 것이 아니다. 여러 성폭력 관련 상담소의 피해 연령 통계를 살펴보면 일반적으로 피해자 중 20~30%가 만 13세 미만의 어린이 피해자이고 생후 4개월에서 70세 이상 할머니까지 다양한 연령층에 분포되어 있으며, 신체적 · 사회적 약자인 남자 어린이, 청소년 등 소수의 남자도 피해자가 될 수 있음을 볼 수 있다.

성폭력은 억제할 수 없는 남성의 성충동 때문에 일어난다?

성폭력은 '억제할 수 없는 충동' 때문이 아니라 '남자는 억제할 필요가 없다'고 배워 왔기 때문에 발생한다. 아무리 배가 고파도 음식을 훔쳐 먹지 않듯이 성충동도 교육과 훈련에 의해 조절이 가능하며, 성행동은 뇌가 관장하므로 여성과 마찬가지로 남성도 적절하고 책임 있는 성행동을 충분히 학습할 수 있다.

성폭력 가해자 연구들을 살펴보면 많은 경우, 본능적인 성적 욕망 때문이라기보다 가해자 자신의 억제된 분노 등을 왜곡된 성 인식이나 여성관에 의해 자신보다 약자인 여성이나 어린이에게 표출하는 것으로 밝혀졌다. 따라서 성폭력은 남성 개인의 성충동 때문에 발생하는 것이라기보다 남성의 공격적인 성행동을 남성다움으로 묵인하고 조장하는 사회풍토에서 비롯된다고 볼 수 있다.

이러한 믿음은 성폭력 피해의 책임을 가해자로부터 피해자에게 전가하는 것으로 여성이 스스로 조심하는 것 말고는 성폭력을 방지할 뾰족한 방법이 없다고 여기게 만든다. 그러나 스스로 조심하는 것은 최소한의 임시방편이지 핵심적인 대책은 되지 못한다.

여성의 노출이 심한 옷차림과 정숙지 못한 행동이 성폭력을 유발한다?

우리는 흔히 늦은 밤 노출이 심한 옷을 입고 유혹적인 몸짓으로 걸어가는 젊은 여성에게 성충동을 느낀 젊은 남성이 그 충동을 이기지 못해 성폭력을 저질렀다고 생각한다. 그리하여 오히려 "어떻게 행동했길래….", "당해도 싸지….", "그럴 줄 알았어.", "남자가 그럴 수도 있지."라며 피해자 유발론으로 몰아가는 경향이 있다. 그러나 성폭력은 노출이 심한 여성이나 노출이 심한 계절에만 일어나는 것이 아니며, 여성의 성을 대상화하고 상품화하는 사회 풍토가 근본적인 문제이다.

실제 상황이나 피해자 경험에 대한 충분한 고려 없이 기존의 성차별적 문화를 바탕으로 여성에게만 순결을 지키기 위해 항상 몸조심을 해야 한다는 규범을 부과하고 남성에게는 성적 자유를 허용하는 우리 사회의 이중 규범은 가해자가 아닌 피해자에게 책임을 묻도록 만든다.

성폭력은 야하고 노출이 심한 여자들만 당하는 것이 아니다. 그리고 무엇보다 어떤 옷을 입고 어느 장소에 가느냐는 그 개인의 개성이며 자유이지, 폭력을 당하고 비난받을 일은 아니다. 물론 여성들이 어떻게 주의해야 할 것인지는 알아야 하지만 사건의 책임이 가해자가 아닌 피해자에게 돌려지는 것은 부당하며 인권침해이다.

강간은 폭력이 아니라 조금 난폭한 성관계이다?

성관계란 합의를 바탕으로 애정과 친밀감 등을 나타내는 의사소통과 상호 교감의 한 방법이다. 가해자들은 피해자도 원했다고 주장하나 어느 누구도 강간과 같은 폭력 행위, 그리고 그로 인한 수치심과 모욕감을 원치 않는다. 실제로 많은 성폭력은 흉기로 협박하고 물리적, 심리적 힘으로 위협적이다. 성폭력은 폭력 범죄이며 여성들은 '순결'을 잃은 것이 아니라 '폭력'을 당한 것이다. 이러한 잘못된 믿음은 극복에 큰 걸림돌이 된다.

여성이 끝까지 저항하면 강간은 불가능하다?

흔들리는 바늘 운운하며 강간을 피해자의 책임으로 돌리지만 성폭력 상황은 말로 위협하는 정도에 그치지 않는다. 때리거나 흉기로 위협하는 상황에서 여성은 생명의 위협을 느끼고, 극도의 공포와 수치심으로 저항하기보다는 무력해지기 쉽다. 생명을 위협하는 위기 상황에서 끝까지 저항하라는 것은 목숨을 걸고라도 순결을 지켜야 한다는 우리 사회의 순결 이데올로기를 강화할 뿐이다.

여자가 항상 강간의 시도에 저항할 수 있다는 믿음은 여러 이유에서 잘못이다. 우선 대부분의 가해자들은 피해자보다 몸이 크고 힘이 세다. 두 번째는 여성 성역할과 조건이 흔히 순종적이고 복종적인 것으로 교육시켜 그로 인해 강간에 대해 적극적으로 저항하지 못하게 한다. 세 번째로 많은 경우 강간범이 시간과 장소를 선택하기 때문에 자기에게 유리한 조건을 가지고 있다. 여자가 공격당할 때 겪는 두려움과 공포가 가해자에게는 오히려 유리하게 작용한다.

성폭력범은 정신 이상자이다?

사람들은 성폭력 가해자에 대해 일반사람들과는 다른 사람일 것이라는 잘못된 믿음을 가지고 있다. 그러나 많은 경우 특정 유형의 신경증 환자나 정신질환이 있는 사람이 성폭력을 하는 것이 아니다. 대개의 성폭력 가해자들은 사회생활을 정상적으로 하고 있는 평범한 사람들이다. 그러나 사람들은 성폭력 범죄자를 "정신병자 아니야?" 하면서 단번에 알아볼 수 있다고 생각하고 주변인에 대한 경계를 소홀히 하는 경우가 많다(Cowan, 2000).

4) 성폭력의 유형

성희롱

성희롱의 개념

성희롱(sexual harassment)은 강간 등 강력한 물리적 성폭력 행동은 아니지만 시각적 · 신체적 · 언어적인 성적 행동이 행해졌을 때 피해자가 성적 수치심과 굴욕감을 느끼게 되는 행위이다.

우리나라에서 성희롱에 대한 논의는 1993년 국내 최초의 성희롱 소송 사건인 '서울대 조교 성희롱 사건'으로부터 본격적으로 시작되었다. 여기에 주요 대중매체가 주목하면서 사회적으로 이슈화되어 성희롱의 개념이나 범위 등에 대한 논란이 제기되었다. 이 사건은 1998년 대법원의 판결에서 성희롱의 위법성이 인정되어, 이를 계기로 1999년에 개정된 '남녀 고용 평등법'과 같은 해에 신설된 '남녀 차별 금지 및 구제에 관한 법률'에 직장 내 성희롱 규제 조항이 신설되어 직장 내 성희롱을 법과 제도적으로 규제할 수 있게 되었다.

'희롱'이라는 말의 의미는 '말이나 행동으로 실없이 놀림'으로, 때로 성희롱은 무시되거나 하찮게 여겨지며 심지어 오히려 피해자를 비난하는 결과를 낳는다. 영어의 'sexual harassment'를 의미하는 적합한 우리말을 찾지 못한 상태에서 성희롱으로 통용되지만, 성희롱은 성적 요소가 가미되어 상대방을 괴롭히고 귀찮게 한다는 의미로 해석해야 한다. 그리고 성희롱의 기준은 가해자의 '의도' 유무를 떠나, 피해자가 '원치 않았던' 행위를 가해자가 범했고 이로 인해 피해자에게 성적인 수치심이나 굴욕감을 주었다면 모두 성희롱으로 봐야 된다는 주장이 우세하다. 이러한 성희롱은 단순히 한 개인이 또 다른 개인에 대해 갖는 성적 매력에 의한 것이 아니라 학교나 군대, 직장 등 조직에서 보다 일반적으로 일어나며 환자와 의사, 내담자와 치료자 사이에서도 쉽게 일어난다.

농담과 희롱의 구별

모든 사람에게 즐거움을 주는 농담이나 미소, 보는 것 등은 나쁜 일이 아니다. 그러나 시시덕거리는 사람이 상대방을 지배할 수 있는 어떤 권력을 가지고 있는 데다 지속적이고 달갑지 않은 시시덕거림은 성희롱이 될 수 있다.

① 동등한 관계인가

힘이나 권력을 가진 사람을 거절할 경우에 보복의 두려움을 느끼거나 한계를 느끼는 경우이다. 예를 들어 선생님이나 상사가 데이트를 요구했을 때 이를 거절할 경우 그 결과로 학업에 지장을 받거나 직업을 잃을 위험이 있는지 여부이다.

② 접근이 적절한가

"섹시해 보이는데, 오늘 나랑 데이트할까?" 이런 말은 상대방이 모욕감이나 불쾌감을 느끼면 명백히 가해 행동이다. 그러나 칭찬하는 말이나 "오늘 참 좋아 보인다.", "커피 한잔 할까?" 같은 말은 듣기에 따라 위협이나 부담을 주지 않기 때문에 수용할 수 있는 말이다. 때로 접근에 대해 구별하기 어려운 경우도 있다. 원치 않는 접근에 대해 의도를 확인한 후 직접적으로 나 메시지를 사용하여 그런 행동을 그만둘 것을 요구하라. 만약 사과를 하면 받아들이고, 그렇지 않을 경우 명백한 성희롱의 시작이므로 학교나 직장의 상담자에게 도움을 구하라.

③ 계속 접촉하길 원하는가

당신이 원할 때는 계속 농담을 주고받을 수 있으나, 원치 않을 경우 시시덕거림에 반응을 보이지 않거나 중립을 지키거나 실망시키는 방법으로 중지시킬 수 있다.

일상적인 농담인지 아니면 성희롱인지를 구별하는 것은 문화, 성별과 관련된 여러 가지 요인으로 인해 복잡한 문제이다. 문화적 기대가 다르기 때문에 잘못 해석될 수도 있으며,

같은 말이라도 상황에 따라 칭찬 혹은 모욕적인 말이 될 수 있다. 또한 여성에 비해 남성이 성희롱으로 여겨지는 행동에 대한 지각이 더 둔감하다. 그리고 남성은 여성의 친절한 행동을 성적인 관심으로 잘못 받아들이는 경향이 있다.

권력(power)의 차이 역시 지각에 영향을 미친다. 예를 들어 학생이나 동료에게 개인적인 질문을 받을 때보다 상급자나 선생님에게 질문을 받을 때 더 성희롱으로 지각된다.

성희롱의 유형

조건형과 환경형

① 조건형

성적 요구를 받아들이지 않을 경우 고용이나 교육과 관련하여 어떠한 불이익(학점, 진로 방해, 해고, 전보, 승진 탈락, 채용 탈락, 정직, 전직 등)을 준다고 강요하거나 실제로 불이익을 주는 상황, 또는 성적 요구를 받아들였을 경우 이익(승진, 승급 등)을 준다고 하거나 실제로 그러한 이익을 주는 상황이다.

② 환경형

성적인 말이나 행동 등이 상대방에게 심리적으로나 정서적 · 신체적으로 불쾌감을 주거나, 또는 성적 굴욕감이나 혐오감을 불러일으킴으로써 고용이나 업무, 교육 및 학습 환경을 악화시켜 생산성에 부정적인 영향을 주는 상황이다.

행위 유형별 성희롱

① 신체적 행위

입맞춤이나 포옹, 뒤에서 껴안기 등의 신체 접촉 행위와 가슴, 엉덩이 등 특정 신체 부위를 만지는 행위, 그리고 안마나 애무를 강요하는 행위 등이다.

② 언어적 행위

음란한 내용의 농담이나 음담패설(전화통화 포함)을 하거나, 외모에 대한 성적인 비유나 평가, 성적 사실 관계를 묻거나, 성적인 내용의 정보를 의도적으로 유포하는 행위이다. 그리고 성적 관계를 강요하거나 회유하는 행위, 회식 자리 등에서 무리하게 옆에 앉혀 술을 따르도록 강요하는 행위를 포함한다.

③ 시각적 행위

외설적 사진, 그림, 낙서, 편지, 음란 출판물 등을 게시하거나 보여주는 행위(컴퓨터 통신이나 팩스로 보내는 행위 포함), 성과 관련된 자신의 특정 신체 부위를 고의적으로 노출하거나 만지는 행위이다.

이 외에도 기타 사회 통념상 성적 굴욕감을 유발하는 것으로 인정되는 언어나 행동을 포함한다.

성희롱의 대처 및 예방법

성희롱은 처벌이 목적이 아니라 예방이 우선이므로 교육하고 설득하는 일이 조직적으로 진행되어야 한다. 현재 '남녀 고용 평등법'(2018년 5월 29일 시행)에는 성희롱을 예방하고 근로자가 안전한 환경에서 일할 수 있는 여건 조성을 위해 고용주의 성희롱 예방 의무를 규정하고 성희롱 예방 교육을 연 1회 이상 정기적으로 실시하도록 하고 있으며, 이를 위반했을 경우 과태료를 300만 원에서 500만 원을 부과하도록 상향 조정되었고, 교육 내용을 상시 게시하도록 했다. 또한 2차 피해 방지와 피해자 보호조치를 강화했다.

한편, 성희롱과 관련하여 근로자에게 고용상의 불이익을 준 경우 500만 원 이하의 벌금에 처해진다('남녀고용평등 및 일, 가정 양립지원에 관한 법' 제13조). 성폭력 문제가 사회적 이슈로 떠오르면서 실제로 공공기관이나 학교, 기업에서 직장 내 성희롱 예방교육을 하고 성희롱 고충처리 기구 등을 설치하고 있다.

피해자가 되었을 경우

성희롱이 발생했을 경우, 먼저 가해자에게 거부 의사를 명확히 표시하고 성희롱 행위를 중단할 것을 요구한다. 그러나 직접적인 거부 의사를 표현하기 어렵거나 거부 의사를 받아들이지 않을 경우 또는 피해 발생 당시 의사 표현을 하지 못했을 경우에는 사후에 편지나 이메일을 통해 성희롱 행위를 중지할 것을 요구한다. 이때 편지에 피해 당시의 상황과 피해자의 생각이나 느낌, 그리고 가해자에게 요구하는 것 등 핵심 내용을 육하원칙에 따라 정확히 표현하며, 반드시 사본을 보관하고 발송했다는 증거를 남겨 추후 분쟁이 발생했을 경우를 대비한다.

그리고 혼자서 대응하기 어렵거나 효과가 없을 때에는 주변 사람에게 알리고 공동으로 대응하거나, 직장 또는 교내의 상담기관이나 외부 전문 상담기관에서 상담을 하고 가능한 대처 방법에 대해 충분한 정보를 수집할 수 있다.

가해자로 지목되었을 경우

의도가 어떻든 자신의 행동이 상대방에게 성적인 불쾌감이나 굴욕감을 주었다는 사실을 인정하고, 상대방이 성희롱으로 여겨 불쾌감을 표현하거나 말할 경우 이를 정중히 받아들이고 진심으로 사과한다. 그리고 자신의 행동이 성희롱으로 처벌받을 수 있다는 점을 인지한다.

직장 내 성희롱 문제

직장 내 성희롱이란 업무, 고용, 기타 관계에서 공공기관의 종사자, 사용자 또는 근로자가 그 지위를 이용하거나 업무 등과 관련하여 성적 언동 등으로 성적 굴욕감 또는 혐오감을 느끼게 하거나 성적 언동, 기타 요구 등에 대한 불응을 이유로 고용상의 불이익을 주는 것을 말한다(남녀 차별 금지 및 구제에 관한 법률 제2조 제2항).

직장 역시 대학과 마찬가지로 성인들이 잠재적인 파트너를 만날 수 있는 중요한 곳이므로 성희롱의 문제는 상당히 복잡하다. 시시덕거림이나 로맨스, 사랑 등은 작업 환경에서 언제든 일어날 수 있다. 시시덕거림과 희롱의 경계는 특히 남자의 경우 문제가 될 수 있다. 많은 여성들은 한참 시간이 흐른 뒤에도 성희롱을 당했다고 깨닫기 어렵다. 이들은 순진하거나 속기 쉬우며 죄책감이나 수치심을 느낀다. 그리고 성희롱에 대해 좀 더 배우고 나서 자신이 경험한 것이 성희롱이었음을 깨닫는다.

미국의 경우(U.S. Merit Systems Protection Board, 1996) 지난 2년 동안 여성의 44%, 남성의 19%가 어떤 형태로든지 원치 않는 성적 주목을 경험했다고 한다. 성적인 농담이나 지분거림, 성적 제스처, 고의적 접촉이나 밀어붙임은 가장 일반적으로 경험하는 성희롱 형태이다. 대부분 성희롱 피해자는 여성이며 남성이 여성에게 성희롱을 당하는 경우는 압도적으

직장 내 성폭력 사례

K양은 대학 졸업 후 어려운 입사 시험과 면접을 거쳐 회사에 입사했다. K양은 아직 회사 생활에 익숙해지지 못했을 때 회사의 업무와 생활에 대해 자상하게 설명해주고 도와준 M대리를 고맙게 생각하고 있었다. 3개월쯤 후 K양과 M대리는 회사 일로 주말에 나와 일을 하게 되었고, 일이 끝난 후 식사를 하고 맥주를 한잔 하게 되었다. M대리는 K양에게 자신의 사적인 어려움을 이야기했고, K양은 그에게 동정심이 생겼다. 이후에도 퇴근 후 가끔 맥주를 마시며 이야기를 했는데, 어느 날 M대리는 K양을 집 앞에 데려다주면서 차 한잔 줄 것을 부탁했고, K양은 그동안의 고마움과 예의 바른 행동에 아무런 의심 없이 그를 집으로 들였다. 그러나 M대리는 태도가 돌변하여 K양을 강간하고 이후로도 수시로 협박했다. K양은 어렵게 들어간 회사에서 소문이 날까 봐 전전긍긍하다가 결국 회사를 그만두었고, 그로 인한 후유증으로 신경정신과 치료를 받았다. 그녀는 남자들에 대한 두려움과 경계심으로 다른 직장에서도 적응에 어려움을 겪고 있다.

대학 내 성희롱 사례

A는 설레는 마음으로 동아리 MT에 가서 선배들과 술자리를 하게 되었다. 그런데 한 선배가 "너는 예쁘니까 내 옆에 앉아."하면서 자리를 내주더니, '예쁜 여자가 따라야 술맛이 더 난다'며 술을 따르도록 강요하고 성적 농담을 했다. 그러고는 급기야 은근슬쩍 손을 어깨에 얹고 머리카락을 만지는 등 지나치게 몸을 밀착시켰다. A는 몹시 불편하고 짜증스러웠으나 분위기를 깰까 봐 참았다. 그날 이후 그 선배는 계속 집적대며 사귈 것을 요구하고 주위 사람들에게 소문을 퍼뜨렸으며 문자를 계속 보내고 의도적으로 계속 따라다니며 괴롭혔다. 결국 A는 교내 성폭력 상담실을 찾아 상담을 했고, 가해를 한 선배는 접근 금지와 함께 외부 성폭력 상담기관에서 일정 기간 교육을 받게 되었다.

로 여성이 많이 있는 곳에서 일어난다. 그리고 동성 간의 성희롱 또한 발생할 수 있다.

성희롱의 피해를 경험한 사람들이 정신적 혹은 감정적인 부담과 함께 직장을 떠남으로써 수입을 상실하는 일까지 있다. 성희롱은 그 피해가 다양한데, 개인적인 피해를 비롯하여 사업장의 생산성을 떨어뜨리고 사회적 생산성의 손실로 이어질 뿐만 아니라 피해를 입은 사람은 우울, 불안, 수치심, 당혹감, 굴욕감, 분노 등을 경험한다(Charney & Russell, 1994; Jorgenson & Wahl, 2000).

교육환경에서의 성희롱 문제

성희롱은 대학뿐 아니라 초등, 중등학교를 막론하고 언제 어디서든 발생한다. 위계적인 관계의 교육환경 안에서 학생들은 교수나 선생님들로부터 성차별적 발언이나 성적 언동 등 원치 않는 불쾌한 상황이 종종 벌어지지만, 불이익이나 진로에 부정적 영향을 미칠 수도 있다는 불안과 두려움으로 참아내거나 불편한 상황을 피해 버리기 위해 다른 과목을 듣거나 아예 그 과목을 포기하는 전략을 쓴다. 또한 동료 학생 간의 성희롱, 괴롭힘, 왕따 등의 형태는 언어적인 폭력뿐 아니라 신체적인 가해 행위를 포함하는 범죄에 가까운 행위 등 다양한 양상을 띠고 있다.

현재 많은 대학에서는 대학 내 성희롱, 성폭력을 예방하고 피해자 지원을 위해 인권과 성폭력 문제를 다루는 전담기구를 설치하고 있다.

스토킹

스토킹(stalking)이란 관심 있는 상대를 병적으로 집요하게 쫓아다니며 괴롭히는 행위를 일컫는 말로 '몰래 접근하다', '미행하다'라는 뜻의 영어 'stalk'에서 유래되었다. 스토킹을

미투 운동

미투 운동(Me Too movement)은 미국에서 시작된 성폭행이나 성희롱이 발생하는 것을 청산하기 위한 해시태그 운동이다. 2017년 10월 할리우드 유명 영화제작자인 하비 와인스틴의 성추문을 폭로하고 비난하기 위해 소셜미디어에 해시태그(#MeToo)를 다는 행동에서 출발했다.

이 해시태그 캠페인은 사회운동가 타라나 버크가 사용했던 것으로, 알리사 밀라노에 의해 대중화되었다. 밀라노는 여성들이 트위터에 여성혐오, 성폭행 등의 경험을 공개하여 사람들이 이러한 행동의 보편성을 인식할 수 있도록 독려했다. 이후, 수많은 저명인사를 포함하여 많은 사람들이 자신의 그러한 경험을 밝히며 이 해시태그를 사용했다. 이후 이러한 운동은 전 세계적으로 퍼지게 되었다.

한국에서는 2018년 1월 현직 검사가 JTBC 뉴스룸에 출연하여 검찰 안에서의 성폭력 실상을 고발하면서 미투 운동을 촉발시켰다. 이후 연예문화예술인, 정치계, 체육계, 대학교수로부터 성폭력을 당했다는 고발이 소셜네트워크서비스를 통해 널리 퍼지면서 '위력에 의한 성폭력' 고발 움직임이 각계 각층으로 확산되었다.

하는 사람을 스토커(stalker)라고 하는데 이는 '사냥감에 살그머니 접근하는 밀렵꾼'이라는 의미를 가진다.

스토킹이라는 말이 일반인들에게 알려지고 관심의 대상이 된 것은 비틀스 멤버였던 존 레논, 미국 여배우 레베카 쉐퍼, 이탈리아 패션 디자이너 지아니 베르사체 등 유명인사들이 스토커에 의해 살해되는 등 스토커에 의한 피해 사례가 급증하면서부터이다. 과거에는 '열 번 찍어 안 넘어가는 나무 없다'는 등 일종의 사랑 구애법으로까지 용인되던 스토킹 행위가 이제는 사생활을 침해하는 범죄 또는 신체 안전감을 위협하는 폭력 행위로까지 인식되고 있다. 그러나 스토킹 문제가 공식적인 담론으로 충분히 쟁점화되지 못한 탓에 아직 그 심각성을 낮게 평가하는 경향이 있다.

스토킹의 유형은 끈질기게 전화를 걸어 구애나 음란한 말을 하거나, 계속 따라다니며 미행을 하고 선물 공세를 펴면서 수단과 방법을 가리지 않고 광적으로 집착하는 것 등으로, 스토커는 성격적으로 경계선 성격장애, 자기애적 성격장애, 편집형 성격장애 등이 있을 가능성이 크다. 또한 그들은 정체성 혼란으로 자신의 존재에 대한 확신감이 결여되어 있다. 따라서 다른 사람에게 강박적으로 집착하면서 그 사람을 통해 자신의 존재와 가치를 확인하려 한다.

스토킹을 당하는 피해자는 스토커와 비슷한 사람을 보거나 전화벨이 울리기만 해도 놀라고, 혼자 있을 때나 외출할 때 두려움을 느끼며, 심한 경우 외출도 못하고 불면, 불안, 우울, 자살 충동 등 외상 후 스트레스장애와 유사한 정신적 증상을 보이기도 한다.

스토킹에 대한 대처법은 먼저 단호하게 싫다는 의사 표시를 분명히 한 후에 두 번 다시 만나지 말아야 한다. 말로 타이르거나 설득하거나 화를 내는 등의 시도는 스토커로 하여금 자신에 대한 관심으로 해석하게 하여 스토킹의 빌미를 제공하게 된다. 스토커에게 전혀 관심을 갖고 있지 않음을 보여주어야 하므로 피해자는 스토커가 하는 어떤 행동에도 반응하지 않음으로써 협박 자체를 무의미하게 만드는 것이 중요하다. 그러면서 스토커의 접근이나 행동을 다른 사람에게 알리고 협박에 대한 적절한 대응을 위해 기록을 해둔다. 그리고 필요한 경우 법적 도움을 받기 위한 증거로 전화통화 녹음이나 편지, 소포 등을 모아두고, 기물 파괴나 신체상 손상을 입었을 경우 비디오나 사진을 찍어둔다. 평소에 경찰서의 위치를 확인해 놓고, 긴급 상황 시에 걸 수 있는 전화번호를 알아둔다. 또한 개인 정보가 노출되지 않도록 조심한다.

데이트 성폭력

데이트 성폭력은 넓은 의미로는 아는 사람(acquaintance)에 의한 성폭력이며, 좁은 의미로는 이성 간의 이성애 감정을 가지고 성적인 친밀감이 있는 계획된 데이트 관계(heterosexual date)에서 일어나는 성폭력을 뜻한다. 애인관계와 같이 친밀한 관계를 이용하여 데이트 중에 상대방의 명백한 동의 없이 상대방에게 물리적인 힘이나 폭력, 협박 등을 사용하여 강간하는 것뿐만 아니라 육체적으로 무력한 상태, 즉 의식불명이거나 잠자는 상태, 술에 취해 있거나 기타 다른 이유로 성적 행동에 응하지 않겠다는 자신의 의사를 밝힐 수 없는 상태 및 마취제, 술, 최면 등을 이용하여 강간, 강간미수, 성추행, 성희롱 등 성적인 행동을 하여 신체적 · 정신적 폭력의 피해를 입히는 행위를 말한다. 데이트 상대에 의해 일어나는 성폭력은 2018년 전체 상담의 10%를 차지했으며, 대부분의 피해 유형은 강간이다(한국성폭력상담소, 2018).

데이트 성폭력은 개인적인 공간에서 특별히 친밀한 사적인 관계 사이에 일어나기 때문에 그 경계가 명확하지 않고 피해를 입증하는 데 어려움이 있으며, 피해 당사자도 피해의 경계에서 혼란스러워하고 더욱이 자신의 피해를 드러내고 공감을 얻는 데 어려움을 겪는다.

데이트 성폭력은 사귀고 있을 당시에는 성폭력 피해로 인지하기가 어렵다. 일방적이거나 강제적인 성적 행위인데도 불구하고 남성과의 친밀한 관계에서는 여성 스스로 남성을 배려하여 원치 않는 성관계를 허용하고 성적 자기결정을 주장하기 어려워진다. 그 결과 남성의 성관계는 여성에게 성폭력이 될 수 있다.

데이트 성폭력의 가장 큰 문제점은 가해자뿐 아니라 피해자도 데이트 성폭력을 성폭력

범죄로 인식하지 못하는 데 있다. 이러한 잘못된 인식은 결과적으로 데이트 성폭력을 예방하고 대처할 수 있는 능력을 저하시키고, 조금 난폭한 사랑의 행위나 개인적인 성 문제로 인식되어 사회문제로 받아들여지지 못하고 있다.

데이트 성폭력의 특징은, 관계가 진전되고 성적 접촉이 허용된 친밀한 관계이기 때문에 남성은 여성과 오래 사귀어 온 사이일 경우 성관계를 가질 자격이 있다고 생각한다는 것이다. 따라서 성폭력 피해의 가능성이 더욱 높아진다.

데이트 성폭력 가해자들은 대체로 강간 통념을 수용하는 경향이 있으며, 여성과 여성의 역할에 대하여 남성 중심적인 보수적 신념을 가지고 있다. 그들은 여성은 통제하고 무시해도 되는 존재로 여기며 성관계에서도 남성이 주도해야 하고 여성은 성에 대해 무지하고 수동적이어야 한다고 규정하며, 파트너 여성 역시 남성이 주도해주기를 원한다고 생각한다. 또한 어린 시절에 언어폭력을 포함한 다양한 폭력을 자연스럽게 받아들이는 폭력적인 가정환경에서 자랐거나, 자신의 열등감이나 적개심을 성적인 강함이나 우월감의 폭력적인 형태로 표출한다.

최근에는 클럽 등에서 약물을 이용한 성폭력 문제가 사회문제로 대두되고 있다. 속칭 '물뽕'(이하 GHB, Gamma-Hydroxy Butrate)은 데이트 성폭력에 사용되는 마약류로 기분을 전환시켜주는 효과가 알려지면서 기분전환 약물로 인기를 얻었다.

GHB는 무취, 무향으로 술이나 음료수 등에 쉽게 녹아 의심하지 않고 복용하기 쉬우며 복용 후 15~20분 만에 약물의 효과가 나타나고 최대 4시간가량 그 효과가 지속되면서 비교적 짧은 시간에 신체에서 배설되므로 데이트 상대에게 몰래 마시게 하여 성폭력(강간)을 해도 그 증거를 찾기 어렵다. 이러한 효과 때문에 주로 성범죄에 많이 이용돼 레이디 킬러(lady killer), 데이트 강간 약물(date rape drug)로 불린다. 약의 효과는 매우 높아 기분이 좋아지고 취한 듯 나른하여 자기통제력이 현저히 줄고 이 약의 효과가 지속되는 동안에 일어난 일에 대해서는 기억을 전혀 할 수 없는 상황이 된다(Romeo, 2005). 또한, 이 약물은 죽음에까지 이르게 하는데 실제 2000년 3월 미시간주에서 4명의 남자가 15세 소녀의 사망에 과실치사 혐의로 징역형을 선고받았다(Bradsher, 2000).

데이트 강간 약물 때문에 피해를 당하지 않도록 주의를 할 필요가 있다. 일단 술, 커피, 음료수 등을 신뢰할 수 있는 친구 외에는 건네 받아 마시지 않도록 하며, 특히 열려 있는 용기에 담은 음료수는 주의하고 자신의 음료수도 아무데나 두지 않도록 한다. 혹시라도 음료를 마신 후 현기증, 메스꺼움, 움직임이 둔해짐, 흥분과 도취감 등의 증상을 보이면 이러한 약물을 의심해봐야 한다(Our Sexuality, p. 451).

데이트 성폭력 예방 수칙

1. **누군가와 처음 데이트할 때 레스토랑, 영화관이나 운동 경기장 등 공공장소를 이용하라.**
   여성이 특정 장소, 특히 아무도 없는 집 혹은 남성의 아파트나 자취방에 가고 싶어 할 때 남성은 이를 여성이 성에 관심이 있는 것으로 해석하는 경향이 있다. 외부와 차단된 한적한 장소나 사적 영역은 성적 생각이나 행동을 유발하기도 한다.
2. **데이트 비용을 나누어라.**
   강간이란 남녀 간의 불평등한 권력관계의 결과임을 생각해볼 때, 나이가 더 많은 남성이 우월한 교섭력을 지니거나 사회적으로 우월한 위치에 있다. 또한 남성은 데이트를 주도하고 적극적 역할을 하는 한편, 여성은 소극적이고 의존적인 역할을 하는데, '누가 데이트 비용을 지불하는가?'는 불평등한 권력관계에 영향을 미친다고 본다. 실제로 미국 대학생을 대상으로 한 조사에서 남녀가 데이트 비용을 공동으로 지불하는 경우보다 남성이 모든 데이트 비용을 부담하는 경우 여성이 성관계를 원하는 것으로 보는 견해가 지배적이었고, 또한 남성이 여성의 의지에 반해 성관계를 하는 것에 대해서도 더욱 허용적이었다. 한편 반대의 견해도 있는데, 여성이 데이트 비용을 내는 것은 상대편 남성의 남성다움을 상실하게 하는 행동이므로 남성은 사회적으로 용인되는 다른 수단을 통해, 즉 공격적인 성을 통해 자신의 남성다움을 확인하려 한다는 것이다.
3. **데이트 상대와 성적 관계에까지 이르길 원치 않는다면 약물이나 술을 피하라.**
   술은 폭력, 특히 성폭력에 대한 자제를 감소시킨다. 만약 가해자 남성이 술에 취한 상태였다면 강간을 합리화하고 강간에 대한 책임이 적은 것으로 여기는 반면, 피해 여성이 술에 취한 상태였다면 피해자에게 강간에 대한 책임이 있는 것으로 보는 경향이 더 크다. 그리고 술은 자신을 방어하는 능력을 감소시킨다.
4. **애매모호한 말이나 비언어적 행동을 피하라.**
   애매모호한 말이나 어떤 특정 행동은 자칫 오해를 받을 수 있다. 그러므로 평소에 자신의 생각과 감정 등 언어적·비언어적 메시지를 분명히 전달하는 습관을 들이는 것이 중요하다. 스킨십에 있어 만일 키스나 포옹까지를 원한다면 파트너에게 분명히 이야기하라. 일반적으로 남성은 사람의 행동을, 특히 여성의 행동을 성적인 의미로 해석하는 경향이 여성보다 더 높다. 이러한 남녀 간 의식의 차이는 오해를 일으킬 수 있다. 예를 들어 여성은 단지 포옹이나 애무만을 원하지만 남성은 이를 성관계를 위한 전희로 여기는 경우가 있다. 여성이 포옹이나 애무 이상의 신체적 접촉을 거부할 경우에도 남성은 이를 여성이 성관계를 정말 원하지 않아서가 아니라 정숙해 보이기 위한 형식적 거부(token resistance)로 받아들인다.
5. **직접적인 말로 거부의 표시를 분명히 했는데도 계속 성적으로 강요할 때는 밀어내거나 피하거나 걷어차는 등의 신체적 거부 행동을 단호히 보여주어라.**

사이버 성폭력

사이버(온라인) 성폭력은 정보통신기술을 이용하여 사이버상에서 상대방의 의사와 상관없이 이루어지는 성적인 대화를 요구하거나 성적 메시지를 전달, 또는 성과 관련된 개인의 신상정보를 게시하는 등 상대방을 괴롭히거나 협박하는 행위로 정의하고 있다.

정보통신기술의 발달과 대중화로 편리하게 상대방과 손쉽게 소통할 수 있을 뿐 아니라,

데이트 성폭력 사례

S양과 M군은 학교 동아리 활동을 하면서 선후배 관계로 알고 지내다가 자연스럽게 사귀었다. 둘은 서로의 자취방을 오가며 스킨십 등을 하면서 자연스럽게 성관계도 이루어졌다. 처음 성관계를 할 당시에 S양은 술을 마신 상태여서 마음이 내키지 않았으나, 선배가 사랑 고백을 하는 분위기에 휩쓸려 성관계를 했다. 이후 M군은 다른 후배 L양을 사귀면서 S양을 멀리했고, 원치 않는 임신을 한 S양은 낙태 후유증으로 휴학을 하고 선배의 뻔뻔함에 불쾌감과 분노로 불면증에 시달리고 있음을 호소했다.

시공간을 초월한 접근의 용이성, 정보 공유의 신속성, 익명성이라는 비대면 커뮤니케이션 등 사이버 공간의 장점은 자칫 타인을 위협하고 공격하는 무기로 사용될 수 있다.

사이버상에서 욕설과 비난, 협박, 특정 성에 대한 혐오적 발언 등은 사람들을 심리적으로 불안에 떨게 하거나 괴롭히며 죽음에 이르게까지도 한다. 특히 여성 이용자들은 커뮤니티나 채팅, 이메일, 쪽지, 게시판 등을 통해 사이버 성폭력에 더욱 쉽게 노출될 위험에 처해 있다. 현실 공간과 사이버 공간에서의 성폭력의 공통점은 가해자 대부분이 남성이고 피해자 대부분이 여성이라는 것이다.

현실 공간에서는 사회적 시선 때문에 시도하지 않던 사람들도 사이버 공간에서는 익명성으로 인해 더 쉽고 대담한 표현으로 성희롱을 하면서 폭언과 협박을 한다. 특히 사이버 스토킹은 이메일이나 게시판, 쪽지 기능을 통해 특정인을 표적으로 삼아 지속적으로 접근을 시도하면서 괴롭히는 것이다. 많은 경우 가해자들은 채팅 도중에 상대방의 개인 정보를 알아내거나, 현실 공간에서 알고 지내던 사람이 더 이상 만남을 거부할 경우에 인터넷 음란 사이트 등의 게시판에 그 사람의 개인 정보를 올려 다른 사람들로 하여금 그 사람을 괴롭히도록 선동함으로써 개인이 심각한 사생활 침해와 물리적인 폭력의 위협에 시달리는 위험에 빠질 수도 있다.

사이버 성폭력의 가해자들은 베일에 가려져 손쉽게 피해자들을 모욕하고 위협하지만, 피해자들은 상당한 분노와 모멸감, 그리고 두려움을 가지고 컴퓨터 사용 자체에 두려움을 갖게 된다. 이들 가해자들은 자신을 추적하기 어렵도록 교묘한 방법을 사용하고 있으며, 또한 일선의 경찰이나 사법 관계자들의 인식과 이해 부족으로 경미한 개인적인 문제로 치부되거나 전문가의 부족으로 사건 자체에 대한 파악도 어려운 형편이다.

사이버 성폭력은 현실 공간에서의 남성 중심적 성문화에 의한 여성의 대상화와 비하, 성폭력 문제와 맥락을 같이 하고 있으며, 단지 인터넷이라는 신기술이 이용되고 있을 뿐이다.

사이버 성폭력에서 가해 유형별 종류를 정리하면 다음과 같다.

- 사이버 성희롱 : 온라인 채팅 중 갑작스럽게 성적 이야기를 꺼내거나, 성적 수치심과 모멸감을 느끼게 하는 영상이나 글 등 음란한 내용의 메일이나 쪽지를 보내는 행위이다.
- 명예훼손 : 성과 관련된 개인 신상정보를 사이버상에 게재하는 행위는 물론 음란 사이트나 SNS에 유포하거나 또는 단톡방(단체대화방)을 통해 특정인을 대상으로 성적 내용을 포함한 악성 댓글을 달거나 성적 모욕과 공격을 하는 행위
- 사이버 스토킹 : SNS, 문자, 이메일이나 쪽지, 게임채팅 등을 통해 상대방 의사와 관계없이 지속적으로 접근하기를 시도하여 괴롭히거나 불안감을 조성하는 행위
- 온라인 그루밍 피해 : 어리고 순진하거나 사회적 환경이 취약한 아동, 청소년을 대상으로 게임에서의 쪽지, 랜덤채팅 앱 등을 통해 접근하여 카톡이나 영상통화를 하면서 '예쁘다', '귀엽다' 등의 방법으로 정서를 길들인 뒤 특정 신체부위를 찍어 올리게 하거나, 자위행위 영상을 주고받는 등 유인하여 성폭력을 하고 이를 빌미로 계속 협박하는 행위다. 최근 외모에 대한 칭찬과 관심, 주목받고 싶어 하는 10대 아이들의 심리를 이용하여 접근하는 파렴치한이 많지만 해당 행위를 처벌할 명확한 법적 근거가 없어 난감한 경우가 많다.
- 촬영물을 이용한 성폭력 : 타인의 신체나 신체 일부 – 치마 속, 다리, 얼굴 – 혹은 용변 보는 행위나 성행위 등을 불법으로 촬영(소위 몰래카메라)하여 단톡방, SNS, 포르노사이트, 커뮤니티 등에 유포하거나, 본인이 동의한 성행위를 촬영하여, 당사자의 동의 없이 정보통신망을 이용하여 유포하거나 재유포하는 행위, 그리고 성행위 촬영물을 가족이나 지인 등에 유포하겠다고 협박하거나 금전을 요구하는 행위 등을 포함한다.

  최근 헤어진 애인을 괴롭히고 복수할 목적으로 사귈 당시의 성적 이미지 사진이나 영상을 유포하는 '리벤지포르노'(Revenge Porn, 보복포르노)의 피해가 일어나기도 한다.

인터넷 보급과 카메라 기능 및 동영상 촬영이 가능한 다기능 휴대전화, 즉 스마트폰 사용의 일상화로 이러한 사이버상에서 발생하는 성폭력은 단순한 호기심 혹은 장난거리로 치부하고 자신의 행위가 피해 당사자에게 얼마나 큰 상처를 주는 일인지 인지하지 못하며 또한 자칫 심각한 범죄로 연결될 수 있다는 생각을 미처 하지 못하는 경향이 있다. 그러나

특히 보복성 성행위 촬영물 유포의 경우 피해자가 입는 정신적 충격과 손상은 자살에 이를 정도로 매우 심각하다. 그러므로 사이버 성폭력을 가볍게 여기지 않는 사회적 인식의 변화와 디지털 기기 사용에 대한 윤리적 책임의식을 길러주는 교육이 매우 필요하다. 또한, 사진이나 동영상이 인터넷에 한 번 올려지면, 단시간에 확산되면서 삭제하기가 쉽지 않다는 사실을 알고 되도록 은밀하고 사적인 내용의 촬영을 하지 않는 것이 안전하다.

사이버 성폭력을 저질렀을 경우 받게 되는 처벌의 기준은 '성폭력 범죄의 처벌 등에 관한 특례법' 제13조 〈통신매체를 이용한 음란 행위〉, 제14조 〈카메라 등을 이용한 촬영〉와 '정보통신망 이용 촉진 및 정보 보호 등에 관한 법률' 제44조의 7 〈불법정보의 유통금지 등〉에 제시되어 있고 또한, '아동청소년의 성보호에 관한 법률' 제11조 〈아동, 청소년 이용 음란물 제작, 배포 등〉가 있다.

아동, 청소년 성폭력과 그루밍 성폭력

아동 성폭력

아동 성폭력은 이미 사회적으로 큰 파장을 일으켰던 '조두순 사건' 등으로 잘 알려졌으며, 아동 성학대(child sexual abuse)라고도 한다. 아동 성학대란 성인이 아동과 부적절한 성적인 신체 접촉 — 만지기, 성기 자극, 성교 — 을 갖는 것으로 정의되는데, 명백한 폭력이나 폭력의 위협이 없어도 그러한 행위는 강압적이고 불법으로 간주된다. 왜냐면 아동은 아직 성적 개입을 판단하고 동의할 수 있는 의사를 표현할 수 있을 만큼 성숙했다고 보지 않기 때문이다.

아동 성피해의 경우 모르는 사람에 의한 피해도 있지만, 많은 경우 가족관계에서 성적 접촉이 이루어지는 것으로 부모, 조부모, 친인척뿐 아니라 형제자매 사이에서의 성접촉도 많이 일어난다.

특히 성장기에 있는 아동은 자기방어 능력이 없어 신체적으로나 사회적으로 취약하며, 신체적 피해뿐만 아니라 다양하고 장기적인 문제를 초래하는 심리적 외상에 심각한 영향을 미친다. 아동 성피해는 대단히 충격적이며 정서적인 피해 경험으로, 가해자가 잘 알고 있는 사람인 경우 부적절한 성적 표현을 하여도 그것이 친밀감에서 나온 표현인지 금지된 성접촉인지를 구별하지 못하는 경우가 많다. 또한, 성학대를 당한 많은 아이들이 피해 사실을 시간이 많이 지난 후에 알리거나 아예 알리지 않는다. 그것은 가해자의 회유와 협박과 함께 당혹감과 수치심, 죄책감으로 피해 사실이 드러나면 올 수도 있는 부정적 결과 — 가해 행동에 피해자도 동조했다는 비난 — 를 두려워하면서 주저하다가 말할 수 있는 적정한 시기를 놓치거나 아무에게도 말 못하는 혼자만의 비밀로 하는 경우가 많기 때문이다. 이러한 관계가 오래 지속될 경우 그 피해와 충격은 회복을 더욱 어렵게 한다. 실제 상담 장면에서 만나게 되는 어린 시절 성피해를 당했던 피해자 어른들의 경우 이들의 어릴 적 기억은 고통과 혼란으로 가득 차 있고 괴롭힘을 당한 기간이 길수록 그 충격에서 회복될 가능성은 더 낮다.

피해 생존자들은 어린 시절의 순진성을 상실하고 정상적 성발달 과정에 어려움이 있으며 가족, 친지 등 주변 어른들에 대한 심한 분노와 무기력감, 그리고 배신감을 느끼는 것으로 나타났다. 또한 많은 경우 어른이 되어 친밀한 관계를 형성하는 데 어려움을 겪거나 연인이나 부부사이에서의 여러 성적 문제와도 관계가 깊다(Hanson et al., 2001; Rumstein-Mckean & Hunsley, 2001).

아동 성폭력 가해자들은 사회경제적 계층, 교육 정도, 직업, 종교 등이 다양하게 분포되어있고, 상당수가 성인 간 대인관계가 서툴고, 고독하며, 사회적으로 부적합하다고 느끼고, 열등감이 있는 경향이 있다. 일부 아동 성폭력 가해자들 중에는 알코올 문제, 심각한 부부갈등과 성적인 장애 문제가 있으며, 감정표현이 매우 서툰 경우가 많았다. 그리고 많은 경우 어렸을 때 정서적 · 신체적 학대나 성적으로 피해를 당했다(Bouvier, 2003).

그루밍 성폭력

아동 · 청소년 대상 성범죄에서 전형적으로 나타나는 특성이 '그루밍(grooming, 길들이기)'이다. 그루밍의 사전적 의미는 길들이기, 꾸미기 등을 의미한다. 그러나 성폭력이라는 단어가 붙으면 성적 의도를 가지고 친분을 활용해 심리적으로 지배한 후 성폭행을 저지르는 것을 뜻한다. 특히 성에 대한 인식이 아직은 낮고 취약한 환경에 처한 '아동이나 청소년'들을 물색하여 접근한 다음 생활 속 고충이나 고민을 상담해주거나 경제적 · 심리적 지원을 통해 신뢰관계를 쌓고 경계심을 없앤 후 피해자와 자연스러운 신체 접촉을 유도하며 성적 관계를 형성하고 스스로 성관계를 허락하고 자연스럽게 받아들이도록 만든다. 이후에는 갖은 회유와 협박을 통해 피해자를 길들이고 통제하여 벗어나지 못하도록 만든다. 이렇듯 친밀감을 이용하여 심리적으로 저항할 수 없는 상황을 만들다 보니 관심과 사랑이 결핍된 폐쇄적인 환경에 놓인 취약 계층의 아동 · 청소년 층이 표적이 되는 경우가 많다.

그루밍 성범죄는 가족 · 친지들뿐 아니라 선생님, 주위의 아는 사람, 모르는 사람, 사이버상, 종교시설이나 보호시설 등 가리지 않고 도처에서 다양한 방식으로 발생하고 있다.

그루밍 성폭력이 일반 성폭력과 다른 점은 일반 성폭력의 경우 대체적으로 강제성이 동반되기 때문에 쉽게 인지할 수 있지만, 그루밍 성폭력은 친밀감을 이용하여 '길들여졌기' 때문에 피해 사실을 바로 알아채지 못하는 경우가 많아 장기간에 걸쳐 피해를 입게 된다. 또한 피해 사실을 알아채더라도 벗어날 수 없다는 두려움과 무력감, 그리고 성적 접촉이라는 비밀이 생기기 때문에 점점 고립되고 회유와 협박을 통해 가해자의 통제에서 점점 더 벗어나기 어렵게 된다.

보통 강간죄는 형법 제297조에 따라 폭행 또는 협박으로 죄가 입증되며, 형법 제305조에 따라 만 13세 미만의 경우 간음 또는 추행을 한 자는 '폭행 · 협박이 없더라도' 3년 이상의 유기징역에 처하도록 하는 처벌 규정이 명시되어 있다. 그러나 만 13세 이상의 미성년자에 대해서는 '강제성을 입증'하지 못하면 처벌하기 어렵다.

그루밍 범죄의 경우는 강제성을 입증하기가 어렵고, 오히려 피의자인 가해자 측에서 '서로 사랑하는 사이'였다는 등의 증거를 제시하고 '강제'성을 부인하고 이런 증거를 제시하면 형사소송법의 대원칙에 따라 강간으로 확정될 가능성이 낮아진다.

실제로 관련 판례를 보면 13세가 넘었다는 이유로, 그리고 피해 청소년이 좋아하는 취지의 감정을 드러내는 문자메시지 등을 남겼다는 이유로 무죄판결을 받은 사례들이 많다.

영국의 경우 2017년 4월부터 그루밍 초기 단계에 있는 사람을 처벌하는 법이 통과되어 성적인 행위가 일어나기 전 단계에서도 18세 이상 성인이 미성년자를 대상으로 온 · 오프라인에서 성적 대화를 시도하거나 성적인 행위 등을 요구할 경우 처벌 대상이 된다.

미국에서도 특별한 사유 없이 아동에게 선물이나 돈을 주는 행위, 부모의 허락 없는 미성년자와의 만남 등에 대해 그루밍 성범죄가 발생할 우려가 있는 상황으로 보고 처벌하고 있다.

성폭력 피해자의 심리적 특성과 관련 문제

성폭력 피해자들은 자신이 당한 성폭력에 대해 물리적인 힘과 심리적 강제에 의한 인권 침해의 폭력 행위로 생각하기보다는, '강간은 폭력이 아니라 조금 난폭한 성관계'라는 사회적 통념과 순결 이데올로기를 내면화하면서 수치심과 낮은 자존감으로 침묵 속에 자신을 은폐한다. 그리고 '내 탓'이라는 죄책감과 고립감 속에서 여러 가지 복합적인 심리적 후유증을 경험하게 되고, 대부분의 피해자들은 장기간 피해 후유증으로 외상 후 스트레스장애(PTSD)라는 심각한 정신장애를 겪기도 한다.

피해 후유증은 성폭력에 대한 인식과 이해, 그리고 주변인들의 반응과 지지에 따라 그 정도가 달라질 수 있다. 그러므로 성폭력 피해 후유증에 대해 충분히 이해하고 피해자를

외상 후 스트레스장애(post traumatic stress disorder, PTSD)

심한 정서적 고통과 긴장, 스트레스를 유발하는 충격적이고 예기치 못한 외상사건을 경험한 후 흔히 나타나는 심리적 장애이다. 외상적 사건에 대한 기억이 수시로 침투적으로 재생되거나 사건과 유사한 단서에 노출될 때 매우 불안해지고 일상적인 일을 할 수 없을 정도로 고통스럽다. 또한 극심한 공포와 혼란에 빠지게 되면서 자신을 통제하지 못할 것 같은 두려움에 사로잡히게 된다. 피해자들은 이러한 기억의 재생을 회피하기 위해 강박적인 생각과 행동을 하지만, 이는 일시적이며 무의식적이고 반복적으로 기억이 재생되면서 재경험된다. 외상과 관련된 생각과 느낌을 회피하고 활동이나 장소, 사람을 피하려 하면서 활동 범위가 제한되며 과도한 경계와 놀람 반응, 집중 곤란, 흥분과 분노폭발, 불안, 무력감, 죄책감, 수치심, 우울 등의 부정적 정서와 수면장애 등의 고통이 동반되는 것이 일반적이다.

개인의 성격특성, 아동기 외상경험, 중요한 타인들이나 사회의 지지체계나 자원이 부족할 때, 최근 생활 스트레스 정도 등에 따라 다양한 형태로 나타난다. PTSD에 대한 진단기준은 다음과 같다.

- 장애의 기간이 1개월 이상이다.
- 증상이 임상적으로 심각한 고통이나 사회적, 직업적, 다른 중요한 영역에서 장애를 초래한다.
- 세분할 것
  급성 : 증상기간이 3개월 이하
  만성 : 증상기간이 3개월 이상
  지연성 : 스트레스 발생 후 적어도 6개월 이후 증상이 나타남

PTSD는 범불안장애나 공황장애와 같은 수준으로 자살기도의 위험이 높은 것으로 나타났다.

적절히 지원한다면 피해자가 성폭력 피해를 극복하는 데 많은 도움을 줄 수 있다.

상실감과 우울

우울은 성폭력 피해자에게 전형적으로 나타나는 증상 중 하나이다. 성폭력 피해자는 피해 당시 무방비 상태에서 자신의 몸에 대한 통제감을 전혀 가질 수 없는 무력감을 느낀다. 또한 물건처럼 함부로 다루어지는 신체 공격으로 인해 자신의 몸을 더럽고 손상된 물건으로 바라보면서 자아존중감이 낮아지고, 부정적 자아개념과 자기비하로 자신감이 없어지고 대인관계에서 위축된다.

자기비난과 수치심

성폭력의 피해를 성관계로 왜곡하며 자신의 부주의로 인해 빚어진 결과라고 생각하면서 죄책감을 느끼거나 자책을 하게 된다. 또한 생리적 반응로서의 성적 흥분이나 감정이 생겼을 경우 부적절한 수치심이나 죄의식을 느낀다.

두려움과 불안

비록 가해자가 흉기나 물리적인 힘을 쓰지 않더라도 성폭력은 공포스러운 경험이기 때문에 성폭력 피해자는 대부분 생명을 위협받는 두려움을 느낀다. 따라서 피해를 당한 이후 한동안 피해 상황을 연상케 하는 사건이나 장면에 대해 민감한 반응을 보이고, 사소한 일에도 심하게 놀라고 과잉 반응을 하게 된다.

신뢰감 상실

성폭력 피해 이후 다른 사람들에게 이용당하거나 위해를 당할 것 같은 예감을 가지고 항상 다른 사람을 믿지 못한다. 그 결과 상처받는 데 대한 두려움으로 사회적 · 정서적으로 고립되는 경향이 있다. 특히 어린 시절 성폭력을 당했거나 친족 또는 각별히 아는 사이에서 성폭력이 일어났을 경우, 관계에서의 신뢰감이나 유대감의 상처로 인해 정서적으로 친밀감을 형성하고 유지하며 발전시키는 데 어려움이 있다.

분노

가해자뿐 아니라 보호해주지 못한 주변인, 무기력하게 당할 수밖에 없었던 자신에 대한 분노와 원망에 사로잡혀 그 결과 우울해지며, 자살이나 자살을 시도하는 등 스스로 신체에 손상을 가하거나, 분노 감정을 부적절하게 표출하는 자기파괴적 행동을 하거나, 다양한 신체화 증상을 보인다.

부정적 자아 개념과 정체성 문제

성폭력 피해 과정에서 피해자는 가해자의 욕구의 대상물로서 자신의 욕구, 의사, 감정이 무시되고 극단적인 불평등한 관계와 자신의 존재 가치가 부정되는 상황에 놓인다. 그러므로 성폭력과 관련해 자신이 다른 사람으로부터 존중받거나 사랑받을 가치가 없다고 느끼며, 일관되고 긍정적인 자아 개념을 갖기 어렵다.

이러한 심리적 후유증은 직면하기가 매우 고통스럽고 어렵지만, 억누르거나 회피하지 않고 침묵을 깨고 나오는 치유에의 결정은 자신을 되찾는 소중한 작업이다. 심호흡과 긴장 이완을 통해 조각난 기억을 퍼즐 맞추듯이 되살리고 그때의 감정을 충분히 느끼며, 특히 억압된 분노의 감정을 안전한 환경에서 안전한 방법으로 표출할 때 내면의 힘을 느낀다. 분노는 강력한 치유의 수단으로, 분노함으로써 억압된 감정으로부터 해방될 수 있다. 수많은 피해자들이 어려움을 겪고도 살아남을 수 있었던 것은 존재 깊은 곳에 자리 잡고 있는 원천적인 힘이 있었기 때문이다. 가장 중요한 것은 당신은 아무 잘못이 없다는 것이

성폭력 예방을 위한 조언

성폭력의 위험을 줄이기 위해서는 다음과 같은 가이드라인을 따르되 지나치게 경계하여 자신의 생활 자체를 불안과 공포로 통제할 필요는 없다.

① **어려움에 처했을때 당신이 혼자라는 생각을 하지 말라.**
항상 누군가의 도움이 있다는 믿음으로 주위 사람에게 전화나 메일 등 가능한 신호를 보내라.

② **낯선 사람에게 문을 열어주지 말라.**
항상 문단속을 잘하고 자동차 문도 잠그는 습관을 들인다. 열쇠는 항상 손이 닿는 곳에 두고, 차를 타기 전에 뒷좌석을 살펴라.

③ **어두운 곳에 혼자 있지 말라.**
항상 호루라기 등의 호신용 물건을 소지하고 자신이 가는 장소를 누군가에게 알려둔다.

④ **만약 누군가가 위협적으로 접근하면 돌아서서 도망가라.**
도망갈 수 없을 때는 저항하라. 연구에 의하면, 소리를 지르거나 주의를 다른 데로 돌리도록 하거나 뒤에서 때리는 등의 저항적 행동은 가해자를 단념시킬 수 있다고 한다. 같이 싸우거나 소란을 떠는 것은 신체적 손상 없이 피해의 수준을 낮춘다. 당신의 직관을 믿고 할 수 있는 모든 것을 해보라.

⑤ **기민하게 도망갈 길을 찾아라.**
침착하게 가해자에게 말을 거는 등 여유 있는 행동은 도망갈 길을 찾는 데 시간을 벌어준다.

⑥ **평소에 자기방어 훈련을 하라.**
자기방어 훈련으로 자신에 대한 확신과 싸울 수 있는 능력을 얻을 수 있다. 공격자를 겁주어 쫓아버리는 기회가 되며, 한편으로는 도망갈 기회를 얻을 수도 있다.

⑦ **만일 피해를 당했다면 가능한 한 입던 옷 그대로 샤워를 하지 말고 경찰서나 성폭력 피해 상담소 등에 신고하라.**
당신이 가해자의 첫 희생자는 아닐 것이다. 경찰서나 성폭력 피해 상담소에서 강간 후의 대처나 강간 후유증을 어떻게 다룰 것인지를 상담하고 증거를 확보하라.

다. 비난받아야 할 사람은 바로 가해자이다.

2. 성매매

남녀 성관계의 궁극적 목적은 삽입과 사정으로 보고, 여성의 성을 남성 중심적으로 해석하고 남성의 전유물로 행사하는 경우가 많다. 그리하여 일상생활에서 성이 상품화되고, 거대한 성산업의 메커니즘 속에서 여성은 성적으로 대상화되고 인격이 부재된다.

1) 성매매의 개념과 변천

'성매매(prostitution)'는 '노출하다'라는 의미의 라틴어 'prostituere'에서 유래되었다. 우리 사회에서는 일반적으로 윤락, 매춘, 매음, 매매춘 등의 용어로 사용되는데 이는 '성을 파는 행위'에 초점을 맞춘 말이다. '성을 사는 행위'는 제외됨으로써 성을 사는 사람에게는 도덕적 면죄부를 주고 성을 파는 행위에 대해 도덕적 비난을 하는, 우리 사회의 성에 대한 이중 규범을 반영하고 있다. 그러나 실제 성매매는 성을 파는 사람이 아니라 성을 사는 사람들의 필요에 따라 성이 '매매(買賣)' 또는 '거래'되고 있다는 점에서 '팔고 사는 행위'로서의 '성매매'라는 용어가 합당하다고 생각된다.

성매매는 성을 사는 사람과 파는 사람, 그리고 이들을 연결하는 알선자 · 포주 · 기둥서방 등의 중간 매개자, 성산업 등 성의 거래가 이루지는 전체적인 맥락 속에서 파악되어야 한다.

성매매는 인류 역사상 가장 오래된 직업으로 알려져 있다. 처음에는 종교적 의식으로 신들을 달래서 풍작과 다산, 건강을 기원하는 의미로 여성이 신에게 몸을 바치는 형태에서 발달하기 시작했다. 문화가 발전하면서 종교적 봉사 차원의 신전 매춘은 점차 사라지고 곧이어 생활 수단의 일부로 돈을 받고 전문적으로 몸을 파는 직업이 등장했는데, 고대 그리스 · 로마 시대부터 사람이 많이 모이고 교통이 번잡한 곳이 중심이 되었다. 특히 로마 시대에는 매춘 조직을 관리하는 기구를 설치하여 여행하는 남성들의 편리를 위해 주요 통로마다 유곽을 두었다(윤가현, 2005).

우리나라는 고려와 조선 시대에 축첩과 기생 제도가 유행했으며 기생들은 관청에 소속되었다. 일제 강점기에는 일본 통감부의 공창제로 성매매가 법제화되었고, 일본이 패망한 뒤에는 한반도에 들어온 주한 미군 부대를 중심으로 사창이 허용되었다. 이후 산업화의 가속화와 함께 한국 특유의 접대 문화와 외화 획득을 위한 국제 관광사업의 일환으로 기생 관광 등 성향락 산업이 정부의 주도 혹은 묵인하에 급속히 발전하면서 1990년대 후반까지도 여성의 성적 서비스(성매매)는 남성 중심 문화 속에서 일상적인 행위 또는 접대 문화, 필요악 등으로 인식되어 산업형 성매매를 양산해 왔다.

그러나 대중매체를 통해 자주 등장하는 '원조교제', '10대 매춘', '미성년자 매춘'이라는 단어에서도 알 수 있듯이, 성매매가 단순히 성인 간에 개인적으로 이루어지는 문제가 아니라 10대 청소년들이 향락업소에 유입되는 등 심각한 사회문제로 부상했다. 따라서 성매매를 둘러싸고 정부와 민간단체, 대중매체 등의 논란을 거쳐 '성매매는 여성에 대한 폭력이다'라는 사회적 공감대가 형성되고 '성매매 방지 특별법'이 만들어졌다.

2) 성매매의 유형과 실태

성매매는 거래가 다양하게 이루어지면서 점차 연령대가 낮아지고 확대 보편화되고 있으며 학교 주변, 심지어 주택가 등 우리 사회의 도처에 깔려 있다. 더구나 인터넷을 통한 음성적이고 다양한 성매매가 극성을 부리고 있다.

성매매의 유형은 사람의 왕래가 많은 시장, 역, 항구 주변에 형성된 집창촌 등의 재래 매춘에서부터 콜걸, 호스티스, 안마사, 원조교제 등 신종 성매매에 이르기까지 이루 헤아릴 수 없이 많다. 또한 요즘은 노래방 도우미, 변태 마사지 업소 등 급증하는 신종 · 변종 업소에 아르바이트 형식으로 학생, 주부 등이 유입되고, 성매매 알선 조직에 의해 해외 원정 성매매를 하거나 해외에서 외국인을 수입하는 등 개인과 개인 간의 은밀한 거래나 단순한 생물학적 욕구의 문제를 떠나 거대한 성산업의 메커니즘 속에서 조직적으로 존재하고 있다. 특히 최근에 심각한 문제가 되고 있는 청소년들의 원조교제는 성인들 간의 성매매와 다른 독특한 특징을 가지고 있다. 청소년들은 어디서나 쉽게 구할 수 있는 생활정보지, 각종 스포츠 신문이나 오락 잡지의 광고를 보고 전화 한 통화로 상대를 기다리는 남성과 쉽게 연결되고, 인터넷을 통해 은밀하고 사적으로 성매매가 이루어진다는 점을 고려할 때 최근의 성매매는 전통적인 성매매 형태에서 크게 벗어나 있으며, 정확한 실태 파악이나 단속이 더욱 어려워지고 있는 실정이다.

3) 성매매의 특징과 문제

일부에서 성매매를 하나의 '직업'으로서 '노동'의 개념으로 설명하지만, 일반적으로 노동은 경제적인 목적만을 위한 것이 아니라 사회적 가치, 윤리 등의 문제와 결부되어 있다. 그러므로 공정하고 합리적인 거래로서 정당한 '노동'인지 생각해봐야 한다.

몸에 대한 자기통제권의 상실

성매매에서는 화대를 지불하고 상대의 몸을 사용하는 손님은 여성 선택, 체위, 콘돔 사용 여부 등 성행위 전반에서 '선택권'을 가지며, 성매매 여성은 성행위의 조건을 자발적으로 선택하지 못하고 자신의 몸에 대한 통제권을 상실한다. 따라서 여성의 몸에 대한 폭력이나 학대도 '화대 지불'로 무마되어 성매매 여성이 자신의 몸을 보호할 수 있는 권리를 확보하기란 매우 어려운 일이다.

익명적 성

익명적인 성을 원하는 남성의 욕구와 전제는 남성들이 성매매를 필요로 하는 중요한 이유이다. 익명의 거래가 가능하므로 성매매는 음성적으로 유지되며 법적으로 규제하기가 어렵다. 성매매 여성 또한 자신의 신분이 사회적으로 드러나는 것을 꺼리기 때문에 의료보험 등 사회적 서비스를 제대로 받지 못하며, 가족들과도 연락을 끊고 기타 사회적 관계와도 고립되고 단절된다. 이로 인해 착취자인 포주들의 부당한 억압이나 폭력을 거부할 수 없고 무기력하게 폭력적 상황에 노출되면서 통제와 착취를 가중시키게 된다.

성산업의 먹이 사슬

성매매 공간에는 인신매매, 착취, 감금, 폭력이 난무하며, 사회적 낙인으로 성을 파는 행위 자체가 최소한의 기본권을 보호받지 못하기 때문에 더욱 취약한 위치에 놓여 있다. 허위 광고에 속아 또는 돈을 벌기 위해 성산업에 자발적으로 유입되더라도, 성매매 여성들은 실제 포주들의 착취와 터무니없이 불어나는 빚에 쪼들리면서 악순환의 고리에서 벗어나지 못하게 된다.

성매매 근절을 위한 노력

성의 상품화가 점점 확대되어 가는 현실 속에서 성매매를 근절한다는 것은 매우 어렵다. 더구나 성매매에 대한 규제나 단속은 성매매 여성들의 이해와 복잡하게 연결되어 있으며, 더욱 음성적이고 변질된 성매매를 부추길 위험도 있다.

여성의 성적 대상화와 상품화의 문제 해결은 남녀 구조의 패러다임이 변하지 않고는 힘들다. 즉 남성 중심적 성의식과 가부장적 사회 구조에 대한 비판적 인식과 성 상품화로 인해 파생된 여성들의 문제를 함께 비판하고 고민하는 사회적 공감대가 형성되고 확산될 때 그 해결의 실마리를 찾을 수 있을 것이다. 성매매는 인권과 관련된 범죄이며 반드시 근절되어야 한다는 우리 사회의 깨달음이 바로 문제 해결의 실마리이다.

3. 포르노그래피

우리는 일상생활 속에서 포르노성 광고나 스팸 메일, 각종 포르노 사이트 등을 통해 포르노물에 쉽게 접근할 수 있으며, 성적 욕망을 부추기고 값싼 상업성으로 유혹하는 현실에 살고 있다.

일반적으로 포르노는 남성 중심적인 성차별 구조 속에서 남성의 성적 욕망과 쾌락을 자극하기 위해 여성의 몸을 대상화하고 성적으로 착취하는 이분법적 구조를 가지고 있다. 또한 성(sexuality)이 자본과 연결되면서 상품으로의 가치를 극대화하기 위해 더욱더 비규범적인 내용과 폭력성을 보이는 내용으로 만들어지고 유통되고 있다. 더욱이 현대 사회는 디지털 기술의 혁신적 발달로 포르노물의 유통환경이 성인들뿐만 아니라 미성년자들도 포르노를 쉽게 접하는 환경 속에서 성(sexuality)이 왜곡되고 특히 여성의 몸에 대한 잘못된 이미지와 환상이 여러 사회문제를 일으키고 있다. 우리나라는 현재 포르노를 규제하고 있지만, 사실상 포르노의 유통을 규제하고 통제하기란 매우 어렵다.

포르노가 억압된 인간 욕망의 탈출구라는 긍정적인 역할을 하는지, 아니면 비판과 규제의 대상으로 제한되어야 하는지의 논란은 계속되고 있다.

1) 포르노의 개념과 변천

'포르노그래피(pornography)'는 그리스어 '포르노그라포스(pornographos)'에서 유래되었으며, '성을 파는 여성 또는 전쟁에서 포로가 된 여성'을 뜻하는 'porne'와 '그림'이나 '묘사'를 뜻하는 'graphos'의 합성어로 '매춘부에 관한 기록'이라는 뜻으로 주로 외설적인 문학을 지칭했다.

일반적으로 '인간의 신체 혹은 성행위를 구체적이고 노골적으로 묘사하거나 서술하여 성적인 자극과 흥분을 충족시키고자 하는 목적으로 이용되는 모든 성 표현물'이라고 정의된다.

우리나라에서의 법률적 의미는 '성적 수치심 또는 성적 욕망을 유발하거나 만족'시키는 '음란물'로서 법적 규제의 대상이 된다. 이는 형법, 음란 비디오물 및 게임물에 관한 법률, 미성년자 보호법 등에도 언급되어 있다.

과거에는 사람이 직접 그린 여성의 누드화나 춘화(春畵)로 귀족층이나 일부 돈 있는 사람들의 전유물로 유행하다가, 인쇄 매체 발달과 사진기술의 발명 이후 복제가 가능해지면서 도시의 발달과 시장의 확대로 포르노가 대량으로 퍼져나가기 시작했다. 한편, 포르노가 본격적으로 등장하게 된 것은 영화의 발전과 함께이다. 영화기술은 상상력을 동원하던 여러 가지 성행위를 실제 재연함으로써 VCR(Video Cassette Recorder) 개발과 보급에 힘입어 대중화되고 상업주의로 팽창되었다. 더욱이 디지털 기술혁명과 인터넷의 발달로 이미지가 무한 복제되면서 시공간의 제약이 없는 글로벌한 산업으로 폭발적인 증가 일로에 있다. 포르노 산업 중 가장 큰 수익을 올리는 곳은 인터넷 포르노 사이트로 이러한 경쟁적인 포르노 산업은 인권의 문제를 포함한 제작 과정과 유통에서 많은 문제를 내포하고 있다.

2) 포르노그래피의 특징과 문제점

포르노의 주된 주제는 남성의 성적 정복욕과 공격성이며 포르노에 묘사된 여성의 몸은 성적 흥분의 원천으로서 폭력적이고 파괴적인 방식으로 남성의 성을 자극하고 만족시키는 하나의 도구에 불과하다. 더 나아가 처음에는 여성이 반항하지만 결국 성적 즐거움을 느끼고 오히려 적극적으로 가담한다는 전형적 구도로 묘사하면서 여성의 성적 욕망을 왜곡하고 우리 사회의 강간 신화를 수용하고 확산시키는 역할을 한다.

또한 포르노는 여성을 대상화하며 여성에 대한 신체적 공격 행동의 모델을 제공해준다. 강간, 구타, 근친강간, 성매매는 포르노그래피와 밀접하게 연계되어 있으며, 포르노그래피의 특질은 비인간화와 사디즘으로 여성의 몸이 소유되고 사용되면서 경멸되는 것으로 묘사한다. 이러한 포르노에서 행해지는 여성에 대한 폭력, 가학적 내용이 여성에 대한 잘못된 환상을 심어줄 수 있으며 반복적으로 성적 자극에 노출되다 보면 정상적인 이성관계보다는 비정상적인 방법으로 성적 욕구를 해소하는 습관이 생길 수 있고, 무엇보다 제작 및 유통 과정에서 디지털 범죄 등 여러 가지 성범죄와 연결되기도 한다.

특히, 우리나라는 인터넷 인프라가 잘 구축되어 있고 스마트폰의 보급으로 유튜브(YouTube) 동영상을 만드는 데 복잡한 제작 과정이 필요하지 않으며, 누구나 만들 수 있다는 것을 보여주기 때문에 인터넷을 통해 쉽게 포르노성 동영상을 구할 수 있고, 다른 사람과 파일을 공유할 수 있어, 미성년자가 너무 쉽게 포르노에 노출될 수 있는 환경이 문제

섹스팅 사례

중2(14세) 여학생 M은 아주 어린 시절 부모가 이혼을 하고 친가에 보내져 조부모님이 키웠다. 아빠는 집에 늦게 들어오시고 딱히 이야기할 상대가 없는 M은 무료함을 달래기 위해 스마트폰과 게임에 빠져들었다. 호기심에 익명의 채팅어플을 통해 18살의 지방에 사는 남자와 채팅을 하면서 성적 대화가 오고가고, 신체 일부 사진을 주고받다가, 상대방의 '예쁘다', '섹시하다'라는 말에 고무되어 점점 행동이 대담해지고 상대방의 요구에 의해 자위행위하는 동영상까지 올리게 되었다. M은 처음에 호기심과 처음으로 자신에게 관심을 보이고 칭찬하는 말에 고무되어 채팅을 계속하다가 상대방 남자가 이를 빌미로 회유와 협박하여 만나기를 요구하여 소문이 두려운 M은 서울 모처의 비디오방에서 성관계를 맺게 되었다. 딸의 행동에서 이상한 점을 발견한 아빠가 딸을 다그치고 휴대전화를 빼앗아 열어보면서 딸의 상황을 알게 되었고, 상담을 요청했다. 가해자를 추적하여 거처를 알았지만, 딸이 경찰에 신고하는 것을 꺼리고 신분노출이나 소문 등 여러 가지 이유로 경찰 신고를 포기했다.

이다.

최근, 스마트폰의 생활화로 휴대전화로 자신의 신체 일부를 사진이나 동영상으로 찍어 올리거나 성적 이미지를 주고받는 섹스팅(sexting)을 통해 일반사람들이 등장하는 포르노물이 만들어지고, 특히 순진하고 호기심 많은 청소년들이 쉽게 연루되어 이로 인한 피해 청소년들이 점차 증가하고 있다. 이렇듯 포르노가 불법임에도 불구하고 현실은 제작과 유통을 법적으로 규제하고 통제할 수 있는 범위를 이미 넘어섰다.

3) 표현의 자유와 포르노의 규제

우리나라를 비롯해 유교의 영향권에 있는 나라와 성을 금기시하는 이슬람 문화권의 몇몇 나라는 포르노 자체가 불법이다. 그러나 미국이나 많은 유럽 국가에서는 표현의 자유 속에 포르노를 합법화하고 하드코어 포르노도 허용하지만, 아동을 이용하여 성적 포즈와 성행위에 가담시켜 성적 이미지나 동영상을 찍어서 남들에게 배포하는 행위뿐만 아니라 사진이나 동영상을 찍는 행위 그 자체와 그러한 사진 및 동영상을 보유한 행위 자체도 처벌의 대상이 되며 엄격하게 금지하고 있다. 왜냐하면, 제작 과정에서 아동에 대한 착취와 폭력, 협박과 강압, 회유, 감금 등으로 인한 불안과 공포로 아동에게 씻을 수 없는 심리적 후유증을 남기게 되고, 아동 포르노물이 아동 성폭력의 도구로 사용되기도 하기 때문이다.

그리하여 일부 학자들은 '아동 포르노'가 마치 아동의 동의하에 포르노가 제작된 것처럼 오해할 수 있다고 말하면서 '아동 학대 이미지' 혹은 '성적 착취 이미지' 등으로 불러야 한다는 주장을 했다(Ost, 2009).

포르노 자체가 불법인 우리나라에서는 아동 포르노를 따로 분리해서 불법물이라고 명기하지 않았으나 2009년 '아동 및 청소년의 성보호에 관한 법률' 제11조(이하 아청법)를 통해 아동 · 청소년 이용 음란물의 제작 및 배포를 금하는 것을 구체적으로 명시했다.

지금까지 성폭력, 성매매, 포르노그래피 등 우리 사회가 안고 있는 성 관련 사회문제에 대해 살펴보았다. 건강하고 올바른 성문화를 정착시키기 위해서는 보다 거시적인 차원에서 그 해결책을 찾아야 할 것이다.

인간의 성적 욕구 자체를 부정해서는 안 된다. 그러나 성적 욕구의 충족 방식은 사회문화적 맥락 안에서 윤리적 측면을 가지고 있다. 따라서 인간의 성욕구 충족은 종의 번식이라는 생물학적 목적만을 가진 것이 아니라, 친밀한 인간관계를 경험하고 인격적인 성숙과 함께 육체적 · 정신적인 즐거움을 추구하는 관계적인 문제이므로, 건강한 성문화를 위하여 자신과 상대방에 대한 존중과 배려, 책임이 동시에 고려되는 올바른 성교육이 어린 시절부터 전 생애적으로 진행되어야 한다. 또한 바람직한 성문화를 위해서는 관계 안에서의 불평등성, 남성 중심과 성차별주의를 극복해야 한다.

결과적으로 가부장제 사회의 성문화 속에 내포되어 있는 남녀에 대한 성차별적인 이중적 성 규범, 남성의 공격적인 성에 대한 정당성 부여와 미화는 그 사회의 문화를 내면화하는 사회화 과정을 통해 습득되므로 (성)평등 사회환경을 조성하기 위한 시민운동적 차원에서의 사회운동이 필요하다. 또한 만화, 잡지, 스포츠 신문, TV 광고와 프로그램, 인터넷 등의 대중매체를 통해 퇴폐적이고 폭력적인 성이 대량으로 신속하게 무차별적으로 확산되고 있으므로 디지털 매체에 대한 윤리교육과 대중매체에 대한 비판적 안목을 기르는 훈련이 필요하다.

요약

성폭력

- 성폭력이란 강간(rape)으로 대표되는 성폭행의 개념을 좀 더 확장하여 성희롱에서 강간까지의 넓은 범위의 개념이다. 성폭력은 가해자의 의도나 피해자의 저항 정도의 문제가 아니라 '성적 자기결정권'의 문제이다. 즉 다른 사람에 의해 강요되거나 강제되지 않고 자신의 의지나 판단에 의해 자율적이고 책임 있는 자신의 성적 행동을 결정하고 선택하는 권리이다.
- 성폭력은 성폭력이 용이한 사회에서 일어나는 특정 사회화 과정의 산물로 우리 사회의 잘못된 통념에 의해 피해자의 피해유발론과 책임을 물으며, 가해자에게는 남성의 성적 호기심을 정당화하고 관용적이다.
- 우리 사회의 성차별적 성역할 고정관념이나 성에 대한 이중 잣대, 성적으로 폭력적인 다양한 대중매체를 통해 성폭력의 심각성에 대한 민감도를 낮춘다.
- 성폭력 가해자는 다양한 개인차가 있지만 많은 경우 공격적이며 전통적 성역할을 수용하는 경우가 많다. 특히 어린 시절 양육 과정에서 애착관계에 문제가 있고 다양한 형태의 폭력을 경험했으며 분노를 자신보다 약한 여성과 어린아이에게 성적으로 가해하면서 자신이 피해를 주는 사람의 감정에 둔한 자기중심적, 자기애적 성향이 강한 경우가 많다.
- 성폭력 가해자의 대부분은 모르는 사람보다 아는 사이인 경우가 많다. 특히 데이트 중에 성적 강요를 하거나 여성이 남성보다 원치 않는 성적 행위를 강요당하기 쉽다. 이 과정에서 파트너를 무력하게 만드는 약물이 사용되기도 한다.
- 성폭력 피해의 절대 다수는 여성이나 어린이로 성폭력은 단순히 생물학적 성적 충동을 제어하지 못하여 일어나는 어쩔 수 없는 행동이라기보다는 여성을 모욕하고 통제하려는 의도된 수단으로 사용된다.

- 성폭력 피해자는 외상 후 스트레스장애의 진단에 이르는 심한 신체적 · 정신적 피해로 고통 받는다. 그러나 적절한 심리상담 등 다양한 치료와 치유의 과정을 통해 증상을 완화하거나 충분히 극복할 수 있다.

성매매

- 성매매란 돈을 매개로 성을 상품화하여 사고파는 행위이다.
- 성매매 종사자들은 경제적 필요성에 의해 자율적으로 노동시장에 유입되는 경우보다는 성 구매자와 여성을 성매매 시장으로 유인하여 경제적 이득을 취하는 성 구매 조장세력들에 의해 수요와 공급의 악순환이 반복되고 확장된다.
- 경제적 이유나 가출 등 불안정하고 취약한 계층의 여성이나 아동을 유인하거나 인신매매 등을 통해 유입되며 일단 성매매 체제에 유입되면 스스로 빠져나오기 힘든 구조로 되어 있다. 즉 금전적 갈취나 폭력, 협박과 위협, 감시와 감금 등으로 무력화시킨다.
- 많은 성매매 종사자들은 성병 등에 대한 노출 등 안전하지 않은 성행위로 인해 만성적 스트레스와 위험, 폭력에 의해 외상 후 스트레스를 경험한다.

포르노그래피

- 포르노는 성적 흥분을 일으키기 위해 의도된 성적으로 노골적인 이미지나 출판물이다.
- 성적으로 노골적인 소재가 개인 또는 커플에게 유익한지에 대한 논란은 계속된다.
- 과학기술의 발달과 인터넷이라는 매체를 통해 포르노물은 급속도로 접근성을 용이하게 만들고 확대시켰다.
- 시각화된 성적 이미지는 우리 문화 속에 깊숙이 파고들고 있다.
- 포르노는 상대에 의해 거부되거나 비판받을 염려 없이 성적 자극을 제공해주며 끝없이 다양한 성적 환상의 소재를 제공하면서 성기능장애의 치료에 긍정적 기여를 하기도 한다. 그러나 포르노물의 폭력적 내용은 자칫 성폭력을 유발할 수 있다.
- 포르노물에서 보여지는 성행위는 관능적이기보다는 쾌락과 정복과 지배를 강조하고, 남성의 성행위를 큰 성기와 행위 능력에 한정한다.

토론문제

- 우리 주변의 다양한 성폭력에 대한 통념에 대해 이야기하고 자신의 통념 수용도에 대해 토론해보자.
- 성매매 업소를 이용하는 사람들은 누구이며, 그들은 왜 그곳을 찾게 되는 것인지에 대해 논의해보자.
- 성매매를 합법화하고 비범죄화하자는 움직임에 대한 사회적 영향에 대해 논의해보자.
- 표현의 자유와 검열 논쟁에서의 초점은 무엇인지 살펴보며 그 타당성에 대해 논의해보자.
- 포르노물이 주는 유해성과 유익성에 대해 개인적 경험에 의거하여 토론해보자.
- 정보통신기술의 발달로 다양한 디지털 성범죄가 성행하고 있다. 이로 인해 평범한 일반인들도 자기도 모르는 사이에 음란물에 노출되는 경우가 있다. '리벤지 포르노'라 불리는 보복성 성범죄에 대해 토론해보자.

CHAPTER 11

성도착장애와 성중독의 이해

P S Y C H O L O G Y   O F   S E X U A L I T Y

11

1. 정상과 이상 성행동의 구분

과거에는 정상적인 성행동과 비정상적인 성행동을 구분하기 쉬웠으나, 다양성을 지향하는 현대 사회에서는 정상과 비정상이라는 개념이 모호해졌다. 미국정신의학회가 DSM-I(1952)을 출간할 당시 동성애는 '사회병질적 성격장애'의 범주였으나 DSM-III(1980)에서는 동성애가 삭제된 것을 예로 들 수 있다. 이는 개인마다 성적 취향이 다르고 문화와 자라 온 환경에 따라 다른 가치관을 형성하고 있기 때문이다. 따라서 현대 사회에서는 타인에게 피해를 주지 않는 정도의 성행동에 대해서는 수용하는 등 정상과 비정상의 구분이 명확하지 않게 되었다.

2. 성도착장애 정의

성도착장애에 대해 Freedman(1970)은 '정상적인 성행위에서 만족될 수 없는 성적 욕구를 만족시키려는 대체로 습관적인 행동 양식'이라고 정의했으며, 심리학과 정신의학에서는 '비정상적인 대상, 행위 및 상황과 관련된 반복적이고 강한 성적 충동, 성적 환상 및 성적 행동이 사회적 · 직업적 또는 기타 중요한 기능 영역에서 심각한 고통이나 장애를 일으키는 경우'라고 정의를 내리고 있다. 즉 성행위 대상의 선택이 비정상적이기 때문에 사람과 사람 간의 애정관계를 형성하지 못하고, 비정상적인 대상이나 상황에 의해 성적으로 흥분되는 경우를 말한다. 이 흥분을 경험하기 위해 비정상적이며 괴이한 상상과 행동을 하기도 하는데, 이러한 상상이나 행동은 강하고 반복적으로 나타난다.

성도착장애자들의 경우 성적 흥분을 경험하기 위해 사람이 아닌 다른 대상을 선호하는 경향이 있고, 상대방에게 실제로 고통을 주거나 수치감을 주기 위해 성행동을 수없이 반복하며, 상대방의 동의 없이 일방적으로 성교를 반복한다. 이러한 증상을 보이는 성도착장애자는 상대방의 의사를 완전히 무시하고 성행동을 강행하기 때문에 법률적인 문제가 수반된다.

3. 성도착장애의 진단기준(DSM-5)

① 인간이 아닌 대상, 자신이나 상대방의 고통이나 굴욕감, 소아나 동의하지 않은 사람들을 대상으로 하여 반복적이고 강렬한 성적 환상, 성충동 및 성행동이 적어도 6개월 이상 지속되는 경우이다.
② 어떤 사람들은 성도착장애적인 환상이나 자극이 성적 흥분을 일으키는 데 반드시 필요하며, 성행위를 할 때 항상 동반된다. 또 다른 경우에는 성도착장애가 간헐적으로만 나타나며(예 : 스트레스 기간 동안), 성도착장애적인 공상이나 자극 없이도 성적으로 기능할 수 있다.
③ 이러한 성적 행동이나 성충동, 환상이 임상적으로 심각한 고통이나 사회적 · 직업적 또는 기타 중요한 영역에서 장애를 일으키는 경우이다.

4. 성도착장애의 원인

성도착장애가 생기는 원인이 정확히 밝혀지지 않고 있으나, 대체로 유아기에 자신의 욕구가 제대로 받아들여지지 않는 것에 대한 적개심 표출의 한 형태라고 전해진다.

성도착장애는 애정결핍, 열등감, 수줍음, 소심한 사람들에게 생길 가능성이 높다. 초기 아동기의 경험이나 학습과 같은 사회심리적 요인, 성장 과정의 환경적 요인과 생물학적 요인 등이 복합적으로 관련되어 있을 것으로 보고 있다. 이러한 비정상적 성행동은 불안을 경감시키거나, 억눌린 분노를 조절하고, 무료한 시간을 메우는 등 일시적이나마 만족을 주기 때문에 지속된다.

1) 정신역동적 이론

정신분석학적으로는 인격발달 과정 중 아주 어린 시절인 구강기나 항문기 수준에 정서적 발달이 고착되었거나, 또는 오이디푸스기에 경험했던 거세 불안(castration anxiety)에 대한 방어와 관련된다고 본다. 오이디푸스 콤플렉스 시기인 만 3~5세의 아이에게는 아버지를 닮아서 초자아를 형성하는 것이 중요하지만 그와 함께 남성성과 여성성을 획득하는 것을 빼놓을 수 없다. 성인이 되어서 어린 시절의 오이디푸스 콤플렉스를 제대로 재현하는 결정체가 남녀의 관계이다. 오이디푸스 콤플렉스의 적절한 해결은 건전한 부부관계를 만들어준다. 즉 어린 시절 부모와의 관계에서 건전한 교류를 이루지 못한 상처가 나중에 다양한 성도착장애 환자를 만들어낼 수 있다는 것이다. 어른이 되어서 비정상적인 방법으로 그 상처를 재현하고 있는 것이며, 그럼에도 불구하고 그런 자신이 받아들여지고 진정한 남성성을 승인받는 결정체가 되기를 바라는 것이다.

2) 인지행동적 이론

인지적인 관점에서의 비정상적 성행동은 사람들의 잘못된 가정, 즉 인지왜곡이나 주관적 해석에 의한 것으로 그리고 행동적 관점에서의 비정상적 성행동은 성적 자극에 대한 조건화로 설명한다. 이에 해당하는 유형에는 이성과의 성관계 발달에서 실패한 사람, 즉 연애 방식의 과장, 왜곡, 거부를 들 수 있는데 노출증의 경우에는 정상적인 성행위를 자신의 성기를 노출하는 것으로 대체한다. 자신의 성기를 노출하는 행위는 성적 파트너와의 정상적인 상호작용을 왜곡하는 것이며, 사회적 상호작용에 대한 부적절하고 비효과적인 시도라고 볼 수 있다. 또한 어머니와 어릴 적에 이별을 한 경우를 들 수 있는데 이는 심리적인 불안감에서 비롯된 두려움과 버려졌다는 좌절감이 타인에 대한 적개심으로 나타날 수 있고 어릴 때 성폭행을 당한 사람의 경우에는 사람에 대한 신뢰감이 상실되면서 세상을 향한 분노와 자신을 향한 내재된 분노가 성도착 증상으로 나타날 수 있다. 또 한편으로는 어릴 적 환상과 행동이 뿌리박혀 조건화된 결과로 성도착 행동이 드러날 수 있다는 견해가 있다.

3) 생물학적 이론

생물학적 이론으로는 신경생리학적 차이가 이상 성행동이나 성적 억압, 성적 위험감수 행동에 영향을 미친다고 설명한다. 더 나아가 호르몬, 신경계, 뇌하수체전엽 등이 성도착과 관련이 있다고 연구되었지만, 특정한 성도착 행동을 선택하는 이유를 명확히 밝히기 어렵고, 무엇보다 성행위에 내재되어 있는 의미를 결정하는 데는 심리적 문제가 중요한 역할을 하기 때문에 설명력에 한계가 있다.

노출장애의 진단기준(DSM-5)

1. 낯선 사람에게 성기를 노출하는 행위를 중심으로 성적인 흥분을 강하게 일으키는 공상, 성적 충동, 성적 행동이 반복되며 적어도 6개월 이상 지속된다.
2. 이러한 성적 공상, 성적 충동, 성적 행위가 임상적으로 심각한 고통이나 사회적·직업적 또는 기타 중요한 기능 영역에서 장애를 초래한다.

5. 성도착장애의 종류

1) 노출장애

노출장애(exhibitionism disorder)란 성적인 흥분에 도달할 목적으로 경계하지 않는 낯선 사람에게 또는 공공장소에서 자신의 성기를 노출하는 행위를 말한다. 노출증 환자는 자신의 성기를 낯모르는 여성에게 노출함으로써 자신이 거세되지 않았다는 사실을 스스로 확인하려고 한다. 환자는 자신의 충격적 행동에 대한 여성들의 반응을 보면서 거세 불안을 극복하고 이성을 정복했다는 느낌을 얻으며, 여성에게 충격을 줌으로써 모욕감에 복수를 하는 것이라는 설명이 있다. 즉 거세 불안만으로는 노출증적 행위의 동기를 완전하게 설명할 수 없으며, 노출증 환자에게 핵심적인 것은 성적 정체감에 대한 위협이라는 것이다.

노출증은 보통 18세 이전에 발병되며 그 이후에도 시작될 수 있다. 나이 든 사람들이 이 문제로 구속된 적이 거의 없는 점으로 미루어 보아 40세 이후에는 상태가 보다 완화된다고 할 수 있다. 노출증의 성도착적 초점은 낯선 사람에게 성기를 노출하면서 또는 노출했다는 상상을 하면서 자위행위를 한다는 점이다. 이들은 이러한 충동을 행동화하는 경우 낯선 사람과 성행위를 하려는 시도가 없다는 특징이 있다.

2) 관음장애

관음장애(voyeuristic disorder)는 이성과의 성적 접촉에서 얻는 쾌감보다 이성이나 동성의 나체를 훔쳐보거나 남의 성행위를 봄으로써 성적 흥분을 느끼는 것을 말한다. 관음증은 낯모르는 여성의 사생활을 파괴하고 여성에 대하여 공격적이지만 비밀스러운 승리를 쟁취하려는 시도라고 이해할 수 있으며, Fenichel은 유년기의 최초의 것으로 기억되는 중요한 장면에 대한 고착과 연관이 있다고 보았다. 관음증적 행동의 발병은 대개 15세 이전에 시작되며 만성화되는 경향이 있다.

관음장애의 진단기준(DSM-5)

1. 옷을 벗는 중이거나 성행위 중인 대상을 몰래 관찰하는 행위를 중심으로 성적 흥분을 강하게 일으키는 공상, 성적 충동, 성적 행동이 반복되며, 적어도 6개월 이상 지속된다.
2. 이러한 공상, 성적 충동, 행동이 임상적으로 심각한 고통이나 사회적 · 직업적 또는 다른 중요한 기능 영역에서 장애를 초래한다.

관음증은 옷을 벗는 중이거나 성행위 중인 대상을 몰래 관찰하는 행위이며, 바라보는 행위는 성적 흥분을 얻기 위한 것이고 일반적으로 피관찰자와의 성행위는 시도되지 않는다. 관음증자들은 사회적으로 억제되어 있으며, 여성 앞에서 더욱 소극적이고, 이성과의 성경험이 예상보다 훨씬 적고 열등감이 심하다. 여성의 팬티나 브래지어 등을 흠모한 나머지 몰래 훔쳐 수집하는 대물성 색욕 이상(fetishism, 페티시즘)도 일종의 변질된 관음증에 속하는 변태라고 할 수 있다.

Freud에 따르면 성적 대상을 향한 본능적 행동을 일컫는 성적 목적은 예비 단계를 필요로 한다. 이 단계에서 바라보거나 접촉하는 것은 정상적인 성 목적이 달성되기 전에 즐거움과 새로운 흥분을 불러일으키는 역할을 한다. 시각적인 느낌은 리비도의 흥분이 고조되는 통로이다. 정상적인 사람들도 성적인 느낌이 있는 어떤 것을 보고자 하는 이 중간 단계의 성적 목적에서 어느 정도 지체한다. 이러한 지체는 리비도의 일부를 예술적으로 고양시킬 가능성을 제공하기도 한다. 그러나 보는 즐거움이 전적으로 생식기에 국한되거나 과도한 혐오감과 관련될 경우 또는 정상적인 성 목적에 이르기 위한 예비 과정이 아니라 그 자체가 성 목적을 대신할 경우 성욕 도착이 된다. 보려는 욕망과 스스로 내보이고자 하는 욕망, 즉 관음증과 노출증은 성적 본능이 능동성에서 수동성으로 변화하는 과정에서 동시에 나타나는 성도착장애이다. 관음 본능은 활동을 시작하기 전에 자가 성애적인 특성을 내보이며, 주체 자신의 신체 한 부분을 성적 대상으로 삼는다. 그리고 주체는 비교의 과정을 거쳐 성적 대상을 자기 신체의 한 부분에서 그와 유사한 타인의 신체 한 부분으로 바꾸게 된다. 이 단계에서 관음 본능은 능동적으로 외부 대상을 향해 작용한다. 능동적인 관음 본능은 다시 주체 자신의 신체 일부분으로 향하고, 누가 바라보기를 원하는 새로운 목적이 설정된다. 관음증과 노출증은 관음 본능에서 파생된 서로 대립을 이루는 성적 본능이라고 할 수 있다.

마찰 도착장애의 진단기준(DSM-5)

1. 동의하지 않은 상대방에 대한 접촉, 문지름을 중심으로 성적 흥분을 강하게 일으키는 공상, 성적 충동, 성적 행동이 반복되며, 적어도 6개월 이상 지속된다.
2. 이러한 공상, 성적 충동, 행동이 임상적으로 심각한 고통이나 사회적 · 직업적 또는 기타 중요한 기능 영역에서 장애를 초래한다.

3) 마찰 도착장애

마찰 도착장애(frotteuristic disorder)의 특징은 동의하지 않은 사람에게 접촉을 하거나 문지르는 행위를 하면서 성적인 쾌감을 느끼는 것을 말한다. 마찰 도착장애의 발병은 보통 청소년기에 시작되는데, 대부분 15~20세에 발생하며 그 후 빈도가 점차 줄어든다. 마찰 도착장애가 있는 사람들은 상대와 접촉 후 들키지 말아야 한다는 것을 알고 있기 때문에 사람들이 붐비는 거리나 밀집된 지역에서 행위를 한다. 상대방의 허벅지나 엉덩이에 성기를 문지르거나 손으로 상대방의 성기나 유방을 건드리며, 대부분은 행위 중 피해자와 비밀스러운 애정관계를 맺는 상상을 한다.

4) 소아 기호장애

소아 기호장애(pedophilia disorder)는 도착장애 중 가장 흔한 장애이며, DSM-V에서는 환자의 나이가 16세 이상일 때와 상대방보다 최소 5세 이상일 때 소아 기호장애로 진단을 내린다. 환자가 남성이고 대상이 여자아이인 경우가 2배 더 많은데 8~10세의 소녀가 선호되며, 동성애적 남성은 이보다 더 나이가 많은 남자아이를 대상으로 한다. 또한 소아 기호장애는 중년 이후에 잘 일어나며, 희생자에 대한 지배와 통제의 욕구나 성적 무능감에 대한 병적 극복에서 기인한다고 본다.

소아 기호장애는 소아에게만 성적 매력을 느끼는 경우(폐쇄적 유형)와 때로 어른에게도 매력을 느끼는 경우(비폐쇄적 유형)가 있다. 이들의 행위는 소아를 벗기고 바라보며 자신의 성기를 노출하거나, 소아가 있는 자리에서 자위를 하거나, 소아를 만지거나 애무하는 정도에 머물기도 하나, 심한 경우 소아에게 구강성교를 행하거나 손가락, 이물질 혹은 남근을 소아의 질, 입, 항문에 넣으며 반항할 경우 폭력을 행사한다.

발병은 보통 청소년기에 시작되지만, 중년이 될 때까지 소아를 보고 흥분해본 적이 있

소아 기호장애의 진단기준(DSM-5)

1. 사춘기 이전의 소아들(보통 13세 이하)을 상대로 한 성행위를 중심으로 성적 흥분을 강하게 일으키는 공상, 성적 충동, 성적 행동이 반복되며, 적어도 6개월 이상 지속된다.
2. 이러한 공상, 성적 충동, 행동이 임상적으로 심각한 고통이나 사회적·직업적 또는 기타 중요한 기능 영역에서 장애를 초래한다.
3. 나이가 적어도 16세 이상이며 진단기준 1번에 언급된 소아보다 적어도 5세 연상이어야 한다.

다고 보고하기도 한다. 소아 기호적 충동에 따라 행동하는 사람들 중 많은 경우는 일탈된 성적 행동이 다른 성도착적 행동이나 보다 일상적인 성행동으로 바뀌기도 한다.

소아 기호장애가 있는 사람들의 성행위 영역은 친자식, 의붓자식, 친인척에 국한되기도 하고 타인의 자녀로까지 확산되기도 한다. 이들은 소아로 하여금 폭로하지 못하도록 위협하거나 소아의 부모에게 신뢰를 얻는 방식으로 자신의 행위를 감춘다.

5) 성적 가학장애

성적 가학장애(sexual sadism disorder)는 동의하지 않은 상대방에 대하여 성적 흥분을 얻기 위해 반복적이고 의도적으로 심리적 또는 신체적 고통을 준 적이 있거나, 성적 흥분을 얻기 위해 동의한 상대방에게 가벼운 상처를 주고 괴롭히면서 고통을 주거나, 성적 흥분에 도달하기 위해 동의한 상대방에게 광범위하고 지속적인 또는 치명적일 수도 있는 신체적 상해를 가하는 경우 중 하나에 해당한다. 가학적 성적 공상은 소아기 때부터 존재하는 경향이 있으며, 가학적 행위가 시작되는 연령은 다양하지만 대개 초기 성인기에 일어난다. 성적 가학증은 보통 만성적이고, 성적 가학적 행위가 동의하지 않은 상대에게 행해지는 경우 성적 가학증자가 체포될 때까지 반복된다.

성적 가학증의 초점은 희생자의 심리적·육체적 고통을 통해 성적 흥분을 얻는 행위이다. 성도착장애가 있는 일부 환자들은 가학적 상상으로 자극을 받게 되는데, 이런 상상은 성교나 자위행위 중에 자극되며 행동으로 이행되지는 않지만, 이때 곧 닥쳐올 가학적 행위에 대한 예견으로 두려움에 떠는 희생자를 완전히 지배하고 있다는 가학적 공상이 개입되기도 한다. 가학적 상상이나 행위는 희생자에 대한 가해자의 우월성을 상징하는 형태로 행해지며 사지 구속, 눈 가림, 손으로 더듬기, 손찌검, 채찍질, 꼬집기, 때리기, 불로 지지기, 전기 쇼크, 자르기, 강간, 찌르기, 목 조르기, 고문, 상해, 살인 등이 포함된다.

6) 성적 피학장애

성적 피학장애(sexual masochism disorder)의 초점은 가상이 아니라 실제로 굴욕을 당하거나, 매질을 당하거나, 묶여 있거나, 그 밖의 다른 방식으로 고통을 당하는 행위이다. 가학장애와 피학장애는 양쪽 성별 모두에서 동일하게 나타나는 유일한 성도착장애라는 점에서 매우 독특하다. 피학장애는 대개 여성에게서 나타나지만 거의 모든 사람들에게서 가벼운 형태의 가학적이거나 피학적인 공상이 발견될 수 있으며, 남성 동성애자와 여성 매춘부에 대한 보고는 피학적 성행위가 남성에게 더 자주 나타날 수 있음을 시사하고 있다.

대상관계의 측면에서, 억제적이고 냉담한 대상이 그에 상응하는 자기표상에 대한 저항을 극복하기 위하여 엄청난 노력을 필요로 하는 하나의 특수한 내적 대상관계로부터 가학장애가 발생한다고 보며, 피학장애 환자는 모욕을 당할 때에만 그 대상이 자기와 반응한다는 식의 내적 대상관계를 갖는다. 성적으로 피학적인 상상은 소아기 때부터 존재하는 것 같으며, 상대방과 더불어 피학적 행위를 행하는 연령은 다양하지만 대개는 성인 초기에 시작된다. 성적 피학장애는 보통 만성적이며 동일한 피학적 행위를 반복하는 경향이 있다. 성적 피학장애를 보이는 어떤 사람들은 유해한 행위의 증가 없이 수년 동안 지속되는 반면, 어떤 사람들은 시간이 경과함에 따라 또는 스트레스에 따라 상해나 죽음까지 초래하는 등 피학 행위의 정도가 심화되기도 한다.

피학적 상상은 성교나 자위행위 도중에 자극되며 행동으로 이행되지는 않지만, 다른 사람에게 붙들려 있거나 묶여 있어서 도망갈 수가 없어 강간을 당한다는 내용이 흔하다. 종종 피학적 성적 충동을 스스로 행하거나 상대방과 더불어 행한다. 스스로 행하는 피학적 행위에는 자신을 묶거나, 핀으로 찌르거나, 전기 쇼크를 가하거나, 신체를 절단하는 것이 있으며, 상대방과 함께하는 피학적 행위에는 결박(육체적 감금), 눈 가림(감각적 감금), 손으로 더듬기, 손찌검, 채찍질, 구타, 전기 쇼크, 고정시켜 놓고 찌르기, 굴욕 상태(방뇨 또는 분변하게 하거나, 개처럼 기거나 짖도록 하거나, 폭언을 하는 것)가 있다.

7) 복장 도착장애

복장 도착장애(transvestism disorder)란 남성 환자가 성적 흥분을 일으켜서 이성과의 성관계나 자위행위를 하기 위해 여성의 의상을 입는 것을 의미한다. 따라서 복장 도착장애의 초점은 옷을 바꿔 입는 것이며, 보통 복장 도착장애를 가진 남성은 여자 옷을 수집하여 옷을 바꿔 입는다. 이들에게는 흔히 우울 증상이 동반되거나 스트레스 상황에 있을 때 성에 대한 불쾌감이 나타나며, 자신의 성에 대한 불쾌감이 임상 증상으로 고정되어 여장을 하고

복장 도착장애의 진단기준(DSM-5)

1. 옷 바꿔 입기를 중심으로 성적 흥분을 강하게 일으키는 공상, 성적 충동, 성적 행동이 반복되며, 적어도 6개월 이상 지속된다.
2. 이러한 공상, 성적 충동, 행동이 임상적으로 심각한 고통이나 사회적 · 직업적 또는 다른 중요한 기능 영역에서 장애를 초래한다.

싶거나 영원히 여자로 살고 싶고, 호르몬이나 외과적 치료를 받으려는 욕망을 느낀다. 복장 도착장애의 일부 증상으로 성 정체감에 대한 혐오가 있는데, 이를 통해 성 정체감에 대한 불쾌감이 있다는 것을 알 수 있다.

복장 도착에 대한 전통적인 정신분석적 이해는 어머니가 남근을 가지고 있다는 생각을 중심으로 한다. 분명하게 본 적은 없지만 어머니가 남성의 성기를 가지고 있다고 상상함으로써 남아는 자신의 거세 불안을 극복하고, 복장 도착 행위를 남근을 가진 어머니와의 동일시로 본다. 더 원시적인 수준에서 어린 남아는 분리불안을 면하기 위하여 어머니를 동일시한다.

복장 도착장애 환자에 대한 임상적인 연구를 보면, 대개 환자들은 복장 도착장애적 행동을 할 때 정신적으로 모성적 대상과 어느 정도의 융합을 경험한다고 한다. 이렇게 해서 환자는 내적 어머니의 존재를 상실할 위험이 없다고 스스로 안심하게 되며, 이성과 성관계를 갖지만 이들의 성은 대개 억제되어 있는 경우가 많다.

옷을 바꿔 입고 있는 동안 자신을 성적 공상 속의 남자 주인공과 상대방 여성이라고 상상하며 자위행위를 하는데, 이 장애는 이성애적인 남자에게서만 보고되고 있다.

복장 도착장애는 전형적으로 소아기나 초기 성인기에 옷 바꿔 입기를 하면서 시작되는데, 최초의 경험은 부분적인 복장 바꿔 입기나 전체적인 복장 바꿔 입기에서 시작되고, 부분적인 복장 바꿔 입기는 흔히 완전한 복장 바꿔 입기로 진행된다. 이들은 바꿔 입기가 장애나 손상이 아니라 적절하고 합법적인 흥분 및 표현의 근원이라고 느낀다.

8) 물품 음란장애

물품 음란장애(fetishism disorder)란 무생물인 물건을 중심으로 성적인 흥분을 강하게 일으키는 공상, 성적 충동, 성적 행동이 반복되는 것을 말한다. Freud는 물품 음란증이 거세 불안의 원인이라고 보았다. 성적 감정을 불러일으키는 물건으로 선택된 대상물은 상징적으

물품 음란장애의 진단기준(DSM-5)

1. 무생물인 물건(예 : 여성의 내의)을 중심으로 성적인 흥분을 강하게 일으키는 공상, 성적 충동, 성적 행동이 반복되며, 적어도 6개월 이상 지속된다.
2. 이러한 공상, 성적 충동, 행위가 임상적으로 심각한 고통이나 사회적 · 직업적 또는 기타 중요한 기능 영역에서 장애를 초래한다.
3. 기호물이 옷 바꿔 입기에 사용되는 여성 의류(복장 도착장애) 또는 촉감으로 성기를 자극하려는 기구(예 : 진동기)에 국한되지 않는다.

로 여성의 성기를 뜻하며, 이러한 전치 현상은 물품 음란증 환자들이 거세 불안을 극복하도록 돕는다. 즉 물품 음란장애 환자의 심리에는 거세에 대한 부인과 거세에 대한 인정이라는 두 가지 모순되는 사고가 함께 존재하는데, 물건은 두 가지 모두를 상징하고 있다.

생후 첫 몇 달 동안의 만성적인 외상적 상호작용이 물품 음란장애를 일으키는 데 작용할 수 있으며, 유아와 엄마 사이의 관계에 심각한 문제가 생길 경우 유아는 엄마로부터 위안을 받을 수 없게 된다. 그러므로 유아는 신체적으로 이상이 없음을 경험하기 위하여 '마음이 든든하도록 굳건하고 완고하며 변치 않는, 또 지속적이라고 믿을 수 있는' 무엇인가를 필요로 하게 된다.

물품 음란장애는 보통 청소년기에 발병하며 일단 발병하면 만성화된다. 그들이 흔히 사용하는 물건은 여성의 팬티, 브래지어, 스타킹, 신발 또는 기타 착용물이다. 물품 음란장애자들은 물건을 만지거나 문지르거나 냄새를 맡으면서 자위행위를 하거나, 성교 시 상대방에게 그런 물건을 착용하기를 요구한다. 보통 성적 흥분을 위해서 그런 물건들이 필요하며 그런 물건이 없을 경우에는 발기부전이 일어나기도 한다.

9) 기타 성도착장애

배설 도착장애(분변 애호장애, 관장 애호장애, 소변 애호장애)

일반적으로 더러운 것, 오염 상태에 대해 성욕을 느낀다는 점이 공통적이며, 배설 도착장애 환자들은 배설 기능에 집착한다. 분변 애호장애는 대변을 보는 행위나 대변 행위의 관찰에서, 관장 애호장애는 관장을 통해서, 소변 애호장애는 소변에서 성적인 흥분을 느낀다.

동물 애호장애

동물 애호장애(zoophilia disorder)는 인간보다 동물을 성교의 상대로 더 선호하는 경우이다. 남성의 경우 대개 동물의 질에 자신의 성기를 삽입하고, 여성의 경우에는 애완동물이 자신의 성기를 자극하도록 유도한다.

저산소 도착장애

저산소 도착장애는 유기용매(본드), 아산화질소(마취제), 의도적 질식 등으로 산소 결핍을 유도해 변화된 의식 상태에서 성적 쾌감을 추구하는 성도착장애이다. 자신의 목을 매달거나, 비닐 봉지를 사용하여 질식을 유도하거나, 타인으로 하여금 목을 조르게 하는 등의 방법으로 성적인 쾌감을 얻는 경우도 많다. 사춘기 소년부터 70세 노인까지 연령층은 다양하나 20대가 가장 많다.

시체 애호장애

이미 사망했거나 죽어 가고 있는 사람을 바라보거나, 성교를 하거나, 자위행위를 함으로써 성적 쾌감을 얻는 경우이다. 이 환자들은 묘지의 시체를 파내거나 시신을 다루는 직종의 일을 하는 경우도 있다.

신체 절단 애호장애

절단된 신체에 대해 성적인 매력을 느끼고 집착하는 경우이다. 이런 환자들은 신체의 일부가 절단된 이성을 성적 파트너로 찾기도 한다.

신체 부분 도착장애

신체 부분 도착장애는 신체 일부에만 집착하는 경우인데 구강성애(oralism), 즉 쿤닐링구스(입과 여성 성기의 접촉)와 펠라티오(입과 남성 성기의 접촉) 등이 있다. 사람 자체보다 신체의 일부분에서 성적인 쾌감을 구하고 집착하는 경우이다.

전화 외설장애

전화 외설장애 환자들의 심리는 노출증이나 관음증 환자들의 심리와 유사한 측면이 있다. 대개 남자이고 대인관계에 문제가 있는 경우가 많으며, 익명의 상태에서 얼굴을 맞대지 않고도 자위를 통해 성적 흥분에 도달한다.

전화 외설장애 행동의 유형

1. 자신의 외모나 성기를 묘사하면서 자신이 하고 있는 자위행위에 대해 세밀한 것까지 상대에게 설명한다.
2. 피해자를 협박하고 겁을 주면서 음란 전화를 이어 간다.
   (예 : "나는 너를 잘 알고 있으며 지켜보고 있다.", "곧 너를 찾아낼 것이다.")
3. 상대방의 신변에 대해 세세한 것까지 물어 가면서 성적 흥분에 도달한다.
   (예 : 여성의 속옷, 월경, 피임 방법 등에 대해 전화 설문을 한다고 속이는 것)

※ 전화 외설장애 환자는 장난 전화를 하는 아이들과는 구별해서 생각해야 한다.

6. 성도착장애의 평가

성도착장애 환자들의 다수는 치료하지 않고 있고 그들의 성도착장애 행위를 통해 쾌락과 죄책감 사이의 균형을 맞추기 위해서만 노력하는 경향이 있다. 그들의 성적인 욕망들은 관계를 형성하는 방법이기도 하며 그것으로 인해 법적인 어려움을 겪기도 하고 그것들에 의해 그들의 삶은 지배당한다. 이러한 사람들의 행동 관찰을 통해서는 그의 환상들과 성적 욕망들을 평가할 수 없지만 대부분의 사람들은 그 시기 동안 그들의 행위에 대한 제한을 받게 된다는 것을 자각하여 행위가 줄어들 수 있다. 이렇듯 그들을 위해 많은 치료적 접근이 연구되고 있으며 다양한 관점에서 성공을 거두고 있다. 그러나 여전히 과제로 남아 있는 부분이 있다. 성도착자들이 그들의 증상을 제거하고 병의 재발을 피하기 위해, 또한 다른 희생자들에 대한 감정적 공감능력을 발달시키기 위해 끊임없는 치료가 진행되어야 한다. 많은 성도착자들은 사회적 · 법적으로 그들의 행위가 수용될 수 없으므로, 삶 전체가 그들의 성적 태도들에 대한 조절을 위해 긴 시간 치료가 필요하며 그것들이 지원될 수 있는 체계가 성립되어야만 한다. 그렇게 될 때 우리 사회에서 성도착자들의 수가 점차 줄어들 것이다.

Q&A 질문 있어요

Q 만약 다른 사람이 성관계를 하는 것을 보고 있다고 상상하거나, 누군가가 나를 부드럽게 때리거나 내가 때리는 상상을 하게 된다면 제가 성도착장애가 된다는 의미인가요?

A 성에 대한 다양한 상상은 그 자체로는 건강한 성 의식입니다. 안전한 성적 상황에서 공상을 실현하는 것은 자신의 생활에 흥미를 더해줄 수 있습니다. 문제는 그 상상이나 욕망이 너무 중요해지거나 또는 불충분하게 충족되는 현실 때문에 성적 놀이는 신체적이거나 심리적인 상처의 주안점에 이르게 됩니다. 상대의 욕망 또는 어떤 종류의 성적 행동을 수행하는 대상의 강요는 매일의 삶을 방해하는 개인적인 관계를 혼란시키며, 죄의식에 대한 감정을 극도로 느낄 수도 있습니다. 만약 그렇다면 능력 있고 적합한 성치료자나 상담가를 찾아가는 것이 바람직합니다.

Q 여자들 역시 이러한 행동들을 하지 않나요? 왜 성도착장애는 남자들에게 더 흔한가요?

A 이론들이 많이 있기는 하지만, 몇몇 연구원들은 약간의 생물학적인 이유 때문에, 시각적인 자극제로 인해 더 많이 성적으로 자극을 받는 경향이 있어서 남성 성도착자들이 더 많다고 말합니다. 어쩌면 문화의 변화는 남자들을 더 흥분하게 만드는 것일 수 있으며 더 많은 성적 자유를 준다고 믿게 할지도 모릅니다. 또 우리가 그러한 변화와 내용을 보는 방식과 어떤 관계가 있을 수도 있지요. 여성 성도착자들은 성도착적 남성들의 방식과는 다르게 표현할지도 모릅니다. 또한 남성이 더 많이 발견되어 더 높은 비율을 시각적으로 보이고 있는 미디어의 자료 결과 차이에 기인할 수도 있습니다.

7. 성중독의 이해

성이란 사람과의 관계 속에서 서로 밀접하게 사귀고자 하는 인간의 충동이다. 인간의 성욕구는 단순히 개인의 충동을 넘어서 항상 타인을 향한다. 인간은 타인을 경험하기 원하고 신뢰하고 신뢰받기를 원하며, 육체를 생기 넘치게 껴안는 성적 행동을 원한다. 그러나 이런 성에 대한 정상적인 표현이 현대에 와서는 제대로 이루어지지 못하고 성에 대한 왜곡된 관념들이 만연하게 퍼져 있다. 그중 우리 주변에 나타나는 왜곡된 성의 주요 모습들은 관능주의, 수치심의 상실, 성 억압 등이 있다. 성 자체는 아름다운 것이다. 중요한 것은 우리가 성을 어떻게 표현하는가의 문제이다. 성이 정당하고 건강하지 못하게 표현될 때 그 결과는 너무나 파괴적인 것이 될 수 있다. 성적 자극은 우리 몸에 성호르몬을 분비시켜 우리 몸을 흥분시키고, 몸과 마음의 긴장을 조정하기도 한다. 그런데 그 기쁨이 그릇되게 오용될 때 마약처럼 남용될 수 있다. 그것이 바로 성중독이다.

아치볼트 하트는 성도 중독이 될 수 있음을 말하고 있다. 첫째, 성은 기쁨을 준다. 그런데 이렇게 되는 이유 중 하나는 성적인 흥분으로 인해 생겨나는 호르몬이 가져다주는 진정제와 같은 효과 때문이다. 예를 들어 성적인 자극이 일어나면 테스토스테론 수치가 올라간다. 그렇게 되면 편안한 느낌이 생긴다. 오르가슴의 정점에 도달할 때는 그보다 더한 쾌락의 반응이 생긴다. 물론 클라이맥스에 도달하지 않고 성적인 접촉만으로 아주 큰 기쁨을 느끼는 경우도 있다는 보고도 많다. 그런데 연구에 의하면 성적인 쾌락은 생리적인 것뿐만 아니라 심리적인 것이기도 하다. 그것은 신체 화학뿐만 아니라 마음의 상태도 포함된 것이다. 그러한 깊은 쾌락을 맛본다는 것이 중독일 수 있다. 둘째, 성은 긴장을 조성하고 이완하는 주기를 만들어낸다. 성적으로 흥분된다는 것은 성적인 긴장이 고조된다는 것이다. 흥분이 상승하면 충만감을 갈망하는 불안정한 상태가 형성된다. 성교나 자위를 통해 클라이맥스에 다다르게 되면 전보다 훨씬 깊은 평안한 마음을 주는 안도감을 얻게 되는데 이는 클라이맥스 바로 전에 고조된 긴장이 있었기 때문이다. 그것은 마치 잔칫상을 앞에 두고 금식하는 것과 같다. 허기의 고통이 주는 긴장을 고조시키기 위해 음식을 먹지 않는 것이다. 그런 다음 포식함으로써 허기를 만족시킨다. 고조된 긴장이나 식욕 뒤에 긴장을 해소하는 행동이 일어나게 되는 경우 중독의 위험성은 커진다. 셋째, 성은 흥분을 불러일으킨다. 성적인 흥분은 매우 강력한 자극제이다. 우리는 이러한 흥분의 생화학적인 면을 잘 알지 못한다. 그러나 아드레날린 순환이 증가하고 자율신경계가 작동하며 자연 형태의 암페타민이 분비된다. 이러한 성중독의 의미에 대하여 Earle와 Crow는 자신의 내면적 고통의 마취제로 성을 사용하는 행위를 뜻하는 것으로 설명하고 있다. 마치 사람들이 자신의 고통을 잊기 위해서 알코올이나 마약을 선택하듯이 성중독자는 자신의 현실적 고통을 진정시키기 위하여 성을 하나의 마취제 또는 진통제로 선택하여 사용하는 것이다. 바로 성중독자의 경우에는 성을 하나의 일시적 절정제로 사용하면서 성에 대한 집착에 빠져 강박적 행동을 나타내는 사람들인 것이다.

성중독은 성과 관련하여 다양한 병리적 행동이나 관계 및 행동을 말하고 있다. 성중독증이란 쉽게 말하면 섹스 없이는 하루도 견딜 수 없는 상태, 즉 시도 때도 없이 찾아오는 성욕을 이성적으로 자제할 수 없는 상태를 말한다. 성중독자는 늘 섹스만을 생각하고 집요하게 섹스를 요구하는 등 자제 능력을 상실한 수준의 사람을 말한다. 그래서 이렇게 비정상적으로 성에 집착하는 성중독증을 '성욕 과잉증', '성적 강박증'이라고도 한다. 성에 대해 지나친 집착으로 자기통제력을 상실하는 성중독은 정도 및 개인에 따라 다양하게 나타난다. 음란물에 중독되거나, 진실한 감정의 교감이 없는 성관계를 끊임없이 추구하거나, 성적으로 아동을 학대하기도 하고, 강간이나 성폭행과 같은 성범죄를 저지르기도 한다. 또한 성중독은 자신과 타인과의 관계 속에서 수치심과 죄책감, 무력감을 겪기도 한다.

1) 성중독의 개념

'성중독'이라는 용어는 아직 의학적으로는 정립되지 않은 용어로서, DSM-V에서는 '달리 분류되지 않는 성적 장애(sexual disorder not otherwise specified)'로 정의되어 있다. 어떤 특정한 성적 장애의 진단을 충족시키지 않는 성문제가 포함되며, 이는 성 기능 부전이나 성도착장애와는 다르다. 성중독은 최근 20년 사이에 생긴 개념으로 성과 관련된 정신적 불안증 및 정신병적 증상에 심리적 의존, 신체적 의존, 금단증상이 동반되는 경우를 말한다. 마음에 심한 공허감, 고독감을 느끼는 상태에서 성적 모험을 통해 자기 존재를 확인하려고 애쓰는 증세로 시간과 장소에 상관없이 성적인 집착을 보이며 성적 모험을 추구하는 경향이 있다. 예를 들면 다음과 같다 – ① 남성다움 또는 여성다움에 대해 자신이 부여한 기준에 비추어볼 때 자신의 성적 기능 수행이나 기타 특성이 부적절하다는 느낌, ② 성적 파트너를 단순히 물건으로만 여기면서 끊임없이 대상을 바꿔 가는 반복적인 성관계에 대한 고통, ③ 성적 지남력에 대한 지속적이고 현저한 고통.

2) 성중독의 원인

성중독의 원인을 인격발달 과정 중 구강기나 항문기 수준에서 고착된 것으로 또는 오이디푸스 콤플렉스와 관련짓는 역동적 설명이 있다. 또는 어머니와의 이별 혹은 어릴 때 받은 성적 폭행이 원인이 되기도 한다. 사회적 이론에서는 어렸을 때 성도착장애 환자에게 당했던 경험이나 대중매체의 영향 등이 원인으로 작용한다고 한다. 학습 이론은 어릴 때 도착행동에 대한 환상이 성장 과정 중 타인과의 관계를 통해 억제되지 못하고 계속 발전되었기 때문이라고 보기도 한다. 또한 대뇌장애, 호르몬 장애, 염색체 장애 등과 관련된다는 주장도 있다. 이 밖에 다른 정신장애와 정신지체가 성도착 행동에 관련되기도 한다는 견해도 있다.

이를 구체적으로 살펴보면 다음과 같다.

① 억압된 성을 왜곡되게 발산하기 때문이다.

성중독은 다른 중독과 마찬가지로 처음에는 아주 미미하게 출발하지만 나중에는 자신이 스스로 통제할 수 없는 단계까지 갈 수 있다. 자위행위를 하는 사람들의 경우 처음에는 가벼운 공상이나 음란 잡지에서 출발하지만, 나중에는 심각한 공상이나 포르노물을 사용하게 되는 것처럼 성중독은 시간이 흐를수록 더 강렬한 자극을 요구한다. 따라서 성에 대해서 감추고 억누르는 문화를 가지고 있는 사람들 중에는 억압된 성이 왜곡되게 발산될 때면 너무나 강렬해서 제어하기 힘들게 되므로 성중독에 걸릴 가능성이 클 수 있다.

② **심리적 원인 때문이다.**

성중독이란 자신의 불안 초조를 해소하고 현실에서 좌절감과 무력감을 해소할 수 있는 출구의 하나가 된다. 대개 약물 남용과 합병증으로 성병 감염, 미혼모 및 유산과도 관계가 있다. 섹스를 하지 않으면 살맛이 없고, 힘이 빠지고 의욕이 안 생기며, 불안해지고 무기력해진다. 결국 이것들을 해소하기 위해서 그리고 살아 있다는 현장감과 새로운 힘을 얻기 위해서 섹스에 탐닉하게 되는 것이다.

③ **비정상적인 가정환경 때문이다.**

많은 성중독자가 비정상적인 가정에서 태어난다. 종종 가족의 역할이나 기대 또는 경계의 혼란에서 생겨나기도 한다. 성장기의 아이들은 어떻게 해야 부모님을 기쁘게 해드릴 수 있는지 잘 모른다. 아버지와 어머니, 여성과 남성의 역할에 대한 불확실성으로 인해 아이들은 건전한 성인 행동상을 형성할 수가 없다. 바로 성중독의 씨앗은 혼란, 역기능, 침묵, 학대로 점철되어 있는 가정의 토양에서 깊이 잘 뿌려져 열매로 나타나는 것이다. 욕구 충족이 안 되면 상처를 입고 욕구의 발달이 중지된다. 그러나 예외가 있다. 성적 욕구는 성숙할 때까지는 충족되어서는 안 된다. 만약 성적 욕구가 충족되면 성폭행과 근친상간이 일어난다. 그러나 억압해서도 안 된다. 만약 억압되면 성적 욕구가 생기지 않는다. Freud는 성적 욕구의 균형이 성격 형성에 지대한 영향을 미친다고 강조한다.

④ **경계에 대한 문제가 있었기 때문이다.**

경계에 대한 문제는 매우 중요하다. 많은 성중독자들이 어떻게 개인의 한계를 규정지을지 배우지 못했다. 왜냐하면 그들의 가정에는 원래 적절한 한계가 존재하지 않았기 때문이다. 예를 들어 어린 자녀들은 자기 방에서의 프라이버시를 보장받지 못하고 다른 사람들이 그들의 방에 들어올 때 굳이 노크를 하지 않아도 된다. 이유 없이 일기나 개인 편지를 읽고, 개인 영역의 침범은 예사다. 성적 학대 또한 경계의 명백한 침범으로 훗날 중독적 행동을 하게 만드는 요인이 된다.

⑤ **유기가 있었기 때문이다.**

유기, 예를 들어 이혼이나 사별, 별거, 고아원에서 성장하는 것 등으로 인해 버림받는 것은 종종 성중독자를 만든다. 이들은 그들의 비운을 복구하려는 데 생을 보낸다. 그러나 그것이 제대로 되지 않을 때 중독적 양상은 현저히 증가한다.

⑥ 책임전가나 수치의 경험 때문이다.

책임전가나 수치의 경험은 아이들에게 흔한 일이다. 상당수의 중독자들이 그들의 성장기 때 부정적이고, 판단적이고, 비판적인 태도를 가족에게서 느꼈노라고 말한다. 가족 내에서 아이들은 많은 문제를 일으킨다고 비난을 받는다. 나름대로 개선하려고 애를 쓰고, 설명도 하고, 적응하려는 노력에도 불구하고 아이들은 가족의 증상 전달자로 규정되었던 것이다.

⑦ 관계 형성 실패 때문이다.

모든 성중독자들에게서 거의 공통적으로 나타나는 요인은 건전한 측면에서의 다른 사람과의 관계 형성 실패이다. 또한 아이에게 무조건적인 사랑을 쏟고 늘 함께하며 도와주는 부모의 양육이 부재한다. 매일같이 문제와 좌절에 직면하는 아이들에게 본을 보이고 문제를 해결해줄 부모 또한 없다. 결국 정서적, 영적 교제의 부족이 공통분모이다.

⑧ 어린 시절 학대 때문이다.

어린 시절의 정신적 충격을 주는 학대이다. 성적 학대, 신체적, 정신적인 학대를 받은 사람들 가운데 중독자가 많다. 학대로 인한 희생을 통해 배출된 많은 성중독자들은 천대와 모욕과 수치를 의례적으로 경험한 바 있다. 즉 학대받는 아이들이 많을수록 많은 중독자가 생겨났다는 통계가 있다. 이러한 희생은 수치의 이중면을 만들어낸다. 그 하나는 어릴 때 학대를 당했던 것에 대한 수치이고, 또 다른 하나는 성인이 되어서의 성적 강박관념과 성적 행위에 대한 수치이다. 중독자는 통제력이 어느 정도 부족한지에 관해 인정하기를 거절한다.

⑨ 스트레스 때문이다.

삶에서 일을 한다는 것은 대단히 중요하다. 그것이 신체적이든 정신적이든 노동은 신성하다. 그리고 인간이라면 누구에게나 필요하다. 그런데 일하는 것에 대해 만족을 못하거나 스트레스가 쌓이면 문제가 생긴다. 청소년에게는 일이 곧 공부인데 학업 성적이 자기의 노력에 적절한 향상성을 보이며 선생님에게나 가족을 포함한 자신에게 어느 정도 만족스러우면 문제가 없으나, 불행히도 성적이나 공부에 대한 적절한 기대치에 불만이 생길 땐 문제가 된다. 여기서 청소년들은 자신의 성적에 만족이 안 되기에 노는 것에도 만족스럽지 못하게 된다. 일과 공부에 만족스럽지 못하면 놀이나 게임에서도 만족스럽지 못하다. 그러므로 자연히 그러한 사람들은 그들의 채우지 못한 욕구좌절을 쏟아낼 수 있는 출구를 찾게 된다. 그중 하나가 손쉬운 성중독에의 길이다. 그런데 보통 사람들은 스트레스를 심하게 받으면 성욕이 저하된다. 그러나 간혹 스트레스를 심하게 받을 경우 오히려 여성과의 성관계를 더 적극적으로 추구하면서 스트레스에 의한 욕구불만을 해소하려는 남성들이 있다. 그들의 경우 성중독자가 될 수 있다.

⑩ 대뇌의 장애 때문이다.

성욕을 과다하게 표현하는 행위는 흔히 불안에 대한 방어라고 해석되지만, 그러한 사람들의 일부는 실제로 대뇌에 장애가 있기 때문에 성중독자가 된다. 예를 들면 그들의 일부는 대뇌피질의 측두엽에 장애를 가진 사람들이었다. 일반적으로 생리학적 관점에서는 대뇌의 편도와 해마 부분을 제거하거나 시상하부와 같은 중격 부위에 직접적인 전기자극을 가하는 것은 과다한 성행동과 관계가 있다. 또 생화학적으로 도파민의 기능이 쾌락이나 성적인 흥분과 관계가 있다는 사실도 밝혀졌다. 예를 들면 페노디아진과 같이 도파민의 활동을 방해하는 물질이 남성 성중독자의 성욕을 크게 감소시킨 것으로 보고했다.

3) 성중독의 특징

성중독의 특징은 성적인 충동에 대해 통제력을 잃고, 본인은 부정하겠지만 성적인 행동에 의해서 자신이 피해를 경험하고, 삶의 다른 영역에서도 통제력이나 자제력을 잃고, 시간이 지나면서 성적인 행동이 증가하고, 성관계가 끝나면 철회의 증상을 보인다(Kasl, 1989). 또한 성중독이 있으면 아주 외설적인 섹스 행위에 빠지고 싶은 충동을 절제하지 못하는 행동을 반복하고, 자신의 의도보다 더 오랫동안, 더 광범위하게, 자주 성행위에 빠져들며, 이런 행동을 스스로 자제하려고 시도하지만 번번이 실패한다. 결국 직업, 학업, 가사, 사회적 의무를 해야 할 시간에 외설적인 섹스 행위에 몰두하게 되는 것이다. 성격적인 측면에서 보면 매우 충동적이고 집착이 강하다. 성적 행동을 조절하는 능력이 없고, 문제가 생기는데도 계속 성적 행동을 추구하게 된다. 그리고 성적 상상 때문에 다른 일을 못하고 결국 직장, 가정 모두 파탄에 이르게 된다. 이러한 성중독자의 특징을 자세히 살펴보면 다음과 같다.

① 모든 것을 성행위화한다.

성중독이란 성행위에 연관된 강박관념과 탐닉이다. 중독자의 생활 속에 있는 모든 것이 성행위화될 수 있다. 중독자의 언어와 행동은 성적인 내용과 풍자로 짜맞춰지게 된다. 또 성중독자는 일상 대화나 텔레비전 프로그램이나 책의 내용을 성적 함축의 의미로 이해한다. 심지어는 천진하고 순수한 사람들의 태도를 성적 유혹으로 알아차리기도 한다.

② 성으로 보상받으려고 한다.

성중독자들의 특징은 스트레스가 없을 때도 문제가 된다. 이때에는 오히려 성은 보상이 될 수 있다. 성중독자들은 아무도 자신을 돌보지 않는다고 생각하고 스스로 모든 것을 해야 한다고 믿기 때문에 마음속에 적개심을 쌓아가기 시작한다. 그들 내면의 한쪽에서는 자신이 어떤 것에도 적합하지 않으며 자신이 나쁜 사람이라고 느끼는 한편 더 깊고 무의식적인 또 다른 한편에서는 다르게 믿기 원한다. 그러나 성중독자들은 자기 자신에게 적절하게 보상해주고 격려해주는 방법에 대해 건강한 감각을 지니고 있지 못하다. 성적 보상 외에는 그들의 분노와 쓴 뿌리를 제대로 표출할 방법을 배우지 못했기 때문이다. 스트레스로 가득한 사건을 잘 넘겼거나 일을 잘 마쳤을 때 성중독자들은 자신들이 성적으로 보상받을 자격이 있다고 믿는다. 예를 들면 성중독자가 괴로운 결혼생활이나 참담한 직장생활에서 가까스로 버텨오고 있을 수 있다. 그들은 이것이야말로 그들이 감당해야 할 도덕적인 임무라고 믿으려고 애쓴다. 그러나 그들은 거기서 생존하기 위해서는 외로움과 격리감에 약물 처방할 수 있는 보상이 필요하다는 느낌을 갖게 될 것이다. 성은 그러할 때 적절한 보상수단이 된다. 잘못된 권리감은 성중독자들이 자신의 성행위를 정당화하게 하는 신념을 낳는다.

③ 점점 더 중독을 충족시키고자 한다.

성중독이 발전함에 따라 성중독자의 전체 삶은 점점 더 자신의 중독을 충족시키는 계획을 세우거나 행하는 데 쓰이게 된다. 중독자의 관심과 에너지가 중독에 의해 완전히 빼앗기는 것처럼 다른 관계조차도 점점 불건전해지게 된다. 이것은 알코올이나 마약 중독자의 삶이 술이나 마약을 구입하고 사용하는 데 빠져드는 것과 비슷하다.

④ 자기중심적으로 타인에게 해를 준다.

성중독자는 자신에게나 주위 사람들에게 고통과 혼동과 공포를 안겨준다. 강박관념으로 인해 중독자는 점점 부정직하고, 자기중심적이고, 고립적이 되고, 두려워하고, 혼란되고, 공허감을 느끼고, 이중적이고, 지배적이고, 완벽주의자가 되며, 자신의 문제에 대해 무지해지고 다른 사람들을 비난하고 비정상적이 된다.

⑤ 심화되는 증상을 보인다.

다른 중독과 마찬가지로 성중독도 그 증상이 심화된다. 많은 성중독자들은 중독적 행동을 함에 있어서 그 빈도와 강도가 증가하는 것을 체험한다. 이러한 일이 발생하는 이유는 중독자의 신체와 감정이 당면한 성적 상황을 재평가하거나 각색하기 때문이다. 따라서 지난번과 동일한 성적 행동으로는 많은 기분 전환을 더 이상 기대할 수 없다. 그리하여 중독자는 보다 빈번히 그러한 행동을 하게 되고, 보다 외설적이고, 위험하고, 감각적이며 뻔뻔스러운 것을 모색하게 된다.

⑥ 외롭고 고립되어 있다.

성중독자들은 배우자와 감정적 · 영적으로 친밀해지는 방법을 알지 못한 채 오직 성적인 접촉을 통해서만 친밀감을 가질 수 있다고 확신한다. 이러한 사람들은 자신의 외로움을 해소하기 위한 수단으로 성을 사용하면서 자기도 모르는 사이에 더 깊은 외로움의 나락으로 빠져든다. 그러나 결코 자신의 감정을 드러내는 법이 없다. 이러한 성중독자들은 심지어 다음과 같이 말하기도 한다. “나는 아무런 문제가 없고 부부관계도 좋아. 여전히 내 배우자에게 충실하고 우리의 성관계도 괜찮은 편이야.” 그러나 실제로 그 관계는 괜찮은 것이 아니며, 그의 성행위는 빈약한 관계의 고통을 회피하기 위한 수단으로 사용되는 중독적인 것일 수 있다. 물론 그들에게 친구와 가족들이 있을 수 있다. 또 그들은 적극적이고 활달한 지도자일 수도 있다. 그러나 그들은 자신을 진정으로 알아주는 사람이 아무도 없다고 굳게 믿는다. 그들은 자신이 진정으로 누구인지, 자신이 느끼는 것이 무엇인지, 자신이 무엇을 했는지 나눌 사람이 없다. 바로 성중독은 숨겨져 있으므로 성중독자들은 주위의 사람들이 자신의 본모습을 진정으로 알게 된다면 자신을 미워하고, 멀리하고, 비웃고, 정죄할 것이라고 생각한다.

⑦ 무시를 당한다.

성중독자들은 자신의 성적 패턴을 변화시키기 위해 여러 가지 방법을 반복적으로 시도한다. 성중독자들은 도움을 얻기 위해 누군가에게 자신의 고충을 말하지만, 불행히도 그들을 믿어주고 그들의 말을 들어 주고 이해해주는 사람은 거의 없다. 정신과 의사와 상담가들은 그러한 성행위가 정상적인 것이라고 옹호한다. 많은 치료사들이 성에 대해 너무 개방적인 태도를 취하며 성의 기쁨을 알아가야 한다는 데만 초점을 맞춘다. 자신의 성행위가 통제 불가능한 지경에 처했다고 고백하는 성중독자들은 가족들로부터도 무시당하며 오해를 받고 있다. 도움을 얻고자 했던 사람들에게서조차도 무시를 당하는 것이다.

⑧ 성을 사랑과 동일시한다.

성중독자들이 어린 시절 사랑과 양육을 받는다고 느낄 수 있었던 유일한 신체적 경험은 본질상 성적인 것이었다. 어떤 종류의 건강한 접촉도 경험해보지 못한 그들은 절박하게 사랑과 양육에의 갈망을 품고서 여기저기 찾아다니며 사랑을 성과 동일시한다.

4) 성중독자의 행동 특징

성중독자에게서 나타날 수 있는 행동 특징을 살펴보면 다음과 같다.

① 성충동을 조절하거나 참을 수가 없다.
② 본인은 아니라고 할지라도 성행위로 인해 의학적, 법적, 대인관계에서 심각한 부작용이 나타나며 피해를 본다.
③ 자기파괴적인 또는 위험성이 높은 성행위를 끊임없이 추구한다.
④ 자신의 이러한 성적 행동을 중지하거나 줄이려고 이미 여러 번 노력한 바 있다.
⑤ 성적인 강박증과 강박적인 환상이 있다.
⑥ 많은 횟수의 성행위를 해야만 한다.
⑦ 성행위 전후에 우울하거나 기분이 들뜨는 등의 정서변화가 심하다.
⑧ 성행위를 하기 위한, 또는 성교 후 정상 생활로 돌아오는 데 시간이 많이 걸린다.
⑨ 성행위로 인해 사회생활이나 직장생활, 여가생활에 지장이 있다.

5) 성중독자의 사이클과 단계

성중독자의 사이클

성중독의 체험은 각각 반복에 따라 심화되는 네 단계의 사이클을 통해 발전한다고 그랜트 마틴은 제시하고 있는데, 그 단계란 몰입, 의식화, 강박적인 성적 행동, 그리고 절망이다.

① 몰입

중독자의 마음은 온통 성행위에 대한 생각과 공상에 몰두해 있기 때문에 스쳐가는 모든 사람들이 성적 강박관념의 여과기에 걸러진다. 즉 중독자가 성적 자극을 병적으로 추구하기 위해 정신적으로 무아지경이 되었을 때 사람들은 성적 대상으로서 음미된다. 이때 중독자는 이러한 성적 강박관념에 사로잡혀 있는 것이다. 모든 지나가는 사람들이나 대인관계, 모든 만남의 상대들이 강박관념의 여과기를 통과하지 않을 수 없다. 사람들은 중독자가 음미하기 위한 대상이 되는 것이다. 중독자는 탐색하는 것, 긴장감, 은밀하고 금지된 것의 추구 등을 통해 도취를 경험하게 된다. 그리고 중독자의 기분은 강박관념적인 무아지경에 빠져들 때에 전환된다. 생리학적 반응에 의해 아드레날린의 분비에 따른 자극이 신체의 기능을 상승시킨다. 중독자가 자신의 기분 전환을 위한 물건이나 행위에 몰두할 때 심장은 쿵쾅거린다. 위험, 모험, 폭력은 당연히 상승한다. 몰입은 중독자의 고통과 후회와 죄책감에 의한 경계 의식을 무디게 한다. 그리고 중독자는 항상 행동을 하지 않아도 된다. 왜냐하면 종종 지난 행위가 가져다주었던 안락함을 생각하기 때문이다.

② 의식화

의식은 무아지경에 이르는 것을 돕는다. 의식 그 자체로 흥분이 몰아치는 것을 고양시킬 수 있다. 의식은 중독자를 성적 행동으로 이끌어가는 중독자의 특별한 습관이다. 이 의식은 몰입을 강화하고, 흥분과 쾌감을 더해준다. 또 의식에는 흥분을 발생시키는 숙련된 행동의 신호가 포함된다. 몰입에 따른 몽상이나 영향력 있는 의식은 성적 접촉만큼이나 중요하고, 때로는 더 중요하다. 기대되는 의식은 모든 행동 절차를 보다 도취적으로 만든다. 그러나 사람이 언제나 오르가슴에 도달할 수는 없다. 따라서 중독자의 집중력과 정력을 한데 모으기 위한 탐색과 긴장이 필요하다. 배회하고, 바라보고, 기다리고, 준비하는 것 등이 기분전환의 일부인 것이다.

③ 강박적인 성적 행동

이것은 실제적 성행위로서 몰입과 의식화의 목표이기도 하다. 이 시점에 이르면 중독자는 자신의 행동을 통제할 수 없다. 전에는 멈출 수 있는 방책이 있었음에도 불구하고 중독자는 무력해진다. 중독자는 자신의 성적인 사고와 행동에 대한 통제력을 상실한다.

그런데 윤가현은 강박적으로 무질서한 성생활을 하는 남성들의 동기는 주로 다음과 같기 때문으로 제시하고 있다.

첫째, 그들의 동기는 무의식적 근친상간의 욕망에서 비롯된다. 그들은 자기 어머니를 훌륭한 여성이라고 생각하므로 그녀와 성교를 하고 싶은 욕망을 무의식적으로 억압한다. 그들은 근친상간의 욕망을 지니고 있다는 사실을 부정하려는 노력에서 창녀나 술집 여자 등의 하층 여성과의 성교를 강박적으로 원하고 있다.

둘째, 그들은 아동기 때 겪었던 색정의 기억 때문에 무질서한 성행동을 추구한다. 어렸을 때 어머니 또는 다른 성인 여성들로부터 받았던 잠재적인 성적 유혹을 되찾으려고 노력하기 때문에 그들의 성생활은 문란해진다.

셋째, 그들의 무질서한 성생활 추구는 여성을 증오하는 심리 때문에 나타난다. 그들은 모든 여성이 사악하다는 것을 입증하기 위한 노력으로 또는 남성의 우월감을 입증하기 위하여 여성들을 성적으로 정복하려고 힘쓴다. 소위 성중독자들은 여성을 강박적으로 유혹하면서 성적인 만족을 얻는다. 그렇지만 그들이 얻은 만족은 순간적으로 끝나버리기 때문에 그러한 시도는 계속 반복되고 있다. 또한 그들의 내적인 긴장은 성욕과 전혀 관계가 없으며 오히려 적개심의 표현이나 우월감의 성취에서 만족을 느낀다.

④ 절망

중독자들이 자신의 행동과 무기력에 대해 극도의 절망감을 느끼는 것은 네 단계 사이클의 가장 마지막 단계이다. 이것은 중독자가 성욕을 주체하지 못할 때 느끼게 된다. 이러한 느낌은 중독자가 자신의 행동을 통제할 수 없음에 대한 무기력과 아울러 그 행동을 멈추는 방도를 지키지 못할 때 갖게 된다. 중독자는 자기연민, 자기증오를 또한 체험하게 되고 그것이 지나치게 되면 자살을 기도하기도 한다. 이 사이클은 그 자체로 반복된다. 왜냐하면 사이클의 맨 처음 단계인 몰입을 중독자를 마지막 단계인 절망의 구렁텅이에서 끌어내는 데 사용할 수 있기 때문이다. 이러한 사실로 인해 사이클은 무제한으로 계속된다. 중독자는 사이클의 각 단계가 반복될 때마다 앞의 체험을 배가시키고 중독은 순환적 본질을 굳힌다. 이러한 갈등이 지속되기 때문에 중독자의 생활은 붕괴하기 시작하고 걷잡을 수 없게 된다. 이러한 중독적인 구조 속에서 성적 체험은

표 11.1 성중독의 단계

중독 단계	1단계	2단계	3단계
행동	자위, 강박적인 성관계들, 포르노그래피, 매춘과 익명의 성관계	노출증, 관음증, 음란전화, 음란 행위	아동 학대, 근친상간 강간
문화적 기준	행동에 따라 활동들은 수용할 만하거나 허용할 만하게 보일 수 있다. 매춘과 동성애와 같은 일부 특정 행동들은 논쟁을 낳고 있다.	이 행동들 가운데 어떤 행동도 수용될 수 없다.	각각의 행동은 문화적 경계에 대한 현저한 침해를 의미한다.
법적 결과 위험	불법적인 경우 그 행동에 대한 제재가 효과 없이 무작위로 집행된다. 최소한의 위험만 감수한다.	행동들은 불법 방해 범죄로 여겨진다. 범법자들이 처벌받는 것을 보고 위험이 수반된다.	극단적인 법적 결과가 있을 경우 중독 상황과 관련된 위험이 높아진다.
희생자	별다른 희생자가 없다. 하지만 희생양, 착취가 야기된다.	항상 희생자가 존재한다.	항상 희생자가 존재한다.
중독에 대한 대중의 의견	대중의 태도는 양가감정이나 혐오로 특징지어진다. 매춘과 같은 일부 행동의 경우, 매혹적인 타락이라는 경쟁적인 부정적 영웅 이미지가 존재한다.	중독자는 우스꽝스럽고 역겹지만 해롭지는 않다고 여겨진다. 흔히 이 행동은 중독자의 고통을 도외시한 농담의 대상이 된다.	대중은 분노한다. 많은 사람에게 가해자는 인간 이하의 존재이며 회복될 가능성이 없어 보인다.

삶과 주요 인간관계의 목적이 된다. 의식 상태의 전환을 가져오는 그러한 행동의 양상은 정상적인 성적 행동을 비교에 의해 무기력하게 만든다. 이러한 사이클은 중독에 있어서 강력한 힘이다.

6) 성중독자의 회복 방안

성중독 회복을 위한 목표

중독 여부와 정도 평가를 위한 유의사항

성중독자들의 중독 여부와 정도를 평가하기 위해서는 다음과 같은 사항을 유의할 필요가 있다.

① 성행위와 중독 행위의 범위를 정하라.
② 강박관념의 우선순위를 정하라.
③ 특별한 습관을 확인하라.
④ 무슨 사건이 중간에 발생하는지 그 촉매적인 사건이나 환경을 알아내라.
⑤ 생명을 위협하는 우울증을 진단하라.
⑥ 현실에 대한 합리화나 왜곡을 유도해서 찾아내라.
⑦ 절제하기 어려운 행위의 증거를 발견하라.

회복을 위해 염두에 두어야 할 사항

성중독에 빠진 사람을 회복시키려면 그 목표를 다음 사항에 두어야 한다.

① 부정적이거나 실패한 경험이나 느낌을 배제하고, 부정적인 증상을 완화하도록 한다.
② 부부관계에 새로운 습관을 개발하여 상호 신뢰를 구축한다.
③ 정서적이거나 성적인 친밀감을 수용할 능력을 개발한다.
④ 긍정적인 성생활 태도를 습득하도록 돕는다.

회복을 위한 전제

성중독 회복의 목표를 달성하기 위해서는 다음과 같은 방안을 모색해야 한다.

① 자신이나 배우자의 신체에 대해 잘 알아야 한다.
② 자신의 필요나 느낌을 인식하고 만족할 책임이 있음을 알아야 한다.
③ 자신이나 배우자의 성적 충족감에 대한 부담감을 제거해야 한다.

④ 성행위나 성적 경험을 토의하기 위한 효과적인 의사소통법을 개발해야 한다.
⑤ 성은 성교나 오르가슴에 국한되지 않고 서로의 몸, 마음, 영혼을 온전히 즐기기 위해 서로 헌신하고 봉사하는 것이라는 인식의 대전환이 필요하다.

일반적인 회복 상담 방안

① 자신은 중독자임을 수긍해야 한다.

자기가 성행위에 중독되었다는 사실을 수긍해야 한다. 그리고 성중독자들을 위한 12단계 그룹 등에 참석한다. 그래서 참석한 사람들의 정직성과 용기와 존경하는 법을 배우며, 자긍심과 정직을 체험하도록 한다.

② 도움을 받아야 한다.

전문적인 상담이나 치료 그룹, 후원 그룹, 애정 어린 공동체에의 참석, 그리고 상담회복을 위한 프로그램을 따르는 것들은 모두 건전한 중심 사고를 인식하는 데 도움을 주게 된다. 특히 전문적인 치료 그룹은 전문적인 정신적 건강치료하에 중독자가 다른 사람과 교제하고 대화하는 것을 배울 수 있는 안전한 장소를 제공한다. 또 치료자가 동참하여 조정자, 안내자, 교사 역할을 하기 때문에 심각한 정신적 문제가 야기되었을 때 어떻게 대처할지를 가르쳐준다.

③ 단호하게 'NO' 할 수 있어야 한다.

일반적으로 남자는 야한 그림이나 장면, 즉 시각과 여자와의 접촉만으로도 쉽게 성욕을 느끼게 된다. 스킨십이나 여자의 체취만으로도 강하게 성충동을 느끼기 때문에 성욕이 생길 때마다 섹스를 요구하게 되는 것이다. 또한 상대 여자가 확실한 'NO'라는 의사표현이 없을 경우에 남자는 자기와 같이 여자도 섹스를 원하고 있다고 믿어버리는 경향이 있다. 이제 중독자들의 첫 목표라고 할 수 있는 모든 유형의 포르노의 사용을 중단하는 것과 성적 자극을 위한 포르노와 성적 공상과 병행되던 자위행위의 습관을 근절해야 한다.

④ 치료를 위해 금욕해야 한다.

치료에 있어 중요한 요소는 금욕이다. 다소 심하게 말한다면 성행위를 중단할 결심을 해야 한다. 물론 여기에는 모든 유형의 부적절한 성적 행위가 포함된다. 결혼을 한 사람이라고 할지라도 많은 중독자들은 일정 기간 동안 모든 유형의 성적 행위를 금할 필요성을 발견하게 된다. 이것은 일종의 성적 해독제를 위한 것이기도 하다. 많은 중독자들은 그들의 성행위에 사로잡히고 그것에 의해 지배당하기 전에 육욕이 솟구침을 경험한다. 결혼을 했건 안 했건 중독자는 강박관념에 의해 중독된다. 그러므로 자발적인 금욕은 자신과 자신의 관계에 대해 살펴볼 수 있는 방법이 될 수 있다.

⑤ 선택의 자유를 적절하게 활용해야 한다.

동물의 성욕은 냄새에 의해 자극되지만 인간의 성적 충동은 뇌의 작용과 마음에 의해 일어난다. 그렇기 때문에 인간의 성욕은 본능에 의해 좌우되는 것이 아니라 학습된 뇌의 작용과 마음의 강화에 의한 것이다. 그래서 성적 충동을 조절할 수 있는 능력이 있는 인간에게는 성적 선택에 대한 책임이 주어진다.

⑥ 성적 파트너를 올바로 인식해야 한다.

사람들은 자기가 소유하고 있지 않은 것에 매력을 느끼듯이 배우자에게 느끼는 성적 매력보다 다른 사람에게 느끼는 성적 매력이 더 강하다. 따라서 성적 파트너에게서 만족을 얻을 수 있는 훈련이 필요하다.

⑦ 그릇된 기대에서 벗어나야 한다.

우리 마음은 강화 작용이 가능하다. 그러므로 우리의 뇌와 마음에 부정적인 생각을 강화하지 말아야 한다. 가능하면 빨리 그 생각에서 벗어나도록 노력해야 한다. 우리가 갖고 있는 성적 환상은 사실 너무나 잘못된 기대가 많다. 우리의 욕망은 환상인 경우가 너무 많다. 사람들은 항상 새롭고 자극적인 것을 추구하지만 사실 새로운 것은 없다. 단지 속고 있을 뿐이다.

⑧ 성적 습관화를 주의해야 한다.

어릴 때부터 자위행위에 지나치게 익숙한 사람들은 결혼 후에도 자위행위를 즐긴다. 성적인 기다림에 지쳐서 퇴폐업소를 드나들던 사람은 결혼을 해서도 그러한 곳을 찾기 쉽다. 그러므로 우리가 가지고 있는 그릇된 습관들은 버려야 한다. 성적 충동을 자극할 수 있는 환경을 피하는 것이 매우 중요하다.

⑨ 중심된 사고를 바꾸어야 한다.

성중독의 굴레로부터 벗어나려면 소외와 자기증오의 감정을 버려야 한다. 그리고 중독자가 소유하고 있는 중심된 사고를 다음의 것으로 대치해야 한다.

- 나는 자부심을 가질 만한 가치가 있는 사람이다.
- 나는 내 모습 그대로 아는 사람들에 의해 사랑받고 용납된다.
- 만일 다른 사람들에게 내가 필요로 하는 것들을 알려준다면 그들은 그것을 채워줄

수 있다.

- 성행위만이 다른 사람에 대한 나의 욕구와 관심의 표현은 아니다.
- 성행위를 통하지 않고서도 다른 사람과 친밀한 관계를 가질 수 있는 방법을 배울 수가 있다.

⑩ 건강을 살펴야 한다.

중독자의 신체도 돌보아야 한다. 만일 어떤 유의 성관계를 가졌다면 병의 감염 여부에 대해 완벽한 검사를 해야 한다. 질병과 연관된 부인과 의사나 비뇨기과 의사, 또는 기타 전문의를 찾아야 한다. 건강을 유지하기 위한 또 다른 사항은 운동과 다이어트이다. 육체적 운동은 성행위를 대신할 수 있는 건전한 방법이다. 당신의 육체가 보기 좋게 틀이 잡히면 당신 기분이 훨씬 좋아질 것이다.

Q 저는 거의 매순간 섹스를 생각하는 것 같아요. 또 제가 할 수 있는 한 아주 빈번하게 섹스하는 걸 좋아하고요. 저는 성중독인가요?

A 아닙니다. 성에 관해 생각하는 것은 인간의 성장 과정에서 필수적인 것입니다. 그냥 어린 사람에서 성적 존재가 된다는 것은 성숙을 의미하는 것입니다. 성중독은 어떤 사람이 성적 행위를 위험하게 혹은 편안하지 않게 하고 있다는 것을 스스로 자각하면서 문제가 있음을 알게 됩니다. 그들은 그 자신들이 가지고 있는 행위들, 신체적인 위험, 비도덕적인 것, 극단적으로 죄책감을 느끼는 것들을 스스로 멈출 수 없다는 것을 발견합니다. 그들의 삶 안에서 그러한 것들이 자기 스스로 강제성을 띠는 한 그들의 능력에 대해 반드시 치료가 필요합니다. 그러나 모든 것에 대한 기본적인 진실은 그들의 행위가 성적이라는 것에 있습니다.

요약

성도착장애

- 성도착장애 : 평범하지 않고 문제가 있을 가능성이 있는 성적 표현들의 종류를 묘사하는 데 사용되는 임상용어로 성도착적 행위들을 하는 사람은 보통 성도착자 또는 성범죄자로 불린다.
- 노출장애 : 성적 각성과 흥분을 위해 선호되는 수단으로 낯선 사람에게 자신의 생식기를 드러내 보이는 사람으로서 노출증에 대한 반응이 충격, 혐오, 공포일 때 만족을 얻는다. 신체적 공격은 보통 나타나지 않는다.
- 관음장애 : 성적 각성과 흥분을 위해 선호되는 수단

으로 동의 없이 성행위를 하고 있거나 옷을 벗는 사람들을 관찰하는 사람으로 전형적으로 남자가 많고 사회성적으로 미숙하며 부적합감과 열등감을 갖고 있다.

- 마찰 도착장애 : 붐비는 공공장소에서 다른 사람을 누르거나 비빔으로써 성적 쾌락을 얻는 아주 흔한 성도착
- 소아 기호장애 : 성적 상호작용 방식으로 선호하는 방법이 아이들과 성관계를 가지는 사람으로 아동 성추행자 또는 성범죄자라고 불린다.
- 성적 가학장애 : 신체적, 심리적 고통을 가함으로써 성적 흥분을 얻는 행위
- 성적 피학장애 : 신체적, 심리적 고통을 받음으로써 성적 흥분을 얻는 행위
- 복장 도착장애 : 개인이 반대 성의 의상을 입음으로써 성적 흥분을 느끼는 성행동
- 물품 음란장애 : 사람이 일차적으로 또는 전적으로 물체나 특정 신체 부위에 성적 흥분을 느끼는 성행동

성중독

- 성중독의 개념은 과도한 성적 활동을 하는 많은 사람들이 우울, 불안, 외로움, 무가치감의 느낌들이 과잉성활동을 통해 일시적으로 경감되는 심리적 중독의 명백한 증상임을 시사해준다.
- 다수의 성 학자는 성중독이 분리된 진단범주라는 데 동의하지 않는데, 왜냐하면 도박, 섭식장애 등 다른 강박행동과 달리 구분이 모호하고 빈번하지 않기 때문이며, 이 명칭이 타인에게 피해를 주는 통제 불능의 성적 강박에 대해 개인의 책임을 부정하기 때문이다.
- 성중독의 원인에는 오이디푸스 콤플렉스와 관련이 있다는 역동적 설명과 어렸을 때 당했던 경험이나 미디어의 영향으로 보는 사회학습 이론과 염색체나 호르몬 장애와 관련 있다는 주장도 있다.
- 성중독의 특징은 성적 충동에 대해 통제력과 자제력을 잃고, 자신이 피해를 경험하고, 사회적 의무를 해야 할 시간에 외설적인 섹스 행위에 몰두함으로써 직장, 가정이 모두 파탄에 이른다.
- 성중독자의 사이클 : 몰입/의식화/강박적인 성적 행동/절망
- 성중독의 회복 방안으로는 자신이 중독자임을 인정하고 상담회복을 위한 프로그램에 참여하여 전문가의 도움을 받아 자신에 대한 자긍심과 정직, 다른 사람과의 친밀한 관계 형성을 위한 방법들을 배운다.

토론문제

- 정상적인 성행동과 비정상적인 성행동의 차이점에 대해 토론해보자.
- 성적 이탈, 즉 노출증이나 관음증 등 성도착자들을 본 경험이나 주변에 사례가 있다면 함께 논의해보자.
- 본인이 자신에 대해 생각할 때 무언가에 중독되어 본 경험이 있는지 생각해보고, 어떤 것들이었는지 논의해보자.
- 성도 중독될 수 있다는 사실을 알고 있었는가? 혹시 주변에 성중독자가 있다면 그 증상, 영향력 및 회복 과정 등에 대해 논의해보자.

12

CHAPTER

성과 건강

P S Y C H O L O G Y O F S E X U A L I T

12

1. 임신과 분만

1) 월경

월경주기와 배란

월경은 약 4주 간격을 두고 자궁내막에서 주기적으로 흐르는 생리적인 출혈을 말하며, 배란으로 인한 호르몬의 변화에 따라 일어나는 현상이다. 월경주기는 월경을 시작한 날부터 다음에 시작하는 날까지의 기간을 말하며, 개인차가 크나 보편적인 간격은 25~35일로 평균 28일이다. 월경량은 평균 60~180ml이고 개인에 따라 매우 다양하다. 월경 기간은 3~5일인데 비정상적 조건에서는 아주 짧아지거나 길어져 1~2일 혹은 7~8일이 되기도 한다. 월경의 주증상으로는 둔부의 무거운 느낌과 빈뇨 또는 변비가 있을 수 있고 경미한 신경의 불안정도 있을 수 있다.

월경혈은 정맥혈과 같이 검붉은 색이고 월경량이 많을 때는 붉은색을 띤다. 월경혈에서는 특유의 냄새가 나는데, 이 냄새는 혈구의 분해 작용과 음부의 기름샘에서 증가된 분비물이 혼합되어 나는 것이다. 월경의 또 하나의 특이한 성질은 응고가 안 되는 점인데, 이는 자궁강 내에서 섬유 용해성 효소에 의해 용해되기 때문이다.

여성의 난소는 출생 시에 200만 개 정도의 난포를 갖고 있는데, 사춘기에는 50만 개 정도가 되며, 월경주기 때마다 자궁 양쪽에 있는 난소 중 한쪽에서 난자를 나팔관으로 배출하여 약 500개 정도를 배란하게 된다. 배란이 가까워지면 자궁경관 점액이 묽어지고 양이 많아지는데 이는 증가한 에스트로겐의 영향 때문이다. 배란기에는 자궁경부가 약간 열리며 자궁경부 점액이 묽고 풍부해져서 정자가 자궁경부를 쉽게 통과하여 올라갈 수 있게

그림 12.1 월경과 배란 주기의 관계

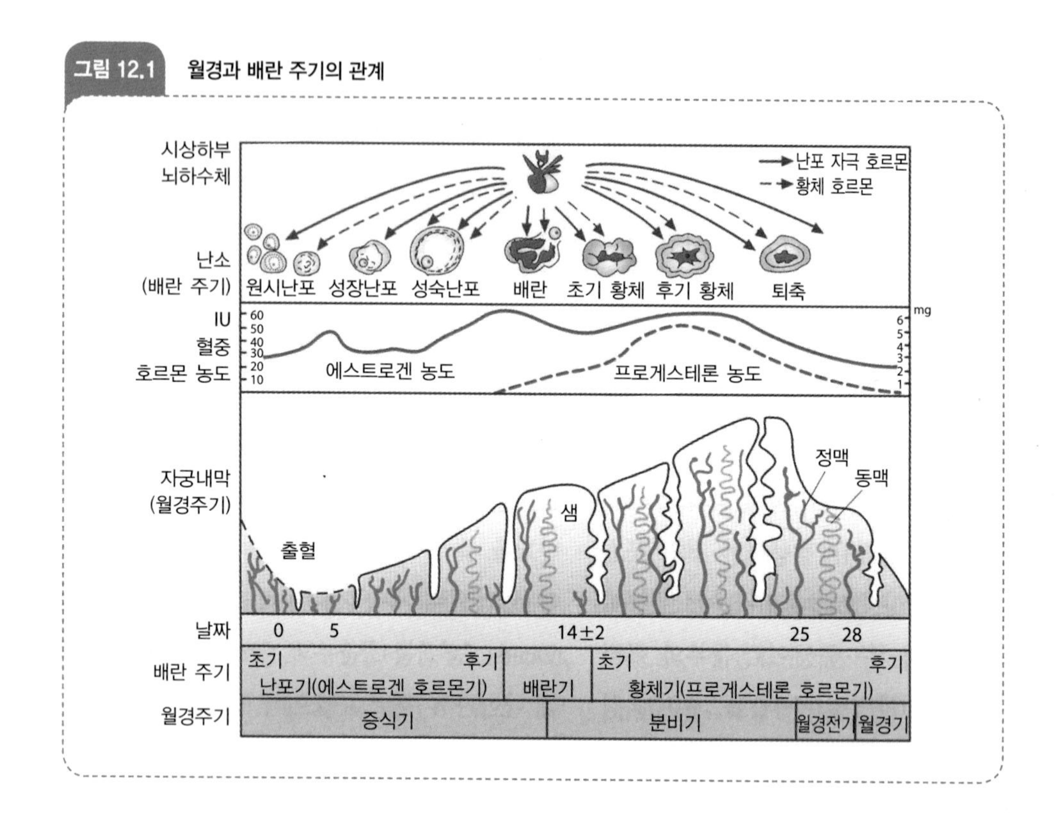

해준다.

배란 후 난자가 정자와 수정을 못하면, 즉 임신이 되지 않으면 자궁내막은 괴사성 변화를 일으켜서 월경이 나오게 된다. 즉 배란 후 약 14일이 지나면 월경을 한다. 월경주기는 다르지만 배란 후 월경까지의 기간은 비슷하여 다음 월경 예정일에서 대략 14일 전이 배란일이 된다.

임신이 가능한 시기는 28일 월경주기인 경우 월경을 시작한 날부터 9~17일 사이인데, 난자는 배란 후 약 24시간, 정자는 사정 후 약 48~72시간 정도 수정 능력이 있는 것으로 추측된다. 따라서 배란하기 6일 전부터 배란하는 날까지 약 7일 정도가 임신이 가능한 시기이다.

월경과 관련된 증상

① 월경통

월경 시작 몇 시간 전이나 시작 직후부터 통증이 오고 보통 48~72시간 정도 지속된다. 경련성 하복부통, 요통이 있고 통증이 다리로 뻗치기도 하며 오심, 구토, 설사 등이 동반되기도 한다. 원인은 자궁내막에서 통증을 유발하는 물질인 프로스타글란딘이 과다 생성되기 때문이며, 아기를 출산한 후에는 월경통이 사라진다.

월경 시작 1~2주 전부터 월경이 끝날 때까지 통증이 지속될 경우에는 부인과적 병인이 있을 수 있으므로 치료를 받아야 한다.

② 월경 과다

월경량이 80ml가 넘을 경우를 월경 과다라고 하며, 월경을 10일 이상씩 하거나 간혹 핏덩어리가 나오기도 하는데 이 정도의 출혈은 철 결핍성 빈혈을 야기한다. 월경 과다 여성의 50% 이상은 병적인 원인이 없으나 자궁 내 피임 장치, 자궁내막증, 자궁근종 혹은 악성 부인암 등이 월경 과다의 원인이 될 수 있다. 질환이 없는 35세 이하의 여성은 크게 걱정하지 않아도 되지만 빈혈이 있으면 철분 제제의 복용이 권장되며, 일상생활을 하기에 너무 불편하면 전문의의 처방에 따라 황체 호르몬이나 피임약 등을 복용할 수 있다. 완경기 여성인 경우에는 조직 검사를 하는 것이 바람직하다.

③ 월경 전 증후군

월경 2주 정도 전부터 신체적 혹은 정신적인 다양한 증상들이 나타나는데, 월경을 하는 여성의 반 이상이 이러한 증상을 호소한다. 이 중에 30~40%는 심한 고통으로 일상생활을 할 수 없을 정도로 어려움을 겪는다. 증상은 다양하여 우울증, 불안, 감정의 격변, 성욕 변화 등의 정신적 증상과 유방의 통증, 요통, 두통, 헛배 부름, 체중 증가, 부종 등의 신체적 증상까지 150여 가지가 넘게 보고되었다. 어떤 경우는 성격의 변화와 행동장애까지 생겨 도벽 등 범죄를 저지를 수도 있다. 이러한 증상들은 월경의 시작과 더불어 없어지므로 다른 질환들과 감별이 된다. 월경 전 증후군(premenstral syndrome, PMS)의 원인을 식습관, 환경적 요인, 사회학적 요인, 호르몬이나 유전자 등과 연관 지어 밝혀 보려는 시도가 있지만 아직까지 그 정확한 원인이 밝혀지지 않았다.

2) 임신

수정

수정이란 하나의 정자와 하나의 난자가 융합하는 과정으로 난관의 바깥쪽 1/3 부분인 팽대부에서 흔히 일어난다. 성교 후 1회 사정 시 질 내에 약 2~3억 개의 정자가 들어가는데 난자에 근접하는 정자 수는 약 200개에 불과하다. 사정된 정자는 빠른 속도로 전진하여 자궁경부 점막을 통과하고 자궁의 수축력에 의해 5분 내에 난관에 도달하게 된다. 정자가 난자에 도달하면 정자는 화학물질을 방출하여 난자를 싸고 있는 막을 분해한다. 난자는 정자가 하나만 들어가도록 되어 있어 정자가 진입하자마자 입구를 닫아 버린다. 일단 난자 속으로 들어간 정자는 핵을 포함하는 머리 크기는 증가하나 나머지 부분인 몸체 부위와 꼬리는 사라지게 된다. 임신은 정자와 난자가 만나 수정이 되어 착상함으로써 이루어진다.

임신 기간

임신 기간은 주로 마지막 월경 첫날부터 계산하여 분만까지 평균 280일 혹은 40주이다. 간단하게 분만 예정일을 계산하는 방법은 최종 월경일의 월에 9를 더하거나 3을 빼고, 최종 월경 시작일에 7을 더해준다.

임신의 증상과 징후

임신한 여성의 몸에는 여러 가지 변화가 일어난다. 모체에 나타나는 일반적인 임신의 증상과 징후는 다음과 같다.

① 무월경

예정 월경일 이후 10일 이상 무월경이 계속되면 임신을 의심할 수 있으나 스트레스, 과중한 운동, 폐경 초기 호르몬의 변화로 인해 월경이 멈출 수도 있다.

② 입덧

임신 중에는 특정 음식이나 냄새에 대한 혐오로 오심 구토를 나타내는 입덧이 자주 일어나는데 대개 아침 공복 시에 심하다. 이 증상은 대개 임신 6주경에 시작하여 12주 후에 자연히 사라지는데 어떤 임신부들은 임신 내내 지속되기도 한다. 입덧은 전체 임신부의 50~80% 정도가 경험하며, 경산부보다 초산부에 많다. 입덧 증상이 심할 경우에는 임신의 생리적인 현상이라고 무조건 참고 견디지만 말고 전문의의 치료를 받는 것이 바람직하다. 입덧이 태아에 끼치는 영향은 없으며, 입덧이 심하더라도 태아에의 영양 공급이 불충실해진다거나 선천적 이상이 되는 일은 없으므로 안심해도 좋다.

③ 유방의 민감성 증가

유방이 단단하고 민감해지며 유륜에 색소가 침착되고 몽고메리 결절이 돌출된다. 감각은 가벼운 따끔거림에서 유방통에 이르기까지 다양하다. 이러한 유방의 변화는 증가된 에스트로겐과 프로게스테론의 자극에 의한 것으로 초임부에게 뚜렷하다. 그러나 월경 전, 피임약 복용, 상상임신, 난소 종양에서도 유방의 민감성이 나타날 수 있다.

④ **빈뇨**

임신 초기에는 자궁이 방광을 압박하여 방광의 용적이 작아지기 때문에, 임신 후기에는 아기의 머리가 커져서 방광을 누르기 때문에 발생하는 증상으로, 임신 중기와 만기에 가까운 시기에는 빈뇨가 사라진다.

⑤ **피로감**

주로 임신 초기에 나타나는 증상으로, 힘들지 않은 일을 한 후에도 쉽게 피곤함을 느끼게 되며 수면이 더 많이 필요해진다. 이러한 피로는 흔히 임신에 수반되어 나타나지만 임신 수개월 후에는 사라진다. 피로감이나 권태는 정신적 스트레스, 빈혈, 감염 또는 악성 질환이 있을 때도 나타날 수 있다.

⑥ **피부의 변화**

임신을 하면 피부의 방어 기능이 높아지면서 멜라닌 색소가 급격히 증가한다. 얼굴에 원래 기미나 주근깨가 있었던 사람은 그 색깔이 더욱 진해지고, 얼굴에 잡티 하나 없었던 사람도 기미와 주근깨가 갑작스레 생긴다. 보통 임신 4~5개월쯤부터 기미가 생기기 시작하는데, 임신성 기미는 출산과 함께 거의 없어지므로 크게 걱정할 일은 아니다.

또한 복부 중앙선을 따라 자궁 저부까지 이어지는 흑선이 나타나며 회음과 유두 주위에도 착색이 나타난다. 임신 후반기에 복부, 유방, 대퇴부의 살이 트는 것은 갑자기 늘어나는 체중 증가도 이유가 되겠지만 호르몬에 의한 것이기 때문에 사람마다 개인차가 크다. 하지만 잘 관리를 하면 심하게 트는 것을 예방할 수 있으므로 오일이나 크림으로 마사지를 해준다.

⑦ **질 점막의 변화**

질 점막은 임신 6~8주경에 혈액 공급 증가로 인한 울혈로 짙푸른 색이나 자청색으로 변한다. 그러나 임신이 아니더라도 골반 종양으로 인해 질이 압박을 받게 되면 질 점막의 색이 변화할 수 있다.

⑧ **자궁경관 점액의 변화**

임신 중에는 증가된 에스트로겐과 프로게스테론이 자궁경부를 자극하여 많은 양의 점액이 분비된다. 임신 중 질 분비물은 질의 상피세포가 다량 포함되어 하얀색을 띠는데 이를 백대하(냉)라고 한다.

임신의 진단

임신 여부를 정확하게 진단하기 위해서는 월경주기, 마지막 월경일, 성교 날짜, 기초체온

등의 자료가 중요하다. 일반적으로는 월경을 하지 않고 입덧을 하며 기초체온도 고온 상태가 18일 이상 지속되는 경우 임신 가능성이 크다.

① 소변 임신 반응 검사

정상적으로 생리를 하는 가임 여성이 월경 예정일보다 1~2주가 지나도 월경을 하지 않을 때 가장 먼저 임신을 생각할 수 있다. 이때 가장 손쉽게 임신을 알아볼 수 있는 방법이 소변 임신 반응 검사이다. 최근 시중에 자가진단용 소변 임신 진단 시약이 나와 있어 혼자서 쉽게 임신을 진단할 수 있다. 그러나 간혹 위음성 또는 위양성으로 나올 수 있으며, 자궁 외 임신 등의 이상 임신에서도 임신 반응이 양성으로 나오므로 정확하게 자궁 내의 정상 임신을 가리기 위해서는 초음파 검사가 필요하다.

② 초음파 검사

임신 5~6주경에 초음파 검사로 자궁 내의 태낭 또는 태아를 볼 수 있다. 태아의 심박동을 확인함으로써 태아가 건강한지 알 수 있으며 태아의 수도 알 수 있다. 또한 태아의 길이로 임신 연령을 정확히 측정할 수 있다.

③ 기초체온표

불임증이나 기타 이유로 기초체온표를 그리고 있었다면, 기초체온표상 평균 약 14일 정도 36.7℃ 이상의 고온기가 계속 지속되면 임신을 생각할 수 있다.

④ 태동의 인식

임신 20주 전후가 되면 산모가 자궁 내 태아의 움직임을 느낄 수 있으며, 아기의 존재를 실감하게 된다.

임신으로 인한 불편감

임신 중에는 각종 해부학적 · 생리학적 변화로 인한 불편감이 생길 수 있다. 흔히 나타나는 임신 중 불편감은 다음과 같다.

① 가려움증

심하면 수면을 방해하며 발진이 동반되기도 한다. 더운 날에 더 심할 수 있으며 심할 경우 의사와 상의한다.

② 속 쓰림, 소화불량

임신 중에는 속 쓰림이 나타날 수 있다. 원인은 위산액이며 자궁이 커지면서 위에 압박을 주어 위액이 거슬러 올라오기 때문이다. 십이지장에 위액이 너무 많을 때는 소화

불량이 나타날 수 있는데 이때는 우유를 마시는 것이 좋다.

③ **감정 변화**

임신 중에는 아무것도 아닌 일에 울고 웃는다. 건망증이 심해지는 경우도 있다. 중요한 사람의 지지와 안심이 필요하며 남편이나 가족과의 의사소통이 도움이 된다.

④ **변비**

프로게스테론에 의한 장운동 저하, 장의 수분 재흡수로 인해 변이 굳어진다. 임신 말기에는 태아의 머리에 직장이 눌려서 변비가 생기기도 한다. 이때는 하루에 6잔 이상 물을 마시고 섬유소가 많은 음식이나 채소류를 먹는다. 또한 적당한 운동이나 이완 요법을 실시한다.

⑤ **요실금**

임신 말에는 방광 위치가 변하거나 자궁에 압력이 가해지므로 기침이나 긴장할 경우 소변이 한두 방울 저절로 나오는 수가 있다. 취침 전에는 수분을 제한하고 회음 패드를 착용하며, 항문과 질의 수축과 이완을 반복하는 케겔 운동(Kegel exercise)을 한다.

⑥ **요통**

임신 중에는 골반의 관절이 연해져서 움직이기 쉬워지고, 몸 앞쪽의 무게가 증가하기 때문에 몸의 균형을 잡기 위해 상체를 약간 뒤로 젖히게 되므로 허리에 통증이 생긴다. 따라서 임신 중에는 몸을 의식적으로 이완하고 낮은 굽의 신발을 신는다. 등 마사지를 하거나 골반 흔들기 등의 운동이 효과적이다.

⑦ **하지 경련**

증대된 자궁으로 인한 하지 신경 압박으로 발생한다. 하지를 따뜻하게 유지하고 하지 근육의 신장 운동을 하며, 쥐나는 쪽 발목을 최대한 꺾어준다.

⑧ **불면증**

태동이나 근육 경련 또는 호흡 곤란이나 빈혈 등으로 불면증이 올 수 있다. 마음을 진정하고 의식적으로 이완을 하며, 등이나 복부 마사지, 취침 전 온수 목욕을 한다.

3) 산전 관리

산전 관리의 목적은 임신부의 신체적 · 정신적 건강을 유지하고 향상시키며, 임신 중의 각종 합병증을 감소시켜 바라던 임신이 모성의 건강을 해치지 않고 건강한 태아의 분만에 이르도록 하는 것이다.

산전 진찰

임신 중에는 각종 해부학적 · 생리적 변화가 있으므로 전 임신 기간에 걸쳐 임신부를 관찰해야만 태아 및 모체의 건강 상태를 알 수 있다. 따라서 임신이 되면 가능한 한 빨리 병원에 가보는 것이 좋고, 그 뒤 주기적으로 진찰을 받도록 한다. 임신 7개월까지는 4주에 한 번씩, 임신 10개월에는 매주 한 번씩 규칙적으로 정기 진찰을 받는다.

태교

태교는 태아를 한 인격체로 인정하고 존중하며 정신과 육체를 양분될 수 없는 하나의 과정으로 인식하는 데서 시작된다. 아기는 태어나기 전 태아 때부터 엄마의 영향을 받게 된다. 따라서 심신이 건강한 아기를 낳아 기르려면 임신 초기부터 신경을 써야 한다. 엄마의 마음가짐이나 행동, 섭생은 태아의 인격 형성과 밀접한 관계가 있어 소홀히 해서는 안 되므로 마음가짐, 몸가짐, 가정환경 등을 올바르게 하는 것이 바로 태교이다. 태교는 부부가 같이 하는 것이며, 임신 중에는 심리적인 변화가 많으므로 가족의 따뜻한 관심과 도움이 필요하다. 특히 남편의 적극적인 태교 참여는 부드러운 분만으로 이어질 수 있다.

태아는 일찍부터 청각이 발달하여 외부 소리를 들을 뿐만 아니라 모체의 심장박동 소리, 자궁 가까이 지나는 대동맥을 흐르는 혈류 소리, 자동차의 소음, 음악 등도 들을 수 있다고 한다. 다정한 엄마의 이야기나 자연의 소리에는 좋은 반응을 보이고, 엄마가 흥분하거나 화난 목소리로 크게 소리를 지르는 경우에는 태아의 반응이 달라진다. 불안감이나 공포감을 일으키는 일들로 인해 아기가 장래에 정신적으로 결손된 인간이 될 수도 있다.

태교의 중요성

얼마 전 국내 신문마다 과학 전문지 〈네이처〉의 보도를 인용하여 태내 환경이 지능을 좌우하는 데 중요하다는 기사를 실었다. 이 기사에서는 인간의 지능지수(IQ)를 결정하는 데 유전자의 역할 비율이 48%이고, 태내 환경이 52%를 차지하며, 태내에서의 충분한 영양 공급과 평안한 마음, 유해물질 차단 등 전통적인 태교 요인이 큰 영향을 미치는 것으로 나타났다고 밝혔다.

미국의 정신과 의사인 Thomas Barney는 '모체와 태아의 연결 회로'를 심리적 · 생리적 · 행동적으로 소개하고 있다. 심리적으로는 모체의 감정 변화에 따라 태아의 성장 곡선이 영향을 받는데, 심리적 안정 상태에서 가장 성장이 좋다고 했다. 생리적으로는 모체의 식사, 환경, 스트레스가 태아에게 영향을 미치며, 행동적으로는 모체의 행동, 습관이 태아의 일생에 걸쳐 영향을 준다고 했다.

태교에 추천되는 음악

- 바흐 : G선상의 아리아, 브란덴부르크 협주곡 제5번
- 비발디 : 사계, 두 개의 만돌린과 현악 합주를 위한 협주곡
- 모차르트 : 자장가, 교향곡 25번, 40번, 41번, 바이올린 협주곡 5번
- 베토벤 : 로망스, 피아노 소나타 17번, 21번, 피아노 협주곡 5번
- 요한 슈트라우스 : 빈 숲 속의 이야기, 아름답고 푸른 도나우
- 차이콥스키 : 호두까기 인형, 백조의 호수, 안단테 칸타빌레
- 슈베르트 : 세레나데, 아베마리아, 자장가
- 드보르작 : 유모레스크
- 리스트 : 사랑의 꿈

특히 산모와 아기의 정서적 안정뿐 아니라 지능 발달에도 영향을 미치는 것으로 알려진 태교 음악이 사람들의 관심을 끌고 있다. 태교 음악은 흔히 고전음악이 알려져 있지만 임신부가 듣기 편안한 음악을 고르는 것이 좋다.

임신 중의 식사와 영양

임신 중 영양 섭취는 모체 및 태아가 최적의 건강 상태를 유지하는 데 매우 중요하다. 태아의 정상적인 발육을 위해 임신하지 않았을 때보다 20% 정도의 칼로리가 더 필요하므로 질적 · 양적으로 균형 잡힌 식사를 하도록 힘써야 한다. 특히 임신 초와 4~6개월에 영양 섭취가 기준량보다 부족하면 조산의 가능성이 있다. 그러므로 태아의 성장 발육에 필요한 단백질과 칼슘, 철분 및 비타민 등이 풍부한 음식물을 충분히 섭취해야 한다.

과량의 식염 섭취는 부종과 임신중독증을 일으키기 쉬우므로 평소보다 싱겁게 먹는다. 일정량 이상의 커피는 수면에 지장을 주고 소변을 자주 보게 하며, 찬 음식은 위장을 강하게 자극하여 설사의 원인이 되므로 주의를 요한다. 고추, 겨자, 생강, 후추 등 향신료는 식욕을 증진할 만한 소량은 별 지장이 없으나 임신중독증일 때는 피하도록 한다. 특히 알코올성 음료는 태아에게 좋지 않은 영향을 주므로 피하는 것이 좋다.

임신 중의 체중 증가

임신 중의 체중 증가 양상은 임신 유지 과정과 결과를 예측하는 인자 중 하나이다. 보통 임신 중 10.5~12.5kg의 체중 증가가 바람직하다고 하나 영양이 양호하고 정상적이며 건

그림 12.2 임신 기간에 따른 체중 증가

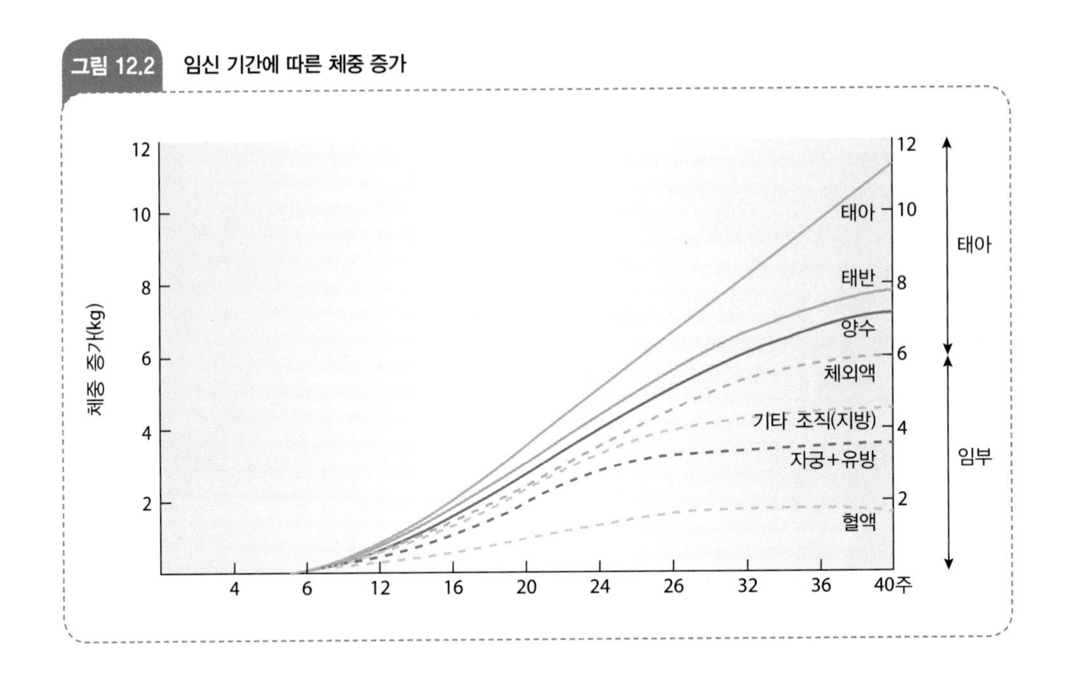

강한 임신을 유지한 임신부의 체중 증가량은 그 범위가 상당히 넓다.

체중 증가량이 7kg 미만으로 너무 적으면 성장이 부진한 신생아의 분만 확률이 높다. 특히 임신 중 · 후반기의 체중 증가는 태아의 성장에 큰 영향을 미친다. 반면 모체의 체중이 지나치게 증가해도 체중 초과인 신생아를 분만할 확률이 높아 분만 시 어려움을 겪게 된다. 또한 출생 당시 과체중아는 비만으로 전이될 가능성이 높다. 1주에 500g 이상 증가 시 부종, 비만을 판단하여 염분, 칼로리 등을 조절하도록 한다.

임신 중의 건강 관리

임신부와 태아의 건강을 위해서는 임신 중의 건강 관리가 매우 중요하다. 안전하고 정상적인 임신과 출산을 위해 관심을 기울여야 할 건강 관리의 내용은 다음과 같다.

① 의복

임부복은 느슨하고 배를 압박하지 않는 것을 준비한다. 속옷도 복부 부분은 잘 늘어나는 것을 고른다. 임부용 거들은 허리의 지탱력을 높여 등의 통증이나 요통을 줄여준다. 브래지어는 컵이 크고 받침 끈이 겨드랑이 높이에 올라가 있어 전체 가슴을 가릴 수 있고 어깨 끈이 넓은 것이 편하다. 수유를 할 예정이라면 수유용 브래지어를 준비한다.

② **신발**

임신 중에는 자세의 변화로 신발이 중요하다. 발을 보호하고 균형을 유지할 수 있는 편안한 신발을 준비하면 피로를 덜 느끼고 허리 통증이나 다리 통증을 막는 데 도움을 준다.

③ **목욕**

목욕은 피로 회복이나 위생 등을 고려하여 매일 또는 하루 건너 해도 무방하다. 임신 중에는 평소보다 땀을 많이 흘리므로 하루 1회 목욕으로 활기를 주고 긴장을 풀어준다. 그러나 너무 오래 목욕하는 것은 좋지 않다. 목욕 시 균형을 잃어 넘어지지 않도록 주의하고 좌욕은 하지 않는 것이 좋다. 그리고 깨끗하고 부드러운 천으로 유두를 닦는다. 임신 중에는 질 분비물이 증가하여 외음부가 불결해지기 쉬우므로 목욕과 별도로 매일 저녁 한 번씩 따뜻한 물로 씻는 것이 좋지만 질 내부는 씻지 않는 것이 좋다.

④ **임신 중 성관계**

복부의 압박 때문에 불편하지만 의사가 금지하는 경우 외에는 무리하지 않으면 양수가 완충 역할을 하기 때문에 괜찮다. 유산 경험이나 유산 위험이 있을 때는 임신 말기에 주의를 요한다. 임신이 진행됨에 따라 성교 자세를 적절하게 변화시키고 배에 너무 무리가 가지 않는 자세를 취해야 한다. 성교 체위는 남성 상위보다는 측면이나 후미 자세가 태아에게 안전하다.

⑤ **의약품**

임신 3~8주는 모든 기관이 분화되고 형성되는 결정적인 시기이며, 특히 태아의 심장과 중추신경계 등이 완성되는 시기이므로 임신 12주 이전까지는 약물 복용에 각별히 주의해야 한다. 약물이 태아의 기형을 유발하기도 하며, 이미 기형아인 태아가 자연유산되는 것을 오히려 방해하기도 한다. 그러나 약물을 복용했다고 해서 전부 기형이 발생하는 것은 아니다. 주의를 요하는 약물로는 수면제, 항히스타민제, 항생제, 진통해열제, 신경안정제, 비타민제, 한약 등이 있다. 임신을 계획하고 있을 때에는 가능하면 자연 치료법을 이용하며, 필요시에는 의사와 상담한 후 약을 복용해야 한다.

⑥ **흡연**

모체가 흡연을 하면 태아의 성장과 건강에 유해한 영향을 미친다. 흡연을 하는 임신부의 혈액은 일산화탄소의 농도가 높아져 태반을 통해 태아에게 운반된다. 이로 인해 산소 부족으로 호흡 곤란이 오고 심장박동을 빠르게 하며 태아의 운동량도 증가한다. 그러므로 흡연하는 임신부의 태아는 체중과 신장이 작으며, 유아 돌연사 증후군에 걸릴 확률이 높은 조산아로 태어날 수도 있다. 따라서 담배는 끊는 게 최상이지만 끊기 어려운 경우 줄이도록 한다.

⑦ 음주

모체의 만성 알코올 중독은 태아의 성장 발육을 지연시키고 심장 손상과 얼굴 기형의 원인이 된다. 알코올 중독인 임신부가 정서불안이나 기형인 아기를 출산했다는 보고가 많다. 정신지체의 비유전적 원인 중 가장 흔한 것이 알코올이라는 보고도 있으므로 임신 중 음주는 금하는 것이 좋다.

⑧ 여행

여행은 되도록 가지 않는 것이 좋다. 특히 유산이 되기 쉬운 임신 초기 2~3개월과 분만이 임박한 9~10개월에는 금하는 것이 좋다. 꼭 여행이 필요할 때는 버스보다 기차를 택하고 진동이 심한 차를 타고 여행하는 것은 삼가야 한다. 장거리 여행은 비행기나 기차가 가장 편안하고 피로도 적다. 자동차 여행 중에는 2시간마다 10~15분 정도 걷거나 팔다리를 뻗는 것이 좋다. 임신 말기에는 장거리 여행을 피한다.

⑨ 직장 생활

별 무리가 없다면 직장 생활을 해도 되나 너무 피로하지 않도록 한다. 그러나 계단을 오르내린다거나 너무 오랫동안 앉아 있는 일은 좋지 않다. 오래 서 있는 직업은 휴식 시간 동안 앉아서 발을 쉬게 한다. 화학물질을 취급하는 곳은 피하며, 무거운 것을 들거나 옮기는 일은 하지 않는다.

⑩ 운동

임신 전에 했던 가벼운 운동은 산모와 태아의 건강에 도움이 된다. 특히 걷는 운동은 전신을 사용하므로 분만 시 사용될 근육을 강화시킨다. 복부에 손상을 줄 수 있는 운동은 피해야 하고 과격한 운동은 특별한 주의가 필요하다. 자전거, 에어로빅, 수영 등은 몸에 무리가 가지 않도록 컨디션을 조절해 가면서 한다. 수영을 할 때는 온수에서 한다.

임신 중 병원에서 진찰을 받아야 하는 경우

임신부와 태아의 건강을 유지하고 보호하며, 유산이나 조산 및 사산 가능성을 예방하기 위하여 다음과 같은 증상이 있을 때는 진찰을 받아야 한다.

① 하복부에 통증이 있을 때

② 자궁 출혈이 있거나, 질에 가려움증이 심할 때
③ 소변이 자주 마렵거나 소변에 출혈이 있을 때
④ 두통이 있거나 눈이 침침할 때
⑤ 질에서 맑은 물이 나올 때
⑥ 손발이나 얼굴이 붓고, 주먹이 잘 안 쥐어질 때(체중이 1주일에 500g 이상 증가 시)
⑦ 5개월 이후 태동을 느끼지 못할 때
⑧ 이슬(끈적끈적한 냉과 피가 섞여 나오는 것)이 보일 때
⑨ 예정일이 되어도 출산의 징조가 없을 때

4) 분만

분만이란 태아 및 그 부속물이 모두 밖으로 배출되는 것을 말한다. 즉 진통 개시에서 태반 만출까지 끝나는 기간을 말하여 분만 중의 부인을 산부라고 한다. 처음 분만하는 산부를 초산부라 하고 2회 이상의 분만경험을 가진 부인을 경산부라고 한다.

분만의 전구 증상

임신 말기 분만일이 가까워지면 분만을 암시하는 신체 변화들이 나타나는데 이것을 분만의 전구 증상이라 한다.

① 태아의 하강감

태아 하강이란 분만 2~4주 전에 태아의 머리가 골반 내로 들어가는 것으로 특히 초임부에게 주로 나타난다. 태아의 머리가 내려오면 횡격막의 압박이 줄어들어 호흡이 편해지며 위의 부담과 복부의 팽만감이 완화된다. 그러나 골반이나 방광의 압력이 증가해 빈뇨, 하지 경련, 질 분비물 증가 등의 증상이 나타난다.

② 이슬

이슬은 자궁구가 열리면서 나오는 혈액이 섞인 점액질의 분비물을 말한다. 만삭에서 이슬이 나오면 분만이 시작되었거나 몇 시간 내지 며칠 내에 분만이 시작된다.

③ 양막파열

양막파열이란 양수를 싸고 있는 막이 파열되는 것으로 분만이 시작된다는 증상일 수 있다. 즉 만삭 때의 파막은 80~90%에서 24시간 내에 분만이 시작된다. 양막파열은 대부분 분만 전 또는 분만 중에 있지만 만삭 전에도 파열되어 태아나 산부가 위험하게 될 수 있다.

가진통

가진통이란 분만의 시작과 함께 자궁 수축이 반복되면서 심한 불편감이 나타나는 것을 말한다. 그러나 가진통은 분만을 위한 직접적인 자궁 수축으로 생기는 것이 아니라 분만 개시의 전구 증상으로, 초산부는 분만 진통과 구별하기 어렵다. 가진통의 특징은 다음과 같다.

① 간격이 불규칙적이고 길다.
② 주로 하복부의 불쾌감으로 나타난다.
③ 이슬이 없고 걸으면 완화된다.
④ 자궁구의 개대가 없다.
⑤ 진정제로 완화된다.

분만 진통

정식으로 분만이 개시되는 증후로서 자궁의 규칙적인 수축이 10분 이내 또는 1시간에 6회 이상이면 진통이 시작된다고 보아도 된다. 분만 진통의 특징은 다음과 같다.

① 간격이 규칙적이다.
② 간격이 점차 짧아진다.
③ 강도가 점차 강해진다.
④ 자궁구의 개대가 동반된다.
⑤ 진정제로 완화가 잘 되지 않는다.

분만의 단계

분만 과정은 특성에 따라 4기로 나뉜다. 분만 시간은 분만 경험에 따라 다를 수 있겠지만 초산부는 평균 14시간, 경산부는 6~8시간 정도 소요된다.

① 분만 제1기(개구기)

분만 진통이 시작되어 자궁경관이 완전히 열리는 시간까지를 말한다. 자궁경관이 완전히 열리면 그 직경이 10cm 정도 된다. 분만 1기는 초산부의 경우 평균 8시간, 경산부는 평균 5시간 정도 소요되며 개인에 따라 현저한 차이가 있다. 분만 1기에 관계되는 힘은 자궁 수축으로 15~20분 간격으로 규칙적으로 일어나며, 양막이 파열되면서

그림 12.3 분만 기전

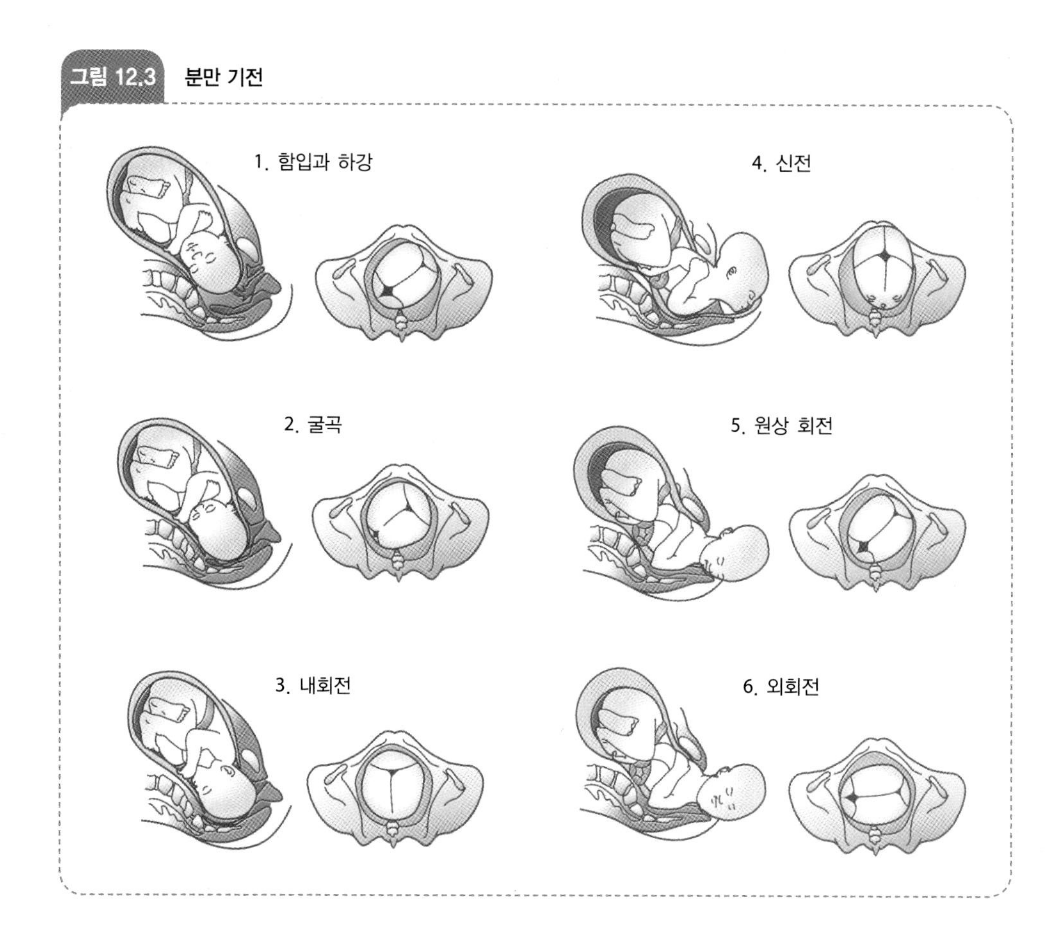

양수가 나온다.

② **분만 제2기(만출기)**

자궁경관이 완전히 열린 이후부터 태아가 만출되는 시간까지를 말한다. 초산부의 경우에는 50분~1시간, 경산부의 경우 15~30분 정도가 소요된다. 이때 산모는 심호흡을 한 뒤 온 힘을 다해 아래로 밀어낸다. 이 시기 동안 태아의 머리와 어깨가 산도를 통해 빠져나오기 시작한다. 이때 회음부의 열상을 막기 위해 질구 아래쪽을 절개하는 회음 절개를 하며, 분만 후에는 다시 꿰매어 원상태로 되돌린다. 이러한 결과로 산모는 땀을 흘리며 모든 에너지를 출산을 위해 소비한다.

③ **분만 제3기(태반기)**

태아 분만 직후부터 태반 및 기타 부속물이 배출되는 시간까지를 말한다. 태아 만출 직후 양수가 흘러나오고 약간의 출혈이 있으며, 자궁 수축은 잠시 멎었다가 다시 수축이 와서 태반이 박리되고 만출이 10분 이내로 완료된다.

④ 분만 제4기(회복기)

태반이 만출된 직후부터 1~4시간까지를 말하며, 산후 출혈을 주의 깊게 관찰해야 한다. 산후 출혈이란 출산 후 처음 24시간 동안에 총출혈량이 500ml 이상일 때를 말하며, 산모 사망의 1/4이 산후 출혈에 의한 것이므로 주의를 요한다.

제왕절개술

분만은 자연 분만 외에 제왕절개 수술에 의해서도 이루어진다. 이 수술은 복벽과 자궁벽을 절개하여 태아를 꺼내는 것으로, 일반적으로 분만이 더 지연되면 태아나 산모에 심각한 손상을 주거나 질식 분만이 안전하게 진행될 것 같지 않은 경우에 한다. 따라서 난산이 의심될 때, 태아의 심박동 수 감소로 태아의 상태가 위험할 때, 태아의 위치가 분만에 적합하지 않을 때, 과거에 제왕절개술을 했을 때, 전치태반이나 태반 조기 박리 등이 제왕절개의 적응증에 해당된다. 특히 최근에는 의료 분쟁에 대한 관심의 증가로 과거보다 제왕절개술의 빈도가 높아졌다.

5) 산욕기

산욕기란 넓은 의미로는 정상 임신의 복구가 일어나는 분만 후 수 주 동안을 말하고, 일반적으로 분만 후 6주까지를 말한다. 분만 후 약 6주간은 아기의 출산을 위해 준비되었던 엄마의 몸이 정상으로 돌아오는 시기이다. 이 기간 동안에 해부학적으로 생식기가 비임신 상태로 복구되며 모유 수유를 하지 않는 여성은 배란이 일어나게 된다.

회음부 관리

분만 후에는 외음순, 회음부, 항문 주위를 깨끗이 씻되 항상 전방에서 후방으로 닦아낸다. 회음 절개 및 열상으로 인한 산후 불편감은 하루 3회 정도 좌욕을 해주는 것이 좋다. 좌욕 방법은 끓여서 약간 식힌 따뜻한 물을 깨끗한 대야에 2/3 정도 담고 식초를 두세 숟가락 넣은 뒤 15~20분 정도 회음 절개 부위를 담근다.

유방 관리

유두는 깨끗한 물로 씻어내며 비누나 알코올, 자극성 있는 물질 등을 사용해서는 안 된다. 모유에는 유두의 상처 회복을 도와주는 성분이 있으므로 수유 후에 젖을 조금 짜서 유두에 골고루 바르면 아무는 것을 도와준다. 건조하고 갈라진 유두열상에는 라놀린 크림을 발라주어 보습 상태를 유지하고 항상 청결히 한다.

유방 울혈을 예방하려면 수유를 빨리, 자주 한다. 수유할 기회를 놓쳤을 경우나 아기가 한쪽 젖만 먹을 경우 다른 쪽 유방의 유즙을 짜낸다.

유방 울혈 시에는 수유하기 전 2~5분 동안 더운물 찜질이나 더운물 샤워를 한다. 수유 전이나 수유 중에는 손으로 부드럽게 유방을 마사지하고 긴장을 풀며 마음을 편안히 갖도록 한다. 통증과 부기를 가라앉히기 위해서는 냉찜질이 효과적이다.

산후 우울감

많은 산모들이 분만 후 수일 내에 우울감을 느끼는 산후 우울증을 경험하고 있다. 산후 우울증은 출산 후 에스트로겐의 급격한 감소 및 변화와 관계가 있는 것으로 알려져 있다. 출산으로 인한 정서적 불안감, 산욕기의 불편감, 수면부족으로 인한 피로, 퇴원 후 아기양육에 대한 공포, 남편에 대한 매력의 감소 등도 우울감의 원인이다. 또한 출산 전 정신 병력이 있다든가 개인적인 취약성이 있으면 산후 우울증을 경험할 가능성이 더 많다.

산후 운동

출산 후 조기 보행은 산모에게 상쾌한 기분을 주고 방광과 장 기능을 촉진하며 혈전증 등을 예방할 수 있다. 산후 체조는 임신과 출산으로 늘어진 근육이나 관절과 몸의 회복을 촉진하고 자궁의 빠른 회복에도 도움이 된다. 특히 항문과 질의 수축과 이완을 반복하는 케겔 운동은 산후 요실금 예방에 좋다. 특별한 이상이 없는 경우에는 산후 첫날부터 무리하지 않고 쉬운 운동에서 어려운 운동으로 서서히 강도를 증가시키며 운동을 한다.

식이요법

수유부는 300~500kcal의 열량이 더 요구되며, 수분을 충분히 섭취하고 균형 잡힌 식사를 하는 것이 좋다. 전통적인 산후 조리 식품인 잉어나 가물치는 소화 기관을 튼튼히 하여 식욕을 돋우고 산후 부종을 없앤다. 늙은 호박은 산후 소화 기능이 약해지는 것을 방지하고 원기를 보호해주며, 신진대사를 촉진하고 이뇨 작용을 하여 부기를 빼준다. 또한 소화 흡수율이 높은 당분이 많아 피로 회복에도 좋다. 특히 미역은 요오드가 함유되어 있어 유즙 분비에 좋고, 자궁 수축과 지혈의 역할을 해준다. 변비 예방을 위해서는 충분한 수분과 섬유소가 많은 현미, 잡곡류, 과일, 야채 등을 섭취하도록 한다. 꼬리곰탕이나 우족탕은 고단백 식품이면서 수분이 많아 유즙 분비를 원활하게 해준다. 산후 약해진 뼈와 치아의 건강을 위해 두부 및 콩류 제품, 뼈째 먹는 생선, 해조류 등을 섭취한다.

위생 및 성생활

따뜻한 물로 세수를 하고 양치는 부드러운 솔을 사용해서 한다. 병원에서 퇴원한 후 샤워가 가능하며, 4주 후부터 통 목욕이 가능하고 6주 후부터 공중 목욕탕을 이용할 수 있다.

출산 후 성생활은 질과 외음부에 상처가 남아 있어 회복되기까지 4~6주가 걸리므로 대체로 출산 6주 후에 성관계를 가지면 신체적으로는 문제가 없다. 그러나 산모는 출산 후 회음부 동통과 호르몬 저하, 모성 역할에의 적응과 수면 부족으로 인한 피로감 등으로 성적인 욕구가 줄어들거나 성관계를 거부하는 경우가 많아 남편의 충분한 이해와 협조가 필요하다. 약 50%의 여성이 산후 3주까지 성욕이 회복되는 것으로 알려져 있으며, 원한다면 이 시기에 성교를 해도 무방하다. 절반 이상의 여성들이 출산 후 2개월이 지나면 성관계를 갖는다. 그러나 성반응 주기의 정상화가 3개월 이상 지연되므로 편안한 성관계를 위한 적절한 시기는 분만 후 보통 3개월 정도이다.

월경 및 배란의 복구

수유를 하지 않으면 월경은 분만 후 6~8주 내에 돌아온다. 수유를 하는 경우에는 분만 후 최저 2개월에서 최고 18개월 이내에 월경이 돌아온다. 월경은 배란이 되고 난 뒤 2주 후에 나오므로 피임을 원하는 경우에는 이 점을 유의해야 한다.

모유 수유

분만 후 2일째부터 약 5일간 초유가 분비되며 그 후 점차 성숙된 유즙으로 전환된다. 초유에는 신생아의 소화 흡수에 적합한 단백질과 모체로부터 물려받은 면역체가 다량 함유되어 있어서 질병에 대한 면역과 태변 배출을 촉진한다.

특별한 경우를 제외하고 모유 수유를 권하는 이유는 여러 가지 장점이 있기 때문이다. 즉 어머니 젖만큼 아기에게 잘 맞는 것도 없겠지만, 인공유에서는 찾을 수 없는 각종 면역물질이 들어 있으며, 특히 아기에게 중요한 감염 방어 물질이 다량 포함되어 있기 때문이다. 또한 아기의 성장 시기에 따라 가장 적당한 양의 당질, 수분, 지방과 지방산, 단백질과 각종 필수 아미노산, 비타민과 무기질을 공급하며, 이런 각종 영양소들은 소화 흡수가 잘 될 뿐만 아니라 두뇌의 발달과 성장에 매우 유익하다. 또한 모유 수유는 생리적으로 산모의 자궁 수축을 촉진하여 산후 출혈을 줄여준다. 그러나 이보다 더 중요한 것은, 아기가 태내에서 익숙하게 들으면서 안정을 찾던 엄마의 심장박동을 젖을 먹으면서 들을 수 있어 애착을 형성함으로써 정서적 안정에도 효과를 볼 수 있다.

2. 인공임신중절(낙태)

1) 유산과 인공임신중절

유산은 임신 20주 이내에 체중 500g 이하의 태아나 배아가 자궁강 내에서 사망하는 것을 말한다. 유산에는 자연 유산과 인공적으로 임신을 중절하는 인공임신중절이 있다. 인공임신중절은 인공유산 또는 소파수술이라고도 하며 낙태와 동의어로 사용된다.

여성의 일생에서 임신, 분만, 그리고 어머니가 되는 것은 그들의 성장 발달 과정에서 가장 중요한 사건 중 하나이며, 이러한 과정을 통해 여성으로서의 자존감과 정체감을 갖게 된다. 가임여성의 인공임신중절률이 높은 것은 피임의 실패로 인한 결과로 고려된다. 그러나 인공임신중절은 모체에 심각한 합병증을 초래할 수 있으므로 세심한 주의가 필요하다. 따라서 인공임신중절은 어떠한 이유로든 임신에 성공하지 못한 것으로서 신체적 손상과 더불어 여성에게 자존감의 손상과 불유쾌한 경험으로 기억된다.

그러나 인공임신중절은 여성에게 자신의 생식력과 원하지 않는 임신을 통제할 수 있는 권리와 욕구가 있어 온 이래 오늘날까지 점차 그 빈도가 증가하고 있다. 특히 1950년대 이후 세계적으로 인공임신중절의 빈도가 높아졌으며, 그 윤리성에 대한 사회적 논란이 분분하다.

2017년 10월 청와대 국민청원게시판에는 '낙태죄 폐지와 자연유산 유도약 합법화 및 도입'을 주제로 한 국민 청원글이 올라왔으며, 이에 23만 5,372명이 서명했고 이 청원에 의해 대대적인 '인공임신중절 실태조사'가 실시되었다.

실제로 인공임신중절은 모자보건이나 근친상간과 같은 보건학적이고 윤리적인 이유보다는 사회경제적 그리고 문화적 이유 때문에 더 많이 시술되고 있으나 낙태죄로 인해 음성적으로 시행되다 보니 그 실태가 정확히 파악되고 있지 않았다.

이 조사는 2018년 9~10월에 온라인으로 진행되었으며, 만 15~44세 여성 1만 명을 대상으로 했다. 2019년 2월 14일 발표된 주요 결과를 보면 인공임신중절을 경험한 여성은 756명이었고, 2017년 인공임신중절률은 4.8%(약 5만 건)로 추정되었다. 또한 '낙태죄를 규정하고 있는 형법을 개정해야 한다'고 응답한 여성이 74.5%에 달해 낙태죄 폐지가 시대의 요구임을 드러냈다. 인공임신중절의 범죄화가 여성의 건강권을 침해하고 있으며, 형법상 낙태죄의 존치로 인해 여성들이 의료기관에 접근하거나, 의료적 정보를 제공받는 데 있어 심각한 어려움을 경험한다는 것이다.

낙태죄 폐지 요구는 임신을 중지하고자 하는 여성의 판단을 그 누구도 심판하거나 처벌할 수 없다는 선언일 뿐만 아니라 동시에 인공임신중절의 합법화가 궁극적으로 인공임신중절률이 낮아지는 방향에 기여하며, 여성의 건강과 안전을 보장하는 실질적인 방법이라는 세계적인 연구 결과에 기반한다. 인공임신중절이 불법화되어 있는 상황에서는 여성이 적절한 의료기관을 찾기 어렵고, 비용 마련에 어려움이 있거나, 불법화된 의료적 시술에 대한 두려움 등을 갖게 된다.

또한 임신중절 허용 사유를 규정하고 있는 모자보건법 제14조를 개정해야 한다는 응답도 절반(48.9%)에 가까웠다.

이 조사를 통해 인공임신중절은 그 연령대와 사유를 특정할 수 없으며, 모든 여성들에게 매우 보편적인 경험이고 그 조건도 다양함을 확인할 수 있었다. 17세에서 44세까지 다양한 연령대의 여성들이 임신중지 경험이 있고, 비혼 여성과 기혼 여성의 임신중지 비율도 거의 비슷한 것으로 나타났다. 임신중지 사유 역시 '학업 · 직장 등 사회활동'과 '경제상태', '자녀계획'이 비등한 비율을 차지했다.

인공임신중절이 발생하는 실질적인 근간에는 개인이 자신의 미래를 꿈꾸고, 다음 세대를 재생산하는 것이 불가능한 사회적인 조건과도 관계가 있으며, 따라서 인공임신중절의 발생을 줄이려면 모성과 재생산을 실현할 수 있는 사회경제적 여건과 시스템을 갖추기 위해 노력해야 할 것이다. 인공임신중절은 결코 처벌이나 범죄화, 사유의 제한 등을 통해서 그 발생이 낮아질 수 없다. 또한 인공임신중절을 예방하기 위해서는 성으로부터 자유로워지려는 방종이 아닌 책임을 인정하는 성숙한 성인의 행위로서 '성에 대한 자유'라는 의식의 전환이 필요하다.

2) 윤리적 문제

의사결정능력이 충분한 성인 간의 자율적 선택과 결정에 의해 이루어지는 성행위에는 책임감이 따른다. 성행위와 관련해 책임 있게 행동한다는 것은 성행위 당사자들이 잠재적 부모로서의 역할책임을 인지하는 가운데 성행위를 한다는 것이다.

낙태와 관련지어 생각해볼 수 있는 책임은 성행위의 결과인 임신에 관한 것으로 자녀를 양육하기에 적합한 조건을 마련할 책임과 동시에 이러한 잠재적 부모로서의 역할을 할 수 없을 경우 임신을 예방할 주의 의무이다.

태아가 자궁 밖에서 생존할 능력이 생기기 이전에 임신상태를 종료하는 낙태 또는 인공임신중절에 대한 윤리적 논의는 태아의 생명옹호론(pro-life)과 여성의 선택옹호론(pro-choice)과의 대비로 이루어져 왔다. 즉 태아의 생명권과 여성의 신체결정권의 충돌이라고 할 수 있다.

유산에 관한 윤리적 문제는 태아를 모체의 자궁에서 제거함으로써 태아의 생존권을 박탈한다는 것과 관련이 있다. 생명의 존엄성을 인정하며 낙태를 반대하는 사람들은 태아는 수정이 된 때부터 인간이며, 인간의 생명을 파괴하는 것은 살인이고 도덕적으로 용서받을 수 없다고 믿고 있다. 생명이 수태로 시작되는 것이라면 태아도 생명권의 주체가 되는 것으로 보아야 한다. 즉 사람의 생명은 존중되고 보호되어야 하는 것과 같이 생성 중에 있는 태아의 생명도 이에 못지않게 법률상으로 존중 · 보호되어야 함은 재론의 여지가 없다.

1995년 로마 교황청에서 발표한 새 '교황 회칙'에 의하면, "낙태는 윤리적인 무질서이며, 안락사와 더불어 어떠한 인간의 법도 그것을 정당화할 수 없는 범죄"라고 규정한 바 있다. 우리나라의 경우, 1985년 대법원 판례는 다음과 같이 판시하고 있다. "인간의 생명은 잉태된 때로부터 시작되는 것이고 회임된 태아는 새로운 존재와 인격의 근원으로서 존엄과 가치를 지니므로, 그 자신이 이를 인식하고 있는지 또 스스로 방어할 수 있는지에 관계없이 침해되지 않도록 보호되어야 함이 헌법 아래 국민 일반이 지니는 건전한 도의적 감정과 합치되는 바이다."

인공임신중절을 결정해야 하는 상황에 처하면, 사람들은 자신의 건강과 고통이 없는 삶을 선택할 것이다. 나아가 질병을 가진 결손 태아를 낙태시킴으로써 아이가 비정상으로 살아가는 고통에서 벗어날 수 있고, 다음 임신에서 건강한 아이를 낳게 될 수도 있을 것이다. 이러한 관점은 이상이 있는 태아를 중절하는 것에 대한 논리적 지지이지, 건강한 태아를 낙태시키는 것에 대한 윤리를 설명한 것은 아니다. 그렇다 할지라도 정상의 건강한 아이인지 아닌지를 누가 결정할 것인가에 대한 문제가 제기된다.

인공임신중절을 지지하는 사람들은 궁극적으로 태아와 자신의 신체에 대한 책임과 선택의 자유는 임부에게 있다고 주장하며 임신에 대한 여성의 자기결정권을 강조하는 입장에서 낙태죄 폐지 등을 요구해 왔다. 임신 · 출산의 여부, 시기, 빈도를 당사자가 자율적으로 결정할 권리뿐만 아니라 이를 위해 의료 서비스에 접근할 권리를 포함하는 '재생산권'은 건강권의 측면에서도 중요하다. 건강권은 임신중지가 불법인 상황에서 가장 적극적으로 침해받는 권리이기도 하다. 안전한 임신중절로 모성이 보호돼, 모성사망률과 후유증을 최소화할 수 있으며 이는 향후 임신에도 긍정적 영향을 미칠 것으로 기대한다.

세계보건기구(WHO)는 '안전한 낙태를 위한 가이드라인'을 통해 인공임신중절을 하나의 의료 서비스로 보고 접근하도록 권고하고 있다.

3) 법적 문제

인공임신중절은 사회적인 측면뿐만 아니라 법률상으로도 매우 중요한 의미를 갖는다. 우리나라의 헌법적 시각은 '태아는 사람이다'라는 데 일치하는 것으로 볼 수 있다. 이러한 의미에서 인공임신중절에 대해서 법률상 낙태죄가 성립되지만, 특수한 사정일 때 임부나 태아의 장래를 위하여 예외적인 허용의 여지를 두고 있다.

모자보건법 제14조에는 인공임신중절수술의 허용한계를 명시하고 있는데, 의사는 다음의 다섯 가지 경우에만 본인과 배우자(사실상의 혼인관계에 있는 사람을 포함한다. 이하 같다)의 동의를 받아 인공임신중절수술을 할 수 있다. 즉 본인이나 배우자가 우생학적 또는 유전학적 정신장애나 신체질환이 있는 경우, 본인이나 배우자가 전염성 질환이 있는 경우, 강간 또는 준강간에 의하여 임신된 경우, 법률상 혼인할 수 없는 혈족 또는 인척 간에 임신된 경우, 임신의 지속이 보건의학적 이유로 모체의 건강을 심각하게 해치고 있거나 해칠 우려가 있는 경우로 한정하고 있다. 그러나 해당 내용은 신체장애인 및 발달장애인의 재생산권과 여성의 자기결정권을 모두 해친다는 지적을 받아 왔다.

모자보건법시행령 제15조에서는 태아의 생명 존중을 위해 인공임신중절 허용 주수를 24주 이내로 규정하고 있다.

낙태의 또 다른 문제는 기존의 모자보건법이나 의료법에 의하면 불법적인 낙태를 시행한 의사와 여성만 처벌받도록 되어 있다는 것이다. 이에 여성 운동가들은 법 개정을 강력히 요청해 왔으며 임신에 대한 책임이 남녀 모두에게 있다고 할 때 여성에게만 전적으로 책임을 물어서는 안 된다고 주장하고 있다.

'자기낙태죄'로 불리는 형법 제269조 제1항은 '부녀가 약물 등 기타 방법으로 낙태한 때에는 1년 이하의 징역 또는 200만 원 이하의 벌금에 처한다'고 규정하고 있다. 형법 제270조 제1항(동의낙태죄)은 '의사 등이 부녀의 촉탁 또는 승낙을 받아 낙태하게 한 때에는 2년 이하의 징역에 처한다'고 정하고 있다.

실제 헌법재판소는 2019년 2월 낙태죄 조항인 형법 제269조 제1항과 제270조 제1항의 위헌 여부를 확인해 달라는 헌법소원 사건을 심리했고 2019년 4월 11일 임신 초기 낙태까지 전면금지하는 현행법은 위헌이라고 결정함으로써 1953년부터 존재했던 낙태죄가 66년 만에 사실상 폐지되었다.

헌법재판소가 낙태한 여성을 처벌하는 현행법은 자기결정권을 과도하게 침해해 위헌이라는 '헌법 불합치' 결정을 내림에 따라 국회는 2020년 12월 31일까지 이 법률을 개정해야 한다. 입법 절차와 별개로 이 시한 이후 낙태죄의 법적 효력은 사라진다. 특히 헌재가 다수의견으로 모자보건법상의 낙태 정당화 사유에 대해 다양하고 광범위한 사회적 · 경제적 사유를 포함해야 한다고 지적한 만큼 모자보건법의 개정은 불가피할 것으로 보인다. 또한 낙태수술이 허용되는 한계시점도 조정될 가능성이 큰데, 낙태 '결정가능기간'으로 '임신 22주'를 제시했다. 이는 모자법 시행령에서 낙태수술 허용한계로 정한 '임신 24주 이내' 기준보다 앞당겨진 것이며, 낙태가 원칙적으로 허용되는 기간과 제한적 내지 예외적으로 허용되는 기간으로 구분될 전망이다. 따라서 정부와 의회는 형법 개정을 통한 낙태죄 폐지와 함께 사회경제적 여건의 보장, 보험 적용, 성교육과 피임의 체계적 확대, 상담과 사후관리 등의 의료적 보장 확대 등을 적극적으로 정부 정책으로서 고려하고, 모자보건법 전면 개정을 검토해야 할 것이다.

낙태죄와 관련된 다른 나라의 경우를 보면, 전 세계적으로 낙태죄가 없는 나라는 북한, 중국, 베트남, 캐나다이며, 유럽에서도 가장 보수적인 국가인 아일랜드에서도 국민투표를 통해 낙태죄를 폐지했고, 네덜란드의 경우 중절을 희망하는 여성에게 여러 지원을 하고 있는 등 선진국일수록 인공임신중절의 허용범위가 넓다. 그러나 인공임신중절이 합법적이라 할지라도 종교적 · 개인적 태도 때문에 많은 문제를 안고 있다.

미국의 경우에는 1973년 연방대법원에서 여성이 낙태를 원할 경우 태아가 생존권을 갖기 이전에는 임신중절을 할 수 있는 낙태법을 통과시켰다. 또 임신 중기(임신 12주~6개월)의 낙태 금지는 주정부의 재량에 맡겨 각 주에 따라 허용한계가 다르며, 임신 후기(임신 6개월 이후)에는 낙태를 금지하도록 했다.

4) 인공임신중절의 방법

인공임신중절의 방법은 임신 월수에 따라 방법이 다르다. 초기 임신중절은 임신 12주, 즉 3개월 이내에만 가능하며 임신 13주부터 26주까지는 중기 임신중절에 해당된다. 임신 개월 수가 많을수록 합병증이 많아지고 모체의 건강을 해치며 위험이 따르므로 신중히 해야 한다.

월경조절법(MR)

'MR'은 영어의 'Menstration Regulation'을 뜻하며, 최종월경 후 5~7주 이내에 자궁내막을 흡인해내는 시술을 의미하며 월경추출, 월경유도, 미니흡인, 미니유산이라고 한다. 내용적으로는 결국 인공임신중절이지만 다만 시기가 조기여서 사실상 임신 여부를 모르면서 월경을 조절하려는 것처럼 보이는 중절의 한 방법이다. 많은 나라가 종교 등을 이유로 유산을 금지하고 있으나 현실적으로는 절실히 필요한 것이어서 구차하게 명칭을 붙인 것이 바로 MR 키트 방법이다. 결국은 인공유산이지만 극히 초기 임신일 때에 한해 사용할 수 있다. 임신 여부는 예정 월경일로부터 월경이 없은 지 10~14일 정도에 소변 검사를 함으로써 알 수 있고, 이때 양성이라면 이미 임신 6주라고 보아야 한다. 따라서 임신 6~8주(때로는 10주까지 적용하기도 함)에 MR 키트를 사용하면 유산이 가능하다.

MR 키트는 큰 주사기와 같은 모양으로, 바늘이 달린 부분에 플라스틱 튜브가 달려 있고 튜브 끝에 구멍이 나 있다. 주사기의 피스톤을 잡아당기면 자궁 내에 착상된 임신체가 당기는 흡인력에 의해 탈락되어 떨어져 나간다. 착상된 태아의 발육 초기에는 MR 키트와 같은 약간의 흡인력으로 탈락이 가능하지만 태아가 더 성장한 시기에는 이 방법을 사용하기 어렵다.

MR 키트의 힘만으로 모든 부분이 다 떨어져 나가지 않는 경우가 없지 않지만, 설혹 어느 부분이 남아 있었다 하더라도 자연 괴사된다. 윤리적으로는 아직 생명체로 보기 어려울 만큼 형태가 분명하지 않아 죄책감이 덜할 수도 있고 모체에게도 위험이 거의 없다고 볼 수 있다.

자궁경관확장 소파수술

자궁경관확장 소파수술은 기구로 자궁경부를 확대하고 기구를 넣어 임신 내용물을 제거하는 수술로, 일명 D&C(Dilation & Curettage)라고도 한다. 임신 8~12주는 이런 방법으로 수술을 해도 큰 문제가 없으나, 그 이후에는 태아의 골격이 이미 생성되어 이를 파괴하면서 시술해야 하므로 결코 쉬운 일이 아니다. 따라서 임신 12주가 넘으면 대체로 자궁경관확장 소파수술에 의한 임신중절은 피하는 것이 좋으며, 무리한 수술은 삼가는 것이 원칙이다.

자궁경관확장 소파수술은 태아나 부속물을 완전히 제거하지 않으면 자궁 안에서 부패하거나 계속 문제로 남게 되어 때로는 재수술을 해야 할 경우가 생길 수도 있다. 더구나 직접 보면서 하는 수술이 아니기 때문에 기계에 의해 자궁내막이 손상되거나 심하면 자궁천공, 파열 등 여성의 건강에 치명적일 수도 있다.

자궁경관확장 소파수술은 마치 월경을 한 번 한 것과 같은 현상으로 간주할 수 있으며 수술 후 1개월 정도 후에 월경을 하게 된다. 그러므로 수술 후 피임을 하지 않고 성관계를 가질 경우 또 임신이 될 수 있음을 주의해야 한다. 자궁경관확장 소파수술은 임신을 중단시킨 것뿐이며 피임 방법이 아님을 분명히 알아야 한다. 또한 낙태수술 후에는 자연유산이나 조산의 가능성이 높아진다. 더구나 여러 차례 소파수술을 받는 것은 도의적인 문제는 물론이고 불임증이 생기거나 자궁 외 임신 등 심각한 합병증의 우려가 있다.

임신중절 후에는 충분한 안정과 적절한 항생제의 복용으로 2차 감염에 따른 심각한 후유증을 방지해야 하는데, 대개의 경우 떳떳지 못하여 제대로 건강 관리를 하지 못하는 경우가 많아 건강을 해치게 된다. 수술 후 38℃ 이상의 고열이나 오한이 나고 불쾌감, 경련, 통증 등이 심하거나 3주 이상 출혈이 계속될 때, 또는 질 분비물에서 나쁜 냄새가 날 때, 수술 후 6주가 지나도 월경을 안 할 때에는 전문의에게 치료를 받아야 한다.

최근에는 약을 혈관 내로 주입함으로써 유도분만을 하는 방법이 있기는 하나, 이 방법은 반드시 입원을 해야 하고 약의 작용에 의해 자연히 태아가 나올 때까지 기다려야 하는 과정이 필요하다.

약물투여를 이용한 인공임신중절 : RU-486

RU-486은 프랑스 제약회사 루셀 위클라프(Roussel Uclaf)에서 개발한 경구용 인공임신중절약으로 미페프리스톤(Mifepristone)과 미소프로스톨(Misoprostol)의 혼합약이며 미프진(Mifegyne), 미페프렉스(mifeprex), 미페지미소(mifegymiso) 등의 브랜드명으로 나와 있다.

미페프리스톤은 임신 유지에 필요한 호르몬인 프로게스테론의 생성을 억제하고 자궁 내 착상된 수정란에 영양공급을 차단해 자궁과 수정란를 분리시키는 역할을 한다. 미소프로스톨은 자궁을 수축해 분리된 수정란을 자궁 밖으로 밀어내는 방식으로 유산을 유도하는 약이다. 약물투여 후 몇 시간에서 수일에 걸쳐 자연유산과 비슷한 증상을 겪게 되는데, 하복부 통증, 출혈, 어지러움, 피로, 구역, 구토 등이 생길 수 있으며 배출물이 나오고 나면 대부분의 증상은 호전된다.

미소프로스톨을 단독으로 복용할 경우, 혼합 복용보다 효과는 다소 떨어지지만 WHO는 미페프리스톤 도입이 안 된 지역에서 이것을 사용하도록 권고하고 있다. 미소프로스톨은 위궤양 치료제이지만 가격이 싸고 보관이 쉬우며 빠른 약물 효과 때문에 분만 후 출혈, 자궁수축제, 유도분만약 등으로 흔히 사용되는 약이다.

미프진은 수술 없이 임신중지를 하는 약물로 세계보건기구(WHO)의 필수 의약품 목록에 등재됐으며 미국식품의약국(FDA)에서 안정성을 인정받았고 2000년부터 시판 승인도

받았다. 그러나 현재 국내에서는 RU-486의 구입 및 복용이 원천적으로 금지되어 있다. 하지만 미국과 중국은 물론 대다수 유럽국가에서 미프진 복용을 허용하고 있으며, 일부 이슬람 국가와 북한에서도 미프진 복용이 가능한 것으로 알려졌다.

RU-486의 도입을 찬성하는 사람들은 RU-486이 소파수술보다 안전하다고 주장한다. 소파수술은 마취를 해야 하고 자궁내막증이나 자궁천공 등의 부작용을 유발할 가능성이 큰 반면 RU-486은 마취나 수술이 필요 없고 하혈과 함께 수정란이 자연배출 돼 장기 손상 우려가 적으며, 62개국에서 허가되었다는 것을 근거로 들고 있다.

RU-486은 미국 FDA에서 의사의 진찰과 처방, 복용 후 관찰 등이 필요한 전문의약품으로 허가받았지만, 산부인과 초음파 검사 등을 통해 반드시 임신 7주 내로 확진받은 여성에 한해 처방전으로 구입할 수 있는 전문의약품으로 분류되었다. 그 이유는 부작용 때문인데, 임신 10주 이상 지난 여성이 복용할 경우 수혈이 필요할 만큼 심각한 출혈이 발생할 우려가 있으며, 임신 7주 이내 여성이라도 복용 시 구토, 설사, 두통, 현기증, 요통은 물론 심한 복통과 하혈을 경험할 수 있기 때문이다. 특히 평소 생리양이 많은 여성이 RU-486을 잘못 복용할 경우 출혈량이 더욱 많아질 수 있어 위험하다. 복통과 출혈에도 불구하고 유산이 되지 않거나 불완전유산이 될 위험도 있다. 불완전유산이 되면, 임신 초기 인공중절수술을 하는 것보다 출혈, 염증, 자궁 손상 등 부작용의 위험성이 커지며, 심하면 자궁 적출을 해야 할 정도로 다음 번 임신에 문제가 될 후유증이 남을 수도 있다. 따라서 부작용 및 경과 확인을 위해 RU-486 복용 3일차와 14일차에는 반드시 산부인과를 방문해야 한다고 명시하고 있다.

임신 주수는 마지막 생리 첫날부터 계산하기 때문에 수정일이 이미 임신 2주차이며, 생리일이 지나 임신을 알게 되는 때는 이미 임신 4~6주차인 경우가 많으므로 실제 RU-486을 복용할 수 있는 기간은 생각보다 매우 짧다. 따라서 현재 임신 몇 주차인지를 초음파 등을 통해 정확하게 확인해야 한다. 임신 7주 내에 복용법대로 RU-486을 복용했다 하더라도 5~8%에서는 대량출혈 때문에 수혈과 인공임신중절을 위한 응급수술을 하게 된다.

미국에서는 RU-486 복용 시 대량출혈로 인한 응급 수술로 사망에 이를 수도 있다는 점과 심한 감염이나 자궁 외 임신으로 인한 심한 복통과 고열이 생겼을 때 즉시 산부인과 검사를 받아야 한다는 사실을 인지하고, 산부인과 진료를 받지 않았을 경우 모든 책임을 환자 본인이 지겠다는 점 등에 대해 서명을 마친 후에만 처방전을 발급하고 있다.

3. 성 전파성 질환

성 전파성 질환(sexually transmitted disease, STD)이란 성 접촉에 의해 감염될 수 있는 모든 질환을 말한다. 과거의 성병은 감염 경로가 대부분 성행위였던 데 반해, 성 전파성 질환은 성(sex)이라는 수단을 통해 전파되는 광의의 성병을 말한다. 성병은 대부분 감염 초기에는 아무런 자각 증상이 없기 때문에 감염 사실을 자신도 알지 못하는 사이에 새로운 성 상대자에게 전염시키게 되며, 근래의 전 세계적인 성 개방 풍조는 이러한 성병을 기하급수적으로 증가시키고 있다.

대부분의 사람들은 성병이 직업적인 매춘부나 성적으로 문란한 사람에게나 있는 질병이며, 자기 자신과는 전혀 관계가 없다는 그릇된 사고방식을 가지고 있다. 그러나 성병은 연령, 성별, 인종은 물론 빈부나 신분의 고하를 막론하고 누구에게나 전염될 수 있는 질병이다.

1) 임질

임질(gonorrhea)은 성병 중 가장 오래된 질환으로 생식기관의 영구적 손상과 치유할 수 없는 불임을 초래할 수 있는 치명적인 질병 중 하나이다. 임균은 보통 성교나 성기의 접촉에 의해 전염되며, 때로는 입을 통해서 전염되는 경우도 있다. 임질은 보균자와 성교를 한 뒤 빠르면 1~2일, 늦어도 6~10일 내에 증상이 나타나지만, 사람에 따라서는 6주 이상 아무런 증상이 나타나지 않아 전염된 사실을 알지 못한다.

여성의 경우 50~80% 정도는 자궁경부나 요도에서 임균이 증식하고 있어도 아무런 증상이 나타나지 않는다. 그러나 증상이 나타나는 경우에는 질에서 냄새가 고약한 농이 흘러나오고 불쾌감이 있으며 배뇨가 잦아진다. 임질에 감염된 여성이 치료를 받지 않으면 자궁, 난관, 난소 및 복막으로 확산되며 불임이 될 수 있다. 여성의 경우에는 초기에 전염된 사실을 발견할 수 없으므로 치료가 늦어져서 심각한 상태로 발전할 위험성이 매우 높다. 임질에 감염된 상태에서 질 분만을 하면 태아에게 임균성 실명이라는 가장 심각한 합병증이 생길 수도 있다.

남성의 경우는 배뇨 시에 찌르는 듯한 통증을 느끼며 배뇨가 곤란해진다. 처음에는 묽은 액체가 요도구에서 나오다가 곧 노란색의 화농이 나온다. 대부분의 남성은 초기에 증상이 나타나며 요도의 통증으로 비교적 초기에 치료를 시작할 수 있다. 치료를 하지 않을 경우 전립선과 방광, 콩팥과 고환으로 퍼질 수 있다. 또한 임질이 치료된다 해도 불임이나 고환 위축을 일으킬 수 있다.

임질을 예방하기 위해서는 성교 시 일상적으로 콘돔을 사용하고, 임질의 노출 위험이 의심되는 경우에는 성교를 피한다. 이상한 분비물이 나오거나 성교 중 또는 배뇨 시의 통증, 질 출혈, 하복부의 통증, 고열이나 오한이 있는 경우에는 즉시 검진을 받도록 한다. 부부 중 한 사람이 감염되어도 부부가 같이 치료를 받아야 안전하다.

2) 매독

매독(syphilis)은 성병 중에서 가장 무서운 질병으로, 알지 못하는 사이에 서서히 신체의 여러 기관을 침해하여 결과적으로 심각한 불구나 사망을 초래하게 된다. 매독균은 대부분 성적 교섭이나 긴밀한 신체적 접촉, 키스 또는 피부의 상처를 통해 전염될 수 있다. 예전에는 수혈에 의해서도 전염되었으며, 분비물로 오염된 물체를 통해 간접적으로 전파되는 경우도 있지만 이는 극히 드물다.

매독균이 피부나 점막으로 침입해서 병의 증상이 나타날 때까지의 기간을 잠복기라고 하는데, 사람에 따라서 9일~10주, 심지어는 3개월이 걸리기도 하나 평균적으로는 약 3주일이다. 이와 같이 잠복기간에 차이가 나는 것은 사람에 따라 저항력이 다르기 때문인 것으로 짐작되고 있으며, 이 동안에는 아무런 증상이 나타나지 않고 다른 사람에게 전염되지도 않는다.

매독의 증상은 궤양성 병변이 구강이나 성기의 점막에 생기는 것, 피부의 반점, 일반적으로 통증이 없는 임파결절의 확장, 두통, 뼈와 관절의 통증, 지속적인 미열과 목이 아픈 증세 등이다. 때로는 털이 뭉치로 빠지기도 하고 눈에 염증이 일어나기도 한다.

그림 12.4 매독(여성과 남성)

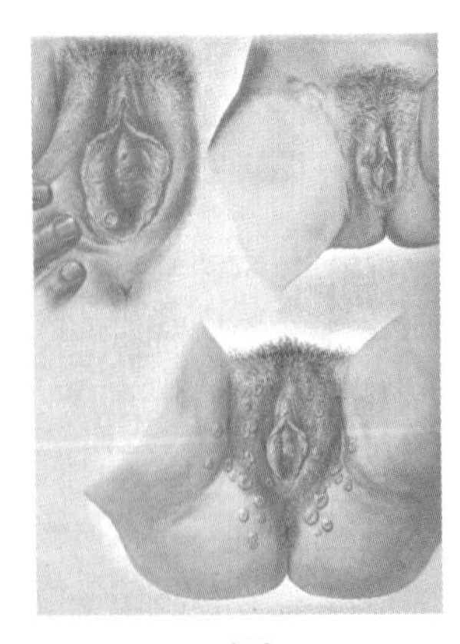

여성

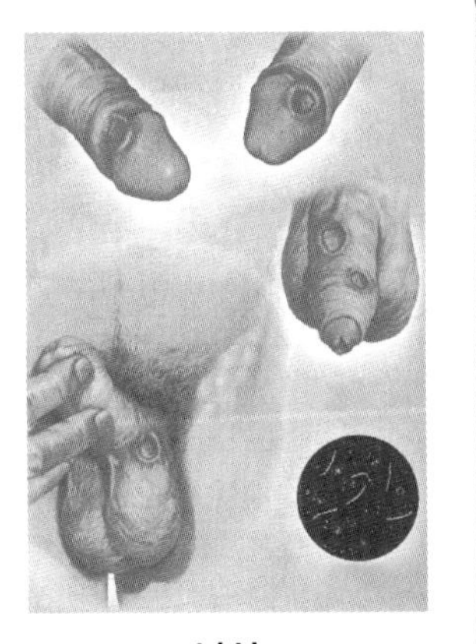

남성

임신부가 매독에 감염되었을 경우 자연유산이나 조산 또는 사산이 될 수 있으며, 일반적으로 임신 16~18주 이후에 감염되지 않는 한 태아는 안전하다. 특히 임신부가 최근에 감염되었을수록 태아의 병변이 심해지며 선천성 매독 신생아가 태어날 가능성이 높다.

매독을 치료할 때는 임질이나 기타 다른

성병과 같이 배우자가 함께 치료를 받지 않으면 안 된다. 검사 결과 환자나 배우자가 모두 완치되었다는 확인이 있을 때까지 성교나 성적 접촉은 절대로 피해야 한다.

3) 질염

여성의 질 내에는 되데를라인간균 등 여러 가지 세균이 정상적으로 서식하고 있으며, 이것은 pH 4.5~5.0을 유지하는 데 중요한 역할을 한다. 또한 비정상적인 세균의 증식을 억제하며 질 내의 환경을 일정하게 유지해준다. 그러나 최근 항생제의 남용, 빈번한 질 세척, 당뇨병, 피임약 등으로 질 내의 균형이 깨지고 있다. 질염(vaginitis)은 가장 흔한 질환이면서도 근절하기 어렵고 재발하기도 쉽다.

4) 세균성 질염

세균성 질염(bacterial vaginosis)은 비특이성 질염이라고도 한다. 증상은 생선 썩는 냄새가 나는 분비물, 작열감, 소양감, 질 불쾌감 등이며 때로는 성교 불쾌증을 호소하기도 한다. 치료에는 페니실린 등의 항생제를 사용한다.

5) 모닐리아성 질염

모닐리아성 질염(monilial vaginitis)은 곰팡이균(Candida albicans)에 의한 질 내 감염을 말한다. 이 감염은 일반적으로 조절이 잘 안 된 당뇨병 여성에게서 흔히 발견되는데, 유기체가 당분이 풍부한 환경에 침습하기 때문이다. 항생제나 스테로이드 치료는 되데를라인간균의 수를 감소시켜 모닐리아성 질염을 유발한다. 나타나는 증상은 치즈 모양의 끈끈하고 자극적이며 소양감이 있는 질 분비물, 배뇨통과 성교통이며, 치료를 위해 항진균 질정을 넣거나 항진균제를 복용한다.

6) 질 트리코모나스증

질 트리코모나스(trichomonas vaginitis) 균은 현미경으로 확인되는, 서양배 모양의 매우 작은 기생충이다. 편모가 있어 빠른 운동을 하며 질 내 상피세포에 달라붙어 독성을 분비함으로써 조직의 손상과 염증을 유발한다. 외음부가 부어오르고 거품과 악취가 나는 크림색의 냉이 나온다. 성기가 매우 가렵고 하복부에 불쾌감이 있

그림 12.5 모닐리아성 질염과 질 트리코모나스증

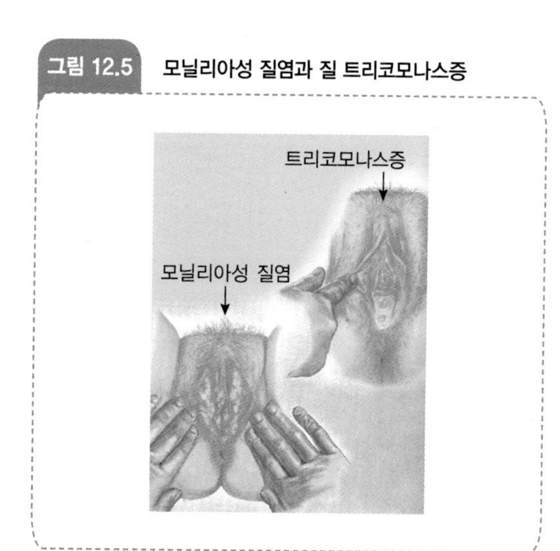

으며, 성관계 시 불쾌감이나 통증이 있고, 배뇨 곤란이 있다.

7) 음부포진

음부포진(herpes genitalia)은 주로 남녀 성기 부위에 발생하는 성병으로 성기 부위 궤양의 가장 흔한 원인이다. 증상으로는 전신 권태, 발열, 외음과 회음 부위의 동통성 수포, 성교 곤란증과 배뇨 곤란 등이 있다. 외음부 통증이 심한 경우 1일 2~3회 좌욕을 하며 감염 부위를 청결하게 유지하고 건조시킨다. 음부포진은 자궁경부암의 원인이 될 수 있으므로 포진의 과거력이 있는 여성은 매년 세포진 검사를 해야 한다.

임신 초반기에 감염되면 유산이 잘되며 심한 태아 기형을 초래한다. 분만 시 임부의 외음부에 포진이 존재하는 경우 제왕절개술을 고려하는 것이 좋으며, HSV(herpes simplex virus) 병력이 있더라도 병변이 없는 경우에는 질식 분만을 시도할 수 있다.

8) 첨형 콘딜로마

첨형 콘딜로마(condyloma acuminata)는 바이러스(human papilloma virus)에 의해 발생하며, 일명 곤지름이라고도 불리는 성기 사마귀로서 주로 성교에 의해 전염된다. 최근 35세 이하의 젊은 층에서 발생 빈도가 급속도로 증가하고 있으며, 자궁경부암이나 표피내암의 발생 원인으로 밝혀지면서 관심이 고조되고 있다. 첨형 콘딜로마가 나타나는 부위는 넓고 주로 회음부, 질, 경관, 항문 등에 크기가 다양한 여러 개의 사마귀 모양 성장물이 생긴다. 수가 많아지면 서로 합쳐서 양배추 같은 모양이 된다.

그림 12.6 음부포진(왼쪽)과 첨형 콘딜로마(오른쪽)

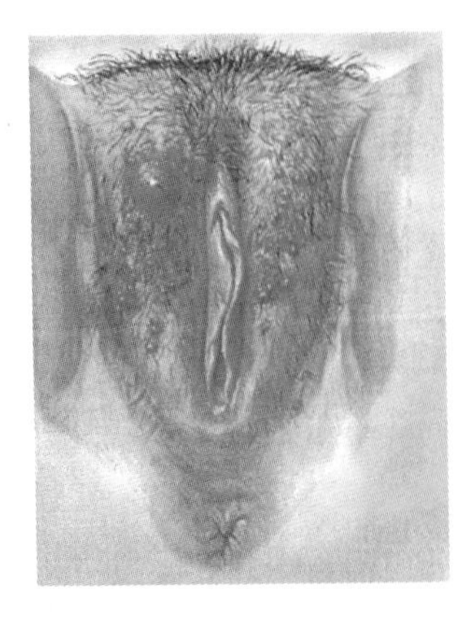

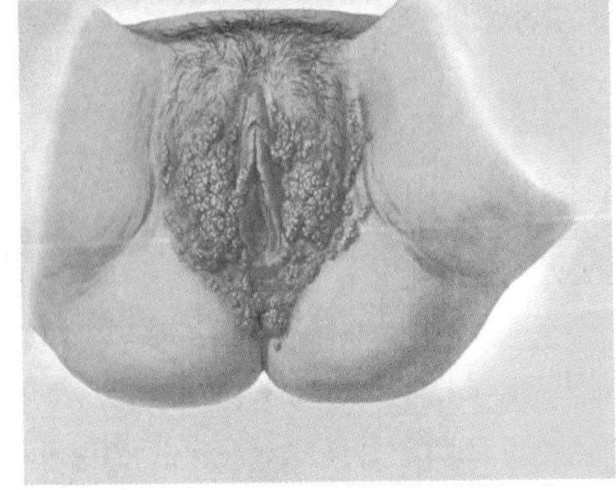

9) 클라미디아

클라미디아(chlamydia)는 가임 연령의 여성에게 가장 빈번한 생식기 감염이다. 감염의 위험 요인은 25세 미만, 성병을 앓았던 병력, 여러 명의 성교 파트너 등이며 질 세척을 많이 하는 여성에게 발생하기 쉽다. 클라미디아에 감염된 파트너와 질을 통한 성교나 항문성교를 한 경우에 감염되며, 증상은 점액성 농성 대하, 성교 후 출혈, 하복부 동통 등으로 임질과 비슷하다. 남성의 경우는 요도에 감염을 일으켜 고환 부위가 따가울 정도로 아프고 고환이 처지고 무거운 느낌이 있으며, 여성의 경우 불임증과 자궁 외 임신의 빈도를 증가시킨다. 부부가 동시에 치료를 받아야 한다.

10) 치모의 이(사면발이)

그림 12.7 사면발이

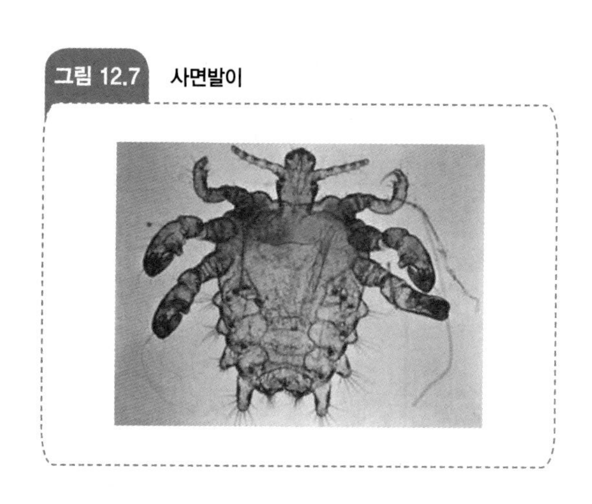

치모에 기생하는 이(사면발이)는 치골 부위 음모의 피부 분비선에 붙어 흡혈하는 기생충성 곤충으로 황회색 또는 까만 점처럼 보인다. 현미경으로 보면 작은 게와 흡사하며 감염된 사람과 성행위 시 음부의 접촉으로 감염된다. 사면발이는 속옷이나 침구 등에 떨어질 수 있으며 몸을 떠나서는 24시간 이상 생존할 수 없지만 의류나 침구에 낳은 알은 며칠 동안 생존한다. 따라서 비위생적인 환경에서 감염자와 타올이나 옷, 침구 등을 같이 써도 감염될 수 있다. 사면발이는 보통 음모에 기생하지만 손가락을 통하여 머리나 겨드랑이, 눈썹, 다리털로도 전이될 수 있다. 사면발이에 감염되었을 때 흔한 증상은 감염 부위의 가려움과 털 주변 피부에 붉거나 푸르게 물린 자국이나 부어오른 부위가 있으며 털 주변에 이가 기어다니거나 알이 붙어 있는 것을 볼 수 있다. 치료는 사면발이 치료용 로션(pyrethrin)이나 크림을 바르고 10분 후에 세척한다. 7~10일간 반복하면 유충을 생성하지 못한다. 성 파트너는 사면발이가 있는지 검사해야 하며 치료 전에 사용했던 의류와 침구류는 반드시 세탁해야 한다.

11) 후천성면역결핍증(AIDS)

후천성면역결핍증(acquired immune deficiency syndrome, AIDS)은 인간면역결핍바이러스(human immunodeficiency virus, HIV) 바이러스에 감염되어 나타나며, 본래 가지고 있던 면역 기능이 후천적으로 극단적으로 떨어져 면역 기능을 제대로 수행하지 못하게 된다. AIDS

병원체는 사람의 몸에 침입하여 면역 기능을 조절하는 T세포 중 보조 T세포(helper T cell)를 공격하며, 보조 T세포가 AIDS 바이러스에 감염되어 괴사를 일으키면 면역결핍 상태에 이른다. 따라서 보통 사람에게서는 볼 수 없는 희귀한 각종 감염증이 발생하고 이것이 전신에 퍼지는 등 다른 병원체에도 쉽게 감염되며 치유가 어려워 가장 치명적인 성 매개성 질환으로 보고 있다.

AIDS는 1970년대 말 미국과 아프리카에서 발생했을 것으로 보이지만, 1950년대 말 중앙아프리카의 녹색 원숭이에서 유래되어 미국과 유럽 지역으로 전파되었을 것으로 추정된다. AIDS 환자는 1981년 미국에서 처음으로 발견되었으며, 국내에서는 1985년에 최초로 HIV 감염자가 발생한 바 있으나, 이 감염자는 30여 년이 지난 지금까지도 잘 살고 있다. 이렇듯 완치는 현재까지 불가능하지만 적절한 치료와 관리를 통해 기대 수명까지 AIDS 발병 없이 살 수 있다.

표 12.1 HIV/AIDS 내국인 성별, 연령별 현황(2016년 통계)

(단위 : 명)

구분		전체	남자	여자
계		11,439	10,618	821
연령	0~4세	0	0	0
	5~9세	2	2	0
	10~14세	3	0	3
	15~19세	51	46	5
	20~24세	641	625	16
	25~29세	1,251	1,216	35
	30~34세	1,187	1,111	76
	35~39세	1,280	1,184	96
	40~44세	1,597	1,502	95
	45~49세	1,470	1,375	95
	50~54세	1,414	1,338	76
	55~59세	1,026	907	119
	60~64세	702	617	85
	65~69세	404	345	59
	70세 이상	411	350	61

출처 : 보건복지부, 2017

표 12.2 1985~2016년 연도별 HIV/AIDS 신고 현황(2016년 통계)

(단위 : 명)

연도	전체			내국인			외국인		
	계	남자	여자	소계	남자	여자	소계	남자	여자
1985	2	2	0	1	1	0	1	1	0
1990	54	50	4	52	48	4	2	2	0
1995	114	94	20	108	89	19	6	5	1
2000	244	211	33	219	194	25	25	17	8
2005	734	673	61	680	640	40	54	33	21
2010	837	762	75	773	723	50	64	39	25
2015	1,152	1,080	72	1,018	974	44	134	106	28
2016	1,199	1,105	94	1,062	1,002	60	137	103	34

출처 : 보건복지부, 2017

우리나라의 경우 2016년까지 HIV 및 AIDS에 감염된 사람은 11,439명이었고 남성이 92.8%(10,618명), 여성이 7.2%(821명)를 차지했다(표 12.1 참조).

전 세계적으로 HIV 신규 감염자는 많이 감소하는 추세인 반면 한국은 감염자가 지속적으로 늘어나고 있다. 질병관리본부에 따르면 2016년에 신규 감염이 확인된 사람이 1,199명이었는데 내국인이 1,062명, 외국인이 137명이었고 내국인의 경우 남자가 1,002명, 여자가 60명으로 16.7:1의 성비를 보였고 외국인은 남자가 103명, 여자가 34명으로 3.0:1의 성비를 나타냈다(표 12.2 참조).

AIDS의 감염 경로

AIDS 바이러스는 일상생활을 같이 한다고 해서 전염되지 않는다. AIDS 바이러스는 매우 약하기 때문에 인체 밖에서는 오래 살지 못하며 공기나 음식물을 통해서 전염되지도 않는다. 따라서 키스나 악수, 포옹과 같은 피부 접촉으로는 전염이 되지 않으며, 설사 감염자의 체액이 피부에 묻었다 하더라도 전염되지 않는다. 또한 감염자와 함께 식사를 한다거나 목욕탕, 변기를 같이 쓰고, 한집에서 함께 생활한다 하더라도 전염이 되지 않는다. AIDS 바이러스는 감염자의 혈액, 정액, 척수액 및 질 분비물에 농도가 가장 높으며 눈물, 침, 땀, 모유 및 소변 등에서도 낮은 농도로 존재한다. AIDS 바이러스를 전파시킬 수 있는 것은 정액, 질 분비물, 혈액제제에 국한되어 있다.

AIDS의 가장 흔한 감염 경로는 감염된 사람과 성적인 접촉을 하는 경우로 70% 이상을 차지한다. 특히 동성연애자 간의 항문성교가 문제이기도 하나 대부분은 이성 간의 성 접촉 때문인 것으로 보고되고 있으며, 이성 간의 성 접촉에 의한 전염이 크게 증가하면서 여성 감염자 수가 급격히 늘어나고 있다. 두 번째는 혈액제제를 통한 감염으로 감염된 혈액 수혈, 오염된 주삿바늘의 공동 사용, 장기 이식 등이 주된 원인이다. 세 번째는 HIV를 갖고 있는 보균자인 어머니로부터의 모자 감염으로, 태반을 통해 자궁 내의 태아에게 옮겨지거나, 분만 중 산모 혈액이나 체액과 접촉되어 신생아에게 전파되는 경우, 모유를 통해 옮기는 모유 경유 감염이 있다.

AIDS의 증상과 경과

AIDS 병원체에 감염되면 면역 체계가 파괴되므로 매우 다양한 임상 증상을 나타낸다.

① 급성 감염기

감염 초기에 나타나는 특징적인 증상은 없으나 감염 수 주 후에 일부 감염자(30~50%)는 감기 증상과 유사한 증상이 나타날 수 있다. 열이 나고 목이 아프며 무력감, 기침, 근육통, 목 임파선이 붓는 증상, 피부 발진, 식욕부진, 근육 관절통, 두통 등이 나타나고 목이 뻣뻣해지기도 하며, 일부에서는 구역질, 설사, 복통 등을 일으키기도 한다. 이러한 증상들은 대개 수 주 내에 특별한 치료 없이 호전된다.

② 무증상기

급성 감염기 증상이 사라진 후 수년 동안은 증상이 없는 시기가 지속되어 정상인과 똑같은 생활을 한다. 그러나 이 무증상기 동안에도 HIV에 의해 면역 기능이 계속적으로 감소하고 전염력도 여전히 존재하므로 문제가 될 수 있다. 일부 감염자는 지속성 전신성 임파선증이 동반되는 경우가 있는데, 원인 모르게 3개월 이상 직경 1cm 이상의 임파선이 여러 개 만져질 때에는 그럴 가능성이 있다.

③ AIDS 관련 증후군 및 초기 증상기

수년간의 무증상기가 지난 후 AIDS로 이행되기 전에 몇 가지 전구 증상이 나타난다. 원인을 알 수 없는 38℃ 이상의 고열, 오한 및 설사, 10% 이상의 체중 감소, 수면 중 땀이 나거나 불면증 등이 나타나며, 심한 피로감이나 식욕부진 등과 같은 증상도 경험하게 된다. 이를 'AIDS 관련 증후군'이라고 한다.

한편 임파구 수가 감소하면 초기 증상이 나타나기 시작하는데 아구창, 구강 백반,

칸디다 질염, 골반 내 감염, 그리고 여러 가지 다양한 피부질환이 해당된다. 피부질환에는 지루성 피부염이 가장 흔하며, 손톱과 발톱이 노랗게 변하는 황색 조갑 증후군 등이 나타난다. 그 외에 진균(곰팡이)에 의한 감염, 대상포진, 만성 모낭염 등이 비교적 흔하다.

④ 말기 증상

감염 말기가 되면 환자의 약 30%에서 뇌병증(encephalopathy)이 나타나고, 진행되면 인지 능력의 상실에 의한 치매 상태로 빠지게 된다. 또한 정상인에게는 잘 나타나지 않는 각종 바이러스, 진균, 기생충 및 원충, 세균 등에 의한 감염이 흔하며, 임파선이 비대해지고 피부암의 일종인 카포지 육종 및 악성 임파종과 같은 악성 종양으로 발전할 수도 있으며 에이즈에 의해 사망하는 것이 아니라 다른 여타의 병이나 암으로 사망하게 된다.

AIDS의 진단

AIDS 진단을 위해 가장 많이 사용되고 있는 방법은 혈액 검사이다. 국내에서 현재 시행되고 있는 AIDS 검사는 면역효소 측정(enzyme-linked immuno-sorbent assay, ELISA) 검사로서 기술적으로 그다지 어렵거나 시간이 오래 걸리지 않는다. 따라서 전국 보건소 어디서든 검사가 가능하며, 대학병원은 물론 임상병리 검사 시설이 갖추어져 있는 웬만한 병원에서도 가능하다. 자신의 신분을 숨기고 검사를 하고 싶을 때에는 지역 보건소에서 익명으로 검사를 한 후 결과를 알 수 있다.

① HIV 항체 검사

AIDS 바이러스에 감염되면 보통 8주 정도 지난 후에 항체가 만들어지는데, 1차적인 진단 검사 방법으로 혈액에서 HIV 항체 검사(ELISA법)를 시행하여 AIDS 이환 유무를 스크리닝한다. 이에 의한 진단의 정확도는 95~99%이며, ELISA 검사를 반복 실시해 항체가 양성으로 판정되면 2차적으로 웨스턴 블롯법(Western blot)과 같은 확인 검사를 추가로 시행하여 감염 유무를 확진한다. 이 두 가지 검사에서 양성으로 나온 사람을 항체 양성자라고 한다.

HIV 항체 검사 결과 음성이면 일반적으로는 AIDS에 감염되지 않았음을 의미한다. 드물게는 감염이 되어도 음성으로 나올 수가 있는데, HIV 항체는 감염의 기회가 있은 지 6~14주가 지나야 생성되며 이 기간 내에 항체 검사를 시행한 경우에 해당된다. 따라서 항체 검사는 의심스러운 상대와 성 접촉 혹은 감염의 기회가 있은 지 3개월 후에 시행하는 것이 의미가 있으며, 생활 경력에서 위험도가 높다고 판단되는 경우에는 수 개월마다 재검사를 받는 것이 바람직하다. 또한 확률은 낮지만(약 3% 이내) 개인에 따라서는 항체가 형성되는 데 6개월~2년이 소요되는 경우도 있다.

② HIV 항원 검사

간혹 바이러스를 검출 혹은 배양하는 HIV 항원 검사를 시행할 수 있다. 이는 바이러스에 노출되고 수 주 내, 즉 바이러스에 대한 항체가 생성되기 전에 유용하다.

AIDS의 치료

1995년에 시작된 일종의 칵테일요법인 고활성 항바이러스요법(highly active anti-retroviral therapy)이 HIV 질환의 진행을 늦추고 생존기간을 연장하는 데 획기적인 성과를 나타내면서, 에이즈는 죽음에 이르는 병에서 당뇨병과 같은 조절 가능한 만성 질환으로 인식이 전환되고 있다.

AIDS 검사가 양성이라면 가능한 치료를 빨리 시작해야 하며, 치료를 받으면 면역 체계를 향상시킬 수 있어 AIDS로 발전하는 것을 늦출 수 있고 합병증을 예방할 수 있다. 건강한 생활 습관을 유지하고 긍정적으로 대처하는 것이 도움이 되며, 술과 흡연은 면역 능력을 약화시킬 수 있으므로 반드시 끊어야 한다. 최근 AIDS에 대한 새로운 치료약들이 많이 개발되어 있으며 치료를 빨리 시작할수록 효과도 좋다. 특히 AIDS 환우 모임에 참여하여 유용한 정보를 교환하는 것은 정서적 지지 등 많은 도움이 된다. 현재 사용되고 있는 AIDS의 치료 방법은 다음과 같다.

① 기존의 바이러스 치료 약물

현재까지 개발된 치료 약물은 대부분 바이러스의 증식을 억제하는 것으로, 역전사 효소 억제제(reverse transcriptase inhibitor)와 단백질 분해효소 억제제(protease inhibitor)가 주로 사용된다. 1986년 AZT(Zidovudine)를 사용하여 에이즈환자의 수명을 연장시키는 데 성공했는데, 이 약제는 역전사 효소 억제제로 HIV가 인간의 세포 내로 증식할 때 필요한 역전사 효소를 차단한다. AZT를 복용한 환자의 90%가 여전히 생존해 있으며, 이 약제를 사용하지 않은 경우에 비해 생존율이 50% 증가된 것이다. 우리나라에서는 감염자로 등록된 환자에게 AZT를 무상으로 공급하고 있다.

AIDS의 예방

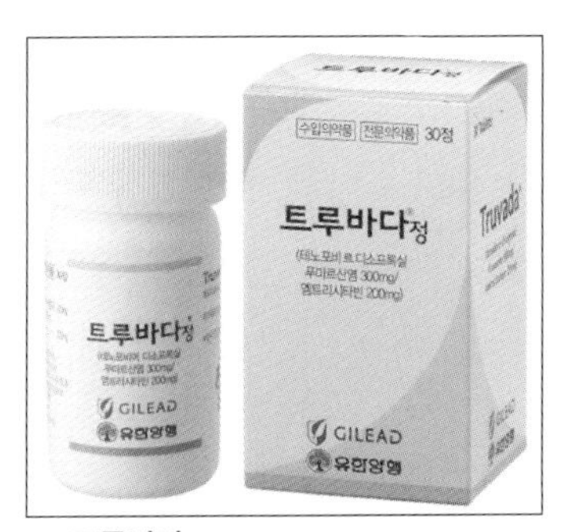

▲ 트루바다

세계보건기구(WHO)는 2017년 HIV 감염 치료제 트루바다(truvada)를 에이즈 예방을 위한 의약품으로 지정한 바 있다. 국내에서도 에이즈 치료에만 사용하도록 허가되었었던 트루바다가 HIV 노출 전 감염 위험을 감소하는 예방목적(pre-exposure prophylaxis, PrEP)으로 사용될 수 있도록 허가받았다. 비감염자가 트루바다와 같은 약을 매일 꾸준히 복용하여 HIV에 노출되더라도 몸속에서 살아남지 못하게 하는 방법이다. 트루바다를 매일 1정씩 복용할 경우 콘돔 등을 사용하지 않아도 86~100% 예방됨이 여러 실험을 통해 확인되었다. 이에 따라 성관계 대상자가 HIV 감염자이거나 HIV 감염자가 많은 지역 또는 사회적 네트워크에서 성생활을 하는 고위험군은 트루바다를 예방 목적으로 처방받을 수 있게 되었다.

노출 후 예방법(post-exposure prophylaxis, PEP)은 HIV 보균자와 성관계 등 감염 원인이 되는 시점으로부터 72시간 이내에 항레트로바이러스제(Anti-retroviral Drug)를 4주간 매일 복용하여 감염을 예방하는 방법이다. 가능하면 노출 후 1~2시간 이내에 빨리 시작하면 최상의 예방효과를 볼 수 있다. 초기에는 AZT 약물이 처방되었지만, 연구가 진전되면서 최근에는 주로 트루바다를 복용하는 추세다.

AIDS의 감염 예방을 위해서는 다음과 같은 사항을 유의해야 한다.

① 성생활 시 콘돔이나 질내 살정제를 사용한다.
② AIDS 환자나 AIDS에 걸릴 위험이 높은 사람, AIDS 항체에 양성인 사람들과의 성적 접촉을 피한다.
③ 문란한 성생활을 하지 말고 동성연애 등을 피한다.
④ 모르는 사람과 성교를 할 경우에는 콘돔을 사용한다.
⑤ 불필요한 수혈, 빈번한 정맥 내 주사를 피하고, 주사를 맞을 때에는 반드시 일회용 주사기를 사용한다.
⑥ 마약 사용자와의 성교를 피한다.
⑦ AIDS 감염 위험이 높은 사람이나 마약 사용자와 성교 대상이 되는 여자는 임신할 경우 신생아가 감염될 위험이 있으므로 임신 전에 AIDS 바이러스 항체 검사를 실시하고, 임신이 되었더라도 반드시 AIDS 병원체 항체 검사를 해보도록 한다.

AIDS 검사 결과 양성인 사람은

⑧ 정기적으로 검사를 받고 담당 의사와 상담을 한다.
⑨ 혈액이나 정액 및 장기의 제공을 삼간다.
⑩ 타인과 성행위를 통한 체액의 교환이 없도록 한다.
⑪ 칫솔, 면도칼 등 혈액의 오염이 가능한 물건을 함께 쓰지 않는다.
⑫ 임신을 미루거나 피한다.

요약

월경

- 월경은 호르몬 변화에 의한 현상이며 월경 주기는 평균 28일이다. 월경량은 개인에 따라 다양하나 평균 60~180ml이며 월경 기간은 3~5일이다. 배란 후 수정이 안 되면 자궁내막은 괴사성 변화를 일으켜서 월경이 나오게 되는데, 배란 후 약 14일이 지나면 월경을 한다.
- 월경 예정일에서 대략 14일 전이 배란일이 되며, 배란 6일 전부터 배란하는 날까지 약 7일 정도가 가임기이다.
- 월경통은 자궁내막에서 통증을 유발하는 프로스타글란딘이 과다 생성되기 때문이며, 출산 후에는 월경통이 사라진다.
- 월경량이 80ml가 넘을 경우 월경 과다라 하며 자궁 내 피임 장치, 자궁내막증, 자궁근종, 악성 부인암 등은 월경 과다의 원인이 될 수 있다.
- 월경 전 증후군(PMS)은 우울증, 불안, 감정의 격변, 성욕 변화 등의 정신적 증상과 유방의 통증, 요통, 두통, 부종 등의 신체적 증상까지 다양하며 성격의 변화와 행동장애까지 생겨 도벽 등 범죄를 저지를 수도 있다.

임신

- 수정이란 하나의 정자와 하나의 난자가 융합하는 과정으로 난관 바깥쪽 1/3 부분인 팽대부에서 흔히 일어난다.
- 임신 기간은 평균 280일, 즉 40주이며 분만 예정일은 최종 월경일의 월에 9를 더하거나 3을 빼고, 최종 월경 시작일에 7을 더해준다.
- 임신은 월경이 없고 입덧을 하며 기초체온이 36.7℃ 이상의 고온 상태가 18일 이상 지속되면 임신 가능성이 크다. 월경 예정일 1~2주가 지나도 월경을 하지 않을 때 소변 임신진단 시약으로 진단할 수 있다.
- 임신 5~6주경에는 초음파 검사로 자궁 내의 태낭 또는 태아를 볼 수 있으며, 임신 20주 전후가 되면 산모가 태동을 느낄 수 있다.
- 산전 관리의 목적은 임신부의 신체적 · 정신적 건강을 유지하고 임신 중의 각종 합병증을 감소시켜 건강한 태아를 분만하는 것이며, 임신 7개월까지는 4주에 한 번씩, 임신 10개월에는 매주 한 번씩 정기 진찰을 받는다.
- 태교는 임신부의 마음가짐, 몸가짐, 가정환경 등을 올바르게 하는 것으로, 가족의 따뜻한 관심과 도움이

필요하며 남편의 적극적인 태교 참여는 부드러운 분만으로 이어질 수 있다.
- 태교 음악은 산모와 아기의 정서적 안정뿐 아니라 지능발달에도 영향을 미치는 것으로 알려져 있으며 흔히 고전음악이 알려져 있지만 임신부가 듣기 편안한 음악을 고르는 것이 좋다.
- 임신 중에는 태아의 성장 발육에 필요한 단백질과 칼슘, 철분 및 비타민 등이 풍부한 음식물을 충분히 섭취해야 하며 임신 전보다 20% 정도 칼로리가 더 필요하다. 특히 임신 초와 4~6개월에 영양 섭취가 부족하면 조산 가능성이 있다.
- 과량의 식염 섭취는 부종과 임신중독증을 일으키기 쉬우므로 평소보다 싱겁게 먹고, 알코올성 음료는 피하는 것이 좋다.
- 임신 중 체중 증가는 10.5~12.5kg이 바람직하며 체중 증가량이 7kg 미만이면 성장이 부진한 신생아의 분만 확률이 높다. 모체의 지나친 체중 증가도 분만 시 어려움을 겪게 하며, 출생 당시 과체중아는 비만이 될 가능성이 높다.
- 임신 중의 성관계는 무리하지 않으면 양수가 완충 역할을 하기 때문에 괜찮다. 유산 경험이나 유산 위험이 있을 때는 임신 말기에 주의를 요한다. 성교 체위는 남성 상위보다는 측면이나 후미 자세가 태아에게 안전하며 배에 무리가 가지 않는 자세를 취해야 한다.
- 임신 3~8주는 모든 기관이 분화되고 형성되며, 태아의 심장과 중추신경계 등이 완성되는 시기이므로 임신 12주 이전까지는 수면제, 항히스타민제, 항생제, 진통해열제, 신경안정제, 비타민제, 한약 등의 약물 복용에 각별히 주의한다.
- 흡연하는 임신부의 태아는 체중과 신장이 작으며, 유아 돌연사 증후군에 걸릴 확률이 높은 조산아로 태어날 수 있으므로 담배는 끊도록 한다.
- 모체의 만성 알코올 중독은 태아 성장을 지연시키고 심장 손상과 얼굴 기형의 원인이 되며 정신지체의 가장 흔한 원인이라는 보고도 있으므로 임신 중 음주는 금하는 것이 좋다.
- 여행은 유산이 되기 쉬운 임신 초기 2~3개월과 분만이 임박한 9~10개월에는 금하는 것이 좋으며, 여행이 필요할 때는 버스보다 기차를 택하고 진동이 심한 차를 타는 것은 삼간다.
- 직장 생활은 별 무리가 없다면 해도 되나 너무 피로하지 않도록 한다.
- 가벼운 운동은 산모와 태아의 건강에 도움이 되며 특히 걷는 운동은 분만 시 사용될 근육을 강화한다.

분만

- 분만 2~4주 전에 태아의 머리가 내려오면 호흡이 편해지며 위의 부담과 복부의 팽만감이 완화된다. 그러나 골반이나 방광의 압력이 증가해 빈뇨, 하지 경련, 질 분비물 증가 등이 나타난다.
- 혈액이 섞인 점액질의 분비물인 이슬이 나오면 몇 시간 내지 며칠 내에 분만이 시작된다.
- 양수를 싸고 있는 막이 파열되면 24시간 내에 분만이 시작된다. 만삭 전 양막 파열은 태아나 산부가 위험하게 될 수 있다.
- 가진통은 분만 개시의 전구 증상으로 간격이 불규칙적이고 길며 하복부의 불쾌감으로 나타나고 걸으면 완화된다.
- 분만 진통은 자궁의 규칙적 수축이 10분 이내 또는 1시간에 6회 이상이면 진통이 시작된 것이며, 간격이 규칙적이고 짧아지며 강도가 점차 강해진다. 분만 시간은 초산부는 평균 14시간, 경산부는 6~8시간 정도 소요된다.
- 산욕기는 분만 후 6주까지를 말하며 엄마의 몸이 정

상으로 돌아오는 시기이다. 이 기간 동안 생식기가 비임신 상태로 복구되며 모유 수유를 하지 않는 여성은 배란이 일어나게 된다.

- 분만 후 회음부 관리는 외음순, 회음부, 항문 주위를 깨끗이 씻되 항상 전방에서 후방으로 닦아낸다. 회음절개 및 열상으로 인한 불편감은 하루 3회 좌욕을 하는 것이 좋으며 끓여서 식힌 따뜻한 물을 깨끗한 대야에 2/3 정도 담고 식초를 두세 숟가락 넣은 뒤 15～20분 정도 회음절개 부위를 담근다.
- 산후 우울증은 출산 후 에스트로겐의 급격한 감소 및 변화와 관계가 있는 것으로 알려져 있다. 많은 산모들이 분만 후 수일 내에 산후 우울증을 경험하는데, 출산으로 인한 정서적 불안감, 산욕기의 불편감, 수면 부족으로 인한 피로, 퇴원 후 아기양육에 대한 공포, 남편에 대한 매력 감소 등도 우울감의 원인이다.
- 산후 운동은 특별한 이상이 없는 경우 산후 첫날부터 무리하지 않고 쉬운 운동에서 어려운 운동으로 서서히 강도를 증가시키며 한다.
- 항문과 질의 수축과 이완을 반복하는 케겔 운동은 산후 요실금 예방에 좋다.
- 초유는 분만 후 2일째부터 약 5일간 분비되며 질병에 대한 면역과 태변 배출을 촉진한다. 모유는 아기의 성장에 따라 가장 적당한 양의 각종 영양소가 있고 소화 흡수가 잘되며 두뇌발달과 성장에 매우 유익하다.
- 모유 수유는 산모의 자궁 수축을 촉진하여 산후 출혈을 줄여주며, 애착을 형성함으로써 정서적 안정에도 효과적이다.
- 모유 수유 시 유두는 깨끗한 물로 씻어내며 비누나 알코올, 자극성 있는 물질 등을 사용해서는 안 된다. 모유에는 유두의 상처 회복을 도와주는 성분이 있으므로 수유 후에 젖을 조금 짜서 유두에 골고루 바르면 아무는 것을 도와준다.
- 유방 울혈 시에는 수유하기 전 2～5분 동안 더운물 찜질이나 더운물 샤워를 한다. 통증과 부기를 가라앉히기 위해서는 냉찜질이 효과적이다.
- 수유부는 300～500kcal의 열량이 더 요구되며, 수분을 충분히 섭취하고 균형 잡힌 식사를 한다. 미역은 요오드가 함유되어 있어 유즙 분비에 좋고 자궁 수축과 지혈작용을 하며, 꼬리곰탕이나 우족탕은 유즙 분비를 원활하게 해준다.
- 출산 후 성생활은 질과 외음부에 상처가 남아 있어 대체로 출산 6주 후에 성관계를 가지면 신체적으로는 문제가 없다. 약 50%의 여성이 산후 3주까지 성욕이 회복되며, 원한다면 이 시기에 성교를 해도 무방하나 편안한 성관계를 위한 적절한 시기는 분만 후 3개월 정도이다.
- 월경은 수유를 하지 않으면 분만 후 6～8주 내에 돌아온다. 수유를 하는 경우에는 분만 후 2～18개월 이내에 월경이 돌아온다.

유산과 인공임신중절

- 유산은 임신 20주 이내에 체중 500g 이하의 태아나 배아가 자궁 내에서 사망하는 것이다.
- 인공임신중절은 인공유산 또는 소파수술이라고도 하며 낙태와 동의어로 사용된다. 인공 유산은 여성에게 자신의 생식력과 원하지 않는 임신을 통제할 수 있는 권리와 욕구가 있어 온 이래 점차 그 빈도가 증가하고 있으며, 태아의 생존권을 박탈한다는 것과 관련해 그 윤리성에 대한 논란이 분분하다. 인공임신중절은 임신 개월 수가 많을수록 합병증이 많아지고 모체의 건강을 해치며 위험이 따르므로 신중해야 한다.
- 유산 유도약 RU-486은 자궁 내 착상된 수정란에 영양공급을 차단해 자궁과 수정란를 분리시키고 자궁

을 수축해 분리된 수정란을 자궁 밖으로 밀어내는 방식으로 유산을 유도하는 약이다.

- MR(Menstration Regulation)은 임신 6~8주 이내에 착상된 태아를 MR 키트로 탈락시켜 월경을 조절하는 것이다.
- 소파수술은 기구로 자궁경부를 확대하고 임신 내용물을 제거하는 수술로, 임신 12주가 넘으면 피하는 것이 좋다. 부작용으로 자궁내막의 손상, 자궁천공, 자연 유산이나 조산 가능성이 높아지며, 불임증, 자궁 외 임신 등 심각한 합병증의 우려가 있다.

성 전파성 질환

- 성 전파성 질환이란 성(sex)이라는 수단을 통해 전파되는 광의의 성병을 말한다.
- 임질은 생식기관의 영구적 손상과 불임을 초래할 수 있는 치명적인 성병으로 성교나 성기 접촉에 의해 전염된다. 여성의 50~80% 정도는 임균이 증식하고 있어도 증상이 나타나지 않으며, 임질에 감염된 여성이 치료를 받지 않으면 자궁, 난관, 난소 및 복막으로 확산되며 불임이 될 수 있다. 증상은 질에서 냄새가 고약한 농이 나오고, 불쾌감, 배뇨가 잦아지며, 임질 감염 상태에서 질 분만을 하면 태아에게 임균성 실명이 생길 수 있다. 남성은 초기에 증상이 나타나며 배뇨통증, 배뇨 곤란, 요도구에서 노란색 화농이 나온다. 치료를 하지 않을 경우 전립선과 방광, 콩팥과 고환으로 퍼질 수 있으며, 치료된다 해도 불임이나 고환위축을 일으킬 수 있다. 부부 중 한 사람이 감염되어도 부부가 같이 치료를 받아야 안전하다.
- 매독은 성교나 긴밀한 신체적 접촉, 키스 또는 피부의 상처, 수혈 등을 통해 전염될 수 있으며, 증상은 구강이나 성기 점막의 궤양성 병변, 피부의 반점, 통증이 없는 임파결절의 확장 등이 있다. 임신부가 매독에 감염되면 자연 유산이나 조산 또는 사산이 될 수 있다. 임신 16~18주 이후에 감염되지 않는 한 태아는 안전하며, 최근에 감염되었을수록 태아의 병변이 심해지고 선천성 매독 신생아가 태어날 가능성이 높다. 매독의 치료는 배우자가 함께 받아야 하며 완치될 때까지 성교나 성적 접촉은 절대로 피해야 한다.
- 질염은 가장 흔하고 재발하기 쉬운 질환이며, 여성의 질 내에는 되데를라인간균 등이 정상적으로 서식하고 있어 pH 4.5~5.0을 유지하여 비정상적인 세균의 증식을 억제한다. 항생제의 남용, 빈번한 질 세척, 당뇨병, 피임약 등은 질 내의 균형을 깨고 있다.
- 세균성 질염은 생선 썩는 냄새가 나는 분비물, 작열감, 소양감, 성교 불쾌증을 호소하며, 치료에는 페니실린 등의 항생제를 사용한다.
- 모닐리아성 질염은 곰팡이균에 의한 질 내 감염으로 당뇨병 여성에게서 흔하다. 증상은 치즈 모양의 끈끈하고 자극적이며 소양감이 있는 질 분비물, 배뇨통, 성교통이며, 치료는 항진균 질정을 넣거나 항진균제를 복용한다.
- 질 트리코모나스는 외음부가 부어오르고 거품과 악취가 나는 크림색의 냉, 성기 소양증, 하복부 불쾌감, 성교 통증, 배뇨 곤란 등이 있다.
- 음부포진은 성기 부위 궤양의 가장 흔한 원인이며 외음과 회음 부위의 동통성 수포, 성교 곤란증, 배뇨 곤란 등이 있다. 외음부 통증이 심한 경우 1일 2~3회 좌욕을 하며 감염 부위를 청결하게 유지하고 건조시킨다. 음부포진은 자궁경부암의 원인이 될 수 있으므로 포진의 과거력이 있는 여성은 매년 세포진 검사를 해야 한다.
- 첨형 콘딜로마는 곤지름이라고 불리는 성기 사마귀로서 회음부, 질, 경관, 항문 등에 크기가 다양한 여러 개의 사마귀 모양 성장물이 생기며 성교에 의해

전염된다.

- 클라미디아는 감염된 파트너와 질을 통한 성교나 항문성교를 한 경우에 감염되며, 증상은 점액성 농성 대하, 성교 후 출혈, 하복부 동통 등으로 임질과 비슷하다. 남성의 경우는 고환 부위가 아프고 처지며 무거운 느낌이 있고, 여성의 경우 불임증과 자궁 외 임신의 빈도를 증가시킨다. 부부가 동시에 치료를 받아야 한다.
- 사면발이는 감염된 사람과의 음부 접촉으로 감염되며 옷, 침구 등으로도 감염될 수 있다. 사면발이는 보통 음모에 기생하지만 머리나 겨드랑이, 눈썹, 다리털로도 전이될 수 있다. 성 파트너는 사면발이가 있는지 검사해야 하며 치료 전에 사용했던 의류와 침구류는 반드시 세탁해야 한다.
- 후천성면역결핍증(AIDS)은 면역 기능을 조절하는 보조 T세포가 AIDS 바이러스에 감염되어 각종 감염증이 발생하여 사망에 이른다.
- AIDS는 매년 환자 증가율이 30%에 달하며, 감염자 대부분은 20~40대지만, 최근에는 60세 이상 연령층에서도 꾸준히 증가하고 있다.
- AIDS의 가장 흔한 감염 경로는 감염된 사람과 성적인 접촉으로 70% 이상을 차지하며 동성연애자 간의 항문성교가 문제이기도 하나 대부분은 이성 간의 성접촉 때문이다. 두 번째는 감염된 혈액 수혈, 오염된 주삿바늘의 공동 사용, 장기 이식 등이 주된 원인이다. 세 번째는 보균자인 어머니로부터의 모자 감염으로, 태반을 통해 자궁 내의 태아에게 옮겨지거나, 분만 중 산모의 혈액이나 체액과 접촉되어 신생아에게 전파되는 경우, 모유를 통해 옮기는 모유 경유 감염이 있다.
- AIDS에 감염되면 감염 수 주 후에 급성 감염기 증상으로 감기와 유사한 증상이 나타날 수 있다. 열이 나고 목이 아프며 무력감, 기침, 근육통, 목 임파선이 붓는 증상, 피부 발진, 식욕부진, 근육 관절통, 두통 등이 나타나고 목이 뻣뻣해지기도 하며, 구역질, 설사, 복통 등을 일으키기도 한다. 이러한 증상들은 대개 수 주 내에 특별한 치료 없이 호전된다.
- 급성 감염기 증상이 사라진 후 수년 동안은 무증상기로 정상인과 똑같은 생활을 한다. 그러나 면역 기능이 계속적으로 감소하고 전염력도 여전히 존재하며 일부 감염자는 지속성 전신성 임파선증이 있을 수 있다.
- 수년간의 무증상기가 지난 후 AIDS 전구 증상이 나타난다. 원인을 알 수 없는 38℃ 이상의 고열, 오한 및 설사, 10% 이상의 체중 감소, 불면증 등이 나타나며, 심한 피로감이나 식욕부진 등의 'AIDS 관련 증후군'도 경험하게 된다.
- 임파구 수가 감소하면 초기 증상이 나타나기 시작하며 아구창, 구강 백반, 칸디다 질염, 골반 내 감염, 지루성 피부염, 손톱과 발톱이 노랗게 변하는 황색 조갑 증후군, 진균(곰팡이)에 의한 감염, 대상포진, 만성 모낭염 등이 비교적 흔하다.
- 감염 말기가 되면 환자의 약 30%에서 뇌병증이 나타나고 치매 상태가 된다. 또한 정상인에게는 잘 나타나지 않는 각종 바이러스, 진균, 기생충 및 원충, 세균 등에 의한 감염이 흔하며, 악성 종양으로 사망하게 된다.
- AIDS의 1차적인 진단검사방법으로 면역효소 측정(ELISA) 검사를 실시하여 AIDS 이환 유무를 스크리닝한다. AIDS 병원체에 감염되면 보통 8주 정도 지난 후 항체가 만들어지는데 HIV 항체검사 결과 음성이면 AIDS에 감염되지 않았음을 의미한다.
- 항체검사는 감염의 기회가 있은 3개월 후에 시행하는 것이 의미가 있으며, 생활 경력에서 위험도가 높다고

판단되는 경우에는 수개월마다 재검사를 받는 것이 바람직하다. AIDS 검사는 전국 보건소에서 가능하며, 대학병원은 물론 임상병리 검사 시설이 갖춰진 병원에서도 가능하다.

- 고활성 항바이러스요법이 HIV 질환의 진행을 늦추고 생존기간을 연장시키면서, AIDS는 죽음에 이르는 병에서 조절 가능한 만성 질환으로 인식이 전환되고 있다.
- AIDS의 치료는 가능한 빨리 시작하면 완치시키지는 못해도 진행을 늦출 수 있고 합병증을 예방하여 수명을 연장할 수 있다. 술과 흡연은 면역력을 약화시킬 수 있으므로 반드시 끊어야 한다.
- AIDS의 감염 예방을 위해서는 문란한 성생활을 하지 말고 동성연애 등을 피한다. 모르는 사람과 성교를 할 경우에는 콘돔을 사용하며, 불필요한 수혈, 빈번한 정맥주사를 피하고 반드시 일회용 주사기를 사용한다.
- AIDS 감염 위험이 높은 사람이나 마약 사용자와 성교 대상이 되는 여자는 신생아 감염 위험이 있으므로 임신 전에 AIDS 바이러스 항체검사를 실시하고, 임신이 되었더라도 반드시 AIDS 항체 검사를 해보도록 한다.

토론문제

- 임신한다는 것은 여성의 성적 관심, 성욕, 성기능 장애에 어떤 영향을 미친다고 생각하는지, 임신 동안의 성행위는 태아에게 영향을 미치는지에 대해 토론해보자.
- 원하지 않는 아이를 낳는 것보다 인공임신중절을 하는 것이 더 나은 것인지, 인공임신중절의 수월성이 성적 문란이나 책임감 없는 성행위를 증가시키는지, 여성이 자신의 신체를 조절할 권리가 태아의 권리보다 우선한다고 생각하는지에 대해 토론해보자.
- 성 전파성 질환을 예방하거나 감소시킬 수 있는 방법이나 대안은 무엇이라고 생각하는지 토론해보자.

참고문헌

강병철(2011). 사회적 낙인 인식이 성 소수자의 삶의 만족도에 미치는 영향. 사회복지연구, 42(2), 381-417.

강병철, 김지혜(2006). 청소년 성소수자의 생활실태조사, 한국청소년개발원.

강영삼 외(1997). 청소년의 성에 대한 인지도 조사 및 심층면접조사 연구, 교육논총, 제17권 1호.

고병인(2003). 중독자 가정의 가족치료. 학지사.

고성혜(2001). 비행 청소년의 성매매에 대한 태도, 성매매 청소년 보호대책 심포지움.

고영익, 김진세, 안태근, 이백훈, 이윤수, 장형기, 정혜숙(2002). 여성의 성기능장애. 한국성과학연구소(www.sexacademy.org).

공성욱, 오강섭, 노경선(2002). 남성 동성애자와 남성 이성애자의 삶의 질과 정신 건강 비교. *Journal of Korean Neuropsychiatric Association*, 41(5).

곽인호(1998). 성기능장애의 치료, 가정의학회지, 19(7). pp. 491-498.

김지혜(2010). 아동기 성폭력 경험의 회복과정에 관한 연구. 강남대학교 사회복지전문대학원 사회복지학과 박사학위논문.

국제실종및착취아동센터(2017). "성적목적의 아동 온라인 그루밍: 모델법 및 글로벌 리뷰", 탁틴내일(ECPAT Korea) 번역. International Centre for Missing & Exploited Children(2017), "Online Grooming of Children for Sexual Purpose: Model Legislation & Global Review".

권명숙(2002). 노인의 성에 대한 탐색적 연구. 연세대학교 박사학위논문.

권석만, 김지훈(2000). 성기능 장애. 학지사.

권정혜, 채규만(2000). 부부적응 프로그램의 개발과 그 효과에 관한 연구. 한국심리학회지: 임상, 19(2), 207-218.

권준수 역(2015). DSM-5 정신질환의 진단 및 통계 편람(제5판). 학지사.

김경신(1999). 교사를 위한 성교육프로그램 효과분석. 가정과학연구, 9, pp. 1-9.

김경신(2001). 대학생의 성의식 실태분석을 통한 성교육 프로그램 개발. 한국가족관계학회지, 6(1), 181-201.

김경애 외(2004). 성과 사랑의 시대. 학지사.

김계숙(2002). 성과 건강. 현문사.

김광현(1991). 부부 성 상담에 관한 연구. 한신대학교 석사학위논문.

김덕일, 송원영 공역(2010). 성범죄자 심리치료-통합적 접근(William L. Marshall, Liam E. Marshall,

Geris A, Serran, Yolanda M. Fernandez). 결혼과 가족관계연구소 MnF.
김명자, 고현선(1994). 부부의 자아분화가 부부적응에 미치는 유형. 숙명여대 생활과학연구지, 9(1), pp. 3-20.
김문수(2007). 노인의 성에 대한 이해와 상담. 인권복지연구 2:16-38.
김미주(1997). 초, 중, 고등학교 성교육 교재 분석에 관한 연구. 한국학교보건학회지, 10(2), pp. 137-156.
김민(2002). 사이버음란물과 청소년 정신건강. 청소년 관련 음란물의 실태와 대책. 제27회 21세기 청소년 포럼 자료집, 한국청소년학회.
김민(2002). 청소년 인터넷 중독과 인터넷 섹스중독 실태에 관한 연구. 청소년 인터넷 사용 및 중독 실태와 복지적 접근, 한국청소년복지학회 춘계학술대회 자료집.
김민, 곽재분(2011). 디지털 미디어시대 청소년 사이버섹스 중독. 순천향 인문과학 논총, 29, 283-326.
김병오(2003). 중독을 치유하는 영성. 이레서원.
김분한, 이희영, 정영미, 이은영, 김홍규(2001). 부부관계의 주관성 연구. 성인간호학회지, 13(2), pp. 191-199.
김상원(2007). 성교육, 성상담의 이론과 실제. 교육출판사.
김성숙, 구현영(2007). 청소년의 사이버섹스 중독과 인터넷 중독 및 성태도의 관계. 상담학 연구, 제8권 3호.
김성연(2013). 대인관계 심리학적 모형으로 본 동성애자의 자살. 고려대학교 대학원 석사학위청구논문. 289-298.
김성향(2009). 성중독이 있는 조울증 청년에 대한 성경적 상담. 총신대학교 상담대학원 석사학위논문.
김세철(1987). 성기능장애 환자 176례의 임상적 고찰. 대한비뇨기과학회지, 28(1), pp. 111-116.
김세철(1999). 발기장애의 비경구적 약물요법. 대한의사협회지, 42(2), pp. 132-137.
김세철, 김원회, 윤가현, 채규만(2008). 성학. 군자출판사.
김수연(2001). Satir 가족조각을 바탕으로 한 집단상담의 상담효과 요인. 부산대학교 석사학위논문.
김숙남, 장순복, 강희선(1997). 여성의 성만족 측정을 위한 도구개발. 간호학회지, 27(4), pp. 753-764.
김순옥(2001). 부부관계 향상을 위한 부부교육의 필요성 및 실태. 성균관대 생활과학, 4, pp. 55-69.
김영택, 김동식, 김인식, 차지영(2012). 성폭력 피해자 정신건강 현황 및 정책지원방안. 한국여성정책연구원.
김요한(2001). 부부 의사소통 유형과 성지식 수준의 성 만족도와의 관계 연구. 연세학술논집 33.
김용성(2006). 성구매 수강명령 성중독자들의 특성 및 성태도, 성행동에 관한 연구 : 일반 성인 남성과의 비교연구. 연세대학교 행정대학원 학사학위논문.
김원회(2006). 여성의 성 해부 및 생리에 대한 새로운 이해. 2006 대한 성 학회 연수강좌, pp. 29-55.
김윤희 외(2001). 정신간호총론. 수문사.
김은경 외(2000). 신종성폭력 연구 : 사이버 성폭력의 실태 및 대책을 중심으로. 한국형사정책연구원.
김은경(2000). 성의 상업화가 성의식 및 성폭력에 미치는 영향. 한국형사정책연구원.
김은수 외(2008). 우리들의 성. 라이프사이언스.
김은수 외(2010). 성 과학의 이해. 라이프사이언스.
김의식 역(2005). 성상담. 두란노.
김재엽, 송인한, 김기현, 정윤경, 이명숙, 위재민(2010). 여성가족부, 연세대학교 사회복지대학원, 2010 성폭력 실태조사.
김재영(1993). 서양의 성문화. 서울 : 메디칼북스.
김정규, 김중술(2000). 아동기 성학대의 심리적 후유증—성인기 정신건강에 미치는 영향을 중심으로.

한국심리학회지 : 임상, 19(4), pp. 747-769.
김정옥, 박재복(2001). 청년 성교육. 양서원.
김지혜(2010). "아동기 성폭력 경험의 회복과정에 관한 연구". 강남대학교 사회복지전문대학원 박사학위논문.
김충렬(2011). 인터넷과 성중독 치료, 크리스챤투데이.
김혜선(2008). 중년 후기 남녀 유배우자의 부부관계에 영향을 미치는 요인 연구—성생활을 중심으로. 한국노년학, 28(1), pp. 49-67.
김혜원(2001). 청소년들의 인터넷 이용현황과 그에 대한 원인분석 : 인터넷 중독증세와 음란행위를 중심으로. 제37회 청소년문제 연구 세미나 자료집, 한국청소년단체협의회.
나영정, 정현희(2015). 성 소수자 인구, 커뮤니티를 그리는 작업에서 마주치는 문제들. 여/성이론.
남영옥(2002). 청소년의 인터넷 중독 및 사이버 성중독의 심리사회적 변인과 문제행동 연구. 한국사회복지학, 통권 50호, 9, pp. 173-208.
남영옥(2003). 청소년의 복지향상을 위한 성태도 및 성행동과 인터넷 성중독과의 관련성 연구. 복지행정논집 , 13권, 1호.
노명래(2002). 인간과 성심리. 학지사.
니키 로버츠 저, 김지혜 역(1992). 역사속의 매춘부들. 책세상.
대검찰청(2017). 2016 범죄분석. 서울: 동 기관.
데이비드 알프, 클라우디아 알프 저, 정태기, 신세민 역(2007). 열 번의 데이트. 상담과 치유.
마이론 브렌튼 저, 이민섭 역(1994). 성 커뮤니케이션 소프트. 한이름.
마이크 즈농 저, 황소연 역(2007). 성중독의 굴레에서 벗어나기. 웰스프링.
마크 레이저 저, 정성준 역(2000). 아무도 말하지 않는 죄. 예수전도단.
미리엄 스토퍼드 저, 홍강의 역(1996). 부부가 함께 배우는 성. 다섯수레.
민권식(2002). 여성 성기능 장애의 최신지견, 유로트렌드, 7(3) pp. 28-32.
민성길(2006). 최신정신의학. 일조각.
박경 외(2005). 성폭력 피해자와 가해자를 위한 치료 지침서. 학지사.
박경 외(2013). 성 심리치료 이론과 실제. 학지사.
박경(2003). 여성정신건강과 여성주의 치료의 방향. 한국여성학, 19(3), 215-244.
박경신(2013). 가상아동포르노그래피 규제의 위헌성. 법학연구, 21(2), 181-210.
박민자(2008). 자아분화와 의사소통. 인문학연구, 91(1), pp. 219-233.
박상규 외(2009). 중독의 이해와 상담실제. 학지사.
박소영(2019). 내면화된 수치심과 죄책감이 성 중독에 미치는 영향—반추와 변화하려는 동기를 중심으로. 서울여자대학교 특수치료전문대학원 박사학위청구논문.
박소진 외(2017). 학교 성희롱 · 성폭력 사건처리 표준매뉴얼 개발. 여성가족부.
박순경(2004). 임신에서 출산까지 태교 ABC. 시간과공간사.
박영숙 외(1999). 현대여성의 건강생활. 현문사.
박철현, 이상용, 진수명(2000). 스토킹의 실태와 대책에 관한 연구. 형사정책연구원.
박현자(2005). 성중독에 대한 영적 치유 연구. 아세아연합신학대학교 석사학위논문 .
배정원(2016). 성인 남녀에서 인터넷 음란물 노출과 성중독 및 성 기능과의 연관성. 인제대학교 대학원 박사학위청구논문.
변혜정(2004). 성폭력 피해구성과 그 의미에 관한 연구. 이화여자대학교 박사학위논문.
서경현, 김봉진, 정구철, 김신섭(2001). 대학생들의 연애 폭력과 예측변인. 여성건강 제2권 1호, 대한여성건강학회.

서선영(2004). 한국 기혼남녀의 부부간 사랑과 성생활 연구에 관한 연구. 한국가족관계학회지, 9(3), pp. 181-200.
서울대조교 성희롱사건 공동대책위원회(2001). 서울대 조교 성희롱사건 백서.
석지우(2015). 성중독자의 성적 갈망 및 억제 기능 뇌 기전 연구. 충남대학교 대학원 박사학위청구논문.
선한규(2006). 성의학. 한미의학.
성미혜 외(2018). 여성건강간호학 I, II. 수문사 .
성폭력 가해 청소년에 대한 인지행동치료 〈인간존중프로그램 진행지침서〉(2005). 연세대학교 의과대학 의학행동과학연구소, 청소년위원회
성폭력 가해 청소년에 대한 인지행동치료 〈인간존중프로그램 진행지침서〉(2010). 여성가족부, 연세대학교 의과대학 의학행동과학연구소(신의진, 이영준, 엄소용).
성한기, 손영화(2007). 기혼 여성의 성가치관이 결혼 만족, 혼외관계 의도 및 이혼 의도에 미치는 영향. 한국심리학회지 : 여성, 12(2), pp. 175-196.
손미영(2016). 내면화된 수치심과 외로움이 성 중독에 미치는 영향 : 우울과 소극적 대처의 매개효과. 한국상담대학원대학교 석사학위청구논문.
신재정 외(2004). 어려운 중독환자를 위한 치료 계획서. 하나의학사.
신희천(2000). 성도착장애과 성정체감 장애. 학지사
심영희(1998). 위험사회와 성폭력. 나남출판사.
아치볼드 하트 저, 윤귀남 역(1997). 숨겨진 중독. 참미디어.
안세영(2010). 성학. 지상사.
양순옥 외(1996). 여성과 건강. 수문사.
어기준(2002). 청소년 음란물 중독의 원인과 대책, 청소년 관련 음란물의 실태와 대책. 제27회 21세기 청소년포럼 자료집, 한국청소년학회.
엘렌 베스, 로라 데이비스 저, 이경미 역(2000). 아주 특별한 용기. 동녘.
여기동, 이미형(2006). 한국 남성의 동성애 성정체성 발달과정과 정신건강. 정신간호학회지, 15(3).
여성 가족부(2005). 피해자 치유를 위한 가해자 교정, 치료 프로그램.
여성건강간호교과연구회(2006). 여성건강간호학 I. 수문사.
여성건강간호교과연구회(2018). 여성건강간호학 I, II, 제9판, 수문사.
여성부(2004). 성매매 방지 및 피해자 보호 등에 관한 법률. 성매매 방지법 설명자료.
여성아동 폭력피해 중앙지원단(2010). 성범죄 미성년 가해자 치료 및 적응적 사회행동 발달 프로그램 개발.
여성인권중앙지원센터(2007). 불편한 진실—성매매 시장과 수요. 성구매 예방교육 영상자료.
오기 오가스, 사이 가담 저, 왕수민 역(2011). 포르노 보는 남자, 로맨스 읽는 여자. 웅진 지식하우스.
원호택, 권석만(2000). 이상심리학. 학지사.
원호택, 권석만(2006). 이상심리학총론. 학지사.
유시주(2013). 거꾸로 읽는 그리스 로마 신화. 푸른나무.
유외숙(2004). 이성교제에서 원하지 않는 성관계 요구의 응낙에 대한 설명모형. 서울여자대학교 박사학위논문.
윤가현 외(2006). 심리학의 이해. 학지사.
윤가현(1998). 동성애의 심리학. 학지사.
윤가현(2006). 성문화와 심리. 학지사.
윤예진(2008). 대학생의 사이버섹스 중독과 관련요인에 대한 연구. 한동대학교 상담대학원 석사학위논문.
이경혜 외(1998). 여성건강간호학. 현문사.

이광자 외(2011). 정신간호총론. 수문사.
이근후, 성금영, 박영숙(1990). 새로운 성치료. 하나의학사.
이근후, 홍기선(1990). 성치료의 이론과 실제. 하나의학사.
이명화(1998). 음란매체 접촉에 따른 성 갈등에 성태도와 지식이 미치는 영향. 한양대학교 교육대학원 석사학위논문.
이상준(2003). 인터넷 섹스중독 청소년의 심리사회적 특성과 정신건강 연구. 한국사회복지학, 제55권 11호, pp. 341-364.
이수정, 김경옥(2005). 성범죄 재범률에 관한 바른 이해와 재범방지 대안모색. 한국심리학회지: 사회 및 성격, 19(1), pp. 83-99.
이수진(1997). 드러내기를 중심으로 본 동성애자의 정신건강특성. 연세대학교 석사학위논문.
이시백 외(2003). 성교육 이론과 실제. 서울대학교 출판부.
이혁진(2009). 성중독증에 관한 기독교 상담학적 이해와 신학적 평가. 총신대학교 신학대학원 석사학위 논문.
이혜은(1998). 성적 괴롭힘에 대한 여대생의 대처양태. 서울대학교 석사학위논문.
이호림(2015). 소수자 스트레스가 한국 성 소수자(LGB)의 정신건강에 미치는 영향. 서울대학교 석사학위청구논문.
임민경(2014). 남녀 동성애자의 내면화된 성적 낙인 척도 타당화 연구, 고려대학교 석사학위논문.
임숙빈 외(2017). 정신간호총론. 수문사.
장순복, 강희선, 김숙남(1998). 기혼여성의 성만족에 관한 연구. 대한간호학회지, 28(1), pp. 201-209.
장윤경(2002). 데이트 성폭력 피해경험에 관한 연구. 이화여자대학교 석사학위논문.
장필화(1999). 여성, 몸, 성. 또하나의문화.
정동철(1996).노년의 성과 성 윤리, 현대사회와 성 윤리. 아산사회복지재단 제8회 사회윤리 심포지움 자료집.
정민자(2006). 성상담, 교육 이론과 실제. 대왕사.
조민자(2000). 사이버 상담에 나타난 청소년의 문제 연구. 고려대학교 석사학위논문.
조아미(2002). 청소년의 인터넷 이용 및 중독관련 문제점 및 대책. 2000년 청소년, 법, 심리 학회 심포지움 논문집.
조여울(2005). 국가인권정책기본계획 수립을 위한 성적소수자 인권 기초 현황조사.
조유리(2000). 부부갈등 및 갈등대처행동과 결혼만족도. 전남대학교 석사학위논문.
지혜정 (2002). 결혼만족도에 미치는 심리, 사회적 요인의 효과. 아주대학교 석사학위논문.
채규만(2002). 성중독 치료. 목회와 상담 제2권, pp. 227-249.
채규만(2004). 성피해 심리치료. 학지사.
채규만(2006). 성중독과 심리치료. 한국기독교상담심리치료학회 추계학술대회 자료.
채규만(2006). 성행동 심리학. 학지사.
최신덕(1991). 결혼과 가족관계. 기린원.
크레이그 네켄 저, 오혜경 역(2008). 중독의 심리학. 웅진지식하우스.
토머스 화이트맨 저, 김인화 역(2004). 사랑이라는 이름의 중독. 사랑플러스.
한국성폭력상담소 사이버폭력 대응센터(2017). 사이버성폭력 피해자 지원을 위한 안내서, 서울특별시.
한국성폭력상담소(2004). 성폭력전문상담원 교육 자료집(미간행).
한국성폭력상담소(2006). 섹슈얼리티 강의 두 번째. 동녘.
한국성폭력상담소(2013). 2012년 한국성폭력상담소 상담통계 및 상담 동향분석.
한국성폭력위기센터(2013). 개정된 성폭력관련법 시행 이후의 성폭력 피해자에 대한 효율적인 법적 지원 모색. 2013-1 여성가족부 위탁 성폭력피해자 무료법률구조사업 상반기 실무자 워크숍 자료집.
허정은(2004). 동성애자의 동성애 관련 스트레스 및 우울과 자살사고(自殺思考) 간의 관계. 서울여자대학교 특수치료 전문대학원 석사학위논문.
허정은(2017). 아동기 성학대 피해자의 성적 재피해자화에 대한 변인연구. 서울여자대학교 특수치료전문대학원 박사학위청구논문.
홀릭(2010). 한국성적소수자문화인권센터 스스로 행복해지기 위해 즐거운 싸움을 벌이는 사람들. 여/성이론, (23), 282-296.
홍기선, 이근후(2001). 성치료의 이론과 실제. 하나의학사.
홍성묵(1999). 아름다운 사랑과 성. 학지사.
홍숙선(2001). 기혼여성의 결혼만족: 관계 및 자율지향성과 성만족을 중심으로. 가톨릭대학교 석사학위논문.
CIBA원색도해의학총서 편찬위원회(2004). CIBA원색도해의학총서. 정담.
American Psychiatric Association(2000). Diagnostic and statistical manual of mental disorders(4th ed.,text revision). Washington DC.
American Psychological Association(2000). Division 44/Committee on Lesbian, Gay, and Bisexual Concerns Joint Task Force on Guidelines for Psychotherapy with Lesbian, Gay, and Bisexual Clients: Guidelines for psychotherapy with lesbian, gay, and bisexual clients. Am Psychol, 55, 1440-1451.
American Psychological Association(2011). Practice Guidelines for LGB Clients. Guidelines for Psychological Practice with Lesbian, Gay, and Bisexual Clients. APA Council of Representatives, Feb. 18-20, 2011.
American Psychological Association(2015). Guidelines for psychological practice with transgender and gender nonconforming people. *American Psychologist*, 70(9), 832-864.
Anne-Marie McAlinden(2012). Grooming' and the Sexual Abuse of Children—Institutional, Internet, and Familial Dimensions (Clarendon Studies in Criminology). OUP Oxford.
Archives of Sexual Behavior, 44(5), 1177-1213.
Bailey, J. M.(1999). Homosexuality and mental illness. *Archives of General Psychiatry*, 56(10), 883-884.
Bradsher, K.(2000). Four get prison time in death of girl from date rape drug. *New York Times*, March 31, A15.
Brooks, V. R.(1981). Minority stress and lesbian women. Free Press.
Carnes, Patrick(1983). Out of shadows: Understanding Sexual Addiction, Minneapolis: CompCare Publication.
Carnes, Patrick(1992). Out of the Shadows: Understanding Sexual Addiction, Minneapolis: CompCare Publication 2nd Edition. Minnesota: Hazelden.
Carnes, Patrick(1986). Progress in Sexual Addiction: An Addictive Perspective. SIECUS Report, July, 4, 6.
Cass, V. (1979). Homosexual identity formation: A theoretical model. *Journal of Homosexuality*, 4 (3), 219-235.
Cass, V.(1996). Sexual orientation identity formation: A Western phenomenon.
Charney, D. & Russell, R.(1994). An overview of sexual harassment. *American Journal of Psychiatry*, 151, 10-17.
Children(2017). "Online Grooming of Children for Sexual Purposes: Model Legislation & Global Review".
Christensen, A., Eldridge, K., Catta-Pretta, A. B., Lim, V. R., & Santagata, R.(2006). Cross-cultural

consistency of the demand/withdraw interaction pattern in couples. *Journal of Marriage and Family*, 68, 1029-1044.

Cowan, G.(2000). Beliefs about the causes of four types of rape. Sex Roles, 42, 807-823.

Crooks, R. & Baul, K.(2002). Our Sexuality, 8th ed. Pacific Grove, CA: 2002 Wadsworth Group.

Dahlberg, L. L., Mercy, J. A., Zwi, A. B., & Lozano, R. (Eds.). World report.

Daines, B. & Perrett, A.(2000). Psychodynamic approaches to sexual problem. Open University Press. Buckingham. Philadelphia.

Draucker, C. & Stern, P.(2000). Women's responses to sexual violence by male intimates. *Western Journal of Nursing Research*, 22, 385-406.

Earle, Ralph, and Marcus Earle(1995). Sex Addiction: Case Studies and Management, New York: Brunner Mazel.

Elizur, Y. & Ziv, M.(2001). Family support and acceptance, gay male identity formation, and psychological adjustment: A path model. Family process, 40(2), 125-144.

Elliott, L. & Brantley, C.(1997). Sex on campus: The naked truth about the real sex lives of college students. New York: Random House.

Futris, Campbell, Nielsen, & Burwell(2010). The Communication Patterns Questionnaire-Short Form: A Review and Assessment. *The Family Journal: Counseling and Therapy for Couple and Families*, 18(3), 275-287.

Gable, S., Reis, H., Impett, E., & Asher, E.(2004). What do you do when things go right The interpersonal and interpersonal benefits of sharing positive events. *Journal of Personality and Social Psychology*, 87, 228-245.

Gay Lesbian Medical Association(2004, Feb 26). Ten Things Gay Men Should Discuss With their Health Care Providers. San Franscisco, CA.

Gil, E.(1988). Treatment of Adult Survivors of Childhood Abuse. Walnut Creek, CA; Launch Press.

Gilman, S. E., Cochran, S. D., Mays, V. M., Hughes, M., Ostrow, D., & Kessler, R. C.(2001). Risk of psychiatric disorders among individuals reporting same-sex sexual partners in the National Comorbidity Survey. *American Journal of Public Health*, 91(6) ,933.

Gonzalez, K. A., Rostosky, S. S., Odom, R. D., & Riggle, E. D. (2013). The positive aspects of being the parent of an LGBTQ child. Family Process, 52(2), 325-337.

Greenberg, Leslie S.(2002). Integrating an emotion-focused approach to treatment into psychotherapy integration, *Journal of Psychotherapy Integration*, 12(2), 154-189.

Greene, K., & Faulkner, S. L.(2005). Gender, Belief in the Sexual Double Standard, and Sexual Talk in Heterosexual Dating Relationships. Sex Roles, 53, 239-251.

Hall, G., & Barongan, C.(1997). Prevention of sexual aggression: Socio-cultural risk and protective factors American Psychologist, 52, 5-14.

Hanson, R., Saunders, B., Kilpatrick, D., Resnick,H., Crouch, J., & Duncan, R.(2001). Impact of childhood rape and aggravater assault on mental health. *American Journal of Orthopsychiatry*, 71, 108-118.

Heatherington, L., & Lavner, J. A.(2008). Coming to terms with coming out: review and recommendations for family systems-focused research. *Journal of Family Psychology*, 22(3), 329.

Hill, M. & Fischer, A.(2001). Does entitlement mediate the link betw een masculinity and rape-related variables? Journal of Counseling Psychology, 48, 39-50.

Hite, S.(1976). The Hite Report. New York: Macmillan Publishing.

Jewkes, R., Sen, P., & Garcia-Moreno, C.(2002). Sexual violence. In Krig, E. G.,

Jorgenson, L. & Wahl, K.(2000). Psychiatrists as expert witnesses in sexual harassment cases under Daubert and Kumho. *Psychiatric Annals*, 30, 390-396.

Kaplan, H. S.(1975). The illustrated manual of sex therapy, New York, New York Times Book Co.

Kaplan, H. S.(1979). Disorders of sexual desire and other new concepts and techniques in sex therapy, New York, Brunner/Mazel.

Kaplan, H. S.(1990). Sex, Intimacy, and the aging process, *J Am Acad Psychoanal*, 18:185.

Kaplan, M. & Krueger, R. B.(1997). Voyeurism: Psychopathology and Theory. In D.R. Laws and W. O'Donohue(Eds.). Sexual Deviance. Theory, Assessment, and Treatment. Guilford Press, New York, 297-310.

Kasl, Charlotte Davis(1990). Women, Sex, and Power: A Search for Love and Power. New York, NY: Harper and Row.

Katz-Wise, S. L.(2015). Sexual fluidity in young adult women and men: Associations with sexual orientation and sexual identity development. Psychology & Sexuality, 6(2), 189-208.

Kimes, L. A.(2001). "Was it good for you too: An exploration of sexual satisfaction. University of Kansas.

Kinsey, A., Pomeroy, W., & Martin, C.(1948). Sexual Behavior in the Human Male Philadelphia: Saunders.

Kinsey, A., Pomeroy, W., & Martin, C.(1953). Sexual Behavior in the Human Female, Philadelphia, WB Saunders.

Laaser, Mark(2003). "Pastors and Sexual Addiction." Sexual Addiction & Compulsivity, Vol. 10., pp. 139-149.

Laumann, E. O., Gagnon, J. H., Michael, R. T., & Michaels, S.(1994). The social organization of sexuality, Chicago, University of Chicago Press.

Lazarus, R. S., & Folkman, S.(1984). Stress, appraisal, and coping. New York, NY: Springer Publishing Company.

Lee, R.(2000). Health Care Problem of Lesbian, Gay, Bisexual, and Transgender Patients. *West Journal of Medicine*, 172(6), 403-408.

Leiblum, S. R. & Rosen, R. C.(1984). Alcohol and Human Sexual Response. New York, Haworth.

Leiblum, S. R. & Rosen, R. C.(2000). Principles and Practice of Sex Therapy. New York, The Guilford Press.

Leitenberg, Harold & Henning, Kris(1995). Sexual Fantasy. *Psychological Bulletin*, Vol. 117(3), May 1995, 469-496.

Levin, D. Jerome(1999). Sexual Addiction. National Forum, Vol. 79. No. 4, pp. 34-37

Lynn L. Long & Mark E. Young(1998). Counseling and Therapy for Couples. Cengage Learning.

Lynn L. Long., Judith A. Burnett, & R. Valorie Thomas(2006). Sexuality Counseling: An Integrative Approach, New Jersey, Pearson Prentice Hall.

Masters, W. & Johnson V.(1966). Human sexual response, Boston: Little, Brown.

Masters, W. & Johnson, V.(1970). Human sexual inadequacy, Boston: Little, Brown.

McKinney, K. & Sprecher, S.(1991). Sexuality in Close Relationships. Lawrence Erlbaum Associates, Inc., Publishers.

McKirnan, D. J., Stokes, J. P., Doll, L., & Burzette, R. G.(1995). Bisexually active men: social

characteristics and sexual behavior, J. Sex Res, 32:65.
Mertus, J.(2005). The United Nations and human rights: A guide for a new era (Vol. 1). Psychology Press.
Meyer, I. H. & Northridge, M. E.(Eds.)(2007). The health of sexual minorities: Public health perspectives on lesbian, gay, bisexual and transgender populations. Springer Science & Business Media.
Meyer, I. H. & Wilson, P. A.(2009). Sampling lesbian, gay, and bisexual populations. *Journal of Counseling Psychology*, 56(1), 23.
Meyer, I. H.(1995). Minority stress sand mental health in gay men. *Journal of Health and Social Behavior*, 36(1), 38-56.
Meyer, I. H.(2003). Prejudice, social stress, and mental health in lesbian, gay, and bisexual populations: conceptual issues and research evidence. *Psychological Bulletin*, 129(5), 674-697.
Meyer, I. H. & Northridge, M. E.(Eds.). (2007). The health of sexual minorities: Public health perspectives on lesbian, gay, bisexual and transgender populations. Springer Science & Business Media.
Meyer, I. H. & Wilson, P. A.(2009). Sampling lesbian, gay, and bisexual populations. *Journal of Counseling Psychology*, 56(1), 23.
Meyer, I. H.(1995). Minority stress and mental health in gaymen. *Journal of health and social behavior*, 36(1), 38-56.
Meyer, I. H.(2003). Prejudice, socialstress, and mental health in lesbian, gay, and bisexual populations: conceptual issues and research evidence. *Psychological bulletin*, 129(5), 674-697.
Miller, S. (Ed.) (2016). Teaching, affirming, and recognizing trans and gender creative youth: A queer literacy framework. New York: Palgrave MacMillan.
Morrow, S. L. & Smith, M. L.(1995). Constructions of survival and coping by women who survived childhood sexual abuse. *Journal of Counseling Psychology*, 42, 24-33.
Mueongjae Kim et al.(2016). The comparison of MMPI profile between in-family and out-family child sexual offenders with pedophilia. *Korean Journal of Legal Medicine*, 2016; 40:125-132.
Nadal, K. L., Whitman, C. N., Davis, L. S., Erazo, T., & Davidoff, K. C.(2016). Microaggressions toward lesbian, gay, bisexual, transgender, queer, and genderqueer people: A review of the literature. *The Journal of Sex Research*, 53(4-5), 488-508.
Nancy Friday(1980). Men in Love, Mens Sexual Fantasies: The Triumph of Love Over Rage, Dell Publishing.
ODonohue, W. & Plaud, J.(1994). The conditioning of human sexual arousal. *Archives of Sexual Behavior*, 23, 321-344.
Oetjen, H. & Rothblum, E. D.(2000). When lesbians aren't gay: Factors affecting depression among lesbians. *Journal of Homosexuality*, 39(1), 49-73.
Ost, S.(2009). Child Pornography and Sexual Grooming: Legal and Societal Responses. Cambridge: Cambridge University Press.
Ramos, J. A.(2003). The role of the Internet in facilitating the "coming-out" process ofgay and lesbian youth: An ethnographic study.
Reinisch, J. M., Beasley, R., & Kent, D., editors(1990). The Kinsey Institute new report on sex: what you must be sexually literate, New York, St Martins Press. Rehabilitation Nursing, United States: 21(3), 118-123, 1996.
Roughan, P. & Jenkins, A.(1990). A system-developmental approach to counseling couples with sexual problems, A.N.Z. Journal of Family Therapy, 2, 129-139.

Rumstein-McKean, O. & Hunsley, J.(2001). Interpersonal and family functioning of female survivors of childhood sexual abuse. Clinical Psychology Review, 21, 471-490.

Sandfort, T. G., de Graaf, R., Bijl, R. V., & Schnabel, P.(2001). Same-sex sexual behavior and psychiatric disorders: Findings from the Netherlands Mental Health Survey and Incidence Study(NEMESIS). *Archives of General Psychiatry*, 58(1), 85-9.

Savin-Williams, R. C.(1990). "Gay and Lesbian Adolescents." *Marriage and Family Review*, 14, 197-216.

Schneider, J., & Schneider, B.(1996). Couple recovery from sexual addiction/co-addiction: Results of a survey of 88 marriages. Sexual Addiction and Compulsivity, 3, pp. 111-126.

Shively, M. G. & De Cecco, J. P.(1977). Components of sexual identity. *Journal of homosexuality*, 3(1), 41-48.

Socarides, C. W. et al.(1973). Homosexuality in the Male: A Report of a Psychiatric Study Group, *Int. J. Psychiatry* 11:45.

Storms, M. D.(1979). Sex role identity and its relationships to sex role attributes and sex role stereotypes. *Journal of Personality and Social Psychology*, 37(10), 1779.

Storms, M. D.(1980). Theories of sexual orientation. *Journal of Personality and Social Psychology*, 38(5), 783.

Troiden, R. R.(1989). The formation of homosexual identities, *Journal of Homosexuality*, 17(1/2),43-73.

U. S. Merit Systems Protection Board(1996). Sexual harassment in the Federal Workplace: Trends, Progress, Continuing Challenges. Washington, DC: Government Printing Office.

van Anders, S. M.(2015). Beyond sexual orientation: Integrating gender/sex and diverse sexualities via sexual configurations theory. *Archives of Sexual Behavior*, 44(5), 1177-1213.

Videbeck, S. L.(2011). Psychiatric-Mental Health Nursing(5th ed), Philadelphia, Lippincott Williams & Wilkins.

Walton, M. T., Lykins, A. D., & Bhullar, N.(2016). Beyond heterosexual, bisexual, and homosexual: a diversity in sexual identity expression. *Archives of sexual behavior*, 45(7), 1591-1597.

Welch, T. Edward(1998). Blame It on the Brain. Phillipsburg, New Jersey: R & R.

Welch, T. Edward(2001). Addictions. Phillipsburg, New Jersey: P & R.

Willingham, Russell(1999). Breaking Free: Understanding Sexual Addiction the Healing Power of Jesus. Downers Grove, Illinois: IVP .

Young, M. E. & Long, L. L.(1998). Counseling and therapy for couples. Pacific Grove, CA: Brooks/Cole.

Zawid, C. S.(1994). Sexual health: a nurse's guide, Albany, NY, Delmar.

| 기타자료 |

경찰청 공식블로그 : 사이버성폭력 OUT! 사이버성폭력 유형과 처벌 법규 설명, http://blog.naver.com/PostView.nhn?blogId=polinlove2&logNo=221357609821(2018. 9. 12 인출)

경찰청사이버안전국 http://cyberbureau.police.go.kr/index.do

성폭력범죄의 처벌 등에 관한 특례법[법률 제15977호, 2018. 12. 18., 일부개정]

네이버 지식백과 : 데이트강간https://terms.naver.com/entry.nhn?docId=5676582&cid=62841&categoryId=62841

김효정, 그루밍 : 미성년 성폭력 절반 해당하는 '그루밍 성범죄'는 무엇? BBC 코리아, 2018. 11. 9.

https://www.bbc.com/korean/news-46148607
유승림, 미국 청소년 섹스팅 심각한 수준, 중앙일보, 2014. 04. 17, https://news.joins.com/article/14470253
윤현종, 美청소년 31% 온라인 누드교환 '섹스팅'에 빠져 산다, 헤럴드 경제, 2012. 07. 03, http://biz.heraldcorp.com/view.php?ud=20120703000241
저자 없음, 아동포르노 소지자에게 1000년형 선고한 미국 법원, 세계일보, 2013. 03. 03, http://www.segye.com/newsView/20130303002447
저자 없음, 고교생, 누드사진 주고받는 채팅 유행 '미국 발칵, 이데일리, 2015. 11. 16, http://www.edaily.co.kr/news/read?newsId=02368166609566376&mediaCodeNo=257&OutLnkChk=Y
저자 없음, 리벤지 포르노, 나무위키, 2019. 04. 23, https://namu.wiki/w/%EB%A6%AC%EB%B2%A4%EC%A7%80%20%ED%8F%AC%EB%A5%B4%EB%85%B8
정재호, [음란물 자녀의 미래를 망칩니다](3) '로리타' 사이트 유행… 병적심리상태 우려, 국민일보, 2003. 7. 24, http://news.kmib.co.kr/article/viewDetail.asp?newsClusterNo=01100201.20030725000001001
진민정, 미디어 이용자의 책임과 권리에 관한 해외 미디어교육, 미디어리터러시, 2019. 02. 28, https://dadoc.or.kr/2680
Dahlberg, L. L., Mercy, J. A., Zwi, A. B., & Lozano, R. (Eds.). *World report on violence and health*. (pp. 147-181). http://www.who.int/violence_injury_prevention/violence/world_report/en/full_en.pdf(2018. 4. 10 인출)
Jewkes, R., Sen, P., & Garcia-Moreno, C. (2002). Sexual violence. In Krig, E. G.,
Michael Welner, Child Sexual Abuse: 6 Stages of Grooming, Oprah.com. http://www.oprah.com/oprahshow/child-sexual-abuse-6-stages-of-grooming/all (2019. 2. 28 인출)

찾아보기

저자 소개

박 경

고려대학교 대학원 임상심리 박사

서울여자대학교 특수치료전문대학원 교수 역임

고정애

서울여자대학교 특수치료전문대학원 심리치료학 박사

Echo 젠더심리상담 & 컨설팅센터 대표

김선경

서울여자대학교 특수치료전문대학원 박사 수료

삼육대학교 강사

김혜경

서울여자대학교 특수치료전문대학원 박사 수료

대동대학교 간호학과 교수 역임

유춘자

서울여자대학교 특수치료전문대학원 심리치료학 박사

마음사랑인지행동치료센터 책임상담원

서울여자대학교 특수치료전문대학원 초빙교수

이희숙

서울여자대학교 특수치료전문대학원 심리치료학 박사

서울시립성문화센터 책임상담원

서강대학교 평생교육원 강사

경희사이버대학교 상담심리학과 강사

허정은

서울여자대학교 특수치료전문대학원 심리치료학 박사

서울여자대학교 특수치료전문대학원 초빙교수